迈向共同富裕的多维统计测度研究

彭刚 朱莉 杨德林 著

中国统计出版社
China Statistics Press

图书在版编目(CIP)数据

迈向共同富裕的多维统计测度研究 / 彭刚，朱莉，杨德林著. —— 北京 ：中国统计出版社，2024. 12.
ISBN 978－7－5230－0675－7

Ⅰ. F124.7;F222.1

中国国家版本馆 CIP 数据核字第 2025GB9045 号

迈向共同富裕的多维统计测度研究

作　　者/彭刚　朱莉　杨德林
责任编辑/荣文雅
封面设计/李雪燕
出版发行/中国统计出版社有限公司
通信地址/北京市丰台区西三环南路甲 6 号　邮政编码/100073
发行电话/邮购(010)63376909　书店(010)68783171
网　　址/http://www.zgtjcbs.com
印　　刷/河北鑫兆源印刷有限公司
经　　销/新华书店
开　　本/787×1092mm　1/16
字　　数/327 千字
印　　张/18.25
版　　别/2024 年 12 月第 1 版
版　　次/2024 年 12 月第 1 次印刷
定　　价/79.00 元

他　序

共同富裕是指全体人民通过辛勤劳动和相互帮助，普遍达到生活富裕富足、精神自信自强、环境宜居宜业、社会和谐和睦、公共服务普及普惠，实现人的全面发展和社会全面进步，共享改革发展成果和幸福美好生活。实现共同富裕是中国特色社会主义的本质要求，是中国式现代化的重要特征，是中国共产党人的初心使命所在和矢志不渝的奋斗目标。党的十八大以来，以习近平同志为核心的党中央把握新发展阶段新变化，把逐步实现全体人民共同富裕摆在更加重要的位置上。党的二十大报告指出："着力维护和促进社会公平正义，着力促进全体人民共同富裕，坚决防止两极分化。"《中华人民共和国国民经济和社会发展第十四个五年规划和2035年远景目标纲要》指出，到2035年，我国将基本实现社会主义现代化，人民生活更加美好，人的全面发展、全体人民共同富裕取得更为明显的实质性进展。

共同富裕的统计测度是共同富裕研究的前提和基础性问题。共同富裕内涵广泛，实现共同富裕是一个长期存在且动态变化的问题，在不同的生产力发展阶段以及历史时期下，实现共同富裕的重点和方式存在差异，对其推进进程的统计测度复杂性极高。目前，众多研究机构和学者对共同富裕的统计测度展开了丰富的研究，但仍有许多问题需要进行深层次地研究和探讨。

彭刚是我在北京师范大学指导的第一位博士生，也是北师大统计学院培养的第一批博士之一。他在读期间主要从事地方政府债务统计问题研究，取得了很好的研究成果，2016年毕业后到西南财经大学任教。工作以后，彭刚主要研究数字经济和数据资产等统计与核算问题，短短几年就晋升副教授、教授，并担任博士生导师，成为我国经济统计领域拔尖的青年学者。我很高兴能见证彭刚教授的成长，并有机会时不时与他分享研究心得和感悟。希望彭刚教授继续深入钻研，为我国经济统计学发展贡献更大的力量。

近几年，彭刚和他的团队转向对共同富裕统计测度问题进行研究，形成了一系列研究成果，而《迈向共同富裕的多维统计测度研究》一书正是其团队近几年研究成果的阶段性集合。实现共同富裕，需要多管齐下，多驱并行，既要抓好经济建设，提高人民收入水平，又要重视人的全面发展；既要发挥先富地区优势，实现先富带动后富，又要防止地区、城乡差异过大，将两极分化“扼杀”在摇篮里；既要不断巩固现有发展成果，又要勇于开拓新的实现方法和措施。《迈向共同富裕的多维统计测度研究》一书正是围绕上述目标，对共同富裕的统计与测度问题进行了系统研究，全书共十二章，分为上、中、下三篇，三篇内容层层递进，侧重点不一，并提出了部分政策建议，在该领域做出了一定贡献，对于深入研究共同富裕具有较强的借鉴意义。

在未来的研究中，共同富裕测度问题仍有诸多方面值得进一步深入探索。随着经济社会的快速发展和科技的不断进步，新的影响因素和变量不断涌现，如人工智能等新兴技术对就业结构和收入分配的影响，以及人口老龄化、生态环境变化等社会问题对共同富裕的挑战。因此，需要持续关注这些新趋势和新问题，不断拓展和完善研究框架与方法，以更加准确地测度共同富裕水平，为政策制定提供更加精准、有效的支持，推动社会朝着更加公平、富裕、和谐的方向发展。

宋旭光　教授、博士生导师

北京师范大学统计学院院长

自　序

实现共同富裕是中华民族自古以来的夙愿，也是中国共产党的百年不懈追求，更是社会主义的本质要求。党的十八大以来，我国组织实施了人类历史上规模最大、力度最强、惠及人口最多的精准扶贫和脱贫攻坚战。到 2020 年，我国历史性消除了绝对贫困，9899 万农村贫困人口全部脱贫，832 个贫困县全部摘帽，我国脱贫攻坚战取得了全面胜利，为世界减贫事业作出了卓著贡献。消灭绝对贫困，全面建成小康社会，为促进共同富裕创造了良好条件。然而，我国目前仍然处于社会主义初级阶段，人民日益增长的美好生活需要和不平衡不充分发展的矛盾，仍是我国当前社会的突出矛盾。党的二十大报告指出，中国式现代化是共同富裕的现代化。目前，我国已步入到扎实推动共同富裕的历史阶段，持续改善收入分配格局，实质性推进共同富裕，仍是新时代推进中国式现代化的重大基础性任务。

习近平总书记指出："我们的目标不是少数人的富裕，而是全体人民共同富裕。"共同富裕是消除了贫穷与两极分化基础上的普遍富裕，而不是"同等富裕"或"平均富裕"，更不是人们占有财富的绝对平均。共同富裕的实现具有丰富内涵和多重维度，不仅需要缩小地区差距、城乡差距和收入差距，还需要持续减少低收入群体比重，扩大中等收入群体，实现"橄榄型"的收入分配格局。实质性推进共同富裕，离不开对共同富裕发展进程的统计监测，即需要构建多维度的共同富裕统计测度体系，及时监测共同富裕的动态发展和结构变化，为相关政策制定提供数据支撑。本书《迈向共同富裕的多维统计测度研究》，正是围绕共同富裕的统计测度问题，尝试从多个维度展开了一定探究。

当然，本书的顺利出版离不开团队成员的共同努力和支持。2020 年起，我们团队教师和学生开始关注共同富裕的统计测度问题，在这几年的研究过程中，我们不仅收获了一些研究成果，同时也见证了同学们的成长。刘孟含同学在编制省级城乡人类发展指数（HDI）时，面临了非常多的问题和困难，希望她在工作中能够亦如研究时那样逐浪前行。杨德林同学为本书的出版作出了卓越的贡献，从探索城市层面共同富裕水平的统计测度和分析，再到省级低收入群体规模的测度和分析，见证了他在科研道路上的逐步成熟，祝愿其到上海财经大学读博一路顺利！高劲松同学的进步也很值得肯定，由于本硕专业跨度很大，相较而言基础比较薄弱，但关于数字经济对共同富裕影响的研究成果，能够在毕业前夕被《统计与信息论坛》录用，也确实是一件非常值得骄傲的事情。除此之外，也要感谢团队朱莉老师和刘必炜同学关于利用人类发展指数（HDI）分析平衡发展的工作，感谢廖晓叶同学在书稿格式修改做出的宝贵工作。

本书的出版离不开西南财经大学统计学院的支持，这些年学院为我提供了较好的工作环境，课程任务安排也比较合适，让我有充足的时间做点研究，学院还对本书的出版给予了部分经费资助。同时，还要感谢中国统计出版社的罗浩主任、荣文雅编辑和姜洋编辑，为本书的出版付出了很多宝贵的时间和精力。最后，我还要感谢我的家人，母亲这几年牺牲了自己的时间，一直在成都帮我们照看孩子，让我有了更多时间待在学校办公室里做点自己的事情，夫人杜敏敏博士这几年也一直在忙着读博，大部分时间都在学校看书、写论文，也让我自己有了很多独立的时间和空间。

由于共同富裕是一个长期的问题，其内涵和层次十分丰富，本书已有对共同富裕的多维统计测度问题研究，只能算得上是抛砖引玉，许多问题还有待进一步研究。一方面，需要同时在全国、省级和市级，系统构建起共同富裕水平的统计评价和监测体系，实现对各层级共同富裕推进进程的动态跟踪和反映；另一方面，在消除绝对贫困后，为防止规模性返贫，需要进一步巩固好脱贫攻坚成果，因而需要科学确定各地区细分城乡的相对贫困标准，并建立起有效识别具有较高脆弱性的相对贫困人员的机制，以实现精准帮扶；再者，实现“橄榄型”收入分配结构，关键是要扩大中等收入群体规模，在统计测度方面也需要对各地区中等收入群体规模展开识别和监测，分析扩中的影响，并着力建立促进扩中的政策体系；最后，传统的微观调查数据难以围绕经济活动的运动过程，勾稽起前后具有一致性的存流量指标系统，微观数据与宏观总量数据难以实现有机衔接，导致其无法导致无法客观反映经济增长所产生的"大蛋糕"是如何在全体国民之间进行分配的，由此需要进一步研究住户微观分配性收入核算问题，构建起更加科学的宏微观有效衔接的收入核算体系。未来，我们希望能够围绕上述统计测度问题持续深入探索，并产出更多研究成果。

彭　刚

2024 年 5 月于柳林诚正楼

前　言

实现共同富裕是中国特色社会主义的本质要求和根本目标,是人民群众的共同期盼。党的二十大报告强调,我们要实现好、维护好、发展好最广大人民根本利益,紧紧抓住人民最关心最直接最现实的利益问题,坚持尽力而为、量力而行,深入群众、深入基层,采取更多惠民生、暖民心举措,着力解决好人民群众急难愁盼问题,健全基本公共服务体系,提高公共服务水平,增强均衡性和可及性,扎实推进共同富裕。《中共中央关于制定国民经济和社会发展第十四个五年规划和二〇三五年远景目标的建议》提出,要“着力提高低收入群体收入,扩大中等收入群体”,到 2035 年“人均国内生产总值达到中等发达国家水平,中等收入群体显著扩大”。本书《迈向共同富裕的多维统计测度研究》,尝试围绕共同富裕统计测度问题展开一定研究,旨在监测共同富裕在不同维度下的推动进程,为促进共同富裕政策制定提供一定基础数据支撑。

本书包括上、中、下三篇,共十二章内容。尽管上、中、下三篇内容的侧重点有所不同,但都始终贯穿共同富裕统计测度这一主线。上篇主要是基于人类发展指数(以下简称 HDI)这一国际公认度量发展的标准,首先分别测算各省及分城乡的人类发展水平,然后据此进一步测度省级层面的地区间和城乡间的发展差距,最后对相应的测算结果展开了一定分析。中篇主要是构建了城市层面的共同富裕综合评价指标体系,测算了 279 个地级及以上城市 2013—2020 年共同富裕发展指数,并对测算结果的时空演化和贡献分解进行了分析,进一步探究了最低工资标准和数字经济发展对城市共同富裕水平的影响。下篇主要围绕群体差距展开了测度研究,聚焦省级层面低收入群体,首先测算了各地区低收入群体规模和比重,然后对低收入群体比重变动进行分解,并探讨了提低扩中的重点问题,最后分析了低收入群体的影响因素。

本书各部分主要研究内容和结论如下：

上篇为基于 HDI 的省级平衡发展和城乡发展差距的统计测度研究，包括前四章内容。第一章主要介绍了 HDI 的理论基础和测度方法，HDI 主要是从生活水平、教育程度和健康三个维度衡量人类发展水平，其传达了经济发展不是唯一重心、经济社会等协调发展才会提升人类发展水平等信息，且具有含义清晰、计算简单等优点。第二章编制测算了全国和省级层面的 HDI，并据此分析了我国省级平衡发展状况，测算结果显示，从 1990 年到 2021 年，中国人类平衡发展指数的区域差异和四大区域内部之间差异均持续缩小。第三、四章首先分别编制了各省份城镇和农村 HDI，然后据此测算了城乡发展差距，并对其时空演变和动态结构变化进行了分析，最后分析了相应的影响因素，以为缩小城乡差距提供一定政策参考。

中篇为城市层面共同富裕水平的统计测度与分析研究，包括第五至八章内容。第五章为中国城市共同富裕水平测算研究，通过富裕水平和共同水平两个维度共四个二级指标，构建了城市层面共同富裕的综合评价指标体系，并据此测算了 2013—2020 年 279 个地级及以上城市的共同富裕水平。第六章分析了中国城市共同富裕水平时空演变特征，结果显示在研究时期内共同富裕及其各维度总体上呈逐年上升的趋势，共同富裕水平及其各维度存在收敛特征，且具有显著的空间聚集性，城市共同富裕层次存在流动性相对较低的问题。第七章探究了最低工资标准对共同富裕的影响，发现当最低工资标准处于工资收入分布的第 25 到第 30 分位数区间内，其能够最大效果改善共同富裕，中国各地区最低工资标准有效缩小了收入差距，但抑制了收入水平的提升，随着最低工资标准的不断优化，2019 年起总体上促进了共同富裕水平提升。第八章探究了数字经济对共同富裕的影响，研究发现数字经济整体上可有效推进共同富裕，但对共同水平的影响并不显著，城市层面数字经济发展对共同富裕存在三条路径，经济发展水平和城镇化水平的提高将加速路径转化，进而增强城市数字经济对共同富裕的赋能效果。

下篇为省级低收入群体的统计测度与分析研究，包括第九至十二章内容。第九章为中国省级低收入群体测算研究，提出了满足相对性、动态性、可比性和多元性的低收入群体界定方法，更科学、合理地测算了各地区低收入群体标准，针对性处理不同数据缺失类型下的收入分布拟合问题，首次全面测算 2000 年以来各省份低收入群体比重。第十章对各地区低收入群体规模与结构、发展成果共享程度以及低收入群体减半目标与实现时间展开了分析，发现我国仍存在规模庞大的低收入群体，其经历了先扩张后缩小的演变趋势，整体呈现东低西高、东增西减的变动格局，2035 年实现绝对标准下的低收入群体减半目标则更为可能。第十一章探究了低收入群体比重变动分解与提低重点问题，发现低收入群体在经济发展成果分配的共享程度提高，是新时代以来低收入群体减少的主要原因，实质性推动共同富裕，应重点关注中、西部“高位扩张”与扩中动力不足地区的提低，以及东部地区低收入群体逆向扩张等问题。第十二章探究了低收入群体影响因素，经济持续健康发展仍是提低扩中的重要前提，脱贫攻坚政策提低扩中效应突出，产业升级、城镇化、政府支出等对结构升级具有推动作用但扩中效应不足，在数字经济发展进程中应关注数字鸿沟问题。

目　录

上　篇

第一章　人类发展指数的理论和测算方法 …… 3

第一节　HDI 的理论基础 …… 3

第二节　HDI 测算方法的改进与应用 …… 6

第三节　HDI 的意义和评价 …… 13

第二章　基于 HDI 的中国地区平衡发展统计测度与分解 …… 16

第一节　人类平衡发展指数的构建 …… 17

第二节　中国人类平衡发展分析 …… 24

第三节　人类平衡发展的动态演进趋势 …… 38

第四节　中国人类平衡发展区域差异分析 …… 46

第三章　基于 HDI 的省级城乡发展差距测度与分析 …… 52

第一节　研究现实意义与价值 …… 52

第二节　省级城乡人类发展指数的编制 …… 56

第三节　省级城乡发展差距时空演化分析 …… 69

第四章　中国省级城乡发展差距的影响因素分析 …… 88

第一节　中国省级城乡发展差距影响因素分析的模型建立 …… 88

第二节　中国省级城乡发展差距影响因素分析的实证检验 …… 93

中　篇

第五章　中国城市共同富裕水平测算研究 …… 105
　第一节　研究背景 …… 105
　第二节　文献综述 …… 106
　第三节　城市共同富裕水平的统计测度 …… 109

第六章　中国城市共同富裕水平测算结果与时空演变分析 …… 115
　第一节　总体测算结果与基本分析 …… 115
　第二节　城市共同富裕水平时空演化分析 …… 118
　第三节　共同富裕各维度贡献分解 …… 125
　第四节　相关结论与建议 …… 129

第七章　最低工资标准对共同富裕的影响 …… 132
　第一节　研究意义与价值 …… 132
　第二节　最低工资标准影响共同富裕的理论逻辑 …… 136
　第三节　实证设计与数据来源 …… 142
　第四节　最低工资标准与共同富裕:基准分析与思考 …… 146
　第五节　城市现代化、最低工资标准与共同富裕 …… 154
　第六节　结论与启示 …… 160

第八章　中国城市数字经济发展对共同富裕的影响与分异 …… 162
　第一节　研究背景与价值 …… 162
　第二节　理论分析与研究假设 …… 164
　第三节　实证研究设计 …… 168
　第四节　实证结果分析 …… 173
　第五节　基于有限混合模型的异质性研究 …… 178
　第六节　研究结论与政策建议 …… 183

下　篇

第九章　中国省级低收入群体测算研究 ………………………… 189
第一节　研究背景和意义 ………………………………………… 189
第二节　低收入群体内涵与界定标准 …………………………… 190
第三节　低收入标准及群体测算方法 …………………………… 198
第十章　各地区低收入群体测算结果与分析 ………………… 212
第一节　各地区低收入群体规模与结构分析 ………………… 212
第二节　各地区低收入群体发展成果共享程度分析 ………… 219
第三节　低收入群体减半目标与实现时间分析 ……………… 226

第十一章　低收入群体比重变动分解与提低重点问题 ……… 230
第一节　低收入群体比重变动分解方法 ……………………… 230
第二节　低收入群体比重变动分解结果与分析 ……………… 234
第三节　提低扩中重点问题讨论 ……………………………… 237

第十二章　低收入群体影响因素分析 ………………………… 241
第一节　模型设定与变量选取 ………………………………… 241
第二节　回归结果与分析 ……………………………………… 243
第三节　研究结论与建议 ……………………………………… 252

参考文献 ………………………………………………………… 257

上篇

第一章 人类发展指数的理论和测算方法

1990 年，联合国开发计划署（United Nations Development Programme，简称 UNDP）在《人类发展报告 1990》中首次对"将增长作为衡量进步的首要因素"这一做法提出了质疑，并提出了具有前瞻性的人类发展指数（Human Development Index，简称 HDI）作为 GDP 的替代指标。

第一节 HDI 的理论基础

HDI 从生活水平、教育程度和健康三个维度衡量各国社会、经济、人类发展程度，这一统计指标体系是国际公认的用于衡量人的发展水平的最重要的指标体系，能够较为全面且简练地涵盖人类发展水平的各个层面，刻画反映人的实际发展水平，具有典型性（UNDP，1990）。

一、发展观念的演变

长期以来，人类发展一直是学者们高度重视的问题，促使学者们不断地探寻测度人类发展水平的指标和方法。从人类发展的进程来看，在不同的发展阶段，人们对"发展"的理解有所不同，衡量人类发展水平的指标和方法也有所不同。

第二次世界大战后，人们从历史的反思中，不断深化了对发展理论的探索和研究，促进了发展观的演进。这种演进大体上经历了三个阶段：一是 20 世纪 50—60 年代，以经济增长为核心的传统发展观占据主导地位，几乎将发展等同于经济增长；二是 20 世纪 70—80 年代，经济和社会综合发展观逐渐成为主流；三是 20 世纪 90 年代以来，联合国提出了"人类发展"的概念，形成了以"人类发展"为核心的现代发展观。

(一)强调“经济增长”的发展观

20世纪50—60年代,人们认为“发展”就等于“经济增长”,即为“经济增长观”阶段,当时的发展经济学家并没有把“发展”与“增长”两个概念区别开来,而是接受了刘易斯的经济发展等同于经济增长等西方学者的经济发展思想,单纯地追求经济总量和人均经济产量的增加。为了反映人类经济活动的全貌,美国著名经济学家西蒙·库兹涅茨于1930年首先进行了关于国民收入核算问题的研究,进而提出了用国内生产总值(GDP)来定义一个国家或地区的经济发展。在此之后,国际学界关于人类社会发展的研究主要关注于经济增长方面,而对于人类社会综合发展的整体测度研究较少。如在20世纪60年代,经济学家就习惯于用人均国民生产总值增长率来代表一国的发展能力,当时发展就被定义为一个国家或地区的国民生产总值年增长6%左右的能力(Chenery,1981)。过去的人类发展实践证明,在许多第三世界国家尽管实现了经济的快速增长,但大多数人的生活水平却并没能获得改变,经济增长的利益没有惠及社会的所有阶级和群体。相反地,贫困人口的数量依然在快速增加。因此,仅以经济增长作为衡量人类发展水平的指标远远不能够反映人类发展的真实面貌。

(二)强调“经济社会同时关注”的发展观

20世纪70—80年代,部分拉美国家虽然实现了经济增长,但却同时面临社会腐败、分配不均、社会动荡等问题,引发了人们对经济增长之外的社会发展的关注(张美云,2016)。随着社会经济的发展与科学技术水平的提高,很多经济学家发现,GDP的增长并没有带来所有社会群体和阶层的生活水平改变,并且贫困人口反而呈现了增长趋势。因此,一些经济学家提出,发展不仅应关注经济的增长,还应该重视人口、贫困、失业和收入不平等问题(Harris和Todaro,1970)。各国人民的发展目标开始从单一地追求经济发展速度与规模,转向对于发展质量的要求提高。强调社会变革的发展观认为:发展是建立在经济增长基础之上的社会结构变迁的过程,是经济增长和社会变革的统一,是发展中国家的社会制度、经济体制和社会组织形式由传统向现代转型,实现社会结构要素(经济、政治、文化、社会)和谐发展的过程,是一种循序渐进的运动,是一种朝向更现代化、更科技化和更经济化的先进社会运动。

（三）强调"以人为核心"的发展观

到了20世纪90年代之后，随着发展思想单从经济增长为核心转向突出"以人民为中心"（翁寒冰，2018），促进人的全面发展（中共中央宣传部，2021），发展目标逐步从经济主导扩展为民生福祉的追求，立足于满足人的需求，着眼于充分发挥人的积极性，这样的发展才是健康、可持续的发展。UNDP在《人类发展报告1990》中明确界定了人类发展的内涵，报告中指出："发展是指人类的发展，目的是扩展人们的可行能力，在发展的各个层面上人们有三个最基本的选择：过上长寿且健康的生活，能够获取知识，以及获得体面的生活所必需的资源。如果这些最基本的选择都不能获得，那么很多别的机会也就很难得到"（UNDP，1990）。与第一阶段相比这一阶段的发展观更全面、更成熟，它表明了人们对发展的内涵已经从单一性和片面性向多样性和全面性拓展。

二、HDI的理论起源

发展的含义日渐科学化、合理化，学者们对于发展水平以及进一步进行发展差距的度量也都基于发展的要素展开，但尚未形成测度的统一标准。HDI作为一个可变的动态开放的体系，多年来在经济学研究中占据重要地位，已经得到了国内外学术界的广泛关注和认可，并且沿用至今。

HDI最初是在1989年由巴基斯坦经济学家马布布·乌尔·哈克（Mahbub ul Haq）提出，目的是反映各个国家人民的生活福祉水平，1990年联合国开发计划署发布第一份《人类发展报告》，在报告中使用了HDI来分析各国的人类发展福祉。作为HDI首次提出的指导者，Haq创立了较为完整的人类发展理论，他认为，人类发展应该包括经济社会领域的多项内容，其中收入、健康和教育三个指标可以反映人类发展的主要方面。通过对原始数值的标准化转换和赋予等同权重，可以使HDI成为一个较好的衡量经济社会发展的综合指标。他还指出，HDI的构成维度随着时间的变迁是动态的和开放的，应该基于不同的时间研究影响人类发展的不同因素（张美云，2016）。

Sen吸收了Aristotle和Kant等早期哲学家的理论和Smith、Ricardo、Marshall尤其是Marx的思想，兼顾功利主义对人类福利的兴趣和自由主义对人选择过程和行动自由的关注，提出了基于广泛信息基础的可行能力理论，关切并强调了人的主观能动性。可行能力理论是HDI的基础理论依据，它为HDI的创建提供了人本思想的参考。Sen受到马克思人本主义思想的影响，继承了马克思对人的"自由"的理解,以此提出了可行性理论,可行能力理论主要有注重人的可行能力开发、强调社会保障体系的重要性、强调人的实质性"自由"和对物质增长和发展进行区分四个主要的方面(Sen,1982)。HDI 指数体系充分融合了 Sen 关于人类发展的可行能力理论思想,它强调人在社会发展中处于中心位置,强调人的多维发展,强调人类发展就是要以人为本,强调发展的目标是实现一个人们有一定的教育基础、可以身体健康、体面地生活的环境,分别对应 HDI 指标体系里的教育指数、寿命指数和收入指数。UNDP 编制的 HDI 在生命健康、教育水平和体面的生活三个维度上综合评估人类发展状况,由于其计算的综合性以及实用性,HDI 逐渐成为世界普遍流行的评价人类发展程度的重要指标。

随着人类发展观念的不断演变与"发展"内涵的不断拓展,测度人类发展水平的指标已经从人均 GDP、人均 GNI 等单一指标转向了绿色 GDP、生活质量指数(PQLI)、真实进步指数(GPI)、社会进步指数(ISP)和人类发展指数(HDI)等多维人类福祉指数。其中,人类发展指数(HDI)继承了 PQLI 的最大值和最小值的合理之处并在成人识字率、1 岁婴儿的期望寿命和婴儿死亡率三个指标的基础上,将人均 GDP 纳入考虑范围,拓展了评价经济发展的维度。这个人类福祉综合评价指数影响最大、应用最广,现已成为了评价一个国家或地区综合发展水平的重要手段之一(Sanusi,2008)。

第二节　HDI 测算方法的改进与应用

发展这一概念被更广泛地延伸到了"人类发展水平"这一层面。著名经济学家阿玛蒂亚·森,提出了"可行能力理论",该理论认为,发展应被视为人们可行能力的最大满足和自由的拓展行为。所以,人类的发展还应当包含两个方面:一是基本生活质量;二是知识和技术的提高(Sen,1982),这一理念受到国际学界的普遍支持。1990 年,在阿玛蒂亚·森的倡导下,联合国开发计划署(UNDP)首次发布了 1990 年度的《人类发展报告》(Human Development Report),报告在健康、知识、体面的生活水平这三个维度的基础上构建了衡量人类发展水平的综合指数——人类发展指数(HDI)。

一、HDI 指标体系的构成与改进

(一)HDI 的初始构成

人类发展的目标是为了扩大选择过某种生活的自由度以及提高生活水平,所以人类发展强调以人为中心是发展的最终目的,可以从健康长寿、知识获取和体面的生活三个维度(三个维度分别简称为寿命、教育和收入)反映人类发展水平的主要内容(Ul Haq,1995)。正是基于上述背景,UNDP(1990)认为,人既是发展的手段也是发展的目的,在构建人类发展综合评价指数时必须包含手段和目的两个方面。其中,健康长寿和知识获取两个维度属于人的能力的形成,体面的生活是衡量人们在利用其能力方面的选择的代表性指标。UNDP(1990)选择三个维度的衡量指标具体如下:

1. 健康长寿(寿命),利用出生时的平均预期寿命衡量。预期寿命的重要性在于人们普遍认为长寿本身是有价值的,并且各种间接好处(如充足的营养和良好的健康)与较高的预期寿命密切相关,这种联系使预期寿命成为人类发展的一个重要指标。

2. 知识获取(教育),在《1990 年人类发展报告》中是由成人识字率表达的。识字率是接受教育机会的一个真实反映,是一个人学习和知识建设的第一步,因此将识字率作为了衡量人类发展的一个指标。但识字率只能够粗略地反映教育机会、教育效果等情况,故随即在 1991 年,将平均入学时间纳入知识维度,由两个分指标合成表达。

3. 体面的生活(收入),利用购买力评价调整的人均 GDP 的对数衡量。要想简单地衡量人们是否具有体面的生活水平并不容易,因为它需要获得土地、信贷、收入等方面的数据,其中最容易获得数据的是收入,人均收入具有广泛的全国覆盖面。由于存在不可交易的商品和服务,以及汇率、关税和税收等问题,以名义价格计算的人均收入不便于国际之间的比较。按购买力平价对人均 GDP 进行调整,这可以更好地反映人们购买的商品和掌握的资源所达到的体面生活水平的相对能力。最后,考虑到收入转化为人的能力的收益是递减的,体面的生活这一维度最终采用了实际人均 GDP 的对数来衡量。

《1990 年人类发展报告》使用的三个变量是平均预期寿命、成人识字率和人均 GDP(PPP$),使用上述三个变量时,主要依据的是 1987 年的统计数据。不同国家的平均预期寿命和成人识字率基本处于相同数量级之上,平均预期寿命最低的国家是阿富汗、埃塞俄比亚和塞拉利昂，均为 42 岁，最高的国家的平均预期寿命接近 79 岁，高低比例不超过 2∶1；就成人识字率而言，最低的国家是索马里，为 12%，最高的国家的成人识字率超过 99%，因而高低比例约 8∶1。相较之下，人均 GDP 的高低比例就要大得多，按名义汇率计算，最高与最低国家（地区）之间人均 GDP 的比例为 275∶1；按购买力平价法（PPP $）计算，高低之间的比例也达 57∶1。为此，《人类发展报告》将各个国家的人均 GDP（ PPP $ ）作了对数处理。最终，采用简单算术平均对三个维度的指数进行合成得到人类发展指数。

UNDP 指出，基于以上三个核心维度的简单算术平均构建的人类发展指数 HDI 只能反映人们的少数选择，遗漏了人们可能高度重视的其他选择，因此人类发展指数 HDI 有其局限性。UNDP 在后续的人类发展报告中对其进行了一些相应的改进和完善，比如指标选择的改进、测度方法的改进、辅助指标的增补等。

（二）HDI 的探索改进

自 1990 年以来，UNDP 大大小小十多次修订 HDI 的测度方法，以使结果更加科学合理，并在 2010 年对其进行了一次重大革新，直至现在呈现出最新的 2021—2022 年的版本。HDI 逐步反映了人类发展过程中的基本诉求，摒弃经济是唯一重心的理念，只有经济社会协调发展才能够提升人类整体发展水平（张美云，2016）。HDI 的编制和发布逐渐得到了各国政府和国际学界的认同，并产生了巨大的国际影响力。

在指标选取上，1990 年的人类发展指数的指标选取遵循了当时经济社会发展阶段的基本特征，一级指标为健康长寿的生活、知识和体面的生活水平，二级指标为平均预期寿命、成人识字率和人均 GDP 的对数。从 1991 年起，健康长寿和生活水平的二级指标一直维持相对稳定，但 1994 年以后，知识维度的指标由原先的一个指标拓展为了两个指标：成人识字率和平均受教育年限。在 1995—2009 年期间又做了调整，将其中的平均受教育年限改为了综合毛入学率。自 2010 年经过较大的修订之后，教育水平就以平均受教育年限和预期受教育年限两个指标替代了成人识字率和综合毛入学率，至今 UNDP 发布的最新版 2021—2022 年 HDI 编制技术标准[①]依然沿用了这两个指标。关于体面的生活水平的二级指标，

① Human Development Report 2021—22：《Uncertain Times，Unsettled Lives：Shaping our Future in a Transforming World》，https://hdr.undp.org/sites/default/files/2021—22_HDR/hdr2021—22_technical_notes.pdf.

1990—2009 年都使用人均 GDP 的对数来表示，2010 年为了能更加真实地反映居民的生活水平，用人均 GNI（按照购买力平价法计算的美元收入）作为人均 GDP 的替代，但仍然采用其对数形式。健康长寿的生活这个维度一直使用平均预期寿命作为代表性指标。

在阈值确定上，1994 年以前预期寿命的临界值均根据不同国家数据集来确定，但这容易造成一国数据影响另一国数据的问题，因此从 1994 年开始设置为固定临界值，2010 年起将这个标准采取折中的方式，即以 1980—2010 年各国实际观察值的最大值和最小值作为阈值。最新版的 HDI 将预期寿命最大值定为各国人口出生时的最高预期寿命 85 岁，这是许多国家过去 30 年来的现实目标，最小值则定为 20 岁，理由是 20 世纪没有一个国家的出生预期寿命低于 20 岁。预期受教育年限和平均受教育年限的最小值均为 0，最大值分别为 18 和 15，且历年来变动均不大。人均 GNI 最低值为 100，最高限额为 75000，Kahneman 和 Deaton（2010）表明，人均年收入超过 75000 美元，对人类发展和福祉几乎不再增加。

为了解决特定维度内的不平等，官方基于 Atkison（1970）的思路，提出了一种按照不平等调整的思路：根据一个不平等厌恶系数，按照各个维度的不平等分布水平对每个维度的原始值进行惩罚性的折算。不平等调整后的人类发展指数（IHDI）基于 Foster 等（2005）提出的一类对分布敏感的综合指数，该指数就是借鉴了 Atkinson（1970）的不平等测度族，它被计算为不等式调整的维度指数的几何平均值。IHDI 通过根据不平等程度“贴近”每个维度的平均值来解释人类发展指数维度的不平等。当人与人之间没有不平等时，IHDI 值等于人类发展指数值，但随着不平等的加剧，IHDI 低于人类发展指数，从这个意义上说，IHDI 衡量的是考虑到不平等时的人类发展水平。但是这一调整方法，它是主观假设了一个在一切国家和地区的任何时间都不变的不平等厌恶系数，没有考虑时空的差异性，诸多学者也是在此基础上生成不平等调整的新的人类发展指数（汪毅霖和张宁，2021）

1. 创建维度指标

首先，设置最小值和最大值是为了将以不同单位表示的指标转换为 0 到 1 之间的指标。这些目标分别充当“自然零”和“理想目标”，构成指标由此标准化具体设置如表 1.1 所示。

表 1.1 《2021/22 年人类发展报告》HDI 阈值设定

维度	指标	最小值	最大值
健康长寿	平均预期寿命	20	85
知识	预期受教育年限	0	18
	平均受教育年限	0	15
生活水平	人均 GNI(2017 PPP＄)	100	75000

资料来源:《2021/22 年人类发展报告》人类发展指数技术说明。

人类发展指数技术报告中说明将出生预期寿命自然归零为 20 岁的理由是基于历史数据,20 世纪所有国家的出生预期寿命均不低于 20 岁,出生时的最高预期寿命定为 85 岁,这是过去 30 年来许多国家的一个现实目标。由于生活条件不断改善和医疗进步,一些经济体的出生预期寿命已经超过或接近 85 岁:摩纳哥为 85.9 岁,中国香港(特别行政区)为 85.5 岁,日本为 84.8 岁;知识维度的阈值设定理由是社会可以在没有正规教育的情况下生存,这证明最低教育年限为 0 年是合理的。在大多数国家,预期受教育年限的上限为 18 年,相当于获得硕士学位。平均受教育年限的最高值为 15 年,是该指标 2025 年的预计最高值;人均国民总收入的最低值为 100 美元,这是有理由的,因为在接近最低值的经济体中,有相当多的未计量的非市场生产,而官方数据中没有这一点。最高限额定为人均 7.5 万美元的理由也已在上述内容中表明。目前,只有五个国家(列支敦士登、新加坡、卡塔尔、卢森堡和爱尔兰)的人均收入超过 75000 美元的上限。

在设定各指标的最小值和最大值后,指标计算如下:

$$\text{维度指标}=\frac{\text{实际值}-\text{最小值}}{\text{最大值}-\text{最小值}} \tag{1.1}$$

对于知识维度,首先将公式(1.1)应用于预期受教育年限和平均受教育年限两个指标中的每一个,然后取两个指标的算术平均值。使用这两个教育指标的算术平均值可以在预期受教育年限和平均受教育年限之间实现完美的可替代性,这看起来是合理的,因为许多发展中国家的成年人受教育程度较低,但非常渴望在学龄儿童中实现小学和中学的普遍入学。对于体面的生活水平这一维度,从收入到能力的转换函数可能是凹函数(Anand 和 Sen,2000),也就是说,每增加一美元的收入对扩大能力的影响较小。因此,对于收入,使用实际值、最小值和最大值的自然对数。

2. 指数合成

最初 HDI 的合成方法为三个一级指标赋予同等权重,各维度之间就存在完全可替代性(靳友雯等,2013)。为了体现 HDI 各维度的不完全可替代性,2010 年起 UNDP 采用几何平均替代算术平均进行合成,其计算公式为:

$$HDI = (I_{Heather} \times I_{Education} \times I_{Income})^{\frac{1}{3}} \tag{1.2}$$

其中,I_{Health} 为预期寿命指数,$I_{Education}$ 为教育指数,I_{Income} 为收入指数,三项指数均为对应指标的估算结果。

HDI 经过 30 多年的演变修改,至今在 2021—2022 年的编制标准中确定为四个指标构成的一个综合指数,反映人类发展的健康、知识及体面的生活水平三个维度,具体如图 1.1 所示。

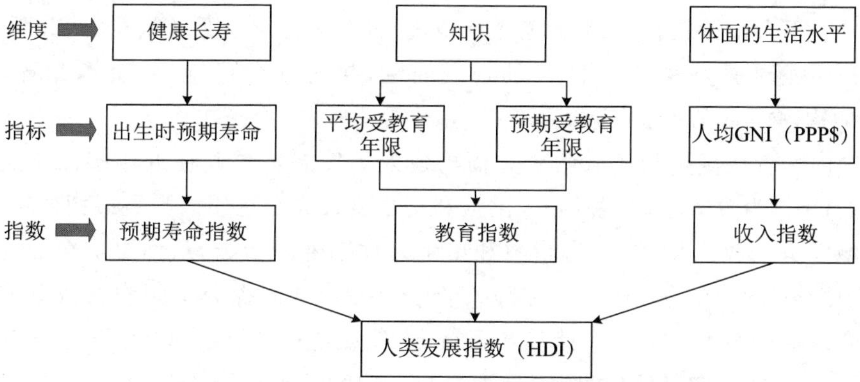

图 1.1　《2021/22 年人类发展报告》HDI 编制框架

二、HDI 的应用

HDI 提出后,UNDP 每年针对一个或者几个关键主题,确定当年人类发展报告的名称并进行相当深度的探讨。期间,UNDP 也陆续提出性别发展指数 GDI、性别赋权尺度 GEM、人文贫困指数 HPI 和其他一些福利指标等,作为对 HDI 的有益补充。伴随世界以及各国发展中出现的主要问题,UNDP 也越来越以更加开放和客观的视野,通过公布国别人类发展报告,发挥以人为中心、通过整合的指标和聚焦人类发展最基本的需求等来评价发展的功能。

许多学者将其应用到国别之间或一国内部,用来评价人类发展水平、进行地区差异比较等。如 Bardhan 通过对 34 个国家有关 HDI、GDI、GEI 的实证研究,提出 GDI 和 GEI 侧重考虑国家的政治结构和经济结构等正式制度,没有考虑性别偏见、非正式制度对人类发展的影响,建议对 GDI 和 GEI 进行调整。Grimm 基于国家内部的不平等视角,通过对 15 个国家的跨国实证研究表明,相比于发达国家,发展中国家内部尤其是非洲人类不平等程度较严重,而且收入差距明显高于教育和健康差距。Harttgen 和 Klasen(2010)的研究也得出了类似的结论,他们创新地提出立足家庭层面分析 HDI,并采用 15 个发展中国家的样本,研究发现越是人类发展水平比较低的国家,其教育和经济的不平等越需关注。

国内外关于 HDI 的研究成果主要体现在三个方面:介绍相关理论、研究测算方法以及实际测算、利用 HDI 进行政策评价。Morse(2003)对 UNDP 人类发展报告中的国家历年的人类发展指数进行了研究,发现伊朗等 5 个国家在过去二十多年中的排名发生了较大变化,认为可能与 HDI 计算方法的改变有关。Hicks(1997)基于 20 个发展中国家的样本,计算 HDI 三个维度的基尼系数,结果显示收入不平等不会维持较长时间,而教育和健康的不平等可能是长期的。Chakravaty(2003)还强调了一种广义 HDI 的福利属性,包含社会稳定性、资源和环境,与 HDI 的构建初衷保持了一致。

国内学者从城乡和区域两个方面构建人类发展指数并在近年多以拓展维度后的 HDI 作为分析基础,譬如,宋洪远和马永良(2004)运用人类发展指数法,估算出按城乡分的收入指数、教育指数和出生时预期寿命指数,从而更加全面地反映出中国城乡发展状况。林万龙和陈蔡春子(2021)共同探究中国农村改革四十年来城乡差距的变化趋势,并计算出国家层面城乡 HDI 值。以上研究虽有利用 HDI 这一工具,但都仅限于国家层面,对于省级层面城乡差距的研究非常缺乏。同样,苏红键(2021)在分析城乡福祉均等化的过程中,虽然细化到了省级层面的城乡发展研究,但将 HDI 的预期寿命指标改为了医疗情况指标,加入城乡人居环境差异指标进行调整,与 HDI 的编制存有较大差异。在关于区域发展不平衡的诸多研究中,人类发展指数的应用也是热度不减,从最初阶段只测度基于 HDI 的各地区综合发展水平及分项发展差异(田辉等,2007),再到现阶段更新分解差异的方法(胡鞍钢等,2018),提出针对 HDI 的本土化替代方案,研究地区差距格局演变及相应的影响因素实证分析(李晶和李晓颖,2012;孙冀,2018;王圣云等,2018;王圣云和姜婧,2020;刘呈军等,2020)。任栋等(2021a)在 HDI 框架下,编制了中国教育指数,并对中国各省的教育指数进行测算。除了人类发展指数,基于此,衍生的人类绿色发展指数也开启了初步探索的阶段(李晓西等,2014)。人类发展指数的应用愈发广泛且灵活,更好地适应了中国城乡和区域发展水平的测度。

人类发展指数提出时的研究对象多是国家这个层面,经过演变和发展很多国内学者把他用来研究中国国家内部人类发展问题,为发展研究提供了新思路。王圣云和姜婧(2020)测度了中国八大区域的人类发展指数值,并分析了人类发展的空间差异演变过程、空间差异的来源构成及其变化和驱动效应，发现中国人类发展指数的地区差异稳步减小，而且我国人类发展指数区域差异趋于缩小的主要原因是收入指数差异的缩小。任栋等(2021b)基于人类发展指数框架新增了民生和可持续发展维度，选用耦合协调度模型进行各省份系统内各指标协调度的研究分析，探究2000—2017年中国各地经济社会协调发展状况并利用空间计量模型分析省际协调发展情况，研究发现各省份协调度逐年稳步提高，但整体仍存在较大上升空间。上述的各项研究都具有一定的代表性和借鉴性，为探索中国内部发展不平衡的成因和提出相应的解决方案以实现区域协调发展和城乡融合发展开辟了新道路。

第三节 HDI的意义和评价

UNDP提出的HDI反映了人类发展过程中的基本需求，传达了经济发展不是唯一重心、经济社会等协调发展才会提升人类发展水平等信息且具有含义清晰、计算简单等优点。限于HDI的三个一级指标没有包括公平、政治和环境等维度，UNDP在每年的人类发展报告中逐渐增加性别发展指数、对个人福利的主观感受等福利指标，丰富并拓展了人类发展的内涵。所以，人类发展报告公开研究内容、评估国别发展、协助公共交流和促进区域良性竞争等方面的作用越发得到公认。

一、关于HDI的正面评价与意义

由于指标体系与计算方法的简洁性特点，HDI得到了政府机构、政策制定者和研究人员等的广泛关注，已成为比较各国之间经济与社会发展成就的重要指标之一。HDI创始人之一Jahan(2002)认为，HDI在应用方面取得了五项显著的成就：(1)说明了收入并不是人们生活的全部，人均GDP等单一指标作为测度人类发展的手段有其明显的片面性和局限性；(2)能够促使国家之间展开良性健康的竞争，由各国HDI的排名可以了解到其他国家的发展程度，从而借鉴其发展经验对本国的不足进行改革；(3)已经成为各国认可的有力公共宣传工具，由此所引发的政策争论将对人类社会的进一步发展具有促进作用；(4)HDI指数值的获得首先需要系统可靠的数据，这在数据收集过程中促进了数据筛选与评价方法的不断创新；(5)HDI本身的不断改进过程促进了统计科学研究。

同时，HDI也已成为实践中政策决策制定的重要参考依据。正如Jahan(2002)所强调的，HDI引发的政策变革包括：政府更注重全面审视该国的发展战略、回顾该国的优先发展领域、评价该国的资源配置模式，并引导这些行为都趋向于人类基本关注的问题。除上述进步外，HDI 引导人类迈向良性的发展循环。长期以来，经济增长被视作改善人类健康水平和提高受教育程度的物质基础。但越来越多的最新研究表明人均真实国内生产总值的增幅反而更多地得益于人类更长的寿命、更高的人类教育水平。可见，教育和健康水平的提高与经济增长是互相促进的。HDI 正是揭示了这一动态关系（胡锡琴，2007）。此外，在收入水平既定的情况下，有关公平收入分配、平等及消除贫困的政策是非常重要的。这是因为在经济增长和人类发展之间绝没有必然联系。社会的福利状况主要取决于收入的使用方向而非取决于收入水平本身。现实中，在相当高收入水平的国家可能呈现出不佳的人类发展水平，而在一些中等收入水平的国家却有着高水平的人类发展。HDI 的分项指标，如寿命预期和受教育程度有助于评判一国在将经济增长转化为人类福利方面的有效性（胡锡琴，2007）。因而，HDI 的重要政策启示包括：发展的经济层面和社会层面同等重要，它们之间的相对关系取决于一国的实际国情；通过 HDI 三个指标，能够揭示出发展的社会维度和经济维度是否处于均衡的状态，从而指明一国迈向良性发展的路径（胡锡琴，2007）。

二、关于 HDI 的负面评价

HDI 自提出以来，就受到社会各界的关注，但也因指标选择范围、阈值设定、各指标相等权重分配等原因受到质疑。包括诺贝尔经济学奖获得者阿马蒂亚·森（2002）也曾对 HDI 的合理性产生怀疑说“我希望自己不是反对人类发展指数的”。胡锡琴等（2007）总结了有关 HDI 在指数构成和技术质量两方面的争议。其中，对指数构成的批评，Noorbakhash（1998）指出：(1)维度方面：认为 HDI 只选择了发展的三个维度而忽略了其他重要的因素是武断的；(2)注意力方面：认为 HDI 可能将人们的注意力从推进经济增长的中心任务上转移开；(3)附加值方面：与人均国内生产总值的指标相比，HDI 附加值如何衡量不确定。对技术质量的批评，主要是质疑 HDI 的技术质量。主要的观点有：(1)指标衡量批评：认为 HDI 所选指标的计算方式是武断的；(2)权重批评：认为在计算 HDI 时给予三个指标同等权重是武断的；(3)国内生产总值的调整的批评：认为 HDI 有关收入的调节方法是有问题的，主要在于通过对数计算的方法，越高的人均真实国内生产总值通常产生越低的 HDI 价值（Luchters 和 Menkhoff，2000）。阈值确定、数据质量等客观性和说服力也需要推敲（张美云，2016）。

然而，毋庸置疑的是 HDI 的内涵是非常丰富而翔实的，是目前衡量发展水平最佳的综合指标。HDI 最大的优势正是概括了人类发展最基本的目标,反映了一国国民的情况,尤其体现了最重要的维度,即人类自身的发展,同时着眼于发展内涵高度的广泛性,如教育与经济发展水平。因此不少学者依然选择采用最具深远影响的人类发展指数 HDI 来衡量综合发展水平。但 HDI 如何与环境和可持续发展进行结合是值得人们仔细推敲的。因此,学者们对 HDI 进行了大量的改进和完善,比如纳入不平等、环境等因素重新构建人类发展指数指标体系(Liu 等,2021),基于主成分分析、数据包络分析等方法设置分项指数的权重(Noorbakhsh,1998;Hatefi 和 Torabi,2010)。

第二章 基于 HDI 的中国地区平衡发展统计测度与分解

习近平总书记在党的十九大报告中指出："中国特色社会主义进入新时代，我国社会主要矛盾已经转化为人民日益增长的美好生活需要和不平衡不充分的发展之间的矛盾。"可见，发展不平衡是一个重要的时代课题，它同时也是学术界的关注重点。而地区之间的发展不平衡是我国发展不平衡不充分的突出反映，又由于受到经济重心转移、区域发展政策倾斜、产业结构优化升级、劳动力的转移和经济结构调整等多种因素的影响，导致了这种不平衡存在着一种越来越严重的走势（刘学良等，2022）。发展不平衡的存在对于先进地区和落后地区都有一定的影响，它会导致相对落后地区有可能面临陷入低水平发展陷阱的危险。甚至，还有可能引发地区性潜在的财政风险和出现社会风险的积聚。同时对于相对领先的地区，由于"虹吸效应"的存在会产生经济和人口的过度聚集和集中的现象，物极必反，人口和资源要素的过度集聚产生经济和人口空间分布的不平衡问题，这样会进一步引发更加严重的经济环境破坏和社会交通环境破坏等问题（柳卸林等，2022）。发展不平衡不仅仅是存在于地区之间的经济发展水平，在福利水平、寿命和教育等其他方面，也出现了不同程度的差距。我国已进入新发展阶段，全面贯彻创新、协调、绿色、开放、共享的新发展理念对于我们党和国家在新时代新阶段谋求新发展来说是举足轻重的，协调是持续健康发展的内在要求，是针对解决发展不平衡的问题的重要指导方针，协调发展就包括了要统筹全面发展，也要求我们全方位重视发展不平衡的问题（项久雨，2021）。与此同时，我国是一个以马克思主义为主要指导思想的国家，而马克思主义追求的根本价值目标，是实现人的自由而全面的发展，因此关注发展平衡问题时不能仅看经济水平的发展，也应该关注人类发展的不平衡问题。

第一节 人类平衡发展指数的构建

本节首先介绍人类平衡发展的内涵,然后对于人类平衡发展指数的编制思路做一个详细的介绍,最后对于统计测度过程中的数据处理和计算方式做一下简短的说明。

一、人类平衡发展的内涵及其衡量方式

人类平衡发展与人民对美好生活的向往相应,改革开放以来人民生活水平提升,医疗卫生和教育条件得到极大改善,人们对于生活福祉的追求由"数量"慢慢转变为"质量"。人类发展不平衡是横向的,体现为不同地区的发展差距。中国地大物博,各区域间资源禀赋与储备具有差异化,同时各区域人类发展起步与发展模式千差万别。基于中国国情与国家中长期战略发展目标,参照孙志燕(2019)对于区域平衡发展的定义提出人类平衡发展定义,人类平衡发展的内涵可以理解为包括发展结果、发展能力及发展机会的空间平衡,三个维度分别对应最高要求、基本要求与底线要求。实现人类发展平衡要尤其关注上述三方面的平衡,特别是能力与机会的平衡。

首先,是人类发展结果的空间平衡。一个地区人类平衡发展的表现是该地区的各个分区能够共享人类发展成果,但不是所有分区平均分配,而是以分区人口为权重来公平分配,让落后地区的发展跟得上,促使人类发展资源在空间聚集的趋势和人口流动的趋势一致。

然后,是人类发展能力的空间平衡。各区域所处的地理位置不一样,拥有人类发展相关的资源要素不同,人类发展能力存在很大差异。区域的人类发展能力是综合性的,包括诸如区域经济发展、教育资源分配和医疗卫生等方面的能力,如果各区域间在这些能力方面存在较大的差距,可以通过政府出台相关的政策来进行调整。由于不同的地区组合间的人类发展能力差距都不一样,所以无法采用全部统一的政策,需要因地制宜以不同区域间的差距实际情况针对性出具政策,改善落后地区的人类发展情况,使得人类发展资源能够更加合理分布,避免资源聚集导致的负面发展影响。

最后,是人类发展机会的平衡。不同的地区有着不同的地理分布,也就有不同的人类发展资源,人类发展进步的方式和道路都不同,但是无论客观条件如何影响,各地区都应该享有平等的人类发展权利。由于多种影响因素的共同作用,

一些地区的人类发展情况相对于其他地区而言较差，不能因为人类发展现状不好就不承认这些地区的人类发展潜力。在进行政策修订时，要充分考虑各个地区的发展潜力，保证公平性原则，各地区都能平等发展。

二、人类平衡发展指数的编制思路

UNDP 公布的 HDI 由三个分项指数组成，分别是收入指数(II)、寿命指数(LEI)和教育指数(EI)，它们分别表示人类的生活物质水平、健康状况和知识文化水平。

人类发展指数的计算方式总共分为三步：首先是测算出生预期寿命、平均受教育年限、预期受教育年限和人均国民收入这四个指标，然后利用这四个指标分别计算出收入指数、教育子函数和寿命指数这三个分项指数，最后将这三个分项指数合成为人类发展指数。这里的分项指数计算公式和 UNDP 官网发布的人类发展指数技术报告中一致，相关的其他计算公式将在下一小节详细说明。数据来源于历年《中国人口与就业统计年鉴》《中国教育统计年鉴》《新中国六十年统计资料汇编》和各省市地区《中国统计年鉴》等，各个指标的数据来源如表 2.1 所示，详细的数据计算说明在下一部分。

表 2.1　人类发展指数指标体系构成

总指数	一级指标	二级指标	指标属性		
			指标方向	标准化计算公式	数据来源
人类发展指数	健康	出生时预期寿命	正向	$\frac{\text{预期寿命}-20}{85-20}$	中国统计年鉴
	教育	25 岁以上成年人的受教育平均年限	正向	$\frac{\text{平均受教育年限}}{15}$	中国教育统计年鉴、中国人口与就业统计年鉴
		学龄儿童受教育预期年限	正向	$\frac{\text{预期受教育年限}}{18}$	
	人均收入	人均国民收入(GNI)	正向	$\frac{\ln(\text{人均}\,GNI)-\ln 100}{\ln 75000-\ln 100}$	中国统计年鉴、新中国统计资料六十年汇编

三、人类平衡发展指数计算方法

人类平衡发展指数是基于不平等调整之后的人类发展指数，测度人类平衡发展指数共分为测算人类发展指数、测算地区不平等系数和人类平衡发展指数计算这三个步骤，上一部分已经对如何计算人类发展指数做了一个概述，本部分将对这一个步骤做一个补充说明，并结合计算公式和文字解释来详细说明剩下来的三个步骤。

（一）计算方法

首先是测算人类发展指数，人类发展指数是由人民收入（II）、健康状况（LEI）和教育水平（EI）三个分项指数组合计算的，在由分项指数合成到人类发展指数时采用的是再取几何平均数的方法，如公式（2.1）。在2010年修订之前合成这一步骤使用的是算数平均数，经过修订后变为了几何平均数，主要差别是人类平衡发展指数考虑了三个分项指标之间的替代关系。例如，假设A地区的三个分项指数为0.1、0.6和0.5，B地区的三个分项指数为0.4、0.4和0.4，如果采用算术平均法合成，那么两个地区就有相同的人类发展指数，如果利用几何平均法来合成，A地区的人类发展指数就会小于B地区的人类发展指数。采用几何平均法，分项指数之和相同时，分项指数分布更均匀的地区有更高的人类发展指数，同时可以避免两个地区的各分项指数之间存在代替的关系，以一个高分项指数值补偿低分项指数值。

$$HDI=(II\times LEI\times EI)^{\frac{1}{3}} \tag{2.1}$$

收入指数（II）衡量一个地区在某段时间人民经济发展状况的指标，利用经过折算的人均GNI进行计算，它是一个比值指标，用地区的国民收入总值（GNI）除以地区的常住人口数目计算得到人均GNI，然后再利用历年的购买力平价折算（数据来自世界银行），使用比值的就是将地区的经济发展平摊到人民，可以更好的反映该地区某时段内人民的物质生活水平，如公式（2.2）所示。这里需要说明的有两点，首先是人均GNI的计算方式，由于人均GNI一般是国家水平的数据，省级的统计年鉴一般不会有这个数据，要获取省级的数据只能利用比值法，假设省级的人均GNI与省级人均GDP的比值和国家层面人均GNI和国家层面人均GDP的比值相同，利用其他三个可以获取的数据来估算省级人均GNI，详细的计算处理方式在数据处理说明小节里面，GNI、人均GDP与人口数据取自国家统计局发布的历年《中国统计年鉴》和各省统计局发布的历年各省级统计年鉴；其次，这里在进行收入指数的测算时，是对人均GNI等数据进行取了对数调整，原因是每一个分项指数都是对该人类发展的某方面的代理表示，而人均GNI到收入指数的转化能力很弱，即增加一美元对于收入指数的提升很小，因此使用对数值是为了扩大这一影响力。测算时进行标准化处理是为了保障收入指数在 0—1 之间，方便后续计算。

$$II=\frac{\ln(GNP)-\ln(100)}{\ln(75000)-\ln(100)} \tag{2.2}$$

出生时预期寿命的指标解释是，假设各年龄组死亡率保持现有水平，在同一时段出生的一代人，在一生里预计可以存活的寿命。寿命指数是反映一个地区某段时间内人民的健康状况的指标，用出生时的预期人均寿命(LE)来进行测算，进行标准化处理得到寿命指数(LEI)，进行标准化处理是为了保障寿命指数在 0—1 之间，方便后续计算，如公式(2.3)所示。这里的出生时预期人均寿命指标计算复杂，需要用到大量的数据，国家统计局会在《中国统计年鉴》中公布普查年份各个省份的预期人均寿命，其他年份的数据利用这些数据插值可得。

$$LEI=\frac{LE-25}{85-25} \tag{2.3}$$

教育指数反映的是一个地区某段时间人民的受教育状况的分项指数，由平均受教育年限和预期平均受教育年限组成。平均受教育年限是在一定时期内某个区域的人接受学历教育的平均总年数，这里说的学历教育包括成人学历教育等相关可以拿到文凭的教育，但是不包括各种没有文凭的培训。样本群体是该地区 25 岁以及 25 岁以上的群体，以他们的受教育年限均值作为该地区的平均受教育年限。预期受教育年限是某地区人民预计的一生能够获得的接受正规教育的平均年数，样本群体是 5—24 岁这个年龄段的人，刚好是处于这个年龄段的小学到大学学士或者硕士的在校学生，以他们的预期受教育年限作为该地区的预期受教育年限。这两个指标分别反映了该地区某段时间人民的受教育水平现状和未来受教育程度，人均受教育年限(MYS)计算如公式(2.4)所示：

$$MYS=\frac{\sum_{i=1}^{n}P_iE_i}{P} \tag{2.4}$$

其中，P_i 表示涵盖了小学和初中这九年义务教育，以及高中、大学本科、硕士研究生的在校人数；E_i 表示某个学历对应的受教育年限，一般我们说某人是什么学历，表示他完成了这个学历的所有教育课程，经历了完全的教育年限，因此这里各个学历对应的是该学历的最高受教育年限，比如小学学历就取 6 年，取值为 6；初中学历表示接受了 9 年义务教育，取值为 9；高中学历取值为 12；大学本科学历取值为 16；硕士研究生这里我默认为读的学术型研究生一般是 3 年，就取值为 19；

博士研究生取3年,取值为22。P表示6—26岁总人数。

正如前文所述,预期教育年限(EYS)的样本群体是5—24岁这个年龄段的人,表示一个5岁儿童在一生之内预计可以接受教育的总年限的期望值,如公式(2.5)所示:

$$EYS = \sum_{i=1}^{n} \alpha_i \beta_i \tag{2.5}$$

其中,α_i 表示从小学到博士研究生各个阶段的毛入学率,博士研究生一般年龄会超过24岁,一般不包括,但是也有部分24岁以内的博士,而博士的数量较少,本节在计算时就把这一对象纳入了计算。β_i 表示完全经过某个受教育阶段的总共年数,比如小学是取值6,初中取值为3,高中取值为3,大学本科取值为4,为了和前面的定义保持一致,这里硕士研究生取值为3,博士研究生取值为3。

在计算出平均受教育年限和预期受教育年限后,还需进行标准化处理,这样可以得出人均教育指数(MYSI)和预期教育指数(EYSI),如公式(2.6)、(2.7)所示:

$$MYSI = \frac{MYS - 0}{15 - 0} \tag{2.6}$$

$$EYSI = \frac{EYS - 0}{18 - 0} \tag{2.7}$$

计算出人均教育指数(MYSI)和预期教育指数(EYSI)之后,进行算术加权平均得到教育指数,如公式(2.8)所示:

$$EI = \frac{MYSI + EYSI}{2} \tag{2.8}$$

经历过上述的步骤,测算人类平衡发展指数的第一步测算人类发展指数就完成了,下面要进行第二步,测算不平等系数。在测算出人类发展指数之后,由于各个地区之间会存在由于地域差异带来的不平等,例如,假设A地区和B地区有相同的人口数量、人均GNI、预期平均受教育年限、平均受教育年限和平均预期寿命,即两地的人类发展指数相同,但是A地区和B地区的各个指标数据分布情况可能存在差异,以人民生活分项指数举例,虽然A和B两地的GDP总量相同,但是可能A地区的90%财富由1%的人所拥有,而B地区的财富分布均匀,但是这两地的收入分项指数却是相等的,如果仅从收入分项指数来分析这两地人民的生活水平就是相同的,这就是资源分布带来的不平等,为了消除这一不平等的影响就要测算不平等系数,利用不平等系数去削弱这一分布不平等带来的影响。UNDP发布的人类发展指标技术报告中进行不平等的调整时,测度不平等使用计算方法的是参考了 Antiskon 的思路，利用几何平均值与算术平均值的比来作为不平衡系数对于 HDI 进行调整，本节参考许宪春老师测算地区不平衡系数的做法，采用基尼系数测算不平等系数从而对 HDI 进行不平等调整，计算不平等系数这里就利用基尼系数的公式来进行测算。基尼系数有很多种计算方式，在对离散数据进行基尼系数测算时，基尼系数的平均差如公式(2.9)：

$$G=\frac{1}{2\mu}\sum_{i=1}^{n}\sum_{j=1}^{n}|x_i-x_j|P_iP_j \tag{2.9}$$

其中，x_i 为 n 个取值的离散变量，P_i 为取值 x_i 的概率，$\mu=P_1x_1+\cdots+P_nx_n$，这里的 P 是 x 取值的概率，由于这里对于省份之间没有设置权重，就按照均匀分布去取值。

通过不平等的调整系数对人类发展指数的各级指标进行调整，进而得到相应的人类平衡发展指数，不平等调整系数计算如下：

$$A_i=1-G_i \tag{2.10}$$

其中，G_i 为 i 领域的基尼系数，比如 G_I 为收入的基尼系数，G_{LE} 为寿命的基尼系数，G_E 为教育的基尼系数。得到调整系数后就是利用测算出来的不平衡系数对于人类发展指数进行调整，最后逐级汇总人类平衡发展指数的各级指标即可，这里的 IHDI 表示人类平衡发展指数。

$$IHDI=A_I\times II+A_{LE}\times LEI+A_E\times EI \tag{2.11}$$

计算出人类平衡发展指数后，可以对由于不平等带来的发展损失 Loss 进行测算，测算公式如下：

$$Loss=1-\frac{IHDI}{HDI} \tag{2.12}$$

在进行省际测算前，首先对人类发展水平进行发展水平分组，HDI 的取值范围为 0—1，地区的 HDI 值越大意味着该地区的人类发展水平越高。采用 UNDP 的固定分界点体系，将 HDI 划分为 4 个发展水平组，具体评判各地区所处的人类发展水平，划分层次如表 2.2 所示：

表 2.2　中国人类发展指数区间划分

发展层次	低水平	中等水平	高水平	极高水平
区间	HDI≤0.55	0.55≤HDI≤0.7	0.7≤HDI≤0.8	HDI≥0.8

(二)数据处理说明

这一部分主要说明在统计测度 1990—2021 年间 31 个省份的人类平衡发展指

数和四大区域的人类平衡发展指数时，遇到缺失数据以及其他问题时的解决方法。

首先是关于收入指数，收入指数采用的是人均GNI来进行测算，但是省份的统计年鉴上一般不会公布这个指标，获取数据的成本与难度较大，因此考虑到现实可行性，本节采取用省人均GDP乘以当年国家人均GNI和国家人均GDP的比值来进行估算省人均GNI，既能够保证数据完整性，又能够反映实际各省经济水平。

其次关于教育指数，UNDP发布的《2020年人类发展指数技术报告》上说明了平均受教育年限是指的25岁以上的居民为样本，预期教育年限是以5—24岁的居民为样本，但是这些数据无法从国家统计局发布的数据库或其他数据库获得，且数据量庞大不利于收集与分层处理。因此本节在对教育指数进行测算时，平均受教育年限是使用的历年中国统计年鉴中6岁及6岁以上的所有居民为样本，这样计算教育指数时样本涵盖了各年龄段受教育群众。计算预期受教育年限这里参考了《中国人类发展报告特别版》中的做法，由于各地平均受教育年限和预期受教育年限之间具有高度相关性，假设各地平均教育年限和预期教育年限之间的比例关系与全国一致，利用全国层面教育数据可以估计得到各地的教育数据（UNDP，2019）。

再者，寿命指数的计算主要使用预期寿命这一数据，由于估算预期寿命的数据难获取而且不易计算，由于年份与各省的预期寿命的曲线呈现出一种线性趋势，本节使用国家统计局公布的普查年份的各省预期寿命为基础，利用这一数据进行线性插值即可获得其他年份的数据。

最后是基尼系数的计算说明，前一节中提到了本节基尼系数的计算方法，其中区域各类基尼系数用各省的各类指数去计算即可，比如东部区域教育基尼系数，使用东部区域的各个省份的基尼系数去计算，国家的各类基尼系数，使用区域的各类指数去计算。这里省级基尼系数，本节没有市级的人类发展指数的各项指数，因而采用其他相关的指标来代替进行测算，在历年的《中国区县统计年鉴》和《中国城市统计年鉴》中找到与收入指数、教育指数和寿命指数最相关的几个指标来进行估算各省的各项基尼系数，北京、上海和重庆采用的是区级数据，其他省份采用的是市级数据。在测算人类发展指数的各项子指数时可以发现，用于测算的每一项指标都是比值类型的指标，反映某年某一地区的人均生活（教育、寿命）水平，考虑到这一点，收入基尼系数使用各区县人均GNI测算，教育基尼系数使用普通高中在校生数与常住人口的比值进行估算，寿命基尼系数采用医院、卫生院床位数与常住人口的比值进行估算。其中，如果遇到数据缺失的情况，直接进行插值处理。

第二节　中国人类平衡发展分析

20 世纪 70 年代末改革开放以来，中国社会发生了翻天覆地的变化，中国的人类发展经历了持续快速的增长。UNDP 报告中指出中国人类发展指数由 1978 年的 0.4101 上升到了 2017 年的 0.752，是自 1990 年首份人类发展报告发布以来，唯一一个从低人类发展水平组上升到高人类发展水平的国家(UNDP，2019)。本节将从国家、区域和省级三个层面来分析 1990—2021 年中国人类发展水平的发展趋势和特征。

一、中国人类平衡发展的趋势与特征

本节将自己收集数据测算得到的 HDI 和 UNDP 发布的中国 HDI 数据进行对比，对比如表 2.3 所示。

表 2.3　人类发展指数对比表

年份	自测	UNDP 发布
1990	0.450	0.484
1991	0.462	0.492
1992	0.476	0.504
1993	0.491	0.515
1994	0.504	0.525
1995	0.517	0.535
1996	0.523	0.545
1997	0.536	0.554
1998	0.543	0.564
1999	0.557	0.573
2000	0.578	0.584
2001	0.584	0.593
2002	0.600	0.604
2003	0.612	0.615
2004	0.623	0.626
2005	0.625	0.638
2006	0.641	0.65
2007	0.653	0.663
2008	0.663	0.672

续表

年份	自测	UNDP 发布
2009	0.673	0.682
2010	0.678	0.691
2011	0.702	0.700
2012	0.709	0.709
2013	0.716	0.717
2014	0.722	0.725
2015	0.727	0.733
2016	0.730	0.740
2017	0.737	0.747
2018	0.741	0.755
2019	0.748	0.762
2020	0.756	0.764
2021	0.766	0.768

从表 2.3 中可以看出本节测出的 HDI 数据和 UNDP 发布的数据相差无几，说明在人类发展指数的测度方面的计算过方式和方法均为正确的而且可信，这里的国家 HDI 是由各省的 HDI 以人口加权得到的，国家 HDI 数据的准确说明了各省的 HDI 测算的正确性。总体层面数据接近，分项数据也相差无几，这里就不再进行分项指数的对比，直接把分项指数的数据列出，中国 HDI 的分项指数如表 2.4 所示。

表 2.4　中国人类发展指数

年份	教育	收入	寿命	人类发展指数
1990	0.378	0.332	0.728	0.450
1991	0.390	0.345	0.733	0.462
1992	0.401	0.364	0.739	0.476
1993	0.415	0.383	0.744	0.491
1994	0.429	0.398	0.749	0.504
1995	0.442	0.415	0.755	0.517
1996	0.437	0.432	0.760	0.523
1997	0.448	0.449	0.765	0.536
1998	0.449	0.462	0.771	0.543
1999	0.469	0.475	0.776	0.557
2000	0.505	0.490	0.780	0.578

续表

年份	教育	收入	寿命	人类发展指数
2001	0.501	0.504	0.787	0.584
2002	0.523	0.520	0.793	0.600
2003	0.533	0.539	0.798	0.612
2004	0.539	0.558	0.803	0.623
2005	0.522	0.578	0.809	0.625
2006	0.538	0.601	0.814	0.641
2007	0.544	0.625	0.820	0.653
2008	0.550	0.642	0.825	0.663
2009	0.561	0.655	0.830	0.673
2010	0.552	0.673	0.839	0.678
2011	0.596	0.689	0.841	0.702
2012	0.597	0.704	0.847	0.709
2013	0.606	0.713	0.852	0.716
2014	0.607	0.722	0.858	0.722
2015	0.613	0.725	0.863	0.727
2016	0.612	0.731	0.868	0.730
2017	0.620	0.739	0.873	0.737
2018	0.618	0.751	0.879	0.741
2019	0.620	0.763	0.884	0.748
2020	0.635	0.767	0.888	0.756
2021	0.640	0.784	0.894	0.766

下面对于使用国家 HDI 数据来画图做一个趋势分析，以年份为横轴，国家 HDI 以及它的三个分项指数为纵轴如图 2.1 所示。图 2.1 描述了全国 HDI 和教育、收入和寿命三个子维度值，在 1990—2021 年间的演变趋势。总体而言，HDI 和它的三个子维度的值都呈现出逐年升高的趋势，寿命指数和收入指数上升较快，而教育指数上升速度相对而言比较缓慢。HDI 由 1990 年的 0.450 增长到 2021 年的 0.766，增长了 70.02%，年均增长 1.73%。32 年来，中国人类发展水平保持持续快速增长，1996 年进入中等人类发展水平，2010 年达到高人类发展水平，实现了从低人类发展水平国家组向高人类发展水平国家组的历史性跨越，是目前世界上唯一一个由 1990 年时期的低人类发展水平组提升至高人类发展水平组的国家。教育指数由 1990 年的 0.378 增长到 2021 年的 0.640，增长了 69.55%，年均增长率为 1.72%。教育指数在 1996 年之前大于收入指数，1996—

2004年和收入指数相差无几，在2005年之后与收入指数逐渐拉开差距。收入指数由1990年的0.332增长到2021年的0.784，增长了136.01％，年均增长率为2.81％。收入指数是这几个指数中涨幅最大的，这说明我国经济发展态势很好，经济增长速度快。人均国民收入持续较快增长，中国人民生活水平不断提高。寿命指数由1990年的0.728增长到2021年的0.894，增长了22.83％，年均增长率为0.67％。虽然寿命指数是这几个指数中涨幅最小的，但是它的指数值一直远远大于其他指数值，这说明三十多年来中国人口的健康状况在既有高起点上持续改善。

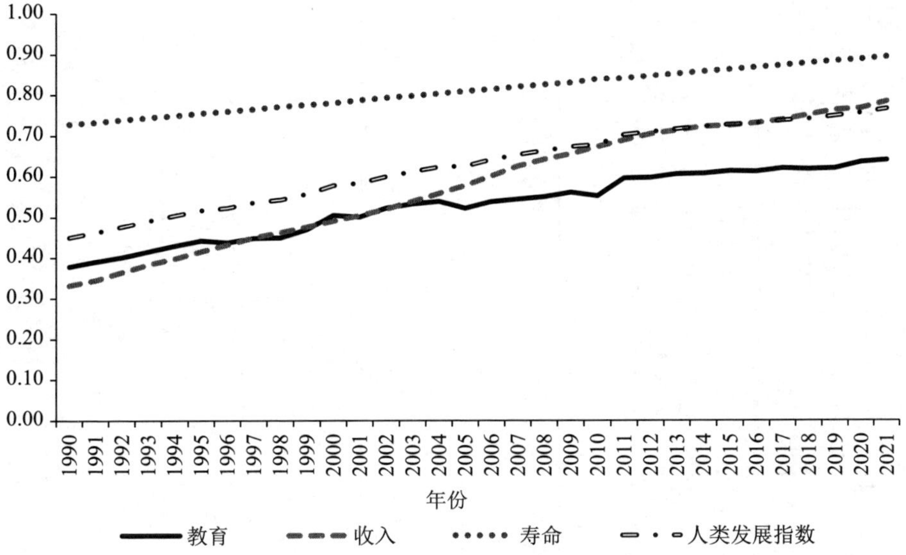

图2.1 全国人类发展指数演变趋势

关于人类平衡发展指数，由于2010年UNDP才开始计算人类平衡发展指数，UNDP仅发布了2010年以及2010年之后的人类平衡发展指数值，本节测得的人类平衡发展指数和UNDP发布的数据存在一定的差异，由于前文提到了本节测的HDI的数值几乎与UNDP的数据一致，因此这里的人类平衡发展指数的差异在于不平等系数，人类平衡发展指数和发展损失数据对比如表2.5所示。

表 2.5 人类平衡发展指数对比

年份	IHDI-1	IHDI-2	LOSS1	LOSS2
1990	0.430		4.57%	
1991	0.441		4.52%	
1992	0.455		4.45%	
1993	0.469		4.45%	
1994	0.482		4.43%	
1995	0.495		4.26%	
1996	0.502		4.10%	
1997	0.514		4.00%	
1998	0.522		3.86%	
1999	0.535		3.85%	
2000	0.557		3.65%	
2001	0.562		3.61%	
2002	0.579		3.46%	
2003	0.591		3.35%	
2004	0.603		3.12%	
2005	0.604		3.32%	
2006	0.621		3.11%	
2007	0.634		2.91%	
2008	0.645		2.77%	
2009	0.655		2.66%	
2010	0.660	0.584	2.58%	15.48%
2011	0.687	0.593	2.12%	15.29%
2012	0.693	0.604	2.23%	14.81%
2013	0.701	0.600	2.14%	16.32%
2014	0.707	0.608	1.97%	16.14%
2015	0.713	0.616	1.91%	15.96%
2016	0.715	0.623	2.00%	15.81%
2017	0.723	0.63	1.89%	15.66%
2018	0.728	0.637	1.81%	15.63%
2019	0.735	0.644	1.73%	15.49%
2020	0.743	0.646	1.77%	15.45%
2021	0.753	0.651	1.74%	15.23%

从表 2.5 的结果看，IHDI-1 为自行测得的人类平衡发展指数值，IHDI-2 表示 UNDP 发布的人类平衡发展指数值，LOSS-1 表示自己测得的人类发展损失值，LOSS-2 表示 UNDP 发布的人类发展损失值。可以明显看出，自己测得的损失值要小于 UNDP 发布的损失值，这也导致了本节测出来的人类平衡发展指数值要大于 UNDP 发布的人类平衡发展指数值。究其原因，本节在计算不平等系数时，是采用的基尼系数的计算方法以区域级的人类发展各个分项指数为样本进行测算，而 UNDP 发布的技术报告中说明它计算不平等系数是以省级的人类发展的例如人均 GNI 和人均预期寿命这样三级指标为样本来进行测算，这两种测算方式不同导致结果存在一定差异。

二、区域人类平衡发展趋势与特征

区域人类发展布平衡是区域发展不平衡的问题之一，对于区域政策的制定有着重要的参考意义。考察中国区域人类发展差异，首先就要确定各个区域的地理位置。关于我国四大区域地址位置的划分，参考国家统计局的划分方式，将全国经济区域划分为东部、中部、西部和东北四大地区，其中东部地区包括：北京、天津、河北省、上海、江苏省、浙江省、福建省、山东省、广东省和海南省；中部地区包括：山西省、安徽省、江西省、河南省、湖北省和湖南省；西部地区包括：内蒙古自治区、广西壮族自治区、重庆市、四川省、贵州省、云南省、西藏自治区、陕西省、甘肃省、青海省、宁夏省和新疆；东北地区包括：辽宁省、吉林省和黑龙江省（国家统计局，2011）。将省级的人类发展指数按照地理位置划分到四大区域，然后利用基尼系数进行不平等调整，测算得到的区域人类平衡发展指数结果如表 2.6 所示。

表 2.6　区域人类平衡发展指数

年份	东部	中部	西部	东北
1990	0.456	0.419	0.382	0.486
1991	0.468	0.430	0.393	0.500
1992	0.485	0.445	0.406	0.510
1993	0.502	0.460	0.419	0.524
1994	0.517	0.473	0.430	0.537
1995	0.530	0.488	0.442	0.546
1996	0.531	0.496	0.451	0.555
1997	0.544	0.512	0.462	0.565
1998	0.551	0.518	0.469	0.569

续表

年份	东部	中部	西部	东北
1999	0.566	0.529	0.484	0.582
2000	0.591	0.551	0.503	0.602
2001	0.594	0.557	0.509	0.605
2002	0.612	0.570	0.526	0.617
2003	0.620	0.589	0.537	0.627
2004	0.630	0.600	0.551	0.635
2005	0.636	0.598	0.547	0.638
2006	0.651	0.614	0.565	0.651
2007	0.661	0.627	0.580	0.663
2008	0.671	0.639	0.592	0.671
2009	0.682	0.651	0.601	0.679
2010	0.686	0.652	0.610	0.688
2011	0.708	0.681	0.638	0.703
2012	0.714	0.688	0.641	0.713
2013	0.719	0.696	0.653	0.723
2014	0.724	0.704	0.659	0.725
2015	0.729	0.706	0.665	0.724
2016	0.731	0.706	0.667	0.727
2017	0.738	0.713	0.678	0.730
2018	0.738	0.722	0.685	0.734
2019	0.743	0.729	0.692	0.739
2020	0.756	0.738	0.700	0.746
2021	0.764	0.747	0.710	0.757

从 2.6 表可知,1990—2021 年间四大区域总体人类平衡发展水平提高,而且一直处于持续增长状况。为了便于更直观的进行分析,利用表 2.6 的数据画图如图 2.2 所示。

从图 2.2 中可以看出,在 32 年间由东北地区人类平衡发展指数最高逐渐变为东部地区人类平衡发展指数最高,西部地区的人类平衡发展指数一直垫底,中部地区一直处于倒数第二。东部人类平衡发展指数 1990 年的 0.456 逐年增长至 2021 年的 0.764,数值增加了 0.308。中部人类平衡发展指数由 1990 年的 0.419 逐年增长至 2021 年的 0.747,数值增加了 0.328。西部人类平衡发展指数由 1990 年的 0.382 逐年增长至 2021 年的 0.710,数值增加了 0.328。中部人类平衡发展指数由 1990 年的 0.486 逐年增长至 2021 年的 0.757,数值增加了 0.271。东北地

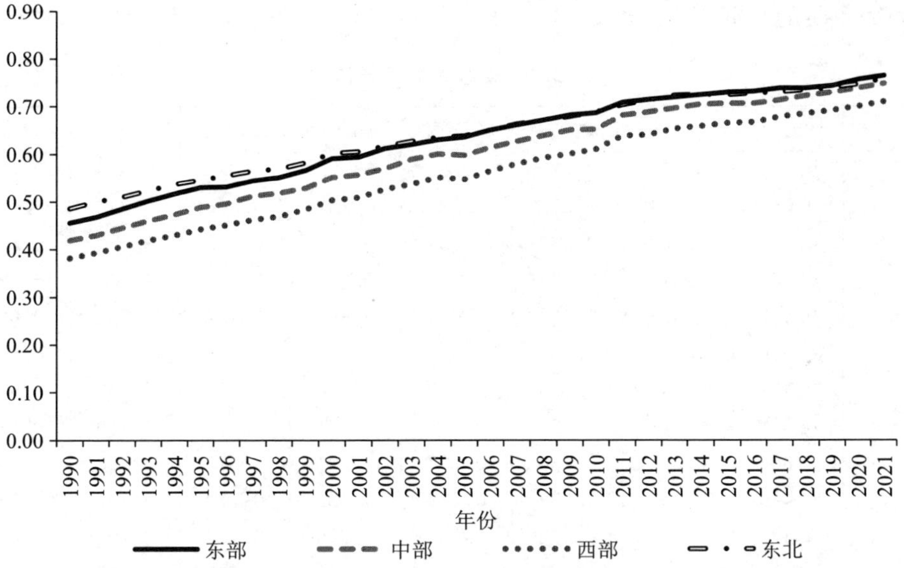

图 2.2　区域人类平衡发展指数

区、东部地区和中部地区人类平衡发展差距呈现出逐渐缩小的趋势，但是对于西部地区而言和其他地区的差距仍然存在，一直处于正在努力追赶的状态。由1990—2021年，东部地区人类平衡发展指数增长了67.59%，年均增速为98.78%；中部地区人类平衡发展指数增长了78.37%，年均增速为99.24%；西部地区人类平衡发展指数增长了87.56%，年均增速为99.52%；东北地区人类平衡发展指数增长了55.73%，年均增速为98.19%；东北地区和东部地区的人类平衡发展指数一直处于领先的状态，并且逐年稳定增长，1990年东北地区领先于东部地区，而在2015年之后一直是东部地区处于领先。虽然西部地区人类平衡发展指数一直处于垫底，但是它的年均增速最快，这说明西部地区正在努力发展，逐渐缩小与其他区域的人类发展差距。中部地区的增速第二，在1990年时与处于领先的东部地区和东北地区有较大差距，但是在2021年已经相差无几，说明中部地区的发展态势良好，我国的区域协调发展战略在中部地区取得了效果。

三、省级人类平衡发展趋势与特征

中国的各省级行政区面积大，人口达千万或亿级。因此，对中国各省份人类发展指数趋势的分析对于全球人类发展的趋势研究具有重要意义。本节测算了1990—2021年间，我国31个省份的HDI和人类平衡发展指数，测算结果如表2.7所示。由于1990—2021年间，31个省份的数据量过多，无法全部展示，这里仅展示间隔年份的数据，其中均值表示 1990—2021 年间该省所有年份 HDI 的平均值。

表 2.7 省级人类发展指数

地 区	1990 年	1995 年	2000 年	2005 年	2010 年	2015 年	2021 年	均值
北 京	0.591	0.657	0.728	0.786	0.825	0.872	0.916	0.775
天 津	0.556	0.614	0.673	0.729	0.768	0.803	0.846	0.718
河 北	0.455	0.527	0.583	0.634	0.669	0.708	0.740	0.624
山 西	0.467	0.518	0.574	0.636	0.682	0.720	0.767	0.629
内蒙古	0.443	0.503	0.568	0.634	0.690	0.734	0.778	0.626
辽 宁	0.520	0.576	0.631	0.669	0.711	0.748	0.779	0.668
吉 林	0.477	0.542	0.595	0.629	0.688	0.725	0.757	0.637
黑龙江	0.483	0.541	0.600	0.638	0.681	0.716	0.749	0.634
上 海	0.604	0.676	0.730	0.777	0.804	0.840	0.878	0.765
江 苏	0.485	0.558	0.622	0.673	0.725	0.772	0.808	0.667
浙 江	0.479	0.562	0.622	0.666	0.716	0.754	0.796	0.665
安 徽	0.411	0.482	0.543	0.584	0.642	0.707	0.747	0.595
福 建	0.452	0.534	0.604	0.636	0.697	0.739	0.782	0.639
江 西	0.413	0.479	0.542	0.590	0.646	0.703	0.751	0.598
山 东	0.467	0.537	0.601	0.643	0.693	0.738	0.772	0.641
河 南	0.432	0.506	0.563	0.619	0.656	0.704	0.741	0.611
湖 北	0.450	0.505	0.570	0.614	0.682	0.735	0.778	0.624
湖 南	0.435	0.500	0.563	0.611	0.667	0.724	0.762	0.614
广 东	0.506	0.574	0.630	0.680	0.716	0.757	0.792	0.670
广 西	0.424	0.496	0.549	0.592	0.638	0.691	0.731	0.596
海 南	0.460	0.534	0.582	0.626	0.669	0.723	0.766	0.630
重 庆	0.412	0.495	0.563	0.608	0.672	0.729	0.774	0.614
四 川	0.416	0.477	0.540	0.572	0.644	0.694	0.737	0.590
贵 州	0.356	0.410	0.459	0.517	0.578	0.647	0.697	0.532
云 南	0.380	0.437	0.497	0.535	0.592	0.655	0.698	0.547
西 藏	0.283	0.336	0.399	0.445	0.516	0.564	0.613	0.458
陕 西	0.433	0.488	0.552	0.613	0.681	0.734	0.771	0.614
甘 肃	0.393	0.439	0.501	0.555	0.612	0.663	0.702	0.559
青 海	0.392	0.436	0.497	0.552	0.604	0.645	0.707	0.552
宁 夏	0.421	0.483	0.540	0.589	0.650	0.701	0.742	0.596
新 疆	0.442	0.513	0.564	0.615	0.655	0.703	0.746	0.614

从表 2.7 可以看出，总体而言，在 1990—2021 年间我国各省的人类发展水平逐步提高，而且有继续增长的趋势。各省区的人类发展水平均有一定的进步，但

是各个省份之间的差异不可忽视。在1990年时,我国31个省份中仅有北京和天津两个省份处于中等人类发展水平,而其他省份均属于低人类发展水平,到了2021年我国已经有4个省份处于极高人类发展水平,24个省份属于高人类发展水平,3个省份处于中等人类发展水平,我国人类发展在这三十多年间取得了巨大进展。其中北京的人类发展指数由1990年的0.591增长到2021年的0.916,增长了55.12%,实现了由中等人类发展水平跨向极高人类发展水平的转变。增长率最高的是西藏,从1990年的0.283,增长到2021年的0.613,增长率高达116.65%,实现了由低人类发展水平向中等人类发展水平的转变,这说明西藏地区的人民生活在三十多年间得到了极大的提升,也说明我国对提升西藏地区的人类发展水平比较重视。

为了进一步分析各省之间的人类发展水平差距,根据上表中的HDI均值对于31个省份进行排名,排名结果如表2.8所示。

表2.8　省级人类发展指数均值排名

地　区	均值	排名	地　区	均值	排名	地　区	均值	排名
北　京	0.775	1	海　南	0.630	12	宁　夏	0.596	23
上　海	0.765	2	山　西	0.629	13	广　西	0.596	24
天　津	0.718	3	内蒙古	0.626	14	安　徽	0.595	25
广　东	0.670	4	湖　北	0.624	15	四　川	0.590	26
辽　宁	0.668	5	河　北	0.624	16	甘　肃	0.559	27
江　苏	0.667	6	湖　南	0.614	17	青　海	0.552	28
浙　江	0.665	7	陕　西	0.614	18	云　南	0.547	29
山　东	0.641	8	新　疆	0.614	19	贵　州	0.532	30
福　建	0.639	9	重　庆	0.614	20	西　藏	0.458	31
吉　林	0.637	10	河　南	0.611	21			
黑龙江	0.634	11	江　西	0.598	22			

1990—2021年31个省份的人类发展指数平均值如图2.3所示。从表2.8和图2.3的结果来看,北京、上海和广东这三个经济比较发达的省份是排在前面的,而天津能够排在江苏省和浙江省的前面,主要是由于天津的人数比较少,在进行人类发展指数计算时,会有一个"人口红利"的作用使得人类发展指数较高。结合排名和表格进行分析,北京、上海、天津长期以来都是中国人类发展水平最高的地区,西藏、云南、贵州、青海、甘肃一直都是全国人类发展水平最低的地区,排名靠前的省份基本都是属于东部沿海地区而排名靠后的省份则处于西部以及北部等

位置较为偏远的区域。

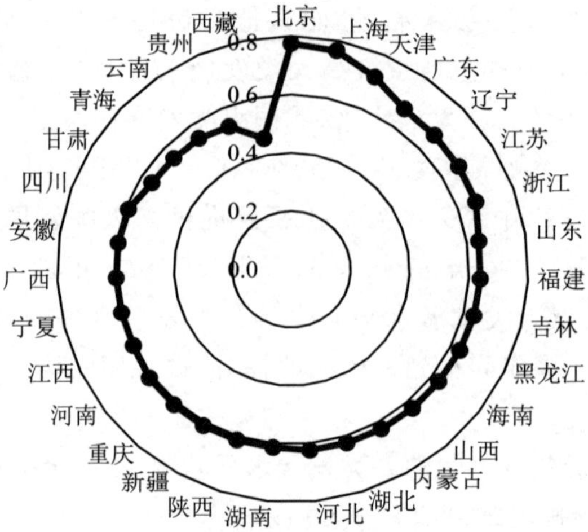

图 2.3 1990—2021 年中国各省人类发展指数均值

测算得到的省级人类平衡发展指数如表 2.9 所示。和表 2.8 一样，由于 32 年间 31 个省份的数据量过多，无法全部展示，这里仅展示部分间隔年份的数据，其中均值表示 1990—2021 年间该省所有年份人类平衡发展指数的平均值。

表 2.9 省级人类平衡发展指数

地　区	1990 年	1995 年	2000 年	2005 年	2010 年	2015 年	2021 年	均值
北　京	0.455	0.513	0.564	0.585	0.640	0.682	0.729	0.601
天　津	0.433	0.485	0.543	0.573	0.616	0.639	0.636	0.567
河　北	0.359	0.403	0.452	0.489	0.525	0.552	0.580	0.483
山　西	0.362	0.406	0.444	0.492	0.539	0.567	0.607	0.491
内蒙古	0.334	0.390	0.423	0.455	0.470	0.515	0.533	0.449
辽　宁	0.388	0.412	0.443	0.474	0.509	0.535	0.557	0.479
吉　林	0.336	0.400	0.460	0.477	0.543	0.572	0.576	0.487
黑龙江	0.356	0.406	0.429	0.469	0.500	0.513	0.508	0.453
上　海	0.437	0.417	0.546	0.587	0.568	0.601	0.642	0.561
江　苏	0.386	0.442	0.494	0.534	0.567	0.621	0.637	0.527
浙　江	0.386	0.433	0.461	0.490	0.535	0.564	0.591	0.498
安　徽	0.292	0.356	0.409	0.429	0.462	0.510	0.534	0.434
福　建	0.336	0.398	0.430	0.487	0.557	0.606	0.630	0.494
江　西	0.317	0.356	0.399	0.418	0.455	0.513	0.532	0.433
山　东	0.332	0.390	0.429	0.460	0.511	0.547	0.570	0.467
河　南	0.341	0.393	0.438	0.468	0.490	0.533	0.556	0.463

续表

地区	1990年	1995年	2000年	2005年	2010年	2015年	2021年	均值
湖北	0.321	0.362	0.410	0.454	0.505	0.549	0.579	0.458
湖南	0.358	0.401	0.448	0.477	0.500	0.529	0.566	0.473
广东	0.376	0.442	0.480	0.515	0.533	0.570	0.565	0.503
广西	0.321	0.384	0.422	0.444	0.472	0.505	0.534	0.444
海南	0.391	0.451	0.496	0.494	0.524	0.596	0.605	0.511
重庆	0.312	0.367	0.416	0.453	0.513	0.548	0.582	0.458
四川	0.312	0.363	0.405	0.433	0.503	0.555	0.583	0.455
贵州	0.268	0.318	0.355	0.397	0.459	0.506	0.517	0.403
云南	0.286	0.332	0.373	0.390	0.435	0.494	0.518	0.409
西藏	0.210	0.247	0.288	0.319	0.387	0.398	0.457	0.335
陕西	0.308	0.367	0.404	0.460	0.499	0.541	0.557	0.452
甘肃	0.303	0.336	0.383	0.409	0.447	0.488	0.498	0.415
青海	0.300	0.328	0.374	0.431	0.466	0.488	0.524	0.420
宁夏	0.350	0.351	0.384	0.447	0.500	0.535	0.577	0.449
新疆	0.336	0.386	0.424	0.469	0.496	0.525	0.530	0.460

从表2.9可以看出，人类平衡发展指数的走势其实和HDI的走势基本一致，说明经过不平等的调整其实并没有改变很多趋势，下面就从基尼系数来入手研究省级的人类发展不平等，表2.10、表2.11和表2.12分别是HDI的三个分项指数的基尼系结果数值。

表2.10 省级收入基尼系数表

地区	1990年	1995年	2000年	2005年	2010年	2015年	2021年
北京	0.274	0.243	0.213	0.264	0.289	0.304	0.289
天津	0.181	0.142	0.080	0.164	0.159	0.164	0.278
河北	0.124	0.179	0.185	0.180	0.194	0.192	0.187
山西	0.250	0.234	0.231	0.193	0.204	0.194	0.186
内蒙古	0.208	0.221	0.234	0.325	0.376	0.294	0.332
辽宁	0.214	0.283	0.330	0.295	0.242	0.244	0.248
吉林	0.347	0.219	0.197	0.168	0.137	0.128	0.188
黑龙江	0.269	0.276	0.375	0.326	0.321	0.272	0.215
上海	0.233	0.251	0.269	0.287	0.305	0.258	0.221
江苏	0.248	0.235	0.195	0.195	0.246	0.202	0.193
浙江	0.147	0.171	0.206	0.212	0.165	0.157	0.154

续表

地　区	1990 年	1995 年	2000 年	2005 年	2010 年	2015 年	2021 年
安　徽	0.288	0.183	0.253	0.323	0.347	0.241	0.217
福　建	0.296	0.291	0.326	0.244	0.150	0.102	0.107
江　西	0.133	0.188	0.205	0.241	0.267	0.242	0.191
山　东	0.258	0.304	0.314	0.304	0.262	0.243	0.232
河　南	0.179	0.190	0.174	0.223	0.208	0.180	0.172
湖　北	0.233	0.233	0.298	0.268	0.261	0.263	0.249
湖　南	0.134	0.182	0.220	0.240	0.277	0.276	0.265
广　东	0.252	0.219	0.237	0.255	0.251	0.235	0.345
广　西	0.289	0.234	0.180	0.192	0.190	0.228	0.221
海　南	0.196	0.168	0.102	0.046	0.106	0.027	0.047
重　庆	0.213	0.260	0.253	0.258	0.250	0.276	0.261
四　川	0.213	0.260	0.253	0.243	0.223	0.207	0.210
贵　州	0.258	0.246	0.263	0.282	0.187	0.182	0.176
云　南	0.305	0.254	0.261	0.267	0.245	0.216	0.228
西　藏	0.215	0.236	0.258	0.279	0.225	0.224	0.246
陕　西	0.184	0.226	0.244	0.256	0.277	0.207	0.229
甘　肃	0.232	0.260	0.262	0.268	0.281	0.265	0.237
青　海	0.254	0.258	0.237	0.199	0.218	0.238	0.238
宁　夏	0.109	0.238	0.289	0.269	0.285	0.266	0.225
新　疆	0.229	0.241	0.233	0.231	0.276	0.295	0.359

表 2.11　省级寿命基尼系数表

地　区	1990 年	1995 年	2000 年	2005 年	2010 年	2015 年	2021 年
北　京	0.238	0.239	0.241	0.271	0.217	0.209	0.202
天　津	0.182	0.184	0.187	0.188	0.161	0.198	0.206
河　北	0.283	0.283	0.234	0.247	0.229	0.225	0.211
山　西	0.238	0.236	0.248	0.250	0.243	0.272	0.269
内蒙古	0.283	0.238	0.276	0.254	0.310	0.336	0.339
辽　宁	0.305	0.304	0.307	0.281	0.318	0.319	0.313
吉　林	0.295	0.295	0.290	0.293	0.230	0.231	0.233
黑龙江	0.283	0.220	0.246	0.245	0.244	0.261	0.276
上　海	0.247	0.247	0.247	0.228	0.281	0.283	0.285
江　苏	0.215	0.216	0.220	0.210	0.227	0.233	0.244
浙　江	0.256	0.263	0.288	0.300	0.313	0.313	0.316

续表

地区	1990年	1995年	2000年	2005年	2010年	2015年	2021年
安徽	0.290	0.306	0.235	0.242	0.278	0.298	0.284
福建	0.238	0.248	0.280	0.231	0.218	0.205	0.217
江西	0.290	0.294	0.288	0.292	0.293	0.326	0.325
山东	0.259	0.257	0.254	0.277	0.255	0.271	0.273
河南	0.232	0.233	0.229	0.243	0.256	0.273	0.289
湖北	0.319	0.316	0.234	0.248	0.251	0.236	0.259
湖南	0.189	0.195	0.194	0.226	0.252	0.264	0.258
广东	0.195	0.214	0.219	0.215	0.227	0.239	0.255
广西	0.232	0.221	0.261	0.271	0.293	0.286	0.314
海南	0.221	0.224	0.233	0.303	0.308	0.279	0.295
重庆	0.291	0.290	0.287	0.273	0.257	0.267	0.271
四川	0.305	0.225	0.259	0.246	0.233	0.225	0.215
贵州	0.225	0.224	0.222	0.219	0.232	0.237	0.352
云南	0.222	0.221	0.221	0.266	0.269	0.235	0.264
西藏	0.329	0.331	0.333	0.305	0.255	0.380	0.223
陕西	0.329	0.290	0.253	0.224	0.254	0.299	0.314
甘肃	0.224	0.225	0.224	0.223	0.222	0.222	0.330
青海	0.222	0.224	0.225	0.224	0.225	0.225	0.261
宁夏	0.313	0.311	0.308	0.299	0.241	0.257	0.248
新疆	0.222	0.223	0.221	0.224	0.223	0.222	0.225

表 2.12　省级教育基尼系数表

地区	1990年	1995年	2000年	2005年	2010年	2015年	2021年
北京	0.175	0.173	0.222	0.230	0.160	0.128	0.114
天津	0.295	0.294	0.299	0.286	0.270	0.248	0.259
河北	0.219	0.238	0.253	0.258	0.223	0.246	0.251
山西	0.185	0.177	0.203	0.236	0.182	0.169	0.170
内蒙古	0.246	0.213	0.260	0.266	0.263	0.266	0.275
辽宁	0.242	0.270	0.255	0.298	0.292	0.289	0.294
吉林	0.246	0.272	0.191	0.261	0.259	0.269	0.292
黑龙江	0.238	0.250	0.225	0.217	0.227	0.317	0.449
上海	0.343	0.582	0.238	0.217	0.292	0.313	0.299
江苏	0.146	0.172	0.203	0.213	0.178	0.150	0.198
浙江	0.177	0.252	0.278	0.279	0.270	0.279	0.295

续表

地　区	1990 年	1995 年	2000 年	2005 年	2010 年	2015 年	2021 年
安　徽	0.287	0.289	0.251	0.227	0.209	0.295	0.347
福　建	0.236	0.224	0.258	0.229	0.232	0.229	0.249
江　西	0.265	0.285	0.292	0.335	0.327	0.240	0.350
山　东	0.350	0.259	0.289	0.273	0.269	0.263	0.280
河　南	0.220	0.248	0.262	0.267	0.292	0.274	0.281
湖　北	0.302	0.299	0.308	0.266	0.269	0.262	0.259
湖　南	0.210	0.216	0.199	0.190	0.222	0.269	0.248
广　东	0.320	0.256	0.259	0.254	0.288	0.267	0.256
广　西	0.207	0.221	0.252	0.284	0.296	0.292	0.270
海　南	0.024	0.065	0.102	0.262	0.225	0.202	0.265
重　庆	0.223	0.228	0.240	0.233	0.201	0.198	0.209
四　川	0.226	0.231	0.237	0.243	0.202	0.169	0.202
贵　州	0.256	0.206	0.195	0.194	0.198	0.233	0.235
云　南	0.215	0.244	0.266	0.278	0.282	0.285	0.281
西　藏	0.227	0.225	0.236	0.266	0.270	0.272	0.294
陕　西	0.346	0.227	0.302	0.269	0.271	0.280	0.287
甘　肃	0.227	0.221	0.222	0.294	0.306	0.305	0.304
青　海	0.229	0.259	0.275	0.233	0.243	0.266	0.278
宁　夏	0.061	0.271	0.272	0.151	0.162	0.182	0.191
新　疆	0.270	0.279	0.288	0.258	0.227	0.243	0.275

从上述三个基尼系数表中可以看出，基尼系数大致稳定在 0.15—0.3 这个区间内，说明各省的人类不平等程度存在且较为严重。这里的基尼系数计算所用的指标均来自年鉴数据，由于数据收集过程中可能出现一些遗漏和误差，所以在数据处理的时候把一些偏离很多的数据直接删除了然后进行插值填补，所以这里的数据会相对显得偏小。可以看出基尼系数的基本趋势都是由 1990 年的较高值到 2021 年的较低值，说明我国的省级人类发展不平等是处于一个下降的趋势。

第三节　人类平衡发展的动态演进趋势

本节主要研究中国四大区域间人类发展的动态演进趋势，采用了核密度估计和马尔科夫链的方法，对于中国四大区域之间的区域差距和动态演进进行了分析。

一、核密度估计

核密度估计属于非参数估计，常被用于以有限的样本推断未知概率密度函数总体的分布，可以代替传统的概括性统计方法，特别是在描述不平等以及经济方面的变动有其优势（刘靖等，2009）。为探究中国区域人类发展的动态特征，本节运用核密度估计对全国整体和四大区域人类发展的分布位置、形态、延展性和极化现象等特征进行分析（张龙耀和邢朝辉，2021），假设人类发展指数 x 的概率函数为 $f(x)$，则其概率密度函数 $f(x)$ 公式如下：

$$f(x)=\frac{1}{Nh}\sum_{i=1}^{N}K\left(\frac{X_i-x}{h}\right) \tag{2.13}$$

其中，N 表示观测值的个数，X_i 表示独立同分布的观测值，x 表示观测值的平均值，h 表示带宽，它的大小决定了和函数的精度，带宽的值越小核函数精度越高（张文彬和王赟，2021）。核函数的表达形式有高斯核函数、伽马核函数、三角核函数和均匀核函数等。本节采用的是高斯核密度函数估计区域人类平衡发展指数的动态分布，函数表达式如下：

$$K(x)=\frac{1}{\sqrt{2\pi}}e^{-\frac{x^2}{2}} \tag{2.14}$$

其中，K 为高斯核函数，$x=0$ 为核函数中心，$\sigma=1$ 为函数的宽度参数。

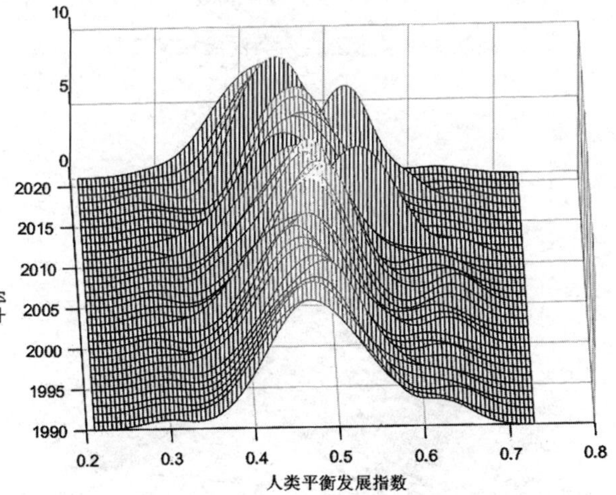

图 2.4　全国人类发展核密度图

本节利用 matlab 软件做出 1990—2021 年间 31 个省的人类发展指数动态演进三维图，图 2.4 展示了全国整体人类发展指数的动态演进趋势。从分布位置来看，整体分布曲线的中心位置和变化区间逐渐向右移动，但是移动速度逐渐放缓；从分布形态来看，分布曲线主峰高度总体呈现上升的趋势，同时，主峰宽度有所收缩，说明全国人类发展水平呈集中化的趋势，地区间的发展差异不断缩小；从分布延展性看，曲线的左拖尾现象减弱，但是有右拖尾的倾向。由此可以知道，人类发展水平较低的省份逐渐向平均水平靠拢，但是人类发展水平高的省份保持领先状态（佟孟华等，2022）。

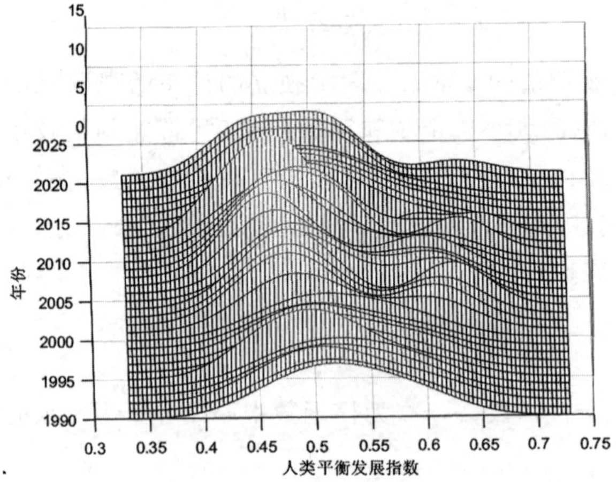

图 2.5　东部区域人类发展核密度图

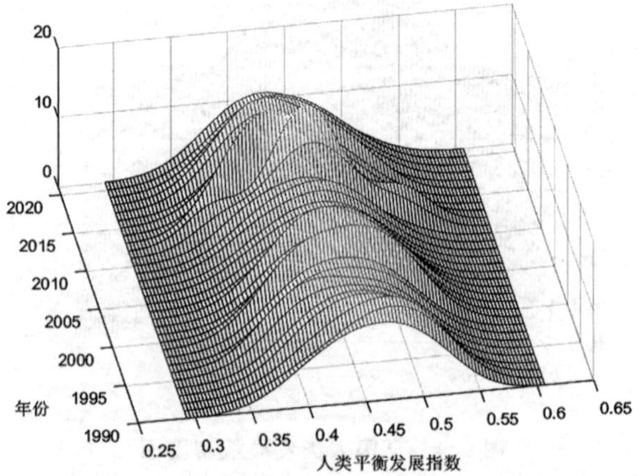

图 2.6　中部区域人类发展核密度图

图2.5描绘了我国东部区域1990—2021年间人类发展水平的动态演进及分布态势，总体来看，人类发展水平分布曲线逐年右移，整体变化幅度较大，曲线峰值波动下降，坡度逐渐放缓，次波峰形态先波动变化，而后逐渐不可见，并由双峰形态向单独的宽矮峰形态转化，曲线变化区间较为稳定，变化不大，说明东部区域人类发展水平逐渐升高，区域差距逐渐减小（陈景华等，2020）。

图2.6描绘了我国中部区域1990—2021年间人类发展水平的动态演进及分布态势，人类发展水平分布曲线逐年右移，整体变化幅度较大，曲线峰值波动变化，由缓和逐渐陡峭，后又有所缓和，区间变化范围较小，空间聚集现象明显，说明中部区域民生福祉水平逐渐升高，区域内差距呈逐渐变小的趋势，整体区域内差距变化不大，无明显极化现象。

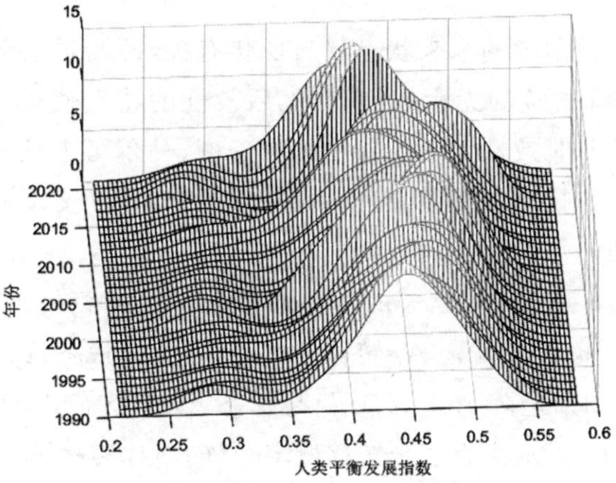

图2.7　西部区域人类发展核密度图

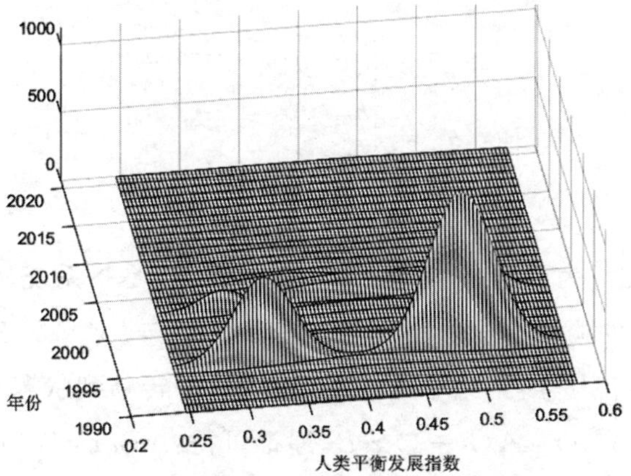

图2.8　东北区域人类发展核密度图

图 2.7 描绘了我国西部区域 1990—2021 年间人类发展水平的动态演进及分布态势，人类发展水平分布曲线逐年右移，整体变化幅度较大，区间变化范围较小，空间聚集现象明显，说明中部区域民生福祉水平逐渐升高，区域内差距呈逐渐变小的趋势，整体区域内差距变化不大，无明显极化现象。

图 2.8 描绘了我国东北区域 1990—2021 年间人类发展水平的动态演进及分布态势，由于东北地区仅有三个省份，因此每年的人类发展水平曲线受个别值的影响会很大，呈现出点而非曲线的分布，这里就不对东北区域的三维图进行分析。

二、马尔科夫链分析

（一）马尔科夫链的基本原理

马尔可夫链是指系统的未来状态仅与现状有关，而与过去的状态无关的随机过程，这就是马尔科夫链的无后效性，其无后效性的特点使得马尔可夫预测模型能够免于因数据的非时效性而影响预测的准确度，马尔可夫预测作为一种预测随机过程的变化规律的技术，是利用其中一种变量的现状和变动趋势来预测该变量的未来状态与变动趋势的技术（华林香等，2013）。

设 $X_n(n \geqslant 0)$ 为有 n 个状态的随机过程，其在 t 时刻的 n 个状态分别为 A_1，A_2，…，A_n。设从 t 时刻的状态 A_i 转移到 $t+1$ 时刻的状态 A_j 的概率为 b_{ij}（其中 $i,j=1,2,\cdots,n$），如果矩阵 $B=(b_{ij})$ 只与状态 A_i 和状态 A_j 有关而和其他状态无关，那么称矩阵 $B=(b_{ij})$ 为一步转移概率矩阵，简称转移矩阵，其中的元素满足 $b_{ij} \geqslant 0$，且矩阵 $B(b_{ij})$ 中每一行的元素之和等于 1。转移矩阵以矩阵形式表现为：

$$B=b_{ij}=\begin{bmatrix} b_{11} & b_{12} & \cdots & b_{1j} \\ b_{21} & b_{22} & \cdots & b_{2j} \\ \vdots & \vdots & \ddots & \vdots \\ b_{i1} & b_{i2} & \cdots & b_{ij} \end{bmatrix} \tag{2.15}$$

设条件概率 $b_q^{(k)}$ 为马尔可夫链的 k 步转移概率，是指系统从状态 A_i 经过 k 步后转移到状态 A_j 的概率，根据 K－C 方程有：$B^{(k)}=B^{(k-1)}\times B=B^{(k-2)}\times B\times B=\cdots=B^k$；如果以转移矩阵 b_q 表示系统从状态 A_i 转移到状态 A_j 的概率，那么根据 K－C 方程有：$A(n)=A(n-1)\times B$，递推可得：$A(n)=A(0)\times B^n$，其中 $A(n)$ 为预测变量在 n 时刻的状态向量（罗智骁和孙翔，2021），B 是一部转移概率矩阵。

如果要进一步去预测 $n+k$ 时刻的状态向量 $A(n+k)$，则有：

$$A(n+k)=A(n)\times B^k \tag{2.16}$$

（二）区域人类平衡发展指数的马尔可夫链模型

设在 n 时刻，中国的人类平衡发展指数状态向量为 $A(n)$，$A(n)=\{A_d(n),A_z(n),A_x(n),A_{db}(n)\}$，其中 $A_d(n),A_z(n),A_x(n),A_{db}(n)$ 分别表示东部区域人类平衡发展指数、中部区域人类平衡发展指数、西部区域人类平衡发展指数和东北部区域人类平衡发展指数经过归一化之后的数据，这里的归一化是把四大区域的数据加总之后算的百分数，这样做是因为用占比数据可以更直观的比较分析四大区域之间的人类发展情况，这里假定中国的人类发展资源是一定的，每个区域都占有一定的比例，用区域人类平衡发展指数计算出该比例。

根据前文提到的区域人类平衡发展指数的计算方式可知，直接影响其变化的是区域的人均GNI、居民受教育程度和预期寿命，区域政策、地理位置和产业结构调整等因素对区域人类发展平衡指数也有影响。这些因素的共同作用，形成了中国四大区域人类平衡发展系统，这个系统的主体就是国家和人民。国家出台政策影响四大区域之间的经济、教育条件和医疗资源分配，区域内的人民进行生产等活动创造经济价值，获得受教育活动和良好的医疗资源，反馈在区域人类平衡发展指数里。国家政策选择资源向某个区域倾斜的概率越高，该区域的人类平衡发展指数越大，则该区域的人类平衡发展指数占比越大。无论发生了什么资源分配，在时刻 n 区域A必定会有一个人类平衡发展指数占比状态 A_n，当系统中的国家和人民进行政策出台和生产活动后，在 $n+1$ 时刻同样也会有一个状态 A_{n+1}。从 n 时刻到 $n+1$ 时刻的状态转移中，各个区域人类平衡发展指数会发生变化，就存在一个区域的人类平衡发展指数变小，而另一个区域人类平衡发展指数变大的情况，也就是说各个区域之间的和人类发展相关的资源分配出现了转移。各个区域之间的人类平衡发展指数占比之间的选择转移概率，就形成了马尔科夫链的转移概率矩阵。

设从 n 时刻到 $n+1$ 时刻中国四大区域的人类平衡发展状态的一步转移概率矩阵为：

$$B_n=\begin{bmatrix} b_{d\to d}(n) & b_{d\to z}(n) & b_{d\to x}(n) & b_{d\to db}(n) \\ b_{z\to d}(n) & b_{z\to z}(n) & b_{z\to x}(n) & b_{z\to db}(n) \\ b_{x\to d}(n) & b_{x\to z}(n) & b_{x\to x}(n) & b_{x\to db}(n) \\ b_{db\to d}(n) & b_{db\to z}(n) & b_{db\to x}(n) & b_{db\to db}(n) \end{bmatrix} \tag{2.17}$$

其中,主对角线上的元素称为保留概率,表示四大区域的人类平衡发展指数占比不变的概率;主对角元素以外的行元素表示由该区域的人类平衡发展指数占比向其他区域转移的概率,列元素是其他区域的人类平衡发展指数占比转移到本区域的概率,每一行的元素之和为1。为了下文叙述方便,将转移矩阵每行中除了保留概率之外的元素称为转移概率元素,每列中除了保留概率以外的元素称为吸收概率元素(高倩,2015)。

如果根据目前的四大区域人类平衡发展指数占比预测未来的占比情况,就需要通过各年的人类发展指数占比变化来确定每步的状态转移概率矩阵,下一步求出平均转移矩阵,再利用求得的平均转移矩阵预测下一次变化。设从初始时刻到 n 时刻期间四大区域人类平衡发展指数占比的转移概率矩阵分别为 $P(1)$, $P(2)$,…,$P(n)$,则平均转移概率矩阵为:

$$P=[P(1)\times P(2)\times\cdots\times P(n)]^{\frac{1}{n}} \tag{2.18}$$

设 n 时刻的人类平衡发展指数占比状态矩阵为 $S(n)$,那么可以根据公式计算出 $n+m$ 时刻的人类发展指数占比状态矩阵为 $S(n+m)$,公式如下:

$$S(n+m)=S(n)\times P^m \tag{2.19}$$

前文对于1990—2021年中国四大区域的人类平衡发展指数的趋势和特征进行了分析,这里就使用这32年的数据来进行分析。将测得的各个区域人类平衡发展指数经过转换为占比后得到各个区域的人类平衡发展指数占比,测算结果如表2.13所示。

表 2.13 区域人类平衡发展指数占比

地区	1990年	1995年	2000年	2005年	2010年	2015年	2021年
东部	0.2616	0.2641	0.2631	0.2628	0.2602	0.2581	0.2566
中部	0.2403	0.2434	0.2451	0.2471	0.2473	0.2500	0.2508
西部	0.2192	0.2203	0.2238	0.2262	0.2314	0.2354	0.2384
东北	0.2788	0.2721	0.2680	0.2639	0.2611	0.2565	0.2542

在前文的分析基础上确定转移概率矩阵时,可以发现四大区域之间人类发展平衡指数占比存在转移的可能性,即四大区域之间和人类发展相关的资源存在转移的可能性。计算转移概率矩阵的步骤如下:

第一步,计算出保留概率的元素值:当中国四大区域人类平衡发展情况从 n 时刻转移到 $n+1$ 时刻,如果某个区域的人类平衡发展指数占比不变或者增加,则该区域在转移矩阵中的保留概率为1;如果某个区域的人类平衡发展指数占比减小，则其保留概率为 $n+1$ 时刻的份额除以 n 时刻的份额。

第二步，找出保留概率为1的元素所在行，并计算出转移概率。从上一步可以知道，如果保留概率为1则该区域的人类平衡发展指数占比不变或者增加，因此不存在向其他区域转移的可能性，而转移概率矩阵每一行之和为1。因此，该行的转移概率都是0。

第三步，计算出保留概率小于1的元素所在列的吸收概率元素值。如果某列的保留概率小于1，说明该区域的人类平衡发展指数占比减少，因此不存在从其他区域获得转移的可能性，因此该列的吸收概率元素值为0。

第四步，计算出保留概率小于1的元素所在行的非零转移概率。这里假设东部区域的保留概率小于1，那么可以计算出该行的转移概率：

东部区域向中部区域转移的概率：

$$b_{d\to z}(n)=\frac{[1-b_{d\to d}(n)]\times[A_z(n+1)-A_z(n)]}{[A_z(n+1)-A_z(n)]+[A_x(n+1)-A_x(n)]+[A_{db}(n+1)-A_{db}(n)]} \tag{2.20}$$

东部区域向西部区域转移的概率：

$$b_{d\to x}(n)=\frac{[1-b_{d\to d}(n)]\times[A_x(n+1)-A_x(n)]}{[A_z(n+1)-A_z(n)]+[A_x(n+1)-A_x(n)]+[A_{db}(n+1)-A_{db}(n)]} \tag{2.21}$$

东部区域向东北部区域转移的概率：

$$b_{d\to db}(n)=\frac{[1-b_{d\to d}(n)]\times[A_{db}(n+1)-A_{db}(n)]}{[A_z(n+1)-A_z(n)]+[A_x(n+1)-A_x(n)]+[A_{db}(n+1)-A_{db}(n)]} \tag{2.22}$$

根据以上四个步骤可以分别计算出1990—2021年间中国四大区域的人类平衡发展指数占比在每一步的转移概率矩阵，由于是32年的数据，这里就有31个转移概率矩阵，由于转移概率矩阵数量过多就不放在文章中进行展示。本节利用Matlab软件计算出每步的转移概率矩阵，利用公式计算出平均转移概率矩阵如下：

$$B=\begin{bmatrix}0.9982 & 0.0005 & 0.0010 & 0.0003\\ 0.0002 & 0.9992 & 0.0004 & 0.0002\\ 0.0003 & 0.0001 & 0.9994 & 0.0002\\ 0.0008 & 0.0013 & 0.0016 & 0.9963\end{bmatrix}$$

以上平均转移概率矩阵中包含的信息如下：

1. 主对角线上的元素值很大，且远大于非主对角线上的元素值，即保留概率较高,这说明我国四大区域的人类平衡发展占比较为稳定。在 1990—2021 年间,每年东部区域、中部区域、西部区域和东北区域人类平衡发展指数占比份额仍然保持上一年份额的平均概率分别为 99.82%、99.92%、99.94%和 99.63%。西部区域的平均保留概率最高,说明西部区域的人类平衡发展情况与其他区域比较而言更加稳定,结合前文的分析可知,西部区域人类平衡发展一直处于垫底的状态,但是平均增长速度却是最快的,这可以对西部保留概率最高做出解释。同时,我们还可以发现四大区域保留概率的大小顺序和四大区域人类平衡发展指数的年均增速大小顺序保持一致。

2. 从平均转移概率矩阵的第一行可知,东部区域的人类平衡发展指数占比转移到中部区域、西部区域和东北区域的概率分别为 0.05%、0.1%和 0.03%,可知东部区域中与人类发展相关的资源转移向西部区域的概率最大。从平均转移概率矩阵的第二、三、四行可知,东部区域、中部区域和东北区域向西部区域的人类发展资源转移的概率比较大,这是因为我国西部与其他区域相比显得落后一点,国家政策会倾向西部区域的发展。

第四节　中国人类平衡发展区域差异分析

一、Dagum 基尼系数及其分解方法

本节采用 Dagum(1997)提出的基尼系数对区域人类发展的区域差异进行分析,Dagum 基尼系数能够把基尼系数分解为区域间差异贡献、区域内差异贡献和超变密度贡献三个部分(杨欢,2022)。同时,基尼系数还计算了区域间的差异基尼系数和区域内的差异基尼系数,区域间差异系数表示不同区域之间的整体人类发展水平差异程度,区域内差异系数表示该区域内部各个省份之间的人类发展水平差异程度(杨俊和李雪松,2007)。下面介绍一下 Dagum 基尼系数的计算:

总体基尼系数定义为:

$$G=\frac{1}{2\bar{y}n^{2}}\left(\sum_{j=1}^{k}\sum_{h=1}^{k}\sum_{i=1}^{n_j}\sum_{r=1}^{n_h}|y_{ji}-y_{hr}|\right) \tag{2.23}$$

公式(2.23)中,y_{ji} 表示 j 区域内 i 省份的人类平衡发展指数,同理 y_{jr} 表示 h 区域内 r 省份的人类平衡发展指数,n 是所有省份的数据也是样本数,n_j 和 n_h 分别表示 j 和 h 区域内的省份个数,k 是区域的总数,本节中 $k=4$,$\bar{y}$ 是所有省份的人类平衡发展指数的均值,下面介绍区域内部和区域之间的基尼系数计算公式。

以区域 h 为例，该区域的区域内基尼系数公式如下：

$$G_{hh}=\frac{1}{2\overline{y_n}{n_h}^2}\left(\sum_{i=1}^{n_h}\sum_{r=1}^{n_h}|y_{hi}-y_{hr}|\right) \tag{2.24}$$

区域 j 和区域 h 之间的区域间基尼系数公式如下：

$$G_{jh}=\frac{1}{n_j n_h(\overline{y_j}+\overline{y_h})}\left(\sum_{i=1}^{n_j}\sum_{r=1}^{n_h}|y_{ji}-y_{hr}|\right) \tag{2.25}$$

Dagum 基尼系数分解法把基尼系数 G 分解为区域内差异贡献 G_w、区域间差异贡献 G_{nb} 和超变密度贡献 G_t 三个部分，这三个部分的公式如下：

$$G_w=\sum_{h=1}^{k}G_{hh}p_h s_h \tag{2.26}$$

$$G_{nb}=\sum_{j=2}^{k}\sum_{h=1}^{j-1}G_{jh}(p_j s_h+p_h s_j)D_{jh} \tag{2.27}$$

$$G_t=\sum_{j=2}^{k}\sum_{h=1}^{j-1}G_{jh}(p_j s_h+p_h s_j)(1-D_{jh}) \tag{2.28}$$

$$G=G_w+G_{nb}+G_t \tag{2.29}$$

公式(2.27)和公式(2.28)中的 D_{jh} 表示区域 j 和区域 h 之间人类平衡发展指数的相对影响，同时也对变量 p_h、s_h 做出公式解释：

$$D_{jh}=\frac{d_{jh}-p_{jh}}{d_{jh}+p_{jh}} \tag{2.30}$$

$$p_h=\frac{n_h}{n} \tag{2.31}$$

$$s_h=\frac{n_h\overline{y_h}}{n\bar{y}} \tag{2.32}$$

其中，d_{jh} 表示区域间人类平衡发展指数的差值，当 $\overline{y_j}>\overline{y_h}$ 时，d_{jh} 表示 $y_{ji}-y_{hr}>0$ 条件下的所有人类平衡发展指数差异($y_{ji}-y_{hr}$)的加权平均数。p_{jh} 为超变一阶矩，当 $\overline{y_h}>\overline{y_j}$ 时，p_{jh} 表示 $y_{hr}-y_{ji}>0$ 条件下的所有($y_{ji}-y_{hr}$)的加权平均数。$F_j(F_h)$ 代表区域 $j(h)$ 人类平衡发展指数的累积分布函数。公式如下：

$$d_{jh}=\int_0^{\infty}dF_j(y)\int_0^{y}F_j(y-x)dF_j(y) \tag{2.33}$$

$$p_{jh}=\int_0^{\infty}dF_j(y)\int_0^{y}F_h(y-x)dF_j(y) \tag{2.34}$$

二、中国人类平衡发展指数区域差异及来源

根据前一节提到的 Dagum 基尼系数方法，测算出 1990—2021 年间中国四大

区域的人类发展指数的基尼系数，由于数据过多，这里只选取了间隔年份数据进行展示，测算结果如表 2.14 所示。

表 2.14　Dagum 基尼系数分解

年份		1990	1995	2000	2005	2010	2015	2021
总体基尼系数		0.075	0.070	0.062	0.057	0.048	0.040	0.037
分解项及贡献	组内差异	0.015	0.014	0.012	0.012	0.011	0.010	0.009
	贡献率	20.206	19.450	19.747	21.456	22.581	23.618	24.209
	组间差异	0.056	0.054	0.049	0.043	0.035	0.029	0.025
	贡献率	74.882	77.650	77.842	75.523	72.874	71.375	69.089
	超变密度	0.004	0.002	0.002	0.002	0.002	0.002	0.002
	贡献率	4.912	2.900	2.412	3.021	4.545	5.007	6.702
组内差异	东部	0.058	0.047	0.044	0.044	0.038	0.035	0.035
	中部	0.019	0.014	0.013	0.014	0.010	0.010	0.009
	西部	0.025	0.015	0.012	0.016	0.013	0.009	0.009
	东北	0.055	0.055	0.049	0.048	0.042	0.037	0.032
组间差异	东一中	0.046	0.038	0.036	0.038	0.033	0.032	0.034
	东一西	0.077	0.074	0.065	0.059	0.048	0.038	0.036
	东一东北	0.117	0.114	0.102	0.092	0.075	0.064	0.057
	中一西	0.063	0.052	0.042	0.030	0.023	0.013	0.010
	中一东北	0.105	0.093	0.079	0.063	0.050	0.038	0.030
	西一东北	0.050	0.047	0.042	0.042	0.035	0.032	0.028

（一）人类平衡发展总体差距及演变趋势

图 2.9 描述了中国省域人类平衡发展指数空间分布的总体基尼系数的演变趋势。可以看出，1990—2021 年中国人类平衡发展指数的总体基尼系数从 0.075 减少到 0.037，下降了 51.27%，年均下降率约为 1.3%，这说明中国人类平衡发展指数的区域差异正在缩小。总体基尼系数呈现出一种波动中下降的趋势，总体基尼系数有一些个别年份会稍微上升但是会很快回落。其中 2005 年总体基尼系数为 0.057，是 32 年间上涨最多的一年，上涨幅度达到 7.35%，2011 年总体基尼系数为 0.042，是 32 年间下降幅度最大的一年，降幅达到了 11.38%。其他年份虽然也有波动，但是波动幅度较小，不影响总体的下降趋势。

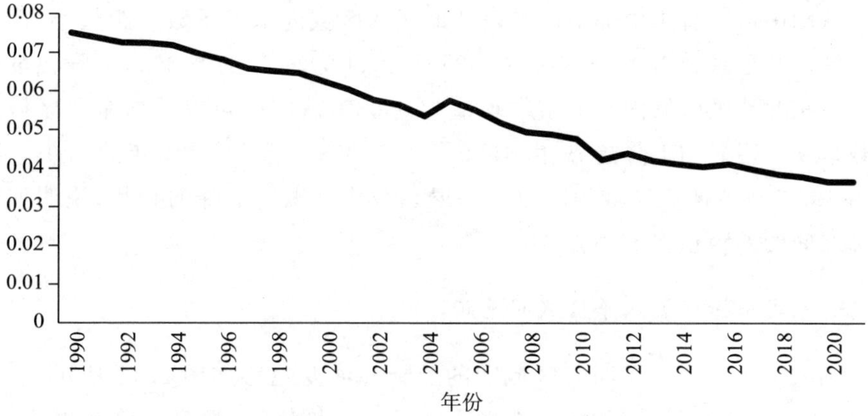

图 2.9 中国人类平衡发展的总体差异演变趋势

(二)人类平衡发展水平区域内差距

中国人类平衡发展指数在四大区域内部 Dagum 基尼系数如图 2.10 所示。从整体来看,人类发展的区域内差异较小而且呈现出下降的趋势,相对而言东北部地区和东部地区的区域内差异较大且差距缩小速度较快,中部地区和西部地区的区域内差异较小且差距缩小速度较慢。具体来说,东部地区区域内基尼系数均值为 0.042,在 2005 年前后有较大波动但是下降趋势不变,基尼系数由 1990 年的 0.058 下降到 2021 年的 0.035,下降幅度达到 26.32%;中部地区区域内基尼系数均值为 0.013,基尼系数一直在 0.01 到 0.02 之间波动,由 1990 年的 0.019 下降到 2021 年的 0.009,下降幅度达到 34.15%;西部地区区域内基尼系数均值也约为

图 2.10 中国平衡人类发展的区域内差异

0.013，从图中可以看出中部地区和西部地区的区域内基尼系数差距很小，西部地区的区域内基尼系数由 1990 年的 0.025 下降到 2021 年的 0.009，下降幅度达到 48.69%；东北地区区域内基尼系数均值为 0.032，从图中可以看出东北区域的基尼系数呈现出明显的下降趋势，由 1990 年的 0.055 下降到 2021 年的 0.044，下降幅度为 19.25%。四大区域的区域内基尼系数均呈现出下降的趋势，说明四大区域内部之间的差距正在缩小。

（三）人类平衡发展水平区域间差距

中国人类发展水平在四大区域间的差异和演变趋势如图 2.11 所示，从中可以明显看出，各个区域之间的差异都是呈现下降趋势的，而且下降速度不一致。其中，东北区域和其他三区域的区域间差异较大而且下降趋势明显，东北区域与东部区域、中部区域以及西部区域之间差异的下降幅度分别为 51.42%、71.77% 和 44.14%。在 2021 年区域间差异最小的是中部区域和西部区域，区域间的基尼系数仅为 0.010，而在 1990 年时中部区域和西部区域的区域间基尼系数值为 0.06，下降幅度达到了 84.46%，是 1990—2021 年间区域差异降幅最大的区域差距。总体而言，中国的四大区域之间的人类发展差距是逐年缩小的，区域间的人类发展趋于协调。

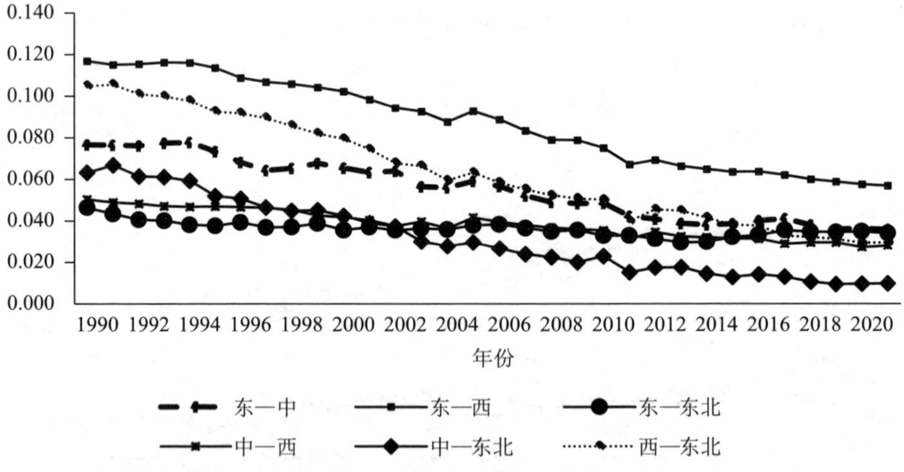

图 2.11 四大区域间人类平衡发展水平差距及演变趋势

（四）人类平衡发展水平区域差距来源及贡献率

图 2.13 展示了中国人类发展总体差异的来源。从对全国人类发展总体差异

的贡献程度大小看,区域间的差异贡献率是最大的,变动区间位于68.97%～77.65%,平均贡献率为74.45%,这说明区域间的差异是全国人类发展总体差异的主要来源(陈景华等,2020)。而区域内部差异贡献率的变动区间在19.18%～24.35%之间,平均贡献率为21.61%,区域内部的差异贡献率相对于区域间差异的贡献率较小,不是造成区域人类发展差异的主要原因。超变密度的贡献率位于2.00%～6.70%,平均贡献率为3.94%,这说明区域间的样本交叉重叠问题对于人类发展区域差异的影响很小。综上所述,解决区域之间的人类发展不平衡问题,要从缩小区域间的人类发展差异的角度出发,促进区域的协调发展。

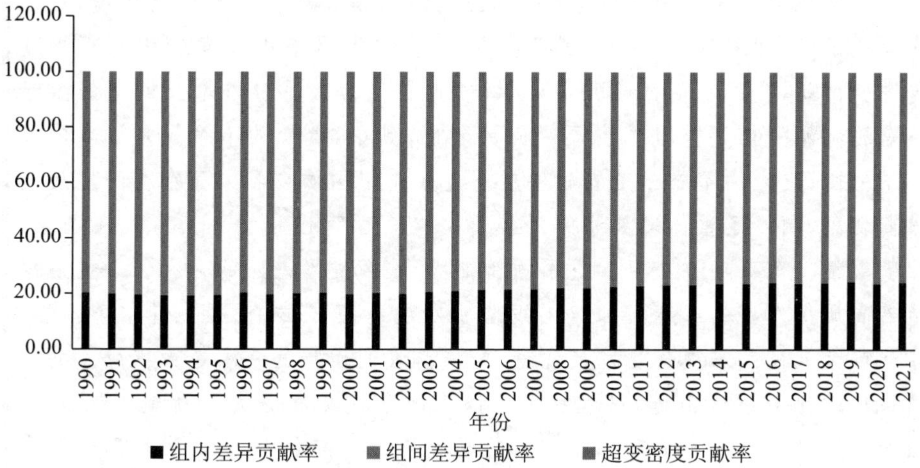

图2.12 中国人类平衡发展差异来源

第三章　基于 HDI 的省级城乡发展差距测度与分析

1978 年改革开放至今，中国社会经济各项事业取得了巨大成绩，已经摆脱了过去“滞后的社会生产”格局，正在向世界上中等发达国家水平迈进。由此，我国当前社会的主要矛盾，也转变为人民日益增长的美好生活需要和不平衡不充分的发展之间的矛盾，其中，最大的不平衡是城乡发展不平衡，最大的不充分是农村发展不充分。中国城乡各方面存在的发展失衡现象，制约了整体发展水平的提升。在全面建设社会主义现代化国家、朝着第二个百年奋斗目标进军的新征程，城乡发展差距的存在仍严重妨碍着高质量发展的进度。加速缩短城乡发展差距，让农村在推进中不落后，让广大人民共享现代化发展成就，是当前我们面临的一项重大挑战。共同富裕的车轮滚滚前进，纵观新世纪以来国家越发重视城乡协调发展，那么城乡发展差距的长期动态监测与对比就显得非常重要，对其进行合理测度和影响分析成为当务之急。本章基于衡量发展水平的公认综合指标人类发展指数的内涵和编制方法，分别编制 2000—2020 年中国各省或地区城乡层面 HDI 及其分项指数，以此构建城乡发展差距指数和分项差距指数，尝试实现对中国省级城乡发展差距统计测度的新探索与更加可信可比的数量反映。进一步，对编制结果及其变动特征从时序变化、地区差异、σ 收敛和 β 收敛、协方差 PAC 和 LMDI 分解等方面进行了分析，探讨城乡发展绝对差距和差距变动的驱动因素。

第一节　研究现实意义与价值

一、研究背景

在改革开放之初，农村的改革走在城市的前列，短期内农民收入有了大幅度的提高，从而使得农民收入与城镇居民收入水平逐渐拉近，因此，我国这一时期整体的基尼系数表现出短暂缩小的态势得益于城乡收入差距的缩小。但是，城市社会经济大刀阔斧的改革打破了这一短暂的"平衡"，特别是城镇工业化的兴起，城乡关系变动激烈，又使得城乡收入差距开始扩大。不仅是城乡收入方面存在较大差距，教育、医疗、社会保障等方面的差距也一直牵制着一个地区的发展。近年来，我国着力解决城乡发展不平衡问题，已经取得明显进展，特别是脱贫攻坚的全面胜利，新型城镇化、乡村建设行动的规划完善，城乡融合发展的不断推进，乡村振兴总抓手的启动部署，形成了宝贵的经验，为实现共同富裕创造了条件。然而，由于百年变局和世纪疫情的叠加影响，各省经济社会恢复性发展并不同步，城乡差距过大仍是我国面临的结构性问题之一（国务院发展研究中心农村部课题组，2014），所以城乡发展不平衡依旧是很多省份的最大省情。

目前，城乡差距问题亟待解决。国家发改委就建立健全城乡融合发展体制机制发布会上指出，现阶段与工业化、城镇化的发展速度相比，我国农业农村发展步伐还跟不上，"一条腿长、一条腿短"的问题有一定的普遍性。从国家层面来看，城乡二元结构依旧突出，初级阶段特征明显，聚焦到省级层面，省份内部的城乡发展失衡也不容小觑。在收入方面（如图 3.1），1978 年城镇居民人均可支配收入相比于农村居民人均可支配收入多了 209.8 元，1992 年差距拉大突破千元，为 1242.6 元，2021 年达到 28481 元，城镇、农村可支配收入比为 2.504∶1，虽有减小的趋势，但差距依然明显。西北和西南的部分省份或地区现阶段农村的收入不足城镇居民收入的三分之一，甚至收入水平仅相当于西部大开发初期的城镇收入水平，存在严重的城乡二元分割经济结构。在民生方面，截至 2020 年，我国农村教育仍面临着教育发展滞后的问题，长期以来，城镇教育的经费投入远超农村，而农村义务教育经费投入增速还在持续放缓，近年来的最低增长率仅有 5%；医疗上，虽已实现县乡村医疗卫生机构全覆盖，但农村病床使用率仅为 50.4%，比全国病床使用率还低了 21.9%；最低保障上，农村低保户数达到了 1933.6 万户，是城镇低保户数的 4.3 倍；同时农村就业人员也从 1978 年的 30638 万人降至 2020 年的 28793 万人，就业也出现了"城挤乡空"的局面。这一系列数据也能折射在各个省份内部城乡经济和社会格局的差异上，且这种差异可能会引起不同省份不同的发展变局。因此，解决全国范围内各省份、地区城乡发展差距问题就显得尤为紧迫和重要。

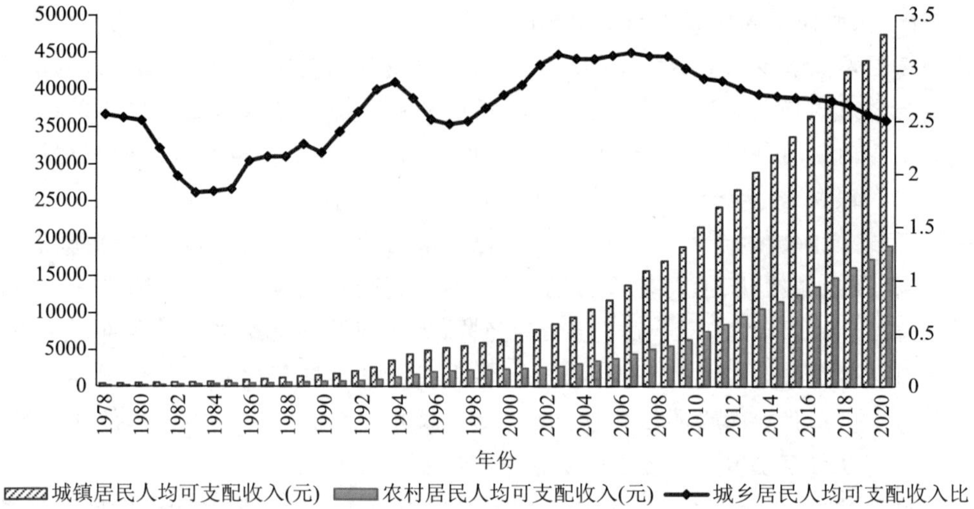

图 3.1　1978—2021 年城乡居民人均可支配收入比较

注:数据来源于国家统计局。

西方经济学家和地理学家讨论城乡各方面协调发展,大多是基于城乡分割和发展不平衡的前提,并提出了“城市优先”或“城市偏向”问题(林聚任和张小莉,2020)。然而,中国的城镇化不同于资本主义国家的城市化,我国城乡发展差距增大的过程有其特殊性,并且“三农”工作中的重要论述“民族要复兴,乡村必振兴”就更加坚定地表明了农业农村农民问题是关系国计民生的根本性问题,各省城乡一体、均衡、持续的发展才能促进整体共同繁荣。基于全国各省份或地区城乡发展不平衡性结构矛盾的出发点,为缩小城乡发展和民生差距、促进城乡资源要素双向有序流动,中共党的十九大报告明确提出“进一步完善城乡循环体系、推动城乡融合发展”,而后又颁发《中共中央 国务院关于建立健全城乡融合发展体制机制和政策体系的意见》,强调了走城乡融合发展之路的重要性,党的二十大报告进一步指明“坚持城乡融合发展,畅通城乡要素流动”是重塑新型城乡关系的必经之路,2023 年的中央一号文件也延续了党的二十大精神。各省针对自身城乡发展模式的多样性,积极探索弥补本省城乡发展差距短板的措施,如江苏省采取“小城镇主导”模式,湖北省抓县域经济的主阵地,四川省则着力构筑城市为核心的多点多极支撑发展格局。诚然,各省都进行了缩小城乡差距的实践探索,但由于初始禀赋不同,省级城乡协调发展水平就会有显著差异。故此,对城乡发展差距的统计测度、演变情况以及导致差距的影响因素研究也就应运成为学界炙手可热的话题,对进一步促进城乡融合发展具有重要意义。

城乡发展差距的不断加剧，会引发一系列内在社会经济问题，不利于我国共同富裕这一社会主义本质要求的实现。中央财经委员会第十次会议强调：共同富裕是全体人民的富裕，是人民群众物质生活和精神生活得到充分满足，但均等化不是平均化，共同的概念也表明不是少数人的富裕，同时这个目标的实现不可能毕其功于一役，要分阶段促进。而如何解决好现阶段城乡发展差距大的问题，则成为影响我国全面高质量迈向共同富裕大道的关键所在。要减小我国省级城乡发展差距，构建科学合理的统计测度评价指标，不断革新适应发展变化和更加客观可比的方法体系，量化反映省级城乡发展差距的整体状况演变，并尝试建立长期动态监测城乡发展差距变化的理论框架，进一步探寻导致不平衡的主要影响因素，以为相关政策制定提供基础数据支撑，也就变得极为重要。

二、研究的理论与现实意义

（一）理论意义

目前，已经有不少研究探究了我国各地区城乡发展差距的统计测度问题，但主要集中在从城乡收入差距的角度衡量城乡发展的差距上，部分学者试图围绕就业机会、人力资本、政策偏向等方面解释差距的成因，然而仍局限于城乡收入差距这一方面。这种单一的统计测度，并未很好地体现城乡全面发展方面的差距，如此可能会有以下几方面的不足：一是对城乡发展差距的覆盖面有一定局限，各地区城乡发展差距的测算结果可能存有偏误；二是无法全面真实反映城乡发展差距的动态演变情况，可能会误判一个省份或地区城乡发展差距的未来走势；三是不利于分解分析城乡发展差距的主要原因，可能会影响到政策制定及其实施效果。此外，也有不少研究基于人的全面发展理论，构建城乡差距的评价体系，但存在指标体系构建的诸多问题，而构建科学合理的数量反映体系，是切实认清我国城乡发展差距现状的重要前提，也是制定实施相应政策的基础保障。由此，考虑到城乡发展差距问题依旧离不开发展二字，本章就尝试引入目前国际上能较好地衡量经济社会发展的HDI，分别测算我国各省份或地区城镇和农村的发展状况，编制过程中，在指标选取、数据处理和编制方法上，尽可能与HDI保持一致，以保证测算结果可信可比。然后度量城镇和农村的发展差距，得到各省或地区历年的城乡发展差距演变状况，既丰富了现有的单一测度体系，又能将HDI应用于省内城乡层面差距的测度上，为后续相关问题的研究提供理论依据。再者，城乡发展差距的演化具有一定的规律，以各个省份为区域个体单元，从省级层面利用分解分析法和空间建模法剖析造成城乡发展差距的驱动因素以及传统因素、时空因素,探索内在影响机制,理论上进一步完善了省级城乡发展差距问题的研究思路和方法,为政策制定提供理论参考。

(二)现实意义

随着我国进入新发展阶段,城乡发展差距大已经成为制约我国科学发展进程的一个重大现实问题,能否处理好这个社会问题,将密切影响到我国是否达到全面、协调、可持续发展。在此阶段,解决城乡发展差距问题更加迫切,各省都谋求走出一条具有自己省份特色的城乡协调发展之路,在经济、教育、卫生、公共服务等方面补齐短板,在乡村振兴战略的加持下,构建省域一体化发展新格局。总体来说,本研究的现实意义可归纳为以下两点:第一,本章立足于城乡发展的视角,从人类发展指数(HDI)构建的三个维度出发,衡量每个省份内部的城乡发展水平和发展差距,测算出相应的指数,分解分析动态变化规律,挖掘薄弱环节,为省级城乡发展均衡的目标提供切实的思路和方向。第二,以我国各省或地区作为研究样本,并在得到测算结果的基础上探究引起各省城乡发展差距的影响因素,总结提炼典型省份和地区的发展经验,以期为决策部门制定针对性的协调发展战略和促进城乡融合发展提供参考。

第二节　省级城乡人类发展指数的编制

明确中国省级城乡发展差距的统计测度标准,构建科学合理的数量反映体系,是随时监测中国省级城乡发展差距变动的重要前提,也是政策有效落实的基础保障。目前,尽管对中国各省或地区城乡发展差距的统计测度研究并不鲜有,但一方面,主要从城乡收入或消费的角度来衡量城乡发展差距略显单一且容易造成偏误,另一方面,为了弥补单一指标评价的全面性问题而构建的综合评价指标体系又难以在从哪些维度、选择哪些指标以及各指标的权重如何确定等方面形成定论。城乡发展差距本质上仍然是发展的问题,而 HDI 是测度发展的国际公认标准,其从健康、知识及体面的生活水平三个方面,能够全面衡量发展的最基本内涵。考虑到 HDI 在衡量发展方面的广泛公认性,本节拟分别编制各省或地区城乡 HDI 及其分项指数。编制过程中,在指标选取、数据处理和编制方法上,尽可能与 UNDP 发布的最新 HDI 编制保持一致,以保证测算结果可信可比。

一、分项指数编制：数据来源及处理方法

虽然HDI的编制方法几经改进，但综合指数的框架由三个分项指数（即预期寿命指数、教育指数和收入指数）所构成，这从未发生改变（UNDP，2018）。并且，在2014年《HDI指数计算说明2014》发布之后，HDI的编制技术已趋于稳定。因此，本章选择编制HDI，来反映我国省级城乡发展状况及演变。为了确保中国省级城乡人类发展指数（2000—2020年）编制和分析数据具有动态可比性，本章统一采用UNDP发布的最新版2021/22年编制技术标准。HDI编制主要过程包括分项指标选取、指标数据计算、分项指数编制以及合成总指数四个步骤，就省级城乡HDI的编制而言，关键在于获取对应指标的省级城乡数据。本节内容将着重介绍省级城乡HDI每个分项指数的编制，包括数据来源、计算方法、阈值转换和归一化处理等。

（一）预期寿命指数

预期寿命指数是一种衡量一生预期可活的平均寿命，由出生时预期寿命指标计算得来，即为平均预期寿命（LE），是同一批人出生后平均一生可存活的年数，它一定程度上反映了卫生教育、生态环境、医疗保障、社会治安等因素对整体健康质量的综合影响。国家利用人口普查资料和1%人口抽样调查资料，已公布相应年份全国人口平均预期寿命和各省市平均预期寿命，但无论是全国层面还是省级层面，分城镇和乡村的人口预期寿命均没有官方统计计算数据。因此，由于基础数据的缺乏，目前对各省或地区分城乡死亡率和预期寿命的研究还不够充分，然而要缩小城乡、地区、人群间基本健康水平的差距，以实现全民健康覆盖的目标[①]，省级城乡平均预期寿命的差距估计就显得尤为重要。

在人口平均预期寿命的计算中，因无法追踪同一批人从出生到死亡的完整生命过程，所以用当前各年龄人口死亡率来代替同一批人的死亡平均水平在现实计算中常用，以此来测算出期望能够持续存活的平均年数。本小节参照宋洪远和马永良（2004）对中国国家层面城乡平均预期寿命的估计方法，编制了2000年、2010年以及2020年中国各省或地区城镇和农村的简略生命表，再分别计算各省或地区城镇和农村的人口平均预期寿命。由于预期寿命的变动通常较为平缓，这里使

① 中华人民共和国中央人民政府、中共中央国务院印发《“健康中国2030”规划纲要》. http://www.gov.cn/zhengce/2016—10/25/content_5124174.htm.

用平均增速对2000—2010年间和2010—2020年间各年的平均预期寿命进行插补。

1. 生命表的编制

自统计学家格兰特编制了人类第一张生命表以来，生命表已经成为人口统计学的一项重要分析技术(程硕和曹丽娜，2013)，简略生命表的编制相对于完全生命表来说，可以避免各省或地区分城市、镇、乡村的0－100岁单岁组死亡数据难以获得的问题，而且本节只需各省或地区城镇和农村0岁组的平均预期寿命数据，因此按照年龄组距为5岁(0岁、100岁及以上单独分组)，初始人数为10万人编制2000年、2010年、2020年全国30个省份或地区(由于死亡率资料的质量是生命表是否准确的关键，而西藏城镇和农村的死亡人口数据存在严重漏报，因此将其删除)共计180张($30\times2\times3=180$)简略生命表。各省城乡平均预期寿命估计所需的原始数据来源于第五、第六、第七次人口普查资料中各地区分年龄、性别的死亡情况表(含城市、镇、乡村)。

在编制生命表之前，还需检验数据资料是否符合编表的要求。首先，各省份或地区分城乡各年龄段的死亡人口数以及同期年龄段的平均总人口数都完整，因此由两者相比计算出来的粗死亡率就有一个完整的分布，说明人口调查的规模足够大。其次，绘制各省或地区的死亡率曲线，也可以发现曲线光滑且大致都呈“J”型，满足贡培兹的死亡率定律(苟晓霞，2011)，各年龄组也没有明显的堆积现象。总的来说，可认为符合编制生命表的要求。编制各省城乡简略生命表的具体步骤如下所示：

步骤一：计算每个年龄组的粗死亡率 m_x，各年龄组人口在 n 年内的平均死亡率由死亡人口数和平均总人口数相比计算得出，n 为年龄组距。

$$m_x=\frac{x\text{ 岁到 }x+n\text{ 岁之间的死亡人数}}{x\text{ 岁到 }x+n\text{ 岁之间的平均人口数}}=\frac{D_x}{P_x} \tag{3.1}$$

其中，x 为年龄或年龄段，D_x 为死亡人口数，P_x 为总人口数。

步骤二：通过死亡率计算寇尔死亡概率，由于编制5岁一组的简略生命表，因此需要对原始公式稍加变形，得到的死亡概率计算公式为：

$$q_x=\frac{n\times m_x}{1+(n-a_x)*m_x},qw-1=1 \tag{3.2}$$

其中，a_x 为已知量，表示 x 岁的人在$[x,x+n)$岁这一期间的年平均活过的年龄。a_x 的取值用年龄段长度的一半 $5/2=2.5$ 来表示($1-4$ 岁组为 $4/2=2$)，由于新生儿(0岁组)的早期死亡率较高，平均存活年数远小于 $1/2=0.5$，需根据具体研究进行调整，这里假设 $a_0=0.1$（田伟，2018）。$w-1$ 为最高年龄组别，即 100 岁及以上，这个年龄段的人口死亡概率均定为 1。

步骤三：确定了人口基数 l_0 为 100000 人，计算尚存人数 l_x 和表上死亡人数 d_x。生命表的定义决定了 l_0 的初始取值不会对编制结果造成任何影响。

$$\begin{cases} l_0=100000 \\ l_{x+n}=l_x-d_x \end{cases} \tag{3.3}$$

$$d_x=l_x\times q_x \tag{3.4}$$

同时，l_0 和 d_x 满足生死平衡式，即：

$$l_0=\sum_{x=0}^{w-1}d_x \tag{3.5}$$

步骤四：计算平均生存人年数 L_x，平均生存人年数是指从 x 岁到 $x+n$ 岁生存者所具有的人年数的平均数，是度量人口寿命长度的指标，由于不同年龄层次人口死亡水平的高低不同，计算公式为：

$$\begin{cases} L_x=n\times l_{x+n}+a_x\times d_x \\ L_x=\dfrac{l_x}{m_x}, x=w-1 \end{cases} \tag{3.6}$$

步骤五：计算平均生存向下累积人年数 T_x。

$$T_x=\sum_{i=w-1}^{x}L_i \tag{3.7}$$

步骤六：计算平均预期寿命 $\dot{e}_x$。

$$\dot{e}_x=\frac{T_x}{l_x} \tag{3.8}$$

考虑到要使各省城镇和农村平均预期寿命具有可比性，所以城镇和农村均按照上述步骤及方法编制简略生命表。

2. 死亡概率的调整

就中国死亡统计数据表明，历次人口普查的死亡登记资料都具有较高的完整性和准确性，但也依然存在死亡漏报的问题，尤其是 0—4 岁婴幼儿和 60 岁及以上老年人的死亡漏报情况更为严重（王金营，2013）。如果直接使用普查数据估计的死亡率或死亡概率，会低估死亡水平而大大高估预期寿命，因此，选择布拉斯罗吉特生命表法，修正各省城镇和农村人口的死亡概率，并重新构建省级城乡生命表。

利用布拉斯罗吉特相关生命表系统方法，通过罗吉特转换用标准生命表的死亡概率对所要修正死亡概率的生命表进行有效调整修正。其原理为不同生命表年龄别死亡概率在经过罗吉特转换之后存在着近似线性关系，这种近似程度足以拟合实际死亡概率。由于省级层面分城镇和农村的普查详细资料难以追溯到第四次人口普查及之前的历次人口普查，且初步计算各省城乡死亡概率进而编制出生命表后，发现 2000 年第五次人口普查的城镇和农村平均预期寿命与公布的各省未分城乡的整体平均预期寿命最为接近，同时 2000 年死亡漏报率相对更低，因此以编制好的 2000 年各省城镇和农村的生命表为基础生命表，修正 2010 年和 2020 年城乡 0—4 岁婴幼儿和 60 岁及以上老年人的死亡概率。假设待修正的某一年份人口 x 岁的死亡概率为 q_x，标准生命表 x 岁的死亡概率为 q_x^s，则 Logit 转换为：

$$y(x)=\mathrm{Log}it(q_x)=\frac{1}{2}\ln\left(\frac{q_x}{1-q_x}\right) \tag{3.9}$$

$$y^s(x)=\mathrm{Log}it(q_x^s)=\frac{1}{2}\ln\left(\frac{q_x^s}{1-q_x^s}\right) \tag{3.10}$$

两者之间的近似线性关系可以表示为：

$$y(x)=\alpha+\beta y^s(x) \tag{3.11}$$

在本节中，$y^s(x)$ 为 2000 年各省城乡 5—59 岁年龄组的死亡概率 Logit 转换，$y(x)$ 为 2010 年及 2020 年各省城乡 5—59 岁年龄组的死亡概率 Logit 转换。采用最小二乘法估计公式(3.11)的参数 α 和 β，根据 t 检验值和显著性水平判断截距项是否为 0。如果截距项 α 为 0，表明 2010 年、2020 年的死亡模式与 2000 年大致相近，其变化仅仅取决于斜率项 β，若 $\beta>1$，则死亡概率低于 2000 年标准生命表的死亡概率。调整后的死亡概率就可以由线性关系估计得到的 $y(x)$ 值倒推计算。结果表明，2010 年和 2020 年各省城乡的 β 值均大于 1，符合城乡健康水平逐年提升的事实，且城乡死亡模式的变化与各省整体死亡模式变化基本一致，平均预期寿命的变化也更为合理。

（二）教育指数

教育指数计算方法在 HDI 原有的分项指数计算基础上稍有调整。在 HDI 的计算方法下，教育指数本是平均受教育年限和预期受教育年限的算术平均数，但由于受统计口径的限制，很难获取各省或地区分城乡的每一阶段在校生人数和教育适龄人数数据，城乡居民各级教育的毛入学率就无法计算，导致预期受教育年限也就无法估计。因此参考贺艳华等(2021)的处理方法，假设各省或地区城乡居民平均受教育年限和预期受教育年限的水平相一致，而平均受教育年限一定程度上已经能有效反映地区居民小学及以上学校教育的实际现状，便以平均受教育年限来分别衡量当下城镇和农村的教育水平。此外，没有考虑使用额外的教育相关的替代指标，是因为在 HDI 框架下，替代指标的阈值选择缺乏相应的依据，可能会造成测算结果不准确。

平均受教育年限(MYS)由 6 岁及以上人口接受学历教育的年数总和比上 6 岁及以上人口总数得出，具体计算公式为：

$$MYS = \frac{\rho_{小学} \times 6 + \rho_{初中} \times 9 + \rho_{高中} \times 12 + \rho_{大专及以上} \times 12}{6\text{岁及以上人口总数}} \tag{3.12}$$

其中，$\rho_{小学}$、$\rho_{初中}$、$\rho_{高中}$、$\rho_{大专及以上}$分别表示小学、初中、高中、大专及以上各阶段受教育程度的人口数，数据来源于 2000—2020 年《中国人口和就业统计年鉴》各地区分性别、受教育程度的人口(含城市、镇、乡村)，每年数据均连续且没有缺失，需要将城市和镇的数据合并为城镇数据。

(三)收入指数

UNDP 计算收入指数时是使用的人均国民总收入(GNI)这一指标来反映收入状况。对于我国各省份或地区而言，由于并未核算各省或各地区的 GNI，且 GDP 和 GNI 之间差异往往并不大，因而目前比较多的做法是使用人均地区生产总值来进行替代(任栋等，2020)。然而，这一做法并不适合于城乡 HDI 的编制，因为现有全国 GDP 数据无法在城镇和农村进行分割。考虑到城镇和农村居民人均可支配收入，能够较好反映城乡生活情况，因此采用这一指标来编制我国省级城乡收入指数。

在计算收入指数时，由于人均 GNI 被居民人均可支配收入替代，所选指标发生变化，相应的临界值 100(PPP＄)和 75000(PPP＄)也需进行调整。具体而言，要将 UNDP 使用的按购买力平价法计算的美元人均 GNI 的最大值和最小值转换为相应的人均可支配收入的最大值和最小值。阈值转换的步骤如下：

首先，确定 2017 年按汇率计算的人均 GNI 和按 PPP 计算的人均 GNI 的比值，将 HDI 编制标准中人均 GNI 的临界值折算成人民币的表示形式。考虑到数据的可得性，用 2017 年购买力平价法和汇率法两种方式计算的人均 GDP 的比值来近似估计。根据 UNDP 的统计，2017 年按汇率计算的中国人均 GDP 为 8582.94 美元，而按 PPP 计算的中国人均 GDP 则为 14150 美元，那么按照汇率计算的人均 GDP 与按照 PPP 计算的人均 GDP 之比为 0.61，据此可将最大值 75000

(PPP＄)和最小值100(PPP＄)折合成按照汇率计算的最大值和最小值，分别为45750美元和61美元。根据2017年美元—人民币的平均汇率为7.13，将得到的美元表示的最大值和最小值折算成人民币，分别为326197.50元和434.93元。

然后，找到与上述两个值对应的人均可支配收入。利用近三年2019年、2020年和2021年的居民人均可支配收入和人均GDP的比值来进行近似缩减，因为人均GDP的数据更易于获得，所以这里也采用人均GDP来替代人均GNI进行缩减比例的计算。2019年、2020年、2021年的人均GDP分别为70078元、71828元、80976元，人均可支配收入分别为30733元、32189元、35128元，故三年的比值分别为0.44、0.45、0.43，从计算结果来看，比值基本稳定，集中在平均值0.44附近。

最后，按照计算出的比值，得到经缩减后的人均可支配收入的最大值为143526.90元，最小值为191.37元，为了方便计算，将最大值和最小值分别设置为140000元和200元。

(四)无量纲化与指数合成

在对二级指标数据估算之后，需要对各分项指标进行无量纲化处理，得到维度指数。为了更准确地计算HDI分项指数，均采用离差标准化方法，同时考虑到收入与体面的生活水平之间可能存在对数关系，收入指数使用实际值、最小值和最大值的自然对数，再进行标准化。各指数的计算公式为：

$$\text{健康指数}=\frac{\text{平均预期寿命实际值}-\text{平均预期寿命最小值}}{\text{平均预期寿命最大值}-\text{平均预期寿命最小值}} \tag{3.13}$$

$$\text{教育指数}=\frac{\text{平均受教育年限实际值}-\text{平均受教育年限最小值}}{\text{平均受教育年限最大值}-\text{平均受教育年限最小值}} \tag{3.14}$$

$$\text{收入指数}=\frac{\ln(\text{人均可支配收入实际值})-\ln(\text{人均可支配收入最小值})}{\ln(\text{人均可支配收入最大值})-\ln(\text{人均可支配收入最小值})} \tag{3.15}$$

参照2021—2022年编制技术标准，结合我国统计数据的实际情况，保持城乡发展测度的一致性，确定了相应的统计指标、计算方法和临界值，具体见表3.1。

表 3.1 中国省级城乡 HDI 编制指标和方法

综合指数	一级指标	二级指标	计算公式	最小值/最大值
省级城乡人类发展指数	预期寿命指数（I_{Health}）	平均预期寿命	编制城乡生命表	20/85
	教育指数（$I_{Education}$）	平均受教育年限	平均受教育年限＝（小学教育程度人数×6＋初中教育程度人数×9＋高中教育程度人数×12＋大专及以上教育程度人数×16）/6岁及以上总人数	0/15
	收入指数（I_{Income}）	人均可支配收入	人均可支配收入转换为 ln（人均可支配收入）	200/140000

基于预期寿命指数、教育指数和收入指数，采用几何平均法分别计算省级城镇人类发展指数和农村人类发展指数，计算公式为：

$$HDI_T=(I_{Heather\_T}\times I_{Education\_T}\times I_{Income\_T})^{\frac{1}{3}} \tag{3.16}$$

$$HDI_V=(I_{Heather\_V}\times I_{Education\_V}\times I_{Income\_V})^{\frac{1}{3}} \tag{3.17}$$

式中，HDI_T 为城镇人类发展指数，HDI_V 表示农村人类发展指数，取值范围为(0,1]，指数越接近1表明城乡综合发展水平越高。

在最新版HDI指数计算框架的基础上，考虑省级城乡统计数据的可获得性，构建省级城乡人类发展指数的基本框架（图3.2）。

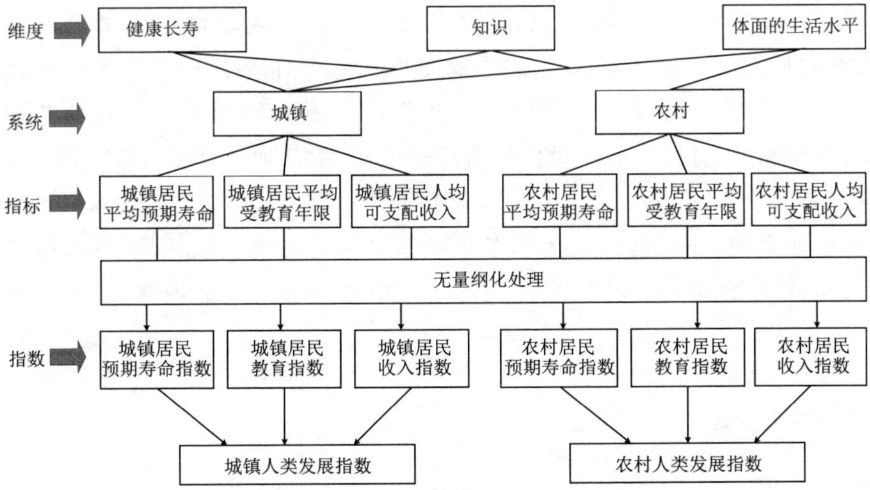

图 3.2 城乡人类发展指数构建框架图

二、省级城乡 HDI 编制结果

本节基于城乡 HDI 的三个分项指数，利用公式(3.16)和公式(3.17)分别测算了 30 个省份(考虑到西藏的指标数据不准确，故未包含西藏地区)、东中西东北四个地区城镇和农村在 2000—2020 年的人类发展指数(HDI)值。结果如表 3.2 所示。其中，东中西以及东北地区的划分按照国家统计局经济区域划分准则，东部地区包括：北京、天津、河北、上海、江苏、浙江、福建、山东、广东和海南共 10 个省份(直辖市)；中部地区包括：山西、安徽、江西、河南、湖北和湖南共 6 个省份；西部地区包括：内蒙古、广西、重庆、四川、贵州、云南、陕西、甘肃、青海、宁夏和新疆共 11 个省份(自治区、直辖市)；东北地区包括：辽宁、吉林和黑龙江共 3 个省份。

由表 3.2 可知，2000—2020 年这二十多年来，各省份或地区无论城镇还是农村，人类发展水平都取得了较为明显的进步，居民生活水平快速提升。从四大区域层面来看，2000—2020 年期间整体上呈现稳步提升的趋势，按照 UNDP 对 HDI 的划分标准(即 0.550 以下为低人类发展水平，0.550 与 0.699 之间为中等人类发展水平，0.700 与 0.799 之间为高人类发展水平，0.800 以上为极高人类发展水平)，那么 2020 年东、中、西以及东北地区的城镇均达到了高人类发展水平，农村地区也达到了中等人类发展水平之上，而且农村发展水平增长率普遍高于城镇，乡村振兴效果显著，农村地区的长足发展得到了极高的重视。由于自然资源、社会环境和历史原因等因素，各地区城镇农村的发展水平也存在一定程度的差异。东部地区的城镇 HDI 从 2000 年的 0.662 增加到 2020 年的 0.832，增长率达到 25.68%，并且在 2015 年东部地区城镇平均水平就步入了极高人类发展水平阶段，东部农村也率先进入到高人类发展水平阶段；东北地区仅次于东部地区的发展水平，2020 年城镇 HDI 值为 0.805，相较于 2000 年增加了 0.172，东北地区城镇平均发展水平也极高，但农村发展就稍显落后；中部地区城镇 HDI 由 2000 年的 0.627 增加到 2020 年的 0.799，农村 HDI 由 0.497 增加到 0.673，农村发展速度相对城镇明显更快；西部地区虽为四个区域里平均发展水平最低的区域，但城乡发展增长率均为最高，分别达到了 27.40% 和 41.87%，西部地区农村发展推进明显。

表 3.2　2000—2020 年各省或地区主要年份城乡 HDI 值

地区	2000 年		2005 年		2010 年		2015 年		2020 年	
	城镇	农村	城镇	农村	城镇	农村	城镇	农村	城镇	农村
北京	0.717	0.583	0.781	0.632	0.834	0.691	0.878	0.728	0.899	0.764
天津	0.672	0.552	0.724	0.599	0.775	0.650	0.809	0.694	0.835	0.720
河北	0.636	0.523	0.680	0.562	0.730	0.610	0.763	0.646	0.790	0.673
山西	0.619	0.496	0.684	0.554	0.740	0.607	0.780	0.649	0.805	0.680
内蒙古	0.620	0.484	0.682	0.523	0.741	0.590	0.783	0.625	0.805	0.654
辽宁	0.640	0.516	0.692	0.565	0.756	0.616	0.794	0.654	0.812	0.678
吉林	0.628	0.503	0.685	0.553	0.746	0.614	0.783	0.646	0.807	0.676
黑龙江	0.631	0.510	0.684	0.552	0.741	0.610	0.779	0.645	0.795	0.678
上海	0.706	0.582	0.763	0.636	0.809	0.688	0.850	0.722	0.884	0.764
江苏	0.649	0.547	0.701	0.581	0.761	0.641	0.798	0.679	0.824	0.706
浙江	0.648	0.542	0.697	0.587	0.755	0.643	0.791	0.685	0.824	0.719
安徽	0.619	0.480	0.658	0.514	0.726	0.587	0.773	0.638	0.798	0.663
福建	0.640	0.530	0.685	0.553	0.746	0.622	0.778	0.651	0.803	0.684
江西	0.615	0.490	0.663	0.530	0.725	0.598	0.762	0.639	0.788	0.670
山东	0.641	0.518	0.676	0.558	0.745	0.617	0.780	0.652	0.804	0.677
河南	0.626	0.503	0.682	0.550	0.737	0.609	0.767	0.646	0.796	0.671
湖北	0.635	0.501	0.679	0.537	0.747	0.608	0.785	0.643	0.803	0.670
湖南	0.646	0.510	0.690	0.551	0.746	0.615	0.783	0.655	0.799	0.680
广东	0.657	0.538	0.705	0.578	0.756	0.631	0.790	0.675	0.821	0.704
广西	0.636	0.493	0.688	0.533	0.744	0.594	0.777	0.631	0.799	0.663
海南	0.629	0.503	0.681	0.553	0.748	0.614	0.786	0.666	0.818	0.702
重庆	0.636	0.472	0.677	0.511	0.741	0.574	0.779	0.618	0.809	0.655
四川	0.636	0.472	0.671	0.506	0.741	0.576	0.778	0.618	0.806	0.656
贵州	0.594	0.404	0.651	0.455	0.709	0.523	0.739	0.573	0.768	0.610
云南	0.605	0.419	0.636	0.462	0.704	0.538	0.750	0.581	0.781	0.616
陕西	0.634	0.463	0.682	0.512	0.751	0.586	0.792	0.635	0.815	0.667
甘肃	0.629	0.427	0.668	0.475	0.730	0.538	0.771	0.581	0.791	0.609
青海	0.621	0.400	0.675	0.447	0.706	0.506	0.739	0.546	0.787	0.598
宁夏	0.621	0.451	0.676	0.497	0.729	0.570	0.771	0.607	0.794	0.642
新疆	0.640	0.470	0.692	0.533	0.748	0.591	0.783	0.636	0.803	0.671
东部	0.662	0.545	0.712	0.587	0.768	0.644	0.804	0.682	0.832	0.713
中部	0.627	0.497	0.676	0.540	0.737	0.604	0.775	0.645	0.799	0.673
西部	0.625	0.452	0.673	0.497	0.732	0.563	0.770	0.605	0.797	0.641
东北	0.633	0.510	0.687	0.557	0.748	0.613	0.786	0.648	0.805	0.678
平均值	0.638	0.496	0.687	0.540	0.746	0.602	0.779	0.642	0.809	0.674

注：限于篇幅，只列出了 2000 年、2005 年、2010 年、2015 年和 2020 年的数据。

从省级层面来看,30 个省份城乡人类发展水平均显著提高,但省际之间发展水平仍差异较大。2000 年,仅有北京和上海城镇 HDI 值超过 0.700,达到高人类发展水平阶段,其余 28 个省份或地区城镇 HDI 均介于 0.550—0.699 之间,这一时期农村地区则基本都处于 0.699 以下,城乡差距显而易见。2005 年,天津、广东、江苏城镇地区也迈入了高人类发展水平组,但农村地区发展仍较为迟滞。2010 年,北京和上海城镇居民开启极高人类发展水平新阶段,同时所有省份城镇地区均进入高人类发展水平阶段,城镇化水平大幅提升,助力城镇经济实力明显提高,然而所有省份农村地区依然停留在中等和低等人类发展水平阶段,省级城乡差距在这一阶段进一步拉大。2015 年,各省城镇持续扩张,天津市城镇地区也达到极高人类发展水平,大部分省份城镇发展水平都进一步提高至超越 0.750,开始向极高人类发展水平阶段迈进;各省农村地区保持稳定的增长态势,北京和上海农村地区也进入了高人类发展水平组,各省农村发展差距显现。截至 2020 年,21 个省份城镇地区进入极高人类发展水平阶段,占全部省份的 70.00%,7 个省份农村地区进入高人类发展水平组,占全部省份的 23.33%,过去五年,城乡经济社会发展一体化的扎实推进以及脱贫攻坚全面建成小康社会所发挥的决定性作用,使得城镇和农村融合发展优势凸显,实现了各省城乡共同发展质的飞跃。

省级城乡人类发展水平的稳步提高得益于健康状况的持续改善、受教育程度的显著提高、生活水平的不断提升,因此将各省城镇和农村三个分项指数值列于表 3.3 和表 3.4,以便于比较不同省份城乡在健康、知识和生活水平方面的变化。

第一,人口健康状况持续改善。由表 3.3 和表 3.4 的寿命指数可以看出,各省城乡寿命指数均稳定提高,平均预期寿命延长,城镇寿命指数年均增长率基本在 0.35%左右,农村寿命指数年均增长率则基本在 0.29%左右,略低于城镇。其中,河北省城镇寿命指数年均增长率达到了 0.46%,内蒙古自治区农村寿命指数年均增长率更高达 0.55%。在编制寿命指数的过程中发现,各省婴幼儿死亡率明显下降,平均降幅为 0.30%,老年人口的健康状况也更加乐观。自党的十八大以来,就强调健康是促进人全面发展的必要要求,现代化最核心的指标是人民健康,为此国家不断深化医疗卫生体制改革,城乡居民健康需求均得到了保障,健康状况稳步改善。

表3.3 2000—2020年各省城镇分项指数值及排名变化

地区	寿命指数		教育指数		收入指数		城镇HDI		排名	
	2000年	2020年	2000年	2020年	2000年	2020年	2000年	2020年	2000年	2020年
北京	0.897	0.960	0.679	0.835	0.606	0.906	0.717	0.899	1	1
天津	0.876	0.925	0.617	0.753	0.562	0.836	0.672	0.835	3	3
河北	0.859	0.906	0.589	0.680	0.510	0.798	0.636	0.790	12	26
山西	0.860	0.919	0.571	0.721	0.482	0.787	0.619	0.805	27	13
内蒙古	0.840	0.904	0.571	0.709	0.496	0.814	0.620	0.805	25	14
辽宁	0.870	0.919	0.600	0.718	0.503	0.810	0.640	0.812	11	9
吉林	0.854	0.928	0.598	0.724	0.484	0.781	0.628	0.807	21	11
黑龙江	0.873	0.937	0.586	0.697	0.491	0.770	0.631	0.795	18	23
上海	0.917	0.966	0.618	0.788	0.622	0.908	0.706	0.884	2	2
江苏	0.899	0.942	0.566	0.698	0.537	0.852	0.649	0.824	5	5
浙江	0.886	0.949	0.526	0.673	0.585	0.877	0.648	0.824	6	4
安徽	0.886	0.949	0.536	0.664	0.500	0.807	0.619	0.798	26	21
福建	0.884	0.942	0.542	0.660	0.549	0.834	0.640	0.803	9	16
江西	0.833	0.913	0.564	0.668	0.495	0.803	0.615	0.788	28	27
山东	0.867	0.924	0.575	0.685	0.529	0.822	0.641	0.804	8	15
河南	0.876	0.934	0.579	0.687	0.483	0.787	0.626	0.796	22	22
湖北	0.875	0.920	0.578	0.706	0.506	0.796	0.635	0.803	16	17
湖南	0.867	0.913	0.592	0.686	0.526	0.815	0.646	0.799	7	19
广东	0.876	0.945	0.549	0.694	0.590	0.844	0.657	0.821	4	6
广西	0.894	0.962	0.559	0.670	0.514	0.792	0.636	0.799	15	20
海南	0.908	0.999	0.546	0.688	0.501	0.797	0.629	0.818	20	7
重庆	0.884	0.956	0.556	0.684	0.523	0.809	0.636	0.809	14	10
四川	0.899	0.968	0.554	0.674	0.516	0.802	0.636	0.806	13	12
贵州	0.837	0.896	0.506	0.638	0.495	0.793	0.594	0.768	30	30
云南	0.816	0.912	0.516	0.654	0.526	0.799	0.605	0.781	29	29
陕西	0.868	0.940	0.594	0.721	0.494	0.800	0.634	0.815	17	8
甘肃	0.863	0.922	0.588	0.687	0.490	0.783	0.629	0.791	19	25
青海	0.892	0.956	0.539	0.646	0.498	0.791	0.621	0.787	24	28
宁夏	0.873	0.920	0.563	0.688	0.488	0.791	0.621	0.794	23	24
新疆	0.886	0.933	0.579	0.704	0.512	0.788	0.640	0.803	10	18

注：限于篇幅，只列出了2000年和2020年的数据，排名为依照城镇HDI值进行的排名。

表 3.4　2000—2020 年各省农村分项指数值及排名变化

地区	寿命指数		教育指数		收入指数		农村 HDI		排名	
	2000 年	2020 年	2000 年	2020 年	2000 年	2020 年	2000 年	2020 年	2000 年	2020 年
北京	0.834	0.880	0.499	0.661	0.476	0.765	0.583	0.764	1	2
天津	0.845	0.883	0.450	0.571	0.441	0.741	0.552	0.720	3	3
河北	0.803	0.834	0.463	0.543	0.385	0.673	0.523	0.673	8	15
山西	0.790	0.829	0.446	0.585	0.348	0.647	0.496	0.680	17	9
内蒙古	0.759	0.781	0.419	0.530	0.356	0.674	0.484	0.654	20	25
辽宁	0.815	0.836	0.450	0.548	0.375	0.682	0.516	0.678	10	11
吉林	0.805	0.839	0.446	0.551	0.354	0.670	0.503	0.676	15	14
黑龙江	0.813	0.842	0.451	0.551	0.362	0.670	0.510	0.678	12	12
上海	0.882	0.954	0.440	0.594	0.508	0.788	0.582	0.764	2	1
江苏	0.837	0.879	0.445	0.548	0.441	0.732	0.547	0.706	4	5
浙江	0.828	0.894	0.410	0.537	0.469	0.774	0.542	0.719	5	4
安徽	0.806	0.843	0.393	0.513	0.349	0.675	0.480	0.663	21	21
福建	0.815	0.859	0.430	0.525	0.425	0.710	0.530	0.684	7	8
江西	0.769	0.825	0.422	0.537	0.363	0.678	0.490	0.670	19	19
山东	0.821	0.857	0.428	0.523	0.395	0.693	0.518	0.677	9	13
河南	0.810	0.844	0.447	0.534	0.352	0.670	0.503	0.671	13	16
湖北	0.784	0.829	0.430	0.541	0.374	0.672	0.501	0.670	16	18
湖南	0.800	0.847	0.450	0.550	0.368	0.674	0.510	0.680	11	10
广东	0.826	0.890	0.427	0.556	0.442	0.704	0.538	0.704	6	6
广西	0.813	0.848	0.428	0.522	0.345	0.657	0.493	0.663	18	22
海南	0.842	0.902	0.413	0.572	0.367	0.672	0.503	0.702	14	7
重庆	0.772	0.807	0.396	0.518	0.344	0.672	0.472	0.655	22	24
四川	0.776	0.845	0.391	0.499	0.346	0.668	0.472	0.656	23	23
贵州	0.702	0.783	0.317	0.466	0.297	0.620	0.404	0.610	29	28
云南	0.705	0.768	0.339	0.480	0.308	0.635	0.419	0.616	28	27
陕西	0.767	0.839	0.424	0.551	0.305	0.641	0.463	0.667	25	20
甘肃	0.743	0.785	0.346	0.477	0.303	0.602	0.427	0.609	27	29
青海	0.718	0.778	0.290	0.437	0.308	0.629	0.400	0.598	30	30
宁夏	0.784	0.818	0.353	0.499	0.332	0.647	0.451	0.642	26	26
新疆	0.781	0.855	0.412	0.544	0.322	0.649	0.470	0.671	24	17

注：限于篇幅，只列出了 2000 年和 2020 年的数据，排名为依照农村 HDI 值进行的排名。

第二，教育事业不断振兴。民族复兴的基础是教育，由编制的教育指数所反映出的中国国民教育水平显著提高，城镇教育指数年均增长率平均为 1.00%，农村教育指数则为1.30%，农村教育发展平均增速反超城镇教育发展增速，尽管城乡教育差距问题依然严峻，但乡村教育脱贫攻坚也取得了阶段性的成果，辍学学生数量下降、贫困地区教师增多、教育水平改善，使得近几年来农村平均受教育年限明显增加。各省农村平均受教育年限从2000年的6.10年增加到2020年的7.94年，东部和东北地区各省份农村教育水平比西部地区明显要高；各省城镇平均受教育年限2000年为8.49年，2020年增加到10.40年，东部地区各省份城镇受教育年限几乎都在10年以上，北京市达到了我国各省城镇平均受教育年限的最高值12.52年。各省教育在过去二十多年来蓬勃发展，省际间教育差距主要还是体现在农村教育上，但农村教育事业整体上已迈入全面振兴的发展新阶段。

第三，人均收入快速增长。在2000—2020年二十一年间，城乡居民可支配收入基本增加了6倍，各省城镇收入指数年均增长率基本达到2.00%以上，上海和广东由于人均居民可支配收入起点较高，因此年均增长率不足2.00%，但收入指数历年来一直居高不下；各省农村收入指数年均增长率也基本在3.00%左右，年均增长幅度最大的几个省份均位于西部地区，分别是陕西、贵州、云南、青海、新疆、甘肃等，年均增长率分别为3.78%、3.75%、3.68%、3.63%、3.57%、3.49%，东部地区经济较发达的省份反而年均增长率更低，这也侧面反映出我国省际间收入相对差距逐年减小，在城乡一体化以及区域协调发展战略促进下，我国在提升收入方面卓有成效。

另外，按照城镇和农村HDI指数值排名来看，城镇人类发展水平排名前三的省份一直是北京、上海、天津，排名最后的三个省份由贵州、云南、江西演变为了贵州、云南、青海；农村人类发展水平排名前三的省份也一直是北京、上海、天津，只是2020年上海跃居第一位，排名最后的三个省份由青海、贵州、云南变为了青海、甘肃、贵州。由此可见，无论城镇还是农村，排名在前后两端的省份变化都比较小，且人类发展水平与该地区经济发展水平非常相近，西部地区城乡整体发展水平还有待提高。

第三节 省级城乡发展差距时空演化分析

我国社会主要矛盾体现在人民日益增长的美好生活需要和不平衡不充分的发展之间。党的二十大报告进一步指出加快构建新发展格局，着力推动高质量发展就必须要巩固拓展脱贫攻坚成果，全面推进乡村振兴，坚持城乡融合发展。随着鼓励东部地区率先发展、西部大开发、振兴东北地区、促进中部地区崛起等重大战略决策的实施，东中西东北地区城乡发展差距都逐渐趋于收敛。但在现代化进程中，农村发展面临新的考验，城乡发展差距问题也应该得到长期持续的关注，在我国拥有14亿人口的国情下，即便城镇化率超过70%，农村仍将有4亿多人口，农村发展相对滞后问题必须切实加以解决。据此，本节将对省级层面以及划分区域的城乡发展差距进行动态分析，并尝试从分项指数差距的角度剖析造成差距的原因。

一、城乡发展差距的测度

目前对发展差距进行测算的方法比较丰富，主要包括基尼系数法、分位数法和相对平均偏差法等(许宪春等，2021)。考虑到利用HDI分别测算城乡发展，各省份每一年仅有两个数据，难以很好利用上述方法来测算城乡发展差距。因此，采用城镇人类发展指数与农村人类发展指数的比值来反映城乡发展差距。尽管本章第一节已经利用三个分项指数编制得到各省或地区不同年份的城乡HDI，便可直接使用城乡HDI数据相比得到对应的差距指数，但由于后续分解过程中，要区分各分项指数的影响，所以要明确出各分项的差距指数，再结合HDI指数的编制，得到城乡发展差距指数(DGI)的计算公式为：

$$DGI=(DGI_{Heather}\times DGI_{Education}\times DGI_{Income})^{\frac{1}{3}} \tag{3.18}$$

其中，

$$DGI_{Health}=\frac{I_{Health\_T}}{I_{Health\_V}} \tag{3.19}$$

$$DGI_{Education}=\frac{I_{Education\_T}}{I_{Education\_V}} \tag{3.20}$$

$$DGI_{Income}=\frac{I_{Income\_T}}{I_{Income\_V}} \tag{3.21}$$

式中，DGI_{Health} 为城乡预期寿命差距指数，$DGI_{Education}$ 为城乡教育差距指数，DGI_{Income} 为城乡收入差距指数。

根据以上公式，计算得到2000—2020年省级城乡发展差距指数结果如表3.5所示。从整体上看，我国城乡差距依然存在并较为凸出，但总体上各省或地区城乡发展差距指数均呈现出下降趋势，城乡发展差距在逐步改善，城乡融合发展态势在不断推进。从具体省或地区情况来看，2020年城乡发展差距前五位依次是青海、甘肃、云南、贵州和宁夏，而城乡发展差距最小五位依次是浙江、上海、天津、海南和广东。

表3.5 2000—2020年省级城乡发展差距指数及其排名变化

地区	2000年	排名	2005年	排名	2010年	排名	2015年	排名	2020年	排名
北京	1.230	23	1.234	21	1.207	23	1.205	17	1.177	20
天津	1.219	25	1.209	27	1.191	27	1.165	29	1.159	28
河北	1.217	26	1.210	26	1.198	26	1.180	24	1.173	23
山西	1.247	18	1.235	20	1.220	15	1.202	18	1.185	18
内蒙古	1.281	12	1.304	9	1.256	10	1.253	8	1.231	7
辽宁	1.240	20	1.225	23	1.227	14	1.215	13	1.197	14
吉林	1.249	17	1.239	18	1.216	17	1.211	15	1.193	15
黑龙江	1.237	22	1.238	19	1.214	18	1.209	16	1.173	24
上海	1.213	27	1.201	29	1.177	29	1.177	26	1.157	29
江苏	1.185	30	1.206	28	1.188	28	1.176	27	1.167	25
浙江	1.196	29	1.188	30	1.174	30	1.155	30	1.146	30
安徽	1.289	10	1.279	12	1.237	12	1.213	14	1.203	11
福建	1.208	28	1.240	17	1.199	24	1.195	19	1.175	22
江西	1.255	15	1.249	15	1.211	20	1.192	22	1.177	19
山东	1.238	21	1.211	25	1.208	22	1.195	21	1.188	16
河南	1.243	19	1.240	16	1.210	21	1.188	23	1.187	17
湖北	1.266	14	1.263	13	1.228	13	1.221	12	1.198	12
湖南	1.268	13	1.252	14	1.213	19	1.195	20	1.176	21
广东	1.221	24	1.221	24	1.198	25	1.171	28	1.167	26
广西	1.289	11	1.292	11	1.253	11	1.232	10	1.206	10
海南	1.250	16	1.232	22	1.219	16	1.180	25	1.165	27
重庆	1.348	9	1.326	8	1.291	5	1.261	6	1.235	6
四川	1.349	8	1.327	7	1.286	6	1.259	7	1.229	8
贵州	1.469	3	1.429	2	1.356	3	1.289	4	1.260	4
云南	1.444	4	1.379	4	1.308	4	1.291	3	1.267	3
陕西	1.371	6	1.332	6	1.283	7	1.248	9	1.223	9
甘肃	1.473	2	1.405	3	1.357	2	1.328	2	1.300	2
青海	1.551	1	1.510	1	1.395	1	1.353	1	1.316	1
宁夏	1.378	5	1.360	5	1.279	8	1.270	5	1.238	5
新疆	1.363	7	1.297	10	1.267	9	1.231	11	1.197	13

注：限于篇幅，只列出了2000年、2005年、2010年、2015年和2020年的数据。

二、城乡发展差距的时空演变

(一)时序变化特征

全国各省城乡发展差距指数总体呈现出下降的趋势，城乡之间的差距在逐年缩小，这符合新时代城乡共生并存的关系。由于中国各区域的经济社会发展水平、发展质量各不相同，不同区域的发展差异变动状况也有所不同。因此，本小节将分别对东、中、西和东北四大地区的各省份城乡人类发展水平差距进行分析。选取2000年、2003年、2008年、2013年、2018年和2020年6个代表性年份(考虑到政策生效有一定的滞后性,因此选择了政策提出的后一年为城乡发展差距转折年),其中2000年和2020年为研究期初和期末;2003年党的十六届三中全会明确提出统筹城乡经济社会发展是五个统筹之首,标示着中国开始了破除城乡二元体制的历程;2008年全面贯彻实施城乡发展一体化,并实现了义务教育"免费"的百年梦想,很大程度上缓解了农村教育难的问题;2013年全面推进党的十八大提出的以城带乡、城乡一体的新型城乡关系,并首提"精准扶贫";2018年党的十九大后,全面推动实施乡村振兴战略,加快农业农村现代化,建立健全城乡融合发展机制。由此,绘制了上述年份划分区域的省级城乡发展差距图,如图3.3—3.5所示,并将各区域发展差距指数年均变化率列于表3.6。

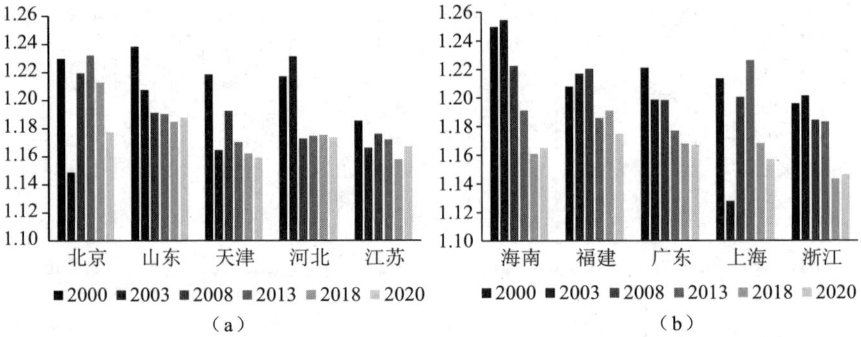

图3.3 2000—2020年东部各省城乡发展差距变化

图3.3(a)、(b)两图是东部地区10个省份(直辖市)的城乡发展差距变化时序图。东部地区内各省域城乡人类发展水平差距普遍较小,且有波动下降的趋势,除北京、河北和上海在个别年份有较大波动外,其余省份城乡发展差距波动幅度不大,整体稳定下降。2000—2003年,多数东部省份或直辖市城乡发展差距大幅减小,其中,上海的年均下降率达到了2.407%,北京也逐年平均降低2.246%,是该阶段东部城乡发展差距缩小最为明显的两个地区,江苏、广东也都在此期间实现了城乡发展差距的骤减。在向高水平城乡融合迈进的起步阶段,东部地区农业、农村和农民问题被放在了更加突出的位置,加之资源聚集度更高、规模经济性更强、知识溢出更加普遍的东部沿海大城市的带动作用,东部地区在21世纪初城乡统筹阶段的均衡发展走在全国前列。2003—2020年,东部各省(直辖市)城乡发展差距虽有起伏波动,但较上一时期波动更小,截至2020年,东部地区省级城乡

发展差距指数降低到1.167的平均水平。

从各分项指数来看，2000—2003年东部地区各省(直辖市)城乡发展差距的缩小主要得益于城乡教育差距的缩小，北京的城乡教育差距指数年均下降率达到了这一时期全国最高，为7.440%，上海城乡教育差距年均下降率也达到了7.094%，东部地区其余各省份或直辖市城乡教育差距均在该阶段大幅减小；2003—2013年，东部地区城乡教育差距出现反弹，城乡预期寿命差距依旧逐渐拉大，东部各省(直辖市)城乡收入差距的普遍缩小成为了促进东部地区该阶段城乡发展差距减小的关键；2013—2020年，东部地区各省(直辖市)城乡收入差距进一步缩小，但缩小的幅度在收窄，大部分省份或直辖市的城乡预期寿命差距指数年均变化率开始为负，城乡健康水平差距减小，北京、天津、上海、江苏、浙江、福建、海南的农村教育逐渐追赶上城镇教育，但河北、山东、广东的城乡教育差距却仍有增大的趋势。东部地区虽处于经济"压舱石"、发展"动力源"的位置，但农村现代化发展依旧稍落后于城市现代化进程，城乡之间在经济结构、公共服务建设方面的悬殊有待进一步缓解。

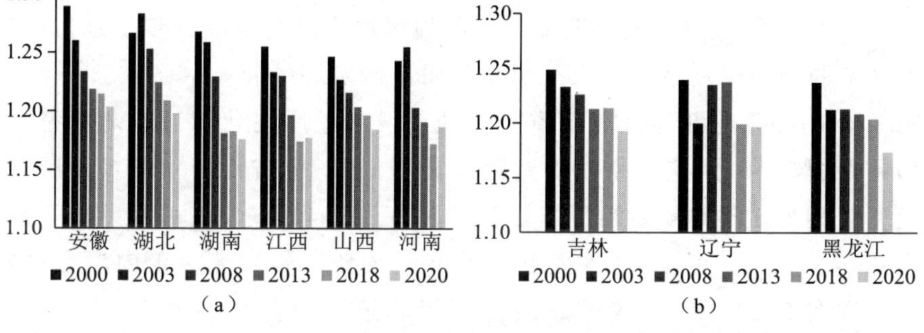

图3.4 2000—2020年中部、东北各省城乡发展差距变化

图3.4(a)图是中部地区6个省份的城乡发展差距变化图。中部地区各省下降趋势较为一致，且表现出逐年稳定下降的态势。2000—2020年，中部六省除山西省、河南省城乡发展差距减小幅度为4.980%和4.536%外均超过了5%，表明中部各省城乡融合发展状况良好，处于快速发展阶段。其中，2000—2003年，湖北、河南两省的城乡发展差距指数分别增大了0.017和0.012，年均增长率为0.436%和0.316%，安徽、江西、山西、湖南则都有不同程度的下降趋势，年均下降率分别为0.761%、0.581%、0.538%、0.234%(见表3.6)。2003—2018年间中部地区所有省份城乡发展差距则都在稳步减小，虽然湖南省在2013—2018年间差距稍有拉大，但整体来看，差距减小幅度都比较大。在城乡统筹拉开帷幕并开创

高水平城乡融合发展新局面的准备阶段，中部地区凭借其交通发达、产业基础好的优势乘势突破城乡二元分割的桎梏，在政策加持作用下，着力建设农村基础设施，发展现代农业，营造了区域内各省份统筹城乡发展改革渐入佳境的良好局势。2018—2020 年，山西、安徽、湖北、湖南四省均进一步缩小城乡差距，江西、河南则稍有反弹，但这两省在 2020 年城乡发展差距指数都已降到了 1.180 左右。

各分项差距指数的变化率显示，中部地区山西、安徽、江西、河南城乡预期寿命差距指数变化率历年来皆为正数，即城乡预期寿命差距逐年拉大，湖北、湖南两省自 2008 年起，才出现城乡预期寿命差距减小的趋势。中部地区城乡教育差距指数各省变化规律不明显，唯有 2000—2003 年这一时期城乡教育的协同发展对中部地区整体城乡发展的差距缩小起了主要作用；2018—2020 年期间，中部地区各省城乡教育发展开始发力，山西省教育差距年均下降率为 0.747%，安徽省为 0.894%，湖北省为 0.948%，湖南省为 0.123%，江西、河南两省教育差距年均增长率为 0.881%和 2.595%，这也是该阶段两省城乡整体差距又拉大的原因。中部地区各省从 2003 年开始，城乡收入差距就逐年减小，减小幅度最大的时间段是 2003—2008 年，各省年均下降率数值均大于 1%，最高为安徽省，年均下降率达到了 1.838%，城乡收入差距缩小明显。中部地区城乡融合发展的步子越迈越稳，但缺乏大城市的辐射带动，教育、医疗仍是阻碍协调发展的瓶颈。

图 3.4(b)图是东北地区 3 个省份的城乡发展差距变化图。东北三省城乡发展初始差距就较小，因此城乡发展差距缓慢降低，三个省份历年城乡发展差距都比较接近。黑龙江省城乡差距下降幅度最大为 0.0640，辽宁省城乡差距下降幅度最小为 0.043。2003 年，东北地区也展示出了城乡发展从分割走向融合的跨越，黑吉辽三省在 2000—2003 年的发展差距年均下降率分别为 0.672%、0.427%、1.090%(见表 3.6)。2003—2018 年东北地区城乡融合发展水平呈现出轻微波动中上升的特点，辽宁省在 2008—2013 年期间城乡差距扩大比较明显，城乡差距指数回升到 1.237。结合各分项差距指数变化率可知，东北地区三省城乡预期寿命差距变化率在 2000—2020 年间均为正数，城乡健康水平的差距依然在增大。近年来，城乡教育差距未见明显好转，但吉林和黑龙江在 2018—2020 年阶段平均每年教育差距分别下降了 1.946%和 2.827%。三省城乡收入差距从 2003 年起就稳步下降，在 2003—2013 年下降幅度最大，与统筹城乡一体化发展前期核心是解决城乡收入差距问题息息相关。东北地区三省城乡发展差距位次保持稳定态势，随着国家出台一系列支持、帮助、推动东北地区振兴发展的政策措施，东北地区缩小城乡差距全面推进，但实现城乡各方面融合发展依旧任重而道远。

图3.5(a)、(b)两图展示了西部地区11个省(自治区、直辖市)的城乡发展差距时序变化。西部地区各省城乡发展差距普遍下降快,内部不平衡现象较严重。整体来看,下降幅度最大的是青海,为0.152%,下降幅度最小的是内蒙古,为0.039%。青海、甘肃、陕西、云南的城乡差距缩小态势较一致,2000—2018年都稳步缩小,但均在2018—2020年差距略有增大,年均增长率分别为0.226%、0.508%、0.200%、0.590%(见表3.6);宁夏、新疆、贵州则在各阶段城乡差距都有所减小,新疆在2020年城乡发展差距指数降至1.197,差距排名第13位(见表3.6),是西部城乡差距最小的地区;内蒙古、四川、重庆、广西的城乡差距则在2000—2020年间不同阶段起伏波动,属于西部地区城乡发展势差悬殊较小的省份或地区。从表3.6可得知,西部地区相较于东部、中部和东北地区城乡初始差距更大,但各阶段城乡差距年均下降幅度也更大,2000—2003年年均下降率最大的是新疆,为-1.943%,此阶段也是西部地区各省(自治区、直辖市)城乡差距下降幅度最显著的阶段,在全面脱贫攻坚的决胜阶段2018—2020年,新疆在缩小城乡差距上找到新的着力点,城乡差距年均下降率达到了1.343%;在西部大开发战略全方位推进后,2003—2008年年均下降率最大的是贵州,为1.527%,2013—2018年,为1.120%;而2008—2013年,年均下降率最大的是陕西,为1.243%。

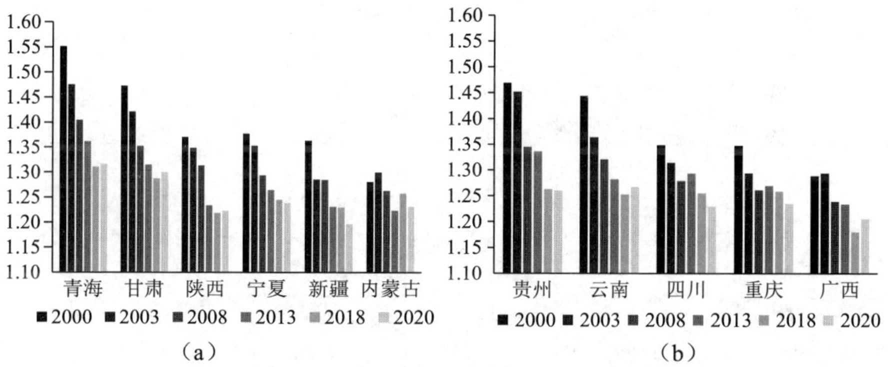

图3.5 2000—2020年西部各省城乡发展差距

西部地区各时间段分项差距指数显示2000—2020年城乡预期寿命差距指数多数省份在增大,自2008年来,预期寿命差距持续缩小的省份或地区只有四川、贵州、陕西、新疆。西部地区内部各省(自治区、直辖市)城乡教育差距也展现出了不平衡的现象,除研究初期全国各省或地区城乡教育差距普遍减小外,2003年起城乡教育差距就更多体现在区域内省份间的差异上,义务教育政策的实施很大程度上帮助了西部地区乡村教育的发展，西部七省城乡教育差距连续五年降低，但在2018—2020年又只有内蒙古、重庆、四川、新疆年均下降率保持在2%左右。

表3.6　各时间段城乡发展差距总指数年均变化率

地区		DGI年均变化率(%)				
		2000—2003年	2003—2008年	2008—2013年	2013—2018年	2018—2020年
东部	北京	−2.246	1.200	0.208	−0.321	−1.478
	天津	−1.496	0.472	−0.375	−0.137	−0.126
	河北	0.386	−0.970	0.031	0.010	−0.069
	上海	−2.407	1.255	0.427	−0.970	−0.479
	江苏	−0.544	0.169	−0.072	−0.238	0.390
	浙江	0.153	−0.285	−0.022	−0.683	0.135
	福建	0.252	0.055	−0.572	0.087	−0.688
	山东	−0.843	−0.271	−0.015	−0.091	0.123
	广东	−0.621	−0.005	−0.362	−0.153	−0.041
	海南	0.127	−0.516	−0.518	−0.515	0.184
中部	山西	−0.538	−0.179	−0.201	−0.121	−0.491
	安徽	−0.761	−0.421	−0.251	−0.067	−0.453
	江西	−0.581	−0.051	−0.554	−0.375	0.119
	河南	0.316	−0.843	−0.203	−0.315	0.622
	湖北	0.436	−0.473	−0.465	−0.251	−0.465
	湖南	−0.234	−0.471	−0.798	0.030	−0.292
西部	内蒙古	0.486	−0.576	−0.630	0.560	−1.064
	广西	0.131	−0.853	−0.090	−0.885	1.095
	重庆	−1.344	−0.510	0.133	−0.178	−0.937
	四川	−0.859	−0.542	0.223	−0.593	−1.055
	贵州	−0.388	−1.527	−0.128	−1.120	−0.117
	云南	−1.869	−0.649	−0.588	−0.466	0.590
	陕西	−0.538	−0.532	−1.243	−0.244	0.200
	甘肃	−1.167	−0.994	−0.566	−0.422	0.508
	青海	−1.653	−0.978	−0.620	−0.768	0.226
	宁夏	−0.614	−0.883	−0.458	−0.315	−0.279
	新疆	−1.943	−0.016	−0.843	−0.025	−1.343
东北	辽宁	−1.090	0.579	0.038	−0.627	−0.104
	吉林	−0.427	−0.113	−0.214	0.013	−0.866
	黑龙江	−0.672	0.005	−0.072	−0.079	−1.271

西部地区城乡收入差距缩小最为明显，所有省份或地区都在 2003 年之后实现了城乡收入差距逐年缩小的目标且下降幅度大。虽然西部地区加快了重塑城乡关系的步伐，但由于本身经济基础薄弱，农村基础设施不够健全，不仅面临西部地区省内城乡之间发展的不平衡、不充分，还要应对西部地区城乡发展与全国其他地区城乡发展的不平衡、不充分难题。

（二）区域演变特征

2000—2020 年，全国城乡发展差距逐年缩小，城乡融合发展持续迈进，截至 2020 年，全国范围内已经没有了差距较大或极大的省份或地区，城乡发展差距极小与较小的省份或地区占多数，城乡互补、协调发展、共同繁荣的新型城乡关系愈发明显[①]。从表 3.5 来看，2000 年由于政府才开始逐步推行农村税费改革，调整城乡关系的主要手段仅仅是政府直接投入，全国各省或地区城乡二元发展机制依旧不易被打破，城乡一体化发展进程缓慢，差距极小的省份只有东部沿海的江苏和浙江，发展差距指数分别为 1.185 和 1.196，城乡发展差距极大的省份是青海，发展差距指数达到了 1.551，城乡发展差距较大的省份也包含了三个，分别是甘肃、云南、贵州。2003 年，城乡发展差距极小的省份增加至 5 个，为东部地区的 4 个省份、直辖市以及东北地区的辽宁省，所有省份或地区城乡发展差距指数都小于了 1.50，西部地区城乡差距明显减小，中部六省依然维持在城乡差距较小的水平，全国各省正向统筹城乡经济社会发展之路迈进。2008 年，城乡差距极小的省份仍分布于东部沿海地区，青海成了唯一一个城乡差距依旧较大的省份，差距指数为 1.405，西部地区城乡发展差距较大与极大两类省份的数量均下降，中部地区和东北地区各省也都在差距较小的阶段。2013 年，随着党的十八大提出“推动城乡发展一体化”的出台，为工业化、城镇化、信息化和农业现代化“四化同步”协调发展提供重要指导，横亘在城乡之间的巨大“鸿沟”有所缓解，城乡一体化发展进程开始驶入快车道。东部地区除北京和上海差距指数分别为 1.232 和 1.226，没有进入差距极小的类别，其余 8 个省份或地区均已属于城乡差距极小的一类，西部地区城乡差距极大的几个省份也步入了城乡差距略大的阶段，河南、湖南、江西三省城乡差距指数分别为 1.191、1.181、1.197，中部地区城乡差距一直较大的局势开始扭转。2018 年，东、中部地区城乡差距极小的省份数量显著增加，西部地区省内

① 刘孟含. 中国省级城乡发展差距及其影响因素研究[D]. 西南财经大学，2023.

城乡发展差距大幅减小，在贯彻党的十九大精神的开局之年，国家顺应城乡融合发展大趋势，积极推进新型城镇化建设，做好城乡融合发展的顶层设计，全国范围内城镇农村的发展不再渐行渐远，而是协力共进。2020 年，东部、东北、中部地区除安徽省外其余省份或地区全部成为城乡发展差距极小的省份或地区，西部地区仅有甘肃省又重回发展差距略大的阶段，但新疆却成为该年西部地区唯一的城乡差距极小的地区，全面建成小康社会、打赢脱贫攻坚战的决胜之年，中国在统筹城乡发展方面取得了显著进展，新型城镇化与乡村振兴的双轮驱动成效斐然。

可以发现，第一，中国城乡发展差距高低值分布与区域经济社会发展水平基本一致。东部地区是我国经济发展最为迅速的区域，其韧性强、活力足，城镇化加速较早且水平较高，农业现代化程度也较高，东部各省市凭借其区位、资本优势，率先在经济和民生方面迈上高质量发展的新台阶，因此城乡发展差距历年来普遍较小。中部、东北地区城乡发展差距变化不大，且在近几年来才有所突破，中部地区域内产业分散，不平衡情况相对严峻，经济外向度低，同样，东北地区老工业基地转型尚需时间，投资、生产、消费市场小，于是相对于东部地区竞争力弱，城乡融合发展更显迟滞。西部地区城乡差距虽有所缩小，但经济基础薄弱，内部不平衡极其严重，仍是城乡发展失衡最严峻的地区，亟须采取针对性措施加快城乡融合发展。第二，我国省域城乡发展差距减小的趋势在空间上由东部沿海向内陆蔓延。东部地区在城乡协调发展上一马当先，中部、东北地区乘势而上，西部地区城乡融合的阻碍亟待消除，但城乡差距东中西的分布格局正在逐渐模糊，发达地区的辐射带动作用凸显。

（三）收敛性分析

由上述两小节的分析可以发现，基于 HDI 测算的我国省级内部城乡发展差距在逐年缩小，但省际间城乡发展差距存在显著的时空差异，要推进城乡融合共同富裕的探索，各地城乡发展差距是否存在趋同趋势就尤为重要。宏观经济学中经济收敛性假说是一种重要的理论假说，它提供一种基于时间趋势的描述，指的是经济相对落后的地区向经济相对发达的地区追赶的趋势，最终趋于收敛。类比于经济收敛性假说的基本思想，城乡发展差距的收敛即是初期城乡发展差距各异的省份随着各自发展水平的提高，地区差异逐渐缩小的现象，也即城乡发展差距大的地区对城乡发展差距小的地区具有追赶效应。应用 σ 收敛和 β 收敛这两种方法分析我国城乡发展差距的收敛性。

1.σ 收敛检验

σ 收敛是指各省份或地区之间的随时间推移离差不断缩小的趋势，是在存量上绝对趋同的过程。检验 σ 收敛的常用方法是变异系数法（于卓熙等，2022），因此采用城乡人类发展水平差距指数及预期寿命、教育、收入三个维度差距指数的变异系数来检验城乡发展差距离散程度的 σ 收敛特征。σ 收敛的计算公式为：

$$\sigma_j = \frac{\sqrt{\frac{1}{n_j}\sum_{i=1}^{n_j}(DGI_{ij} - \overline{DGI}_j)^2}}{\overline{DGI}_j} \tag{3.22}$$

其中，i 表示省份，n_j 表示全国或东中西东北地区范围内的省份数量，DGI_{ij} 是各个省或地区的城乡差距指数，$\overline{DGI}_j$ 是城乡差距指数的均值。如果 σ_j 随时间推移而不断减小，说明各省份城乡发展差距存在 σ 收敛特征；反之，如果各省份城乡发展差距的变异系数随时间推移呈上升趋势，则意味着各省份间的城乡发展差距在拉大。

对城乡总体 HDI 差距指数以及分维度的城乡 HDI 差距指数收敛进行统计检验，根据公式（3.22）计算的 σ 值的结果如图 3.6 所示。由图 3.6 可知，中国各省或地区城乡 HDI 差距指数的变异系数，随时间变化在逐步减少，在整体上呈现出明显的收敛特征，这意味着各省份间城乡 HDI 差距指数的差异在不断减少。具体来看，我国城乡发展差距的 σ 值在 2000—2020 年间存在一定波动，部分年份体现出发散与收敛交错的特征，但总体上呈现收敛状态，具备较为明显的 σ 收敛性。从整体趋势上看，可以分成三个阶段：第一阶段为 2000—2002 年，全国范围内 σ 收敛骤减至 2002 年的 0.060 后差距便扩大，2003 年省份间城乡发展差距达到最大；第二阶段为 2003—2016 年，其间虽然变异系数值轻微波动且略有增加，但在 2016 年还是降低到了近年来的最低值 0.033；2016—2020 年，省际间差距回升但整体稳定。三个分项差距指数表现出的收敛性特征各不相同：预期寿命差距指数的变异系数值很小，且基本没有发生变动，未体现出明显的收敛性；收入差距指数的变异系数值随时间变化不断降低，体现出明显的收敛性，说明各地区之间的城乡收入差距的差异在不断减少；教育差距指数的变异系数虽然在总体上呈现出下降态势，但是在某些阶段又表现出较为明显的波动性特征。

分区域来看，各区域内部城乡差距指数的收敛性也呈现出一定分化特征（见图 3.7）。一方面，西部地区中的变异系数在持续降低，反映出内部各省或地区的城乡差距水平在逐步趋同，呈现出明显的收敛性特征，但变异系数远高于其他三大地区，内部不平衡现象严峻；另一方面，东部地区、中部地区和东北地区的变异系数均处于波动状态，未体现出明显收敛特征，东北地区的变异系数最小，表明东北三省城乡差距水平非常接近，但在2020年三大地区的变异系数都非常接近。

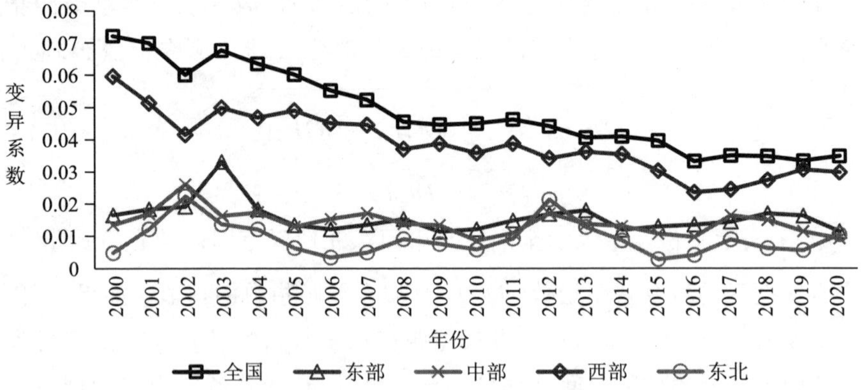

图3.6　2000—2020年城乡发展差距及各维度差距σ收敛结果

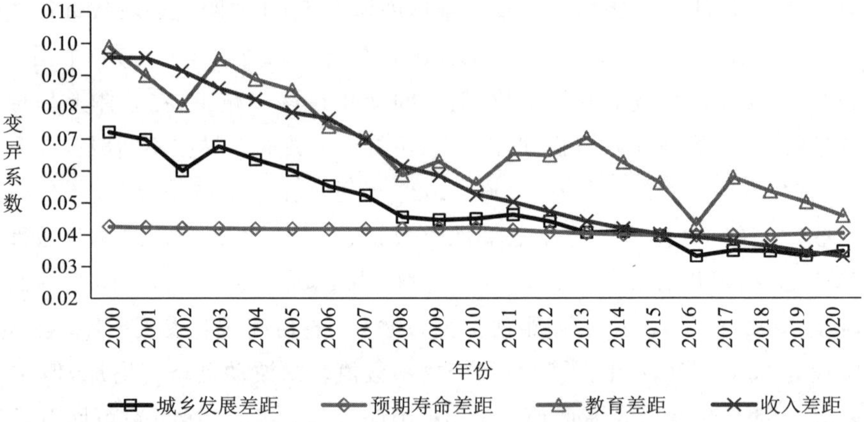

图3.7　2000—2020年全国及四大地区城乡发展差距σ收敛结果

2. β收敛检验

σ收敛仅是一种存量分析，反映的是离散程度而不是绝对差距，具有一定的局限性，中国各省或地区的城乡发展差距指数都在逐步缩小，但各地区差距指数降低的速度有快有慢，那么随着时间的变化，城乡差距较大的地区在缩小城乡差距方面是否具有追赶效应，最终使得各地区间的城乡差距指数趋于一致呢？为了克服σ收敛检验的不足并进一步探索我国城乡发展差距收敛的路径和速度，将进行β收敛检验以进行增量分析。

城乡发展差距的β收敛是指初始城乡发展差距越大的省份或地区在此之后的一段时期其越是表现出以更快的速度向稳态值靠近，也就是说城乡发展差距与城乡发展差距的增长率呈负相关，在本小节中可以解释为城乡发展初始差距越大的省份或地区随着经济和社会水平的提高，其城乡差距缩小越快。β收敛可以进一步分为绝对β收敛和条件β收敛两种类型。绝对β收敛，是指在假定各省份具有完全相同的基本条件下，所有省份的城乡发展差距具有相同的收敛路径，随着时间的推移各省份的城乡发展差距将收敛于一个相同的稳态值。条件β收敛，是与绝对β收敛对应的一种收敛方式，它没有绝对β收敛的假设条件，而正是由于发展特征和资源禀赋等方面存在差异，所以会随时间推移而逐渐收敛到各自的稳态水平(周国富和李贺，2022)。从绝对β收敛的角度分析城乡发展差距的演变趋势，建立面板数据形式的绝对β收敛模型：

$$\ln\left(\frac{DGI_{i,t+T}}{DGI_{it}}\right)=\alpha+\beta\ln DGI_{it}+\mu_i+\lambda_t+\varepsilon_{it} \tag{3.23}$$

其中，i表示省份，$T(T=1,2,\cdots,21-1)$表示研究时期的长度，$\ln\left(\frac{DGI_{i,t+T}}{DGI_{it}}\right)$表示第$i$个省份在第$t+T$期相对于$t$期的城乡发展差距变化率，$\ln DGI_{it}$为城乡发展差距初始水平，$\mu_i$为个体固定效应，$\lambda_t$为时间固定效应，$\varepsilon_{it}$为随个体与时间而改变的扰动项。系数$\beta$是检验是否存在$\beta$收敛的关键参数，由于样本量足够大，若$\beta<0$且通过显著性检验，说明存在$\beta$收敛，即研究期初的城乡发展差距与其研究期间增长率呈负相关，且收敛速度为$v=-\ln(1+\beta)/T$；反之，$\beta\geqslant 0$则说明省际间城乡发展差距不存在收敛趋势，省际差距将持续扩大。

表3.7 各维度城乡差距绝对β收敛检验回归结果

	城乡差距指数	预期寿命差距指数	教育差距指数	收入差距指数
β	-0.3774^{***}	0.0447^{***}	-0.6954^{***}	-0.0825^{***}
	(0.0313)	(0.0078)	(0.0397)	(0.0119)
α	0.0693^{***}	-0.0048^{***}	0.1870^{***}	0.0067^{**}
	(0.0062)	(0.0009)	(0.0109)	(0.0026)
时间固定效应	YES	YES	YES	YES
个体固定效应	YES	YES	YES	YES
收敛速度	0.0237	−0.0022	0.0594	0.0043
样本量	600	600	600	600
R^2	0.1498	0.0021	0.2557	0.5416

注：表中括号内为估计系数的标准差，*、**和***分别表示在10%、5%和1%的水平下显著。

从全国层面绝对 β 收敛检验的回归结果(见表 3.7)来看:首先,城乡差距指数收敛性检验的系数 β 为-0.3774,且在1%显著性水平下显著,表明城乡发展差距越大的省或地区,其差距缩小的速度相对更快,体现出一定的追赶效应;再者,城乡差距各分项指数的收敛性表现有所不同,教育差距指数和收入差距指数的检验系数 β 均小于0,且在1%显著性水平下均显著,呈现出明显的收敛效应,而预期寿命差距指数的检验系数 β 为0.0447(大于0),反映各省或地区的预期寿命差距不存在收敛趋势;最后,从收敛的速度来看,教育差距指数的收敛速度最快,说明在2000—2020年的21年间,教育差距较大的省或地区存在十分明显的向差距较小地区追赶趋势,而收入差距指数的收敛速度较小,说明尽管存在一定的追赶之势,但追赶的速度相较城乡总体差距和教育差距而言更为缓慢。

表 3.8　不同地区城乡发展差距绝对 β 收敛检验回归结果

	全国	东部	中部	西部	东北
β	-0.3774***	-0.6663***	-0.7829***	-0.4770***	-0.3240*
	(0.0313)	(0.0718)	(0.0994)	(0.0583)	(0.1240)
α	0.0693***	0.1030***	0.1340***	0.1070***	0.0503***
	(0.0062)	(0.0118)	(0.0178)	(0.0133)	(0.0227)
时间固定效应	YES	YES	YES	YES	YES
个体固定效应	YES	YES	YES	YES	YES
收敛速度	0.0237	0.0549	0.0766	0.0324	0.0196
样本量	600	200	120	220	60
R^2	0.1498	0.4729	0.2368	0.2031	0.5981

注:表中括号内为估计系数的标准差,*、**和***分别表示在10%、5%和1%的水平下显著。

从四大区域层面绝对 β 收敛检验的回归结果(见表 3.8)来看:第一,东、中、东北、西部地区系数 β 均为负数,且结果显著,说明各区域内部各省或地区也都存在绝对 β 收敛趋势。第二,四大区域城乡发展差距都呈收敛状态,但收敛速度却各不相同,中部地区收敛速度最快,为0.0766,远远超过全国和其他三个地区,东部地区收敛速度排第二位,为0.0549,西部地区收敛速度略高于全国平均水平,为0.0324,东北地区由于三省城乡发展差距本身相差不大,故省份间追赶速度就低于全国平均水平,为0.0196。产生此现象的原因在于实施中部崛起战略之后,中部地区后发潜力强劲,使其城乡差距相对较大的地区得以协调、快速发展;而东部地区经济发展进入新常态,城乡高质量融合发展的省份或地区对外围的拉动作用减弱,追赶速度放缓;此外,值得一提的是西部地区区域内追赶效应不如中部和东部地区，西部地区城乡发展差距本就相对较大，但收敛速度却更小，西部欠发达地区还需加大力度消除城乡共享发展成果的阻碍，更快向城乡发展差距小的省份或地区靠拢。

三、城乡发展差距的动态演化结构分解

城乡发展差距指数是由 HDI 构建得到，包括预期寿命差距指数、教育差距指数和收入差距指数三个分项差距指数。由于中国各地区城乡差距具有一定差异，且随时间变动城乡差距情况也在不断改善。那么，造成中国各地区城乡差距的主要原因（或分项指数），在不同时期是否不同？推动城乡差距不断缩小的主要动力（或分项指数），是否会随时间发生变化？这些问题的解答，需要借助各地区城乡发展差距指数动态分解的相关结果。

（一）协方差主成分分析法的绝对差距分解

通过对城乡发展差距指数进行分解，进而识别出预期寿命差距指数、教育差距指数和收入差距指数三个分项指数，何者对城乡发展差距影响最大，对于未来制定进一步缩小城乡差距政策具有参考意义。主成分分析法（PCA）是一种有效的降维方法，其适用于处理少量线性关系较弱的指标，且尽可能保留初始指标信息。主成分分析有相关系数矩阵或协方差矩阵两种方法。

协方差主成分分析在处理量级相差不大的数据上具有优势，由于基于 HDI 构建三个分项差距指数均进行了标准化处理以消除量纲和量级差异，可以使得各指标在离散程度上的特性得以保留（杨永恒等，2005），从而避免低估或夸大指标差异性对各地区城乡人类发展指数差异的贡献。根据协方差主成分分析法的原理，在主成分表达式中，一个变量系数的相对大小，其实也意味着该变量方差的相对大小（杨永恒等，2005），变量方差就暗示着变量的重要性。因此，协方差主成分分析方法，适用于分析经调整的三个城乡差距分项指数对整个城乡发展差距的贡献。

把城乡预期寿命差距指数、城乡教育差距指数、城乡收入差距指数三个分项差距指数构建的协方差矩阵当成主成分分析的输入变量，提取城乡发展差距指数的主要成分（DGI Principal Component，简称 DPC）。基于协方差的主成分法计算的 DPC 公式如下：

$$DPC_i = a_{i1}D_1 + a_{i2}D_2 + a_{i3}D_3 \tag{3.24}$$

其中，D_1、D_2、D_3 分别为对均值调整后的城乡预期寿命差距指数、城乡教育

差距指数和城乡收入差距指数(即样本值减均值),其与 DGI 对应的分项差距指数之间仅相差一个均值常量,表明是齐次的。a_{i1}、a_{i2}、a_{i3} 则分别为三个分项差距指数的主成分系数,即为各分项差距指数占 DPC 的要素权重大小。需要指出的是,有别于基于 HDI 测算的 DGI,主成分分析法通过调整均值来表征的各省或地区在预期寿命、教育和收入三个方面的差距,旨在反映相对于各自平均差距水平的领先(或落后)程度。事实上,DGI(或 HDI)也是一个相对水平,只是相比于 UNDP 所规定的最低人类发展水平的领先程度,而与样本无关(靳友雯和甘霖,2013),同时也可说明 DGI 与 DPC 是具有可比性的。

2000—2020 年各地区分项差距指数的主成分系数测算结果如表 3.9 所示。各年度的 Spearman 秩相关系数除 2013 年外,其他年份均在 0.9 以上,绝大部分

表 3.9　2000—2020 年各省分项差距指数的主成分系数

年份	主成分系数			方差贡献率(%)	Spearman 秩相关系数
	城乡预期寿命差距指数(a_1)	城乡教育差距指数(a_2)	城乡收入差距指数(a_3)		
2000	0.234	0.693	0.682	84.420	0.9924
2001	0.242	0.646	0.724	84.926	0.9947
2002	0.276	0.514	0.812	70.966	0.9884
2003	0.254	0.681	0.687	83.216	0.9898
2004	0.266	0.707	0.655	80.074	0.9960
2005	0.291	0.708	0.644	77.186	0.9920
2006	0.322	0.606	0.727	73.946	0.9933
2007	0.334	0.636	0.696	74.237	0.9929
2008	0.399	0.551	0.733	70.743	0.9964
2009	0.396	0.633	0.665	66.519	0.9929
2010	0.418	0.665	0.619	80.473	0.9915
2011	0.392	0.778	0.490	78.633	0.9648
2012	0.399	0.810	0.431	75.647	0.9488
2013	0.265	0.932	0.246	68.490	0.8674
2014	0.396	0.846	0.356	74.633	0.9244
2015	0.425	0.797	0.430	77.625	0.9670
2016	0.558	0.633	0.536	65.197	0.9951
2017	0.288	0.913	0.289	64.359	0.9164
2018	0.420	0.844	0.333	66.713	0.9346
2019	0.484	0.815	0.319	66.161	0.9092
2020	0.510	0.745	0.430	77.281	0.9671

年份三个分项指数的方差贡献率也均在65%以上,说明原始的三个分项差距指数可以用第一主成分来代替。一方面,城乡收入差距在测算初始年份,对中国省级城乡发展差距的影响最大,但其作用随时间不断减弱,意味着中国城乡收入差距在不断缩小,其对各年份城乡发展差距的影响越来越小;另一方面,城乡教育差距对各年份城乡发展差距的贡献相对较为稳定,没有呈现出十分强烈的趋势变动特征,且在测算期内的许多年份,特别是2010年以来,都是影响中国城乡发展差距最为重要的因素,中国未来要进一步缩小城乡发展差距,应当将城乡教育差距作为重要抓手;再者,城乡预期寿命差距随时间变化,对省级城乡发展差距的贡献越来越大,从2018年开始已经超过城乡收入差距指数对城乡发展差距的作用,这在一定程度上说明该差距缩小的速度较另两个因素更为缓慢。

（二）对数平均迪氏指数法的差距变动分解

识别驱动城乡发展差距缩小的主要维度与发展短板,需要对城乡发展差距各维度贡献进行分解。对数平均迪氏指数分解法(以下简称LMDI)是十分常用的因素分解方法,具有因素可逆、无残差项且不受样本量影响等优点,具体在实施因素分解时分为加和与乘积两种(Ang,2004)。LMDI常用于能源消费的因素分解,通常将一个地区能源消费或碳排放等,分解为区域内各地区多个影响因素的乘积之和,进而得到各影响因素贡献度。为了便于解释分解结果,这里采用加和形式的LMDI分解法。首先构建城乡发展差距的分解模型:

根据第三节中的公式(3.18)有:

$$DGI = (DGI_{Heather})^{\frac{1}{3}} \times (DGI_{Education})^{\frac{1}{3}} \times (DGI_{Income})^{\frac{1}{3}} \tag{3.25}$$

对以上公式(3.25)两边取对数得:

$$\ln(DGI) = \ln((DGI_{Heather})^{\frac{1}{3}}) \times \ln((DGI_{Education})^{\frac{1}{3}}) \times \ln((DGI_{Income})^{\frac{1}{3}}) \tag{3.26}$$

地区 i 各阶段基期和第 t 年的城乡发展差距指数变化值称为总效应(ΔDGI),对 ΔDGI 进行因素分解:

$$\begin{aligned}\Delta DGI_i &= DGI_i^t - DGI_i^0 \\ &= (\ln(DGI_i^t) - \ln(DGI_i^0)) \times \frac{DGI_i^t - DGI_i^0}{\ln(DGI_i^t) - \ln(DGI_i^0)} \\ &= \ln\left(\frac{DGI_i^t}{DGI_i^0}\right) \times \frac{DGI_i^t - DGI_i^0}{\ln(DGI_i^t) - \ln(DGI_i^0)}\end{aligned}$$

$$=\ln\frac{((DGI_{Health})^{\frac{1}{3}}\times(DGI_{Education})^{\frac{1}{3}}\times(DGI_{Income})^{\frac{1}{3}})_i^t}{((DGI_{Health})^{\frac{1}{3}}\times(DGI_{Education})^{\frac{1}{3}}\times(DGI_{Income})^{\frac{1}{3}})_i^0}\times\frac{DGI_i^t-DGI_i^0}{\ln(DGI_i^t)-\ln(DGI_i^0)}$$

$$=\left[\ln\frac{(DGI_{Health}{}^{\frac{1}{3}})_i^t}{(DGI_{Health}{}^{\frac{1}{3}})_i^0}+\ln\frac{(DGI_{Education}{}^{\frac{1}{3}})_i^t}{(DGI_{Education}{}^{\frac{1}{3}})_i^0}+\ln\frac{(DGI_{Income}{}^{\frac{1}{3}})_i^t}{(DGI_{Income}{}^{\frac{1}{3}})_i^0}\right]\times\frac{DGI_i^t-DGI_i^0}{\ln(DGI_i^t)-\ln(DGI_i^0)}$$

$$=\ln\frac{(DGI_{Health}{}^{\frac{1}{3}})_i^t}{(DGI_{Health}{}^{\frac{1}{3}})_i^0}\times\frac{DGI_i^t-DGI_i^0}{\ln(DGI_i^t)-\ln(DGI_i^0)}+\ln\frac{(DGI_{Education}{}^{\frac{1}{3}})_i^t}{(DGI_{Education}{}^{\frac{1}{3}})_i^0}\times\frac{DGI_i^t-DGI_i^0}{\ln(DGI_i^t)-\ln(DGI_i^0)}+\ln\frac{(DGI_{Income}{}^{\frac{1}{3}})_i^t}{(DGI_{Income}{}^{\frac{1}{3}})_i^0}\times\frac{DGI_i^t-DGI_i^0}{\ln(DGI_i^t)-\ln(DGI_i^0)}\tag{3.27}$$

令：

$$\Delta(DGI_{Health})_i=\ln\frac{(DGI_{Health}{}^{\frac{1}{3}})_i^t}{(DGI_{Health}{}^{\frac{1}{3}})_i^0}\times\frac{DGI_i^t-DGI_i^0}{\ln(DGI_i^t)-\ln(DGI_i^0)}\tag{3.28}$$

$$\Delta(DGI_{Education})_i=\ln\frac{(DGI_{Education}{}^{\frac{1}{3}})_i^t}{(DGI_{Education}{}^{\frac{1}{3}})_i^0}\times\frac{DGI_i^t-DGI_i^0}{\ln(DGI_i^t)-\ln(DGI_i^0)}\tag{3.29}$$

$$\Delta(DGI_{Income})_i=\ln\frac{(DGI_{Income}{}^{\frac{1}{3}})_i^t}{(DGI_{Income}{}^{\frac{1}{3}})_i^0}\times\frac{DGI_i^t-DGI_i^0}{\ln(DGI_i^t)-\ln(DGI_i^0)}\tag{3.30}$$

故可以得到：

$$\Delta DGI_i=\Delta(DGI_{Health})_i+\Delta(DGI_{Education})_i+\Delta(DGI_{Income})_i\tag{3.31}$$

公式(3.31)中，$\Delta(DGI_{Health})_i$、$\Delta(DGI_{Education})_i$、$\Delta(DGI_{Income})_i$ 分别表示地区 i 在各阶段基期到第 t 年城乡预期寿命差距指数、城乡教育差距指数和城乡收入差距指数三个分项指数对 DGI 变化的贡献度。若与 ΔDGI 变化方向一致，则表现为正向驱动效应；反之，表现为负向驱动效应。

从表 3.10 的分解结果来看，四个阶段的总效应都为负数，反映出各阶段中国省级层面的城乡发展差距都处于缩小区间之中，但各时期缩小的速度表现有一定差异，且三个分项指数对城乡发展差距缩小的贡献也具有较大差别。

表 3.10　2000—2020 年全国层面城乡发展差距指数变化的驱动效应

时间段	城乡预期寿命差距指数	城乡教育差距指数	城乡收入差距指数	ΔDGI
2000—2005 年	0.0022	－0.0087	－0.0053	－0.0118
2005—2010 年	0.0022	－0.0104	－0.0218	－0.0300
2010—2015 年	－0.0002	0.0031	－0.0206	－0.0176
2015—2020 年	－0.0002	－0.0072	－0.0111	－0.0185

首先，城乡预期寿命差距指数对缩小中国省级城乡发展差距的贡献十分有限。在 2000—2005 年和 2005—2010 年这两个阶段，城乡预期寿命差距指数对城乡发展差距的减少，不仅没有发挥出正向驱动作用，反而进一步加大了城乡发展差距；2010 年以后的两个阶段，城乡预期寿命差距指数开始体现出正向驱动效用，但作用十分有限，反映中国省级城乡预期寿命差距缩小较为缓慢。可见，中国未来乡村振兴战略实施中，应当重点改善农村居民医疗卫生状况，提高农村居民人均寿命。

再者，城乡收入差距的改善，是中国城乡发展差距缩小的最为重要的驱动因素。2000—2005 年阶段，城乡收入差距指数的驱动效应为－0.0053，作用小于城乡教育差距指数的－0.0087。但是，2005 年后的各个时期，城乡收入差距指数的驱动效应，都明显超过城乡教育差距指数。特别是在 2010—2015 年这一时期，省级城乡发展差距的缩小，基本上都是由城乡收入差距减少贡献的。可见，“三农”和脱贫攻坚等一系列政策的有效实施，农民收入大幅度提高了，城乡居民收入差距得到大幅改善，2020 年中国农民收入翻番目标提前实现。

最后，城乡教育差距指数对省级城乡发展差距的驱动效果存在阶段性特征。在测算时期内，除 2010—2015 年时期外，其他三个阶段城乡教育差距的改善，都明显驱动了中国省级城乡发展差距的缩小。2015—2020 年这一时期，城乡教育差距对省级城乡发展差距缩小的贡献，较前一时期有了显著改善，这可能是由于脱贫攻坚战略中“智志双扶”政策的有力实施，确保“不让一个贫困家庭孩子失学辍学”，贫困县农村地区教育水平有了明显提升。

第四章　中国省级城乡发展差距的影响因素分析

迈入社会主义现代化国家全面建设的开局之期，我们依然面临"最艰巨最繁重的任务仍在农村"的问题，部分地区城乡发展差距仍有扩大趋势。本书基于 HDI 框架，将健康水平、教育水平、收入水平纳入城乡差距的考量中，测算出省级城乡 HDI 和城乡发展差距指数，并分析差距的时空演变特征和动态驱动因素，结果表明省级城乡发展差距已经成为我国经济社会发展中非常突出的矛盾，是我们必须面对和解决的紧迫课题。为了更好地解决城乡发展不平衡和农村发展不充分的问题，本章将基于前文计算出的省级城乡发展差距指数，来进一步探索影响各省或地区城乡差距的因素，探索相邻地区之间的辐射和带动作用，即城乡发展差距的空间效应，以期为实现高质量的城乡融合发展，不断激发发展的内生动力提出建议和依据。

第一节　中国省级城乡发展差距影响因素分析的模型建立

一、计量模型的设定

本书以 2000—2020 年 30 个省（自治区、直辖市）作为面板回归的样本，分别建立静态基础面板模型和动态空间面板模型。数据主要来源于国家统计局分省年度数据和各省或地区统计年鉴，对于少量的缺失数据，采用平均增速插补法和相邻年份增速的加权平均等方法进行插补。由于对数变换不会改变原有的协整关系，并且能使其线性趋势化，在一定程度上消除数据列中存在的异方差（奚倩，2019），因此对变量进行对数变换，构建的面板模型如下：

(一)传统面板模型的设定

$$\ln DGI_{i,t}=\beta_1\ln Gp_{i,t}+\beta_2\ln Ind_{i,t}+\beta_3\ln Ll_{i,t}+\beta_4\ln Urb_{i,t}+\beta_5\ln Hd_{i,t}+\beta_6\ln Tax_{i,t}+\beta_7\ln Se_{i,t}+\beta_8\ln Csa_{i,t}+\mu_i+\gamma_t+\varepsilon_{i,t} \tag{4.1}$$

其中，i 和 t 分别代表省份和年份；$\ln DGI_{i,t}$ 表示被解释变量，为城乡发展差距指数；解释变量包括 $\ln Gp_{i,t}$、$\ln Ind_{i,t}$、$\ln Ll_{i,t}$、$\ln Urb_{i,t}$、$\ln Hd_{i,t}$、$\ln Tax_{i,t}$、$\ln Se_{i,t}$、$\ln Csa_{i,t}$ 分别为人均 GDP、工业化水平、人均贷款水平、城镇化率、公路密度、税收收入占 GDP 比重、社会保障和就业支出占财政支出比重、人均农作物播种面积；u_i 为代表个体异质性的截距项，γ_t 为第t期对被解释变量的效应，ε_{it} 为随机扰动项。

(二)空间计量模型的设定

城乡发展差距由多种诱因共同作用，包括工农行业差别、经济发展差别、居民收入差别、民生服务差别等，在积极畅通国内大循环为主体的新发展格局中，城乡发展的差距不仅仅是各省份或地区自身发展差距引起的，而且受周边省份或地区的影响，因此释放城乡居民消费潜能、建立全国范围内流动有序的城乡统一市场至关重要。构建空间计量模型分析空间溢出效应显得非常必要，同时，引入空间计量模型可以防止空间溢出效应性影响内生性。

进行空间计量分析前，必须要确定区域之间的空间距离，参考已有文献常用的空间近邻和距离两种方法(刘维林，2021)，本书利用地区 i 与地区 j 的经纬度获得两省或地区间的地理距离 d_{ij}，构建一个 30×30 的空间权重矩阵 W，该矩阵元素定义如下：

$$w_{i,j}=\begin{cases}\dfrac{1}{d_{i,j}},i\neq j\\0,i=j\end{cases} \tag{4.2}$$

引入空间权重矩阵后的一般形式的空间面板模型为：

$$\begin{cases}y_{i,t}=\tau y_{i,t-1}+\rho w_i' y_t+x_{i,t}'\beta+w_i' X_t\delta+\mu_i+\gamma_t+\varepsilon_{i,t}\\\varepsilon_{i,t}=\lambda m_i'\varepsilon_t+v_{i,t}\end{cases} \tag{4.3}$$

其中，$y_{i,t}$ 是被解释变量；$y_{i,t-1}$ 是被解释变量的一阶滞后项；w_i' 是空间权重矩阵 W 的第 i 行，$\rho w_i' y_t$ 和 $w_i' X_t\delta$ 分别是被解释变量和解释变量的空间滞后项，$w_i' y_t=\sum_{j=1}^{n}w_{i,j}y_{j,t}$，$w_i' X_t=\sum_{j=1}^{n}w_{i,j}X_{j,t}$，$X$ 为包含所有自变量的矩阵；μ_i 是个体效

应；γ_t 是时间效应；m_i' 为扰动项空间权重矩阵 M 的第 i 行；$\varepsilon_{i,t}$ 为随机扰动项；上式中当 $\lambda=0$ 时，为空间杜宾模型（SDM）；当 $\lambda=0$ 且 $\delta=0$ 时，为空间自回归模型（SAR），当 $\tau=\rho=0$ 且 $\delta=0$ 时，则为空间误差模型（SEM）。由于本书利用空间面板回归模型主要想分析选取的本地区各解释变量和周边地区的城乡发展差距对该地区城乡发展差距的影响，且结合拉格朗日乘子（Lagrange Multiplier）LM_lag 和稳健的拉格朗日乘子 Robust LM_lag，发现其在显著性上优于 LM_err 和 Robust LM_err，因此选择构建省级城乡发展差距的空间自回归（SAR）模型：

$$\begin{aligned}\ln DGI_{i,t}=&\tau\ln DGI_{i,t-1}+\rho w_i'\ln DGI_t+\beta_1\ln Gp_{i,t}\\&+\beta_2\ln Ind_{i,t}+\beta_3\ln Ll_{i,t}\\&+\beta_4\ln Urb_{i,t}+\beta_5\ln Hd_{i,t}+\beta_6\ln Tax_{i,t}\\&+\beta_7\ln Se_{i,t}+\beta_8\ln Csa_{i,t}+\mu_i+\gamma_t+\varepsilon_{i,t}\end{aligned}\tag{4.4}$$

其中，$n=30$，ρ 为空间滞后项系数，代表近邻省份或地区的城乡发展差距相互影响强度，若 ρ 显著为正，则说明相邻省份或地区的城乡差距具有正向传导效应；若显著为负，则说明各省或地区之间城乡均衡发展具有竞争或博弈效应；其余变量含义均与基准面板回归模型一致。

二、模型变量的选取

依据本章研究的主题，被解释变量采用第四章计算得出的省级城乡发展差距指数，对于解释变量的选取，本节基于探索性数据分析的结果以及现有的研究成果，主要从经济因素、社会因素、政策因素等方面选取指标建立模型（奚倩，2019）。各变量说明如表 4.1 所示。

表 4.1　变量说明

变量类型	变量名称	符号	变量说明
被解释变量	省级城乡发展差距指数	DGI	基于省级城乡 HDI 测算
解释变量	人均 GDP	Gp	
	工业化水平	Ind	二、三\产业增加值/GDP
	人均贷款水平	Ll	金融机构贷款余额/常住人口
	城镇化率	Urb	城镇人口/总人口
	公路密度	Hd	公路里程数/土地面积
	税收收入占 GDP 比重	Tax	税收收入/GDP
	社会保障和就业支出占财政支出比重	Se	社会保障和就业支出/财政支出
	人均农作物播种面积	Csa	农作物播种面积/农村常住人口

1. 经济因素:经济水平对城乡发展有着决定性作用,著名的库兹涅茨曲线就表明经济增长与收入差距之间呈现倒“U”型关系,那么对于不同经济阶段,产业结构升级引起的资本、技术、人力等要素资源流向变化会带来发展上的差距,但同时金融基础设施建设随市场发展更新也会使得经济相对弱势的群体进入金融市场门槛降低,与非经济弱势群体之间的投资回报及资本使用率差距拉近。由此,经济因素选取了人均GDP(Gp)、工业化水平(Ind)和人均贷款水平(Ll)三个指标。人均GDP是衡量一个地区经济发展水平的常用指标,反映整体发展程度以及社会的稳定性,经济发展水平的高低在城乡协调发展中起着最基础最关键的作用,经济持续健康发展的地区往往城乡差距更小;工业化水平采用二、三产业增加值占国内生产总值的比重来表示,是因为实施新型工业化战略与发展二、三产业都息息相关。我国正从基本实现工业化向全面实现工业化过渡,但早期城乡二元结构矛盾突出时,我国走了“以农哺工”的道路来保障工业的发展,导致重要生产要素不断流向城市和工业部门,造成城乡两极不平衡发展根深蒂固(张正河和杜凯,2019),因此有必要分析现今工业化水平提高对城乡发展差距的影响;人均贷款水平是金融机构贷款余额与常住人口的比值,金融贷款余额反映了一个地区的经济活力与竞争力,在复工复产、稳企业保就业、中小微企业等重点领域以及促进农业产业化助推乡村振兴过程中,信贷支持会同时加强城镇和农村建设。

2. 社会因素:社会因素充分展现了城乡群众在各项社会事业和社会工作中,做到防范矛盾并共享现代化成果(邢继雯和谢志强,2022)。城乡融合发展战略客观上要求推动城乡基础设施接轨和基本公共服务均等化,缩小城乡在公共设施和公共服务方面的差距。由于财政收支约束下的资金投入问题、人才不足约束下的服务质量提升问题、城乡分割的管理体制加快统一的问题和农村公共设施与服务的标准体系不完善等问题,在基础设施建设、公共服务供给等方面的不足显现,因此选取城镇化率(Urb)和公路密度(Hd)两个指标来作为社会因素的替代指标。城镇化率是城镇常住人口与总的常住人口的比值,城镇化是城乡融合发展的必然趋势,城市享有更加完善的公用基础设施、环境保护设施、市政服务设施、产业配套设施,而农村就要落后很多,新型城镇化会使得农业转移人口有序有效融入城市,进一步缩小城乡发展差距。公路密度则是城镇和农村衔接的重要指标,道路畅通很大程度会使城乡要素流动更加频繁,城市要素的流入和农产品的流出都要依靠公路运输,公路密度加大可能会加快促进城乡融合发展。

3. 政策因素:根据公共财政理论和福利经济学,社会和谐稳定发展需依靠政府财政对资源的再分配与合理部署,以增加社会福利(方倩,2011)。在金融、土地、税收、财政等政策资源上，我国实行自上而下的配置，这种体制至今仍没有实质改变，在城乡协调发展方面，政府政策能够刺激收入再分配的价值达到最大化，相对弱势的农村发展也有了更为宽松的政策环境，城乡融合发展的积极性、主动性、创造性随之被调动起来。政策因素主要涉及税收收入占 GDP 比重(Tax)和社会保障和就业支出占财政支出比重(Se)两个指标。税收收入占 GDP 比重反映政府的调控能力，税收收入是政府财政性收入的主要来源，政府税收收入充盈则能更好地满足社会公共需要，面临不可预料的突发情况，也能稳住经济大盘，平衡好城乡稳步发展。社会保障和就业支出占财政支出是用于社会保障和就业的支出，是政府促进民生发展的重要手段，也是共享社会发展成果的体现，能直接促进城乡发展。

4. 其他因素：考虑到城乡发展差距缩小的关键在于农村发展，农业农村发展不充分的问题还没有解决，粮食增产增收又是乡村振兴的重要基础，农作物播种面积就保证了国家粮食生产的重要途径，同时农村发展也不应止步于小农经济，科技助力的现代化农业发展要迈开新步子。因此，选取人均农作物播种面积(Csa)来反映农业发展水平。

三、数据来源和描述性统计

除测算得到的省级城乡发展差距指数外，其他数据均来自于历年《中国统计年鉴》。对模型中的变量进行描述性统计分析，结果见表 4.2。样本中包含 30 个省份或地区，每个省份或地区有 21 年的信息，观测值为 630 个。被解释变量城乡发展差距指数的均值、最小值、最大值、标准差分别为 1.245、1.128、1.551、0.069，可见大多数省份或地区已经处于城乡差距较小的阶段，但地区间的差异还是不容忽视。

表 4.2 变量描述性统计结果

变量	符号	观测值	均值	标准差	最小值	最大值
省级城乡发展差距指数	DGI	630	1.245	0.069	1.128	1.551
人均 GDP	Gp	630	34833.810	27818.940	2759.000	164158.000
工业化水平	Ind	630	88.058	6.491	63.573	99.724
人均贷款水平	Ll	630	51102.200	57130.260	2838.390	385147.400
城镇化率	Urb	630	51.330	15.475	13.885	89.583
公路密度	Hd	630	738.049	481.308	20.788	2194.175
税收收入占 GDP 比重	Tax	630	7.517	2.788	3.141	18.824
社会保障和就业支出占财政支出比重	Se	630	13.067	4.254	3.043	30.786
人均农作物播种面积	Csa	630	2664.283	1916.548	319.675	15303.980

第二节 中国省级城乡发展差距影响因素分析的实证检验

一、基准模型的结果分析

在进行面板回归之前，出于避免出现伪回归问题，确保估计结果的有效性，先对数据进行平稳性检验。本书同时用 LLC 检验和 Fisher 检验两种方法对模型中的变量数据进行检验，以增加平稳性检验的准确性，结果参见表 4.3 所示。从表中可以看出，在 1%的显著性水平下，两种检验方法都能拒绝原始数据列单位根存在的原假设，为平稳序列，可以进行回归分析。

表 4.3 变量平稳性检验结果

变量	LLC 检验	Fisher 检验	是否平稳
DGI	−3.6396***	153.3516***	是
Gp	−12.9407***	244.9585***	是
Ind	−14.0697***	253.3590***	是
Ll	−3.2261***	119.4447***	是
Urb	−9.6329***	182.8459***	是
Hd	−8.0486***	167.4517***	是
Tax	−5.3172***	174.0866***	是
Se	−5.2613***	240.6349***	是
Csa	5.4956**	93.6460***	是

注：*、** 和 *** 分别表示在 10%、5%和 1%的水平下显著。

本书对公式(4.1)进行了全国层面以及划分四大区域层面的面板回归，系数估计结果见表 4.4，列(1)为全国各省或地区的系数估计结果，列(2)至列(5)分别为东部、中部、西部、东北地区的系数估计结果。首先进行多重共线性的检验，运用方差膨胀因子法检验出各解释变量的 VIF 值均小于 10，认为可以接受不存在多重共线性问题。然后通过 LSDV 法首先可以确定大多数个体虚拟变量均很显著，认为存在个体效应，不应使用混合模型，经过 Hausman 检验，进一步认为模型中的个体效应 μ_i 与解释变量存在相关关系，对年度虚拟变量联合显著性进行检验，发现模型中应包括时间效应，所以选用控制个体和时间的双向固定效应模型。需要注意的是，将全国划分为四大区域分别进行面板模型回归时，因为 2000—2020 年一共包含 21 年的样本信息，每个区域的截面维度(n)都小于时间维度(T)，所以面板数据变为了长面板，需要进行误差项的自相关、异方差和截面相关问题的检验和修正，以便得出准确的计量结果。

表 4.4 基于四大区域的异质性回归结果

	全国 (1)	东部 (2)	中部 (3)	西部 (4)	东北 (5)
lnGp	−0.0573*** (0.0085)	−0.0068*** (0.0127)	−0.0134*** (0.0086)	−0.0322** (0.0129)	−0.0833** (0.0354)
lnInd	0.1216*** (0.0301)	−0.1179** (0.0549)	−0.0489** (0.0566)	0.2868*** (0.0835)	0.0871*** (0.0580)
lnLl	−0.0160*** (0.0061)	−0.0149* (0.0088)	−0.0070*** (0.0066)	−0.0109*** (0.0099)	0.0959** (0.0363)
lnUrb	−0.0198*** (0.0058)	−0.0068*** (0.0085)	0.0167** (0.0164)	−0.0491** (0.0201)	−0.0398*** (0.0457)
lnHd	−0.0128*** (0.0046)	−0.0057** (0.0060)	−0.0038*** (0.0048)	−0.0121*** (0.0091)	0.0424 (0.0382)
lnTax	−0.0005 (0.0062)	−0.0040 (0.0091)	−0.0059* (0.0072)	0.0097 (0.0113)	−0.0131 (0.0252)
lnSe	−0.0329*** (0.0034)	−0.0073*** (0.0057)	0.0014 (0.0081)	−0.0147** (0.0088)	−0.0326** (0.0210)
lnCsa	0.0098** (0.0041)	0.0085* (0.0068)	−0.0185** (0.0193)	0.0355** (0.0142)	−0.0027*** (0.0081)
_cons	0.5134*** (0.1147)	0.8816*** (0.2378)	0.7326*** (0.2477)	−0.6396* (0.3552)	−0.2300 (0.5734)
Hausman 检验	71.78 0.0000	46.01 0.0000	55.71 0.0000	53.81 0.0000	10.91 0.0920
F 检验	72.14 0.0000	13.79 0.0000	26.12 0.0000	39.38 0.0000	7.91 0.0000

注：表中括号内为估计系数的标准差，*、**和***分别表示在10%、5%和1%的水平下显著，Hausman检验为卡方值，表格中同时标注了对应检验的p值。

传统面板模型回归结果表明，在全国层面，人均GDP、人均贷款水平、城镇化率、公路密度、社会保障和就业支出占财政支出比重的系数估计值在1%的显著性水平下显著为负，皆为缩小省级城乡发展差距的积极因素。具体来看，人均GDP

每增长1%,城乡发展差距就缩小0.0573%,经济高质量增长在摒弃了粗放发展模式之后,会稳定促进城乡差距的减小;人均贷款水平每增加1%,城乡发展差距就缩小0.0160%,贷款余额增加也就预示着金融市场活力增加,城市建设和农村发展都能得益;城镇化率每增加1%,城乡发展差距就缩小0.0198%,表明城镇化能推动农村向城市有效融合,城市承载能力也加大,这与李萱等(2021)的研究成果一致,城镇发展从早期的无序扩张转向注重城乡统筹、城乡一体化、城乡融合发展,促使城乡差距减小;公路密度每增加1%,城乡发展差距就缩小0.0128%,说明公路密度与城乡发展差距呈负相关关系,正如黄禹铭(2019)的研究,认为交通因素在近些年促进城乡融合发展逐渐凸显;社会保障和就业支出占财政支出比重每增加1%,城乡发展差距就减小0.0329%,社会保障和就业资金投入更多,未来城镇和农村居民就会更加有获得感和幸福感,尤其是农村社会保障体系亟待完善。然而,工业化水平的系数估计值在1%的显著性水平下显著为正,对于工业化对城乡发展的研究并不在少数,大多也都能得出促进城乡发展效果不明显或抑制城乡发展的结论。人均农作物播种面积系数估计值在5%的显著性水平下为正,也就是人均农作物播种面积越大,城乡发展差距可能越大,农业农村发展更多是依靠农民,得出此结论也说明农业规模一味增大未必会促进城乡协调发展。税收收入占GDP比重对城乡发展差距的影响不显著,还有待进一步分析。

在四大区域层面,各变量显示出不同的影响特征。首先,经济因素对四个区域城乡发展差距的影响基本是显著的,人均GDP对四个区域的影响均显著为负,说明夯实经济基础是亘古不变的首要任务;其次,社会因素的两个指标对东部和西部的城乡差距缩小有显著的促进作用;再次政策因素方面,税收收入占比的影响作用不明显,社会保障和就业支出占比则能显著促进城乡差距减小;最后,人均农作物播种面积则主要对中部地区和东北地区城乡差距缩小有较强的促进作用,这与东北广袤的黑土地以及中部辽阔的平原适合农业规模化机械化发展有关。

上述实证结果需要进行模型的稳健性检验,采用动态面板广义矩估计和更换被解释变量两种方法:

第一,动态面板广义矩估计。解释变量与被解释变量间存在着潜在的因果关系,这可能会引起内生性问题,进而引起参数估计的不一致。由于城乡发展的变化是一个动态持续的过程,那么城乡发展差距也存在着时间上的相依性(奚倩,2019),当期城乡发展差距受到滞后一期和滞后二期城乡发展差距的影响。因此,构建动态面板模型,运用广义矩估计的方法检验模型的稳健性。估计结果如表4.5列(1),结果显示,在此模型中,GMM方法显示出该模型通过了Arellano-

Bond 二阶序列检验和 Sargan 检验，认为扰动项的差分存在一阶自相关但不存在二阶自相关，且工具变量是有效的，没有出现弱工具变量问题。此外，广义矩估计检验结果显示各解释变量的系数估计结果与基准回归一致，说明在考虑内生性问题后，基准回归的结论依然成立，即基础回归结果可信。

表 4.5　稳健性检验结果

	GMM(1)	城乡收入比(2)	城乡消费比(3)
$lnDGI_{t-1}$	0.6232*** (0.7112)	—	—
$lnDGI_{t-2}$	0.1540** (0.4025)	—	—
lnGp	−0.4348*** (0.4595)	−0.1442*** (0.0249)	−0.1989*** (0.0397)
lnInd	0.5272*** (0.4149)	0.2941*** (0.0883)	0.2587* (0.0172)
lnLl	−0.2053*** (0.2378)	−0.0072 (0.0178)	−0.2003*** (0.0284)
lnUrb	−0.0367** (0.0450)	−0.0294* (0.0171)	−0.1552*** (0.0273)
lnHd	−0.0065* (0.0163)	−0.0050 (0.0135)	−0.0458** (0.0215)
lnTax	−0.0260* (0.0564)	−0.0072 (0.0181)	−0.0593** (0.0290)
lnSe	−0.0268*** (0.0248)	−0.0661*** (0.0100)	−0.0552*** (0.0159)
lnCsa	0.0686*** (0.0582)	−0.0260** (0.0122)	0.0412** (0.0194)
_cons	4.4966*** (5.9207)	1.1005*** (0.3370)	1.9196*** (0.5377)
AR(1)	0.0005	—	—
AR(2)	0.6049	—	—
Sargan 检验	0.9953	—	—

注：表中括号内为估计系数的标准差，*、**和***分别表示在 10%、5%和 1%的水平下显著。

第二，更换被解释变量。考虑到衡量城乡发展差距的指标不同，可能会导致回归结果不同，城乡收入差距和城乡消费差距依然是目前大多数研究用于指代城乡发展差距的指标，一定程度上也能反映城乡发展的差距现状（刘小平，2022；汤旖璆，2022），因此用城乡人均可支配收入比和城乡人均消费支出比两个指标来替代原有的被解释变量城乡发展差距指数，表 4.5 中列（2）和列（3）分别展示了更换被解释变量后的回归结果，城乡收入比作为被解释变量时部分解释变量不显著，但城乡消费比作为被解释变量时各解释变量都较显著，且影响方向与基准回归一致，能验证模型的稳健性。

二、空间计量模型的结果分析

（一）空间自相关检验

在前文中，对城乡发展差距指数进行收敛性分析时，就可初步判断城乡发展差距指数可能存在空间相关性，因此在开展空间计量模型分析之前，先对城乡发展差距指数进行空间自相关检验，准确把握是否存在空间相关性。诸多度量空间自相关的方法中，最为广泛应用的是“莫兰指数 I”，用符号 Moran's I 表示（陈强，2011）：

$$I = \frac{\sum_{i=1}^{n}\sum_{j=1}^{n} w_{i,j}(y_i - \bar{y})(y_j - \bar{y})}{S^2 \sum_{i=1}^{n}\sum_{j=1}^{n} w_{i,j}} \tag{4.5}$$

其中，$S^2 = \frac{\sum_{i=1}^{n}(y_i - \bar{y})^2}{n}$ 为样本方差，$w_{i,j}$ 为空间权重矩阵的 (i,j) 元素。莫兰指数 I 的取值范围介于 −1 到 1 之间，大于 0 表示空间正自相关，小于 0 表示空间负自相关，接近于 0 说明空间分布随机，可能不存在空间自相关。由表 4.6 可知，各年的莫兰指数 I 取值均大于零且都通过显著性水平为 1% 的显著性检验，说明我国各省份或地区城乡发展差距指数存在正向的空间相关关系，呈现出一定的空间集聚特征。从变化趋势看，2000—2020 年间，城乡发展差距指数的莫兰指数 I 整体上稳定，说明随着时间推移，这一空间自相关性具有稳定性。

全局 Moran's I 指数是对 30 个省份或地区城乡发展差距指数相关性的总体判断，但无法反映局部的空间集聚和地区异质特征，为了反映局部的空间自相关，利用局部 Moran's I 将观测值与其空间滞后画成莫兰散点图，以判断集聚出现的范围和位置，如图 4.1 所示，具体的局部 Moran's I(I_i)取值见表 4.6，详细展示了 2000—2020 年城乡发展差距指数空间自相关特征的演变情况。我国城乡发展差距可以分为四类集聚区，分别是第一象限高－高集聚(H－H)、第二象限低－高集聚(L－H)、第三象限低－低集聚(L－L)和第四象限高－低集聚(H－L)，第一象限代表了城乡发展差距大的地区为同是城乡发展差距大的地区所包围的空间联系形式，第三象限则代表了城乡发展差距小的地区为同是城乡发展差距小的地区所包围的空间联系形式。从图中各省份或地区分布情况来看，大多数省份或地区都分布在第一和第三象限，即大部分省份或地区的城乡发展差距都有空间正相关性。

表 4.6　2000—2020 年城乡发展差距指数的全局 Moran's I

年份	Moran's I	z 得分值	p 值
2000	0.208	6.292	0.000
2001	0.203	6.597	0.000
2002	0.168	5.625	0.000
2003	0.210	6.809	0.000
2004	0.202	6.580	0.000
2005	0.204	6.737	0.000
2006	0.203	6.159	0.000
2007	0.192	5.905	0.000
2008	0.198	6.034	0.000
2009	0.193	5.982	0.000
2010	0.220	6.604	0.000
2011	0.179	5.526	0.000
2012	0.172	5.325	0.000
2013	0.160	5.459	0.000
2014	0.184	6.157	0.000
2015	0.202	6.610	0.000
2016	0.193	6.277	0.000
2017	0.181	5.937	0.000
2018	0.172	5.687	0.000
2019	0.152	5.202	0.000
2020	0.197	6.525	0.000

2000 年，上海、江苏、浙江和福建的 I_i 指标值分别为 0.352、0.302、0.388、0.199，显著为正，处于城乡发展差距低－低集聚区域，重庆、四川、云南、甘肃、青海、新疆六个地区的 I_i 指标值分别为 0.176、0.224、0.354、0.980、1.085、0.128，显著为正，但在城乡发展差距高－高集聚区；2005 年，上海、浙江、山东三个地区有明显的低－低集聚特征，云南、甘肃、青海、宁夏的 I_i 指标值分别为 0.329、0.942、

1.061、0.272，显著为正，属于高一高集聚区；2010年，上海、浙江、福建的 I_i 指标值分别为0.017、0.018、0.005，显著为正，城乡发展差距水平均低于全国各省或地区的平均水平，属于低一低集聚，重庆、四川、贵州、云南、甘肃、青海宁夏的 I_i 指标值都显著高于全国平均水平，属于城乡发展差距高一高集聚区；2015年，上海、浙江的 I_i 指标值为0.407、0.483，显著为正，并且处于低一低集聚区，依旧是四川、云南、甘肃、青海、宁夏属于差距的高一高集聚区，I_i 指标值分别为0.259、0.262、1.094、1.196、0.289；2020年，上海、浙江的低一低集聚特征更为明显，I_i 指标值分别为0.432、0.460，四川、云南、甘肃、青海、宁夏 I_i 指标值分别为0.230、0.281、1.170、1.274、0.278，属于城乡发展差距高一高集聚区。

从2000—2020年，第三象限的省份或地区数量都多于第一象限，说明城乡发展差距低一低集聚现象多于高一高集聚现象，城乡差距缩小的省际间相互影响作用明显。呈现高一高集聚特征的省份或地区主要在西部地区，呈现低一低集聚特征的省份或地区则全部在东部地区，城乡发展差距的地域差异依旧严峻。

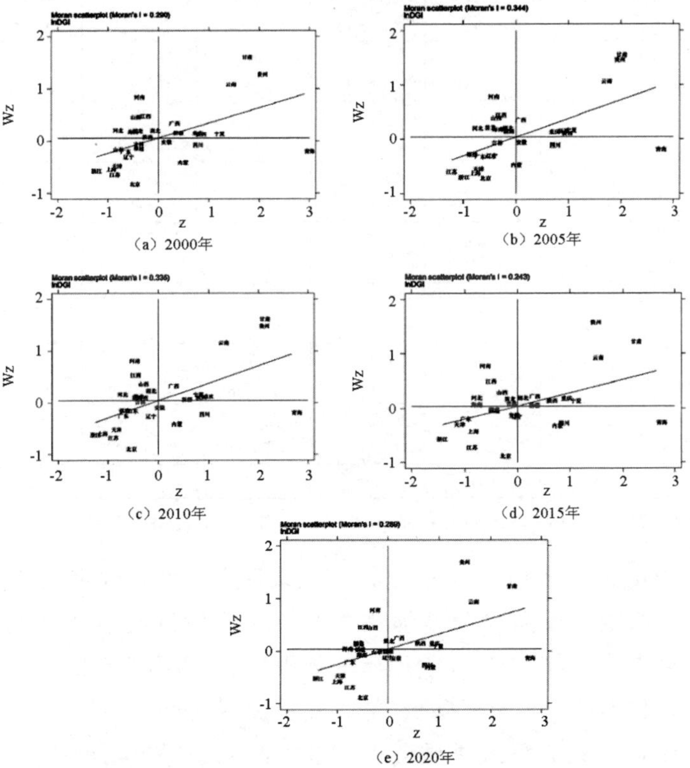

图4.1 2000—2020年省级城乡发展差距莫兰散点图

(二)空间计量模型分析结果

由表 4.6 可知,我国各省或地区城乡发展差距指数的 Moran's I 值在 0.200 左右波动,显著偏离随机分布,表明相邻省份或地区的城乡发展差距存在一定的空间依赖性。因此本书选择 SAR 模型对我国城乡发展差距的空间溢出效应进行回归分析,逐个引入解释变量便于对比分析各个变量对城乡发展差距的影响,表 4.7 为双向固定效应下样本空间自回归模型结果,列(8)为综合考虑传统因素和时空因素的回归结果,该列中各个解释变量的系数估计及解释如下:

表 4.7　空间自回归模型分析结果

	(1)	(2)	(3)	(4)	(5)	(6)	(7)	(8)
lnGp	−0.0247*** (0.0327)	−0.0301*** (0.0059)	−0.0265*** (0.0069)	−0.0265*** (0.0069)	−0.0264*** (0.0073)	−0.0245*** (0.0076)	−0.0276*** (0.0074)	−0.0276*** (0.0074)
lnInd		0.0476* (0.0251)	0.0484* (0.0251)	0.0469* (0.0251)	0.0468* (0.0253)	0.0443* (0.0254)	0.0563** (0.0249)	0.0719*** (0.0258)
lnLl			−0.0050*** (0.0050)	−0.0050*** (0.0050)	−0.0050*** (0.0050)	−0.0062*** (0.0052)	−0.0053*** (0.0051)	−0.0087*** (0.0053)
lnUrb				0.0035 (0.0038)	0.0035 (0.0038)	0.0030 (0.0039)	−0.0004*** (0.0038)	−0.0080*** (0.0051)
lnHd					−0.0002*** (0.0041)	−0.0004*** (0.0041)	−0.0019*** (0.0040)	−0.0034*** (0.0040)
lnTax						−0.0049 (0.0053)	−0.0005 (0.0053)	−0.0005 (0.0053)
lnSe							−0.0153*** (0.0032)	−0.0154*** (0.0032)
lnCsa								0.0081** (0.0036)
ρ	0.1887*** (0.0496)	0.1886*** (0.0495)	0.1839*** (0.0497)	0.1831*** (0.0497)	0.1830*** (0.0497)	0.1838*** (0.0497)	0.1838*** (0.0490)	0.1897*** (0.0488)
τ	0.5665*** (0.0327)	0.5612*** (0.0326)	0.5576*** (0.0327)	0.5603*** (0.0328)	0.5602*** (0.0329)	0.5575*** (0.0330)	0.4996*** (0.0338)	0.4917*** (0.0337)
N	630	630	630	630	630	630	630	630

注:表中括号内为估计系数的标准差,*、**和***分别表示在10%、5%和1%的水平下显著。

1. 人均 GDP 的系数估计值为−0.0276,表明在其他条件不变的情况下,人均 GDP 每增长 1%,城乡发展差距就缩小 0.0276%。我国经济步入高质量发展阶段,经济增长逐步放缓,由于边际效用递减规则,绝大多数省份或地区的社会资源已经被充分利用,生产效率有所降低,加之经济发展会催生新兴产业,增加更多的就业机会,更多低收入人群或进城务工人群以此能获得更高的收入,所以综合来看,经济水平越高越能加快城乡经济一体循环进程,缩小城乡发展差距。

2. 工业化水平的系数估计值为0.0719，工业化对城乡差距拉大有正向作用，其他变量不变的情况下，工业化水平每提升1%，城乡发展差距就增加0.0719%。工业发展显然对城乡发展差距造成了极大的影响，回归系数是各解释变量中最大的。城乡差距增大是工业化进程中的必然产物，工业生产发展虽然能使农村城镇化、城镇都市化，但二、三产业主要集中在城镇，农村工业发展制度保障不完善、乡镇企业生存竞争力低，加上环境条件和基础设施的桎梏，会对农村尤其是西部农村地区形成工业发展的阻碍，城镇不断蓄能，农村不断耗能，也就导致城乡发展差距进一步拉大。

3. 人均贷款水平的弹性系数为−0.0087，在其他条件不变的情况下，人均金融机构贷款余额每增加1%，就会促进城乡发展差距减小0.0087%，虽然相比于人均GDP的弹性系数更小，但是贷款余额的增加说明信贷投放增加，金融服务是国民经济的后盾，信贷资金持续流向国民经济关键和薄弱领域，把握经济稳定增长的脉动，从而推动城乡协调发展。

4. 城镇化率的系数估计值为−0.0080，在其他条件不变的情况下，城镇化率每提高1%，城乡发展差距就缩小0.0080%。2000年，我国的常住人口城镇化率只有36.22%，而截至2020年，我国常住人口城镇化率已经超过63.80%，每年大约会有2000万人口流向城镇。城镇化是实现现代化的必经之路，新型城镇化以人为核心的理念能保障居民享有城镇待遇，人类发展水平提高，是解决“三农”问题的根本出路。

5. 公路密度的系数估计值为−0.0034，在其他条件不变的情况下，公路密度每增加1%，就能使城乡发展差距缩小0.0034%。公路密度对城乡发展差距不会产生决定性的影响，但影响依然显著，公路密度代表城乡之间基础设施水平，是要素流动的重要媒介。无论是国道、省道、市道等骨干线路还是乡村道路网络建设，其重要性都日益凸显，对促进区域经济发展有重大战略意义，也是沟通城乡发展的命脉。

6. 税收收入占GDP比重的弹性系数为−0.0005，税收收入占GDP比重对城乡发展差距的影响作用不显著，基准回归的结果也是如此，但依然表明税收收入水平提高能推动城乡发展差距缩小，农村减税降费优惠政策为巩固脱贫攻坚成果并接力全面乡村振兴贡献了税务力量，支持农村发展，故而税收收入主要来源于位于城镇的二、三产业，一定程度也能缩小城乡差距。不显著的原因可能是城乡税收分配结构依然存在不合理。

7. 社会保障和就业支出占财政支出比重的弹性系数为−0.0154，在其他条件不变的情况下，社会保障和就业支出占比每增加1%，就会促进城乡发展差距缩小0.0154%，与其他影响因素相比，该指标对城乡发展差距缩减能起到较大作用。社会保障支出作为居民最低生活水准的保证，对于减缓财政差距和城乡收入差距有关键的调节作用，尤其是农村社会保险和救助体系相对欠缺的情况下，社会保障支出覆盖面增大会更好地推动发展成果惠及全体人民；其中就业补助支出在统筹城乡就业问题上也为居民撑起了一把遮风挡雨的保障"大伞"，推动就业优先政策提质加力，也让更多农村就业困难群体有生活的保障。然而，中国的社会保障制度起步较晚，社保资金投入不够，制度不完善，法律保障不健全，诸多问题导致社会保障和就业支出的比例还不能满足目前的需求。

8. 人均农作物播种面积的系数估计值为0.0081，在其他因素不变的前提下，人均农作物播种面积每增加1%，城乡发展差距扩大0.0081%。这一指标是由农作物播种面积比上农村常住人口得来，基准回归和空间回归都表明人均农作物播种面积增加不能带来城乡发展差距的缓解，并且还有显著的扩大城乡发展差距的趋势。究其原因，可能是农村常住人口的流失，以及农村劳动力向非农产业转移，但农业规模化经营正处于推广阶段尚未成熟，且西部地区因为地理条件和自然环境的阻碍，机械化农业发展水平低，还是需要大量传统劳动的投入，因而目前阶段片面地增加人均农作物播种面积并不能解决城乡差距大的顽疾。

9. 城乡发展差距的时间自相关项和空间自相关项的系数在1%的显著性水平下都显著为正，且时间效应远大于空间效应，反映出缩小城乡发展差距需要自身寻求发展内生动力而非完全依赖周边地区的带动作用。时间自相关变量的系数τ为0.4917，说明城乡发展差距受本地区上一期发展差距水平的影响，有明显的滞后一期的空间效应，过去的城乡发展差距水平很大程度能决定未来城乡发展差距的走势；空间自相关变量的系数ρ为0.1897，说明周边省份或地区城乡差距缩小或扩大也会辐射影响本省或地区城乡融合进程，体现为周边地区的正向空间溢出效应。城乡发展差距极小的省份或地区多分布于东部地区内，这些省份或地区为了加快城乡统筹发展，实现区域共同富裕，就会增加就业机会、教育资源、社保保障、医疗服务、住房补贴、养老扶幼支出等各方面工作的政策扶持和资金投入力度，形成稳定向好的城乡发展格局，周边省份或地区借鉴类似的成功经验，增加省际间的贸易往来，也为城乡发展差距的缩小打下了良好的基础；同样，西部地区由于诸多因素的限制，各省城乡发展差距均较大，不利于形成核心城市的带动作用，因此容易陷入城乡发展差距在波动中增大的恶性循环，这就需要积累典型地区的发展经验，因地制宜制定适合本地区城乡融合发展的决策。

中　篇

第五章　中国城市共同富裕水平测算研究

第一节　研究背景

改革开放以来，我国人民生活水平得到显著的提升，人民生活更加富裕，创造了经济快速发展的奇迹，经济、社会、政治等方面发展达到前所未有的高度，但快速发展过程中仍存在发展不充分、不均衡的问题。国家统计局公布2020年我国居民收入基尼系数为0.468，尽管在过去十年间存在一定回落，但仍超过0.4的国际警戒线，在未来一段时期内发展不充分、不平衡问题仍将是我国主要矛盾之一。经济不平等、收入差距较大以及区域发展不均衡等挑战，直接影响了我国经济的可持续、高质量发展。2020年底中国取得了脱贫攻坚的全面胜利，消灭了绝对贫困，实现了全面建成小康社会的第一个百年奋斗目标，扎实推进了共同富裕进程。习近平同志强调："消除贫困、改善民生、实现共同富裕，是社会主义的本质要求。"十九届五中全会提出"全体人民共同富裕取得更为明显的实质性进展"的目标，实现共同富裕是建成社会主义现代化国家重要检验指标。

实现第二个百年奋斗目标，扎实推动共同富裕取得实质性进展是"十四五"时期国家发展的重大主题之一。"全体人民共同富裕基本实现"是下一阶段共同富裕建设的阶段性目标，是新时代推进共同富裕的重要考核指标与重大政治任务。2021年6月10日，中共中央、国务院联合印发《关于支持浙江高质量发展建设共同富裕示范区的意见》(后文称《意见》)，通过实践探索、丰富共同富裕内涵，有利于浙江建设为推动建设共同富裕的省级示范区，推动共同富裕实质性进展进入一个新的阶段。

共同富裕范围广泛，实现共同富裕是一个长期存在且动态变化的问题，在不同生产力发展阶段以及历史时期下，实现共同富裕的重点与方式存在差异。这导致共同富裕测度较为复杂、困难，宏观层面共同富裕水平测度的研究较少，特别是在城市层面相关测度研究更为缺失，且在测度方式、方法、指标等方面未达成共识。本章尝试构建科学、合理、可行、有效的指标体系与测度方式,测度、把握城市层面共同富裕水平的发展水平与时空演化,为各地制定合理政策科学、有效地推进共同富裕提供一定参考。

第二节　文献综述

共同富裕是具体的、现实的,因此共同富裕水平可以通过构建指标进行测度、反映。共同富裕测度必须紧扣内涵以准确反映共同富裕核心概念的数据特征,而共同富裕内涵复杂、涉及广泛,因此指标体系构建以及测度方法选取存在困难。当前国内关于区域共同富裕测度相关研究较少,指标体系与测度方式也未达成统一,关于共同富裕的部分研究所使用的代理指标也难以完全、准确地反映共同富裕内涵。构建测度共同富裕指标体系,需要科学、准确地把握共同富裕内涵,选取衡量指标与测度方式,以便合理、有效地探究区域共同富裕发展水平与差异。

一、共同富裕的内涵

对于共同富裕内涵维度,学术界较为普遍地认为存在“共同”与“富裕”两个维度,而对于这两个维度各自实质内涵的理解存在较大差异。总体来看,对共同富裕内涵的理解包含两个层面:一是富裕的覆盖范围;二是共同的主体、实现程度和实现过程等方面。有的学者从生产力、生产关系以及价值追求的角度对共同与富裕的内涵进行阐述。马克思、恩格斯认为“共同富裕共同享受大家创造出来的福利”,包括物质财富与精神财富的总和,共同富裕是两极分化的对立面阐述(程恩富等,2012)。共同富裕是社会主义先进生产力与先进生产关系的有机组合(欧阳慧等,2022),“富裕”反映社会成员对财富的占有,是社会生产力的体现,而“共同”反映了对社会成员对社会财富的占有方式,是社会性质的体现(左鹏,2016)。宋小芳(2022)认为按劳分配思想与生产关系的讨论明确了共同富裕的目的、要求,即公有制、按劳分配保证平等参与生产、公平分配、避免财富代际传递以解决贫富两极分化,生产力极大发展后按需分配实现人的自由全面发展即富裕。邓小平同志提出:“贫穷不是社会主义,发展太慢也不是社会主义”,共同富裕是社会主义的本质特征,通过先富带动后富推动实现共同富裕,1992年南方谈话提出解放发展生产力并消灭两极分化以实现共同富裕。龚云(2012)对邓小平共同富裕理论进行了总结,认为其共同富裕与贫富悬殊根本对立,共同富裕过程上是追求富裕的机会平等与共同发展,结果上是全体人民的美好幸福生活。

有的学者通过讨论富裕与共同的内涵，提出对共同富裕的理解。共同富裕内涵理解存在两种认知：一是仅包含经济范畴的狭义理解；二是从经济领域拓展到社会、文化、政治、生态等多元范畴的广义理解（杨立雄，2022）。共同富裕内涵在不同层面也有不同表达，宏观层面的内涵是中国共产党领导全体人民追求美好生活的过程，中观层面是在不同经济发展阶段即时调整政府、企业、居民三者的财富分配，微观层面是居民个体物质、精神层面的富足（解安，2022）。对共同富裕外延的理解经历了由纯经济范畴，到物质、精神二维富裕论，再到“五位一体”的多维共同富裕（李金昌等，2022）。共同富裕是历史的、动态的概念（金正连，2022），在解决基本温饱问题后，共同富裕应关注经济增长之外的多维发展与富裕（袁艺等，2022），包括全体人民的、物质生活与精神生活的共同富裕（吕光明，2022）。李金昌和余卫（2022）认为共同富裕应当实现物质方面丰盈、生产生活资料充足，社会、文化、生态、政治等方面整体达到较高水平。进入“十四五”时期，“五位一体”的全面小康为共同富裕提供了切实的物质保障与强大的精神力量（徐佳辉，2022），共同富裕要达到政治、经济、社会、文化、生态多维富裕的全覆盖（黄祖辉等，2022）。总体而言，共同富裕的实质是全体人民共创共享日益美好的生活（刘培林等，2021）。《意见》对共同富裕的内涵进行了拓展：“全体人民通过辛勤劳动和相互帮助、普遍达到生活富裕富足、精神自信自强、环境宜居宜业、社会和谐和睦、公共服务普及普惠，实现人的全面发展和社会全面进步，共享改革发展成果和幸福美好生活。”而杨立雄（2022）则认为学术界对于共同富裕理解存在泛化的趋势，对共同富裕内涵的延伸并未强调收入、分配等关键性指标，共同富裕本质内涵的理解宜简不宜繁。

对于共同的理解学界主要存在几种观点：一是与两极分化相对，是生产关系的体现；二是共同富裕并非平均主义、同时富裕；三是共建共享是共同富裕的基础，体现机会平等，允许存在一定差异的共同富裕。受发展阶段的历史局限，共同富裕水平并非平均主义也不能做到同时富裕，因此多数学者认为共同富裕不是同时富裕。黄祖辉和张淑萍（2022）认为共同富裕主体上是大多数人富裕，方式上是渐进富裕而非同时富裕，关键是处理好效率与公平的关系。蒋永穆和豆小磊（2021）认为新时代共同富裕以全体人民为主体对象，反映社会成员对财富的共享度、机会公平等，共同在时间上非同步，空间上非同质，是允许一定差异的不落一人、东中西区域均衡的共同。吕光明和陈欣悦（2022）认为共同富裕应当考虑人的发展的平衡性、协调性、包容性而非平均主义。进入新时代，部分学者更强调共同富裕发展过程中共建共享的基础（刘培林等，2021；贾则琴等，2022），是“共建共享”“螺旋上升”的过程(李金昌等,2022),强调激发人民群众创新创业创造的积极性。胡鞍钢和周邵杰(2022)认为共同富裕是全体人民各尽所能、共同发展、共同创造、各得其所、和谐共享改革发展成果与美好生活,倡导和激励全体人民劳动、创新、创业。《中共中央 国务院关于支持浙江高质量发展建设共同富裕示范区的意见》强调了实现共同富裕的方式是奋斗与共建,实现的是物质、精神、社会等多元富裕,最终目的是实现人的全面发展,共享发展成果与幸福美好生活。有的学者认为共同富裕也要体现机会平等并允许存在一定差异。共同富裕应矫正制度导致的不平等,实现机会平等、考虑代际公平并共享发展结果(陈丽君等,2021),允许存在一定差异以为人民群众提供追求社会贡献的激励(李金昌等,2022)。金正连(2022)认为共同富裕是历史的、动态的概念,具有相对性、长期性的特征,承认差别是共同富裕蕴含的一个特色与内容。总的来说,对共同的理解具有两个层面的理解,一是结果上对全体人民、允许合理差异、均衡协调的富裕;二是过程上各尽所能、共建共享、机会平等并渐进的共同富裕。

二、共同富裕的测度

关于共同富裕测度方式,学界相关研究数量较少,对于共同富裕衡量方式、标准与指标体系也未达成共识。多数学者基于“共同”“富裕”的内涵明确了共同富裕水平的评价标准,制定了相关指标体系以及评价测度方式。总体上对共同富裕测度主要存在三种方式:一是通过人均收入、GDP 等单一指标评价共同富裕水平;二是通过基尼系数、城乡收入比等合成指标评价共同富裕;三是基于共同富裕内涵构建共同富裕各维度多指标综合评价体系。

在宏观层面的共同富裕单指标测度研究中,主要使用人均 GDP(覃成林,2017)、人均收入(苏红键,2022)等作为富裕的代理指标,搭配收敛模型以研究共同富裕进程及原因。有的学者从共同与富裕两方面设置合成指标进行测算,分别反映收入结构与收入水平(杨立雄,2022)。共同维度通常考虑收入、财富分配结构(程恩富等,2012),可以使用收入基尼系数、财富基尼系数衡量(金正连,2022),富裕维度则与财富水平相关联,使用恩格尔系数、人均国民收入(金正连,2022)。多数针对宏观层面共同富裕测度的文献,均使用基于共同富裕内涵提出的测度指标体系,以进行多指标综合评价。宋娜(2022)认为共同富裕提高来源于社会系统的结构优化、层次提升与整体状态升级,选取中等收入群体收入水平、中等收入群体比重与居民收入差异三个维度构建共同富裕指数。陈丽君等(2021)从发展性、共享性、可持续性等角度测度了共同富裕指数。刘培林等(2021)从共同与富裕两个角度构建指标体系，使用人均收入、财富以及劳动生产率的相对水平衡量富裕水平，使用人群差异、区域差异以及城乡差异衡量共同水平。有的学者认为应结合2035年远景目标构建共同富裕测度指标体系。吕光明和陈欣悦（2021）借鉴IHDI的做法，基于2035年阶段目标，从收入富裕水平实现、其他富裕收入水平匹配以及收入共享程度、公共服务共享程度的角度测度共同富裕实现程度。胡鞍钢和周邵杰（2022）对标《建议》提出的主要政策目标设计指标体系，构建了包括生产力指标、发展机会指标、收入差距指标、发展保障指标、人民福利指标的共同富裕测度指标体系。解安和侯启缘（2022）以2035年与2050年作为共同富裕发展的重要节点实现目标为基础，构建了囊括就业与收入、社会福利、生活质量、健康状况以及人力资本等维度的共同富裕指标体系。李金昌（2022）构建了包含经济、发展、精神、美丽、和谐等指标在内的过程指标体系，以及共享性、富裕度、可持续性在内的结果指标的共同富裕指数，并以浙江为例进行了测算。

总体而言，学界对共同富裕水平内涵理解在存在"共同"和"富裕"两个维度达成基本共识，但各要素具体内涵的理解具有差异，关于共同富裕测度的相关研究数量仍存在不足，测度指标体系与测度方式也未达成共识。对"富裕"的理解存在不断推广、泛化的趋势，"共同富裕"从摆脱经济贫困的经济范畴不断深化拓展至囊括经济、政治、文化、社会、生态等多元富裕。共同富裕内涵向多维度不断拓展，但经济发展水平是共同富裕最核心、最关键的维度，生产力决定生产关系，经济水平的高低决定了公共服务、精神生活以及社会发展等其他维度。共同富裕在政治、文化、政治以及生态等维度的发展水平也与经济发展水平密切相关，不同经济发展水平下呈现出不同的阶段性特点。复杂、宽泛的指标体系设计在统计测度时可能会掩盖富裕关于生产力发展水平的最本质属性，从而导致共同富裕测度偏误。因此本章从共同富裕最朴素、本质的内涵出发，结合我国社会主义初级阶段现实国情以及社会主义本质特征的要求，尝试测度城市共同富裕水平指数。

第三节　城市共同富裕水平的统计测度

一、指标体系构建的理论与选择

科学理解共同富裕标准和内涵，是准确、合理地构建共同富裕测度的指标体系的前提。共同富裕的目的是要实现全体人民生活富裕以及自由而全面的发展，"富裕"在于满足个人全面、自由的发展的需求，"共同"的重点在于全体人民的主体性，即不落一人的共同富裕。这是共同富裕的最高理想，也是评价共同富裕实现程度的最高标准。确定共同富裕的评价标准，应当区分共同富裕发展的过程性特点，避免将其与共同富裕内涵混淆。欧阳慧等(2022)认为以人为本的共同富裕应把人民的主观感受作为衡量成败的核心标准。实现全体人民生活最直接、最现实领域的普遍富裕，才能实现共同富裕的实质性推进。在此之下，对共同富裕测度应当以人的共同富裕为中心，把握人民生活层面"富裕"与"共同"的本质要素，而非泛化共同富裕的理解，稀释人民生活在共同富裕水平测度中的比重，导致产生测度地区总体"经济发展水平"的偏误。因此，对城市共同富裕的测度，需要遵循以人为中心的原则，从"共同"与"富裕"两个维度来构建测度的指标体系。

以人为中心的共同富裕，一般认为应包括就业、收入、教育、健康、养老等多元的富裕，并实现全体人民生活富裕与全面发展。但是，收入水平是共同富裕最核心、最重要的维度，与生产力的发展密切相关。李金昌和余卫(2022)认为富裕即高质量发展取得实际成效，GDP 含金量提升并有效转化为居民收入。收入水平为其他维度富裕发展，提供了物质基础并决定了其发展水平，精神、文化、生态、社会等富裕维度均与收入水平密切关联。收入差距、发展程度差别、基本公共服务差距等中最重要的是收入差距(李实，2022)。解决经济贫困是改善多元贫困的首要因素，改善多元富裕必须要提高生产力水平、物质生活条件，进而提高精神、文化等维度的富裕水平。因此，测度共同富裕必须把握收入水平置于最为核心的地位。此外，测度城市层面共同富裕水平，必须考虑测度的可行性与数据的有效性。城市层面数据相对省级、国家层面较少，指标选取越多越难保证数据质量及可信度，因而也需要精简指标体系维度以保证城市共同富裕测度的准确性、有效性。

测度共同富裕的"富裕"水平关键，在于科学衡量人民群众收入的水平高低，收入水平存在绝对收入以及相对水平两个维度，而收入分配格局反映了富裕的共同性。共同富裕并非均等富裕、平均主义，共建才能共享。需要注意的是，收入分配格局也并非强调平均主义，而是强调收入分配格局的合理性。鉴于我国社会主义初级阶段的基本国情，存在收入差距较大，社会保障水平相对较低，中等收入群体较小，城乡、地区发展水平差异较大等问题。吕德文和黄垚(2022)认为农民共享发展成果对共同富裕至关重要，收入水平的提升靠农民辛勤劳动奋斗出来的，通过劳动参与社会分配符合基本价值理念。在社会主义初级阶段基本国情下，提高低收入者收入，扩大中等收入群体，提高劳动报酬的分配比重，符合共建共享的精神内涵，改善收入分配格局与减少收入差异具有一致性。因此，共同水平的测度标准即考察是否降低收入差距，弥合发展的不平衡、不均衡性。

以城市为对象测度共同富裕水平，从富裕维度看其存在绝对收入与相对收入两个方面，共同维度包含了区域内差异和城乡差异等。区域内差异衡量了城市内各县市区之间富裕水平的不均衡性，城乡差异则体现了城市与农村间的收入分配格局。基于以人为中心的共同富裕理解，把握共同富裕内涵的核心特征，结合科学性、有效性、可操作性等原则，同时考虑城市层面数据可得性，构建了包含富裕水平、共同水平两方面的共同富裕指标体系，具体如表 5.1 所示。

表 5.1　共同富裕测度指标体系

一级指标	二级指标	具体指标	指标性质
富裕水平	绝对收入	人均可支配收入	正向
	相对收入	$\frac{\text{人均可支配收入}}{\text{全国人均可支配收入}}$	正向
共同水平	城乡差异	城乡人均可支配收入泰尔 T 指数	负向
	区域差异	各县市区 DN 均值的泰尔 T 指数	负向

在具体评价指标选取方面：(1)绝对收入水平可用该城市的人均可支配收入表示，相对收入使用同期全国人均可支配收入之比表示；(2)收入分配格局刻画的常用方法包括泰尔指数、基尼系数等，这里统一使用城乡人均可支配收入、城市内各区域人均可支配收入泰尔指数度量城乡差异和区域差异，以保证结果的可比性。由于城市内各县市区人均可支配收入数据缺失严重，使用对应的夜间灯光数据作为收入的代理指标。夜间灯光数据在度量地区发展差异、收入差异等方面取得广泛的应用（周申等，2022），具有客观性、全面反映经济活动、不受如物价变量波动的影响等优点（王贤彬，2018），能够较为真实地反映地区间生存水平差异。使用城市区县卫星灯光亮度值的泰尔 T 指数，对城市区域内发展不平衡进行测度。

二、数据来源和评价方法

城市人均可支配收入、城乡人均可支配收入、城乡常住人口数据来源于各市统计年鉴、统计公报以及人口普查公报，各县市区灯光亮度 DN 均值来源于 CNRDS 数据库，县市区人口数据来源于 CNRDS 数据库以及 CEIC 数据库。针对某些指标在特定年份缺失问题，采取插值法进行推算填补。最终得到 2013—2020 年 279 个地级及以上城市平衡面板数据。

三、研究方法

本节采取泰尔指数构造城乡差异与区域差异，使用熵权法确定各项子指标权重以测度富裕水平指数、共同水平指数，参考 IHDI 的构造方法对两个指数取几何平均值测度共同富裕指数。具体处理步骤如下：

（一）泰尔指数

泰尔指数计算公式如下：

$$Theil_i = \sum_j y_{ij} \log\left(\frac{y_{ij}}{p_{ij}}\right) \tag{5.1}$$

$$y_{ij} = \frac{Y_{ij}}{\sum_j Y_{ij}} \tag{5.2}$$

$$p_{ij} = \frac{P_{ij}}{\sum_j P_{ij}} \tag{5.3}$$

其中，$Theil_i$ 表示城市 i 的对指标 Y 的泰尔指数，j 表示城市 i 的 j 区域，城乡差异度量中表示城市与乡村，区域差异中则表示县市区，Y_{ij} 表示城市 i 区域 j 的指标 Y 取值，y_{ij} 表示区域 j 占所处城市 i 中 Y 指标比重，P_{ij} 表示城市 i 区域 j 的人口数，p_{ij} 表示区域 j 占所处城市 i 中人口比重。记城市 i 在第 t 年城乡差异泰尔指数为 $T_{it,u}$，区域差异泰尔指数为 $T_{it,r}$。

（二）熵权法确定权重

熵权法是一种客观赋权法，基于变量指标的变异性对各指标赋予相应权重，指标熵值越大变异程度越大，相应的权重越大，避免了主观因素对权重的影响。因此本章选取熵权法确定共同富裕指标体系各自权重，具体计算步骤如下：

1. 变量标准化

为了消除变量量纲差异导致变量指标不可比问题，需要对原始数据进行标准化处理以消除量纲，使用极差法对各项指标进行标准化，计算公式如下：

若指标 $X_{ij,k}$ 为正向指标，其标准化公式为：

$$x_{ij,k} = \frac{X_{ij,k} - \min(X_{ij,k})}{\max(X_{ij,k}) - \min(X_{ij,k})} \tag{5.4}$$

若指标 $X_{ij,k}$ 为负向指标，其标准化公式为：

$$x_{ij,k}=\frac{\max(X_{ij,k})-X_{ij,k}}{\max(X_{ij,k})-\min(X_{ij,k})} \tag{5.5}$$

其中，$X_{ij,k}$ 表示城市 i 在 j 年的第 k 个指标的原始观测值，$x_{ij,k}$ 为标准化后无量纲值。为避免 $x_{ij,k}$ 取值为 0 影响信息熵计算，对 0 取值 $x_{ij,k}$ 用 0.001 作为替换。

2. 计算信息熵

基于标准化后的 $x_{ij,k}$，计算各指标的信息熵。设 $p_{ij,k}$ 为城市 i 在 j 年时占指标 k 的权重即其发生概率，指标 k 的信息熵为 e_k，信息效用值为 g_k，n 为样本容量，计算公式如下：

$$p_{ij,k}=\frac{x_{ij,k}}{\sum_{i,j}x_{ij,k}} \tag{5.6}$$

$$e_k=-\frac{1}{\ln\ n}\sum_{ij}p_{ij,k}\ln p_{ij,k} \tag{5.7}$$

$$g_k=1-e_k \tag{5.8}$$

设指标 k 的权重为 w_k，则有

$$w_k=\frac{g_k}{\sum_k g_k} \tag{5.9}$$

（三）共同富裕指标测度

设城市 i 在第 t 年富裕水平指数为 W_{it}，w_k 为各指标权重，标准化后绝对收入为 $y_{it,1}$，相对收入为 $y_{it,2}$，则共同水平指数为 C_{it}，则 $C_{it}=w_{Tu}\times T_{it,u}+w_{Tr}\times T_{it,r}$，$W_{it}=w_{y_1}\times y_{it,1}+w_{y_2}\times y_{it,2}$。参考 IHDI 构造与吕光明和陈欣悦(2022)的做法，构建共同富裕指数 $D=\sqrt{C_{it}}\times W_{it}$。

四、城市共同富裕测算结果

基于上述方法计算 279 个地级及以上城市 2013—2020 年共同富裕指数以及共同、富裕两个维度指数，其各年份均值如表 5.2 所示。总体来看，全国共同富裕水平呈平稳上升趋势，由 2013 年的 0.38 上升至 2020 年的 0.49，年均增长率为 3.37%。富裕水平与共同水平逐年提高，各年度共同水平总体大于富裕水平，从增长速度来看，富裕水平的平均增长率为 4.92%，高于共同水平的平均增长率 1.59%。

表 5.2 按年度共同富裕及各维度水平测算均值

年份	共同富裕	共同水平	富裕水平
2013	0.383	0.6964	0.2231
2014	0.3987	0.7239	0.2313
2015	0.4143	0.729	0.2468
2016	0.4295	0.7357	0.2619
2017	0.4464	0.7504	0.2770
2018	0.4634	0.7591	0.2945
2019	0.4822	0.7700	0.3137
2020	0.4993	0.7901	0.3275

第六章　中国城市共同富裕水平测算结果与时空演变分析

第一节　总体测算结果与基本分析

一、总体测算结果

基于上数指标体系与测算方法，测算了中国279个地级及以上城市自2013—2020年的共同富裕及其各维度指数，共同富裕及其各维度各年均值变化如图6.1所示。结果显示，共同富裕及其各维度总体上呈逐年上升的趋势。其中，共同水平高于富裕水平，其平均分别达到0.7443以及0.2719，共同富裕处于两者之间，平均值为0.4396。富裕水平增长速度更快，年均增长率达5.63%，高于共同水平的年均增长率1.82%，共同富裕增长率处于二者之间为3.86%。

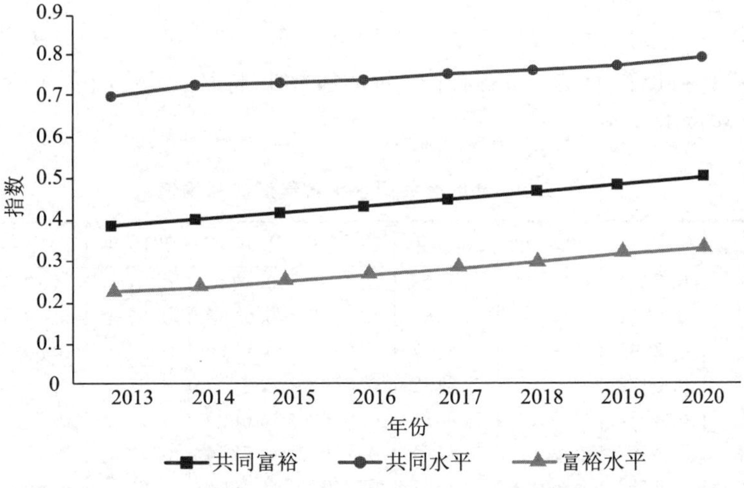

图6.1　按年度共同富裕及各维度水平测算均值

基于《地区协调发展的战略和政策》所划分的八大经济区，对各地区共同富裕水平求均值，结果如表 6.1 所示。根据测算结果，中国共同富裕水平空间分布具有以下几个特征：一是以东部沿海地区（主要以江苏、浙江）为中心，向西部地区辐射并随之递减，具有明显的阶梯状特征；二是研究期间内，共同富裕水平空间分布变化不大，变化多为共同富裕水平的局部有限调整。具体而言，东部沿海地区共同富裕水平最高，研究期间内平均达到 0.6482，南部沿海地区（由于海南、台湾数据缺失，仅包括广东、福建两省）以及北部沿海地区次之，分别为 0.5012 与 0.4713，低于东部地区 0.1 以上。大西南与大西北地区最低，研究期间内均值分别为 0.3655 和 0.3508，低于东部地区 0.3 左右。

表 6.1　分地区共同富裕水平各年度测算均值

区域	2013 年	2014 年	2015 年	2016 年	2017 年	2018 年	2019 年	2020 年
东北	0.4045	0.4132	0.4202	0.4270	0.4379	0.4478	0.4615	0.4750
北部	0.4124	0.4257	0.4436	0.4617	0.4815	0.4984	0.5157	0.5318
东部	0.5814	0.6007	0.6180	0.6367	0.6572	0.6769	0.6985	0.7164
南部	0.4573	0.4593	0.4741	0.4900	0.5077	0.5237	0.5408	0.5567
黄河中游	0.3470	0.3614	0.3752	0.3907	0.3985	0.4155	0.4345	0.4515
长江中游	0.3750	0.3934	0.4086	0.4225	0.4424	0.4608	0.4809	0.4952
大西南	0.2972	0.3194	0.3367	0.3536	0.3743	0.3933	0.4142	0.4355
大西北	0.2726	0.2978	0.3242	0.3420	0.3630	0.3818	0.4012	0.4239

二、共同富裕分维度特征

共同指数与富裕指数分区域各年度均值表 6.2 和表 6.3 所示，共同水平与富裕水平同样存在以高点为中心向外放射的阶梯状特征，而共同水平存在三个中心，富裕水平仅有一个。

表 6.2　分地区共同水平各年度测算均值

区域	2013 年	2014 年	2015 年	2016 年	2017 年	2018 年	2019 年	2020 年
东北	0.7627	0.7994	0.7923	0.7995	0.8113	0.8169	0.8275	0.8484
北部	0.6801	0.7342	0.7461	0.7525	0.7658	0.7730	0.7839	0.8016
东部	0.8291	0.8395	0.8437	0.8498	0.8588	0.8626	0.8695	0.8815
南部	0.7632	0.8144	0.8182	0.8193	0.8339	0.8396	0.8455	0.8605
黄河中游	0.6257	0.6521	0.6575	0.6742	0.6899	0.7022	0.7188	0.7443
长江中游	0.7387	0.7509	0.7561	0.7565	0.7706	0.7779	0.7847	0.8003
大西南	0.6018	0.6289	0.6391	0.6475	0.6658	0.6791	0.6923	0.7178
大西北	0.6375	0.6433	0.6492	0.6528	0.6715	0.6822	0.6969	0.7223

首先,共同水平存在长三角地区、珠三角地区以及哈尔滨部分地区等三个中心地区,并向外不断辐射递减。东部、南部沿海地区、东北地区较高,研究期间内均值都达到 0.8 以上。北部沿海地区次之为 0.75,大西北地区与大西南地区共同水平最低在 0.66 附近。其次,富裕水平仅存在长三角一个中心地区,并具有较为明显的放射状阶梯分布特征。东部沿海地区最高,研究期间内平均值达 0.5 以上,南部与北部沿海地区次之,但与东部沿海地区存在 0.18 左右的较大差距,大西北、大西南地区仍最低为 0.2 左右。

表 6.3　分地区富裕水平各年度测算均值

区域	2013 年	2014 年	2015 年	2016 年	2017 年	2018 年	2019 年	2020 年
东北	0.2230	0.2230	0.2320	0.2375	0.2455	0.2550	0.2667	0.2746
北部	0.2621	0.2606	0.2775	0.2969	0.3163	0.3348	0.3525	0.3659
东部	0.4222	0.4443	0.4667	0.4912	0.5172	0.5459	0.5760	0.5974
南部	0.2930	0.2762	0.2918	0.3100	0.3273	0.3456	0.3656	0.3800
黄河中游	0.1990	0.2063	0.2198	0.2317	0.2360	0.2515	0.2680	0.2791
长江中游	0.1964	0.2120	0.2266	0.2415	0.2594	0.2784	0.3001	0.3121
大西南	0.1519	0.1666	0.1814	0.1968	0.2138	0.2309	0.2508	0.2675
大西北	0.1249	0.1455	0.1691	0.1857	0.2023	0.2196	0.2367	0.2542

三、共同富裕分区域特征

为探究地区共同富裕发展动态与空间分布,将 279 个城市划分为东、中、西以及东北四个区域,计算各地区共同富裕及其各维度均值与平均增速如表 6.4 所示。

首先,东部地区共同富裕水平均值最高,达 0.5341,东北地区、中部地区次之,西部地区共同富裕水平最低,为 0.3753。分维度看,东部地区与东北地区共同水平最高,分别达到 0.8083 和 0.8072,西部地区共同水平最低,为 0.6658。富裕水平区域特征与共同富裕水平区域特征类似,东部地区远高于其他地区,达 0.3727,东北地区与中部地区富裕水平相似,均为 0.24 左右,西部地区富裕水平最低,仅为 0.2181。

其次,共同富裕及其各维度整体呈现“水平越低增长越快”的追赶趋势。在共同富裕维度下,西部地区共同富裕水平较低,但西部地区、中部地区增长速度最快,分别为 4.13%和 4.13%,增长速度均高于东部地区与东北地区。从共同水平来看,西部地区的增长速度也高于其他更加发达的地区,达 2.43%,而富裕水平维度与共同富裕维度类似，中西部地区增长速度超过均超过 6%，均高于东部地区与东北地区。但是东北地区各维度增长速度相对较低，东北地区共同富裕水平与全国水平相对接近，但增长速度低于全国水平 1.52%，在富裕维度上存在相似特征，低于富裕水平相近的中部地区 3.75%。而中部地区在共同水平上具有异质性，尽管其共同水平低于东部地区与东北地区，但增长速度为各地区最低，共同水平提升相对迟滞。

表 6.4　分地区共同富裕及各维度均值及平均增速

区域	共同富裕		共同水平		富裕水平	
	平均值	增长速度	平均值	增长速度	平均值	增长速度
全国	0.4396	3.86%	0.7443	1.82%	0.2720	5.63%
东部地区	0.5341	3.18%	0.8083	1.67%	0.3727	4.62%
中部地区	0.4209	4.13%	0.7505	1.39%	0.2421	6.77%
西部地区	0.3753	5.08%	0.6658	2.43%	0.2181	7.26%
东北地区	0.4359	2.32%	0.8072	1.53%	0.2447	3.02%

第二节　城市共同富裕水平时空演化分析

一、共同富裕空间聚集效应

相邻城市经济发展联系密切，共同富裕可能存在空间聚集性。采用全局莫兰指数对 2013—2020 年城市共同富裕进行空间自相关检验，全局莫兰指数表达式为：

$$I=\frac{\sum_{i}\sum_{j}W_{ij}(X_i-\bar{X})(X_i-\bar{X})}{S^2\sum_{i}\sum_{j}W_{ij}} \tag{6.1}$$

其中，X_i 和 X_j 分别表示城市 i 和城市 j 的共同富裕水平；S^2 表示各城市之间共同富裕水平的方差，$\bar{X}$ 为城市层面均值；W_{ij} 表示空间权重矩阵元素。本章使用 Stata 16 软件计算莫兰指数，空间权重矩阵使用基于欧氏距离的反距离空间权重矩阵。2013—2020 年城市共同富裕全局莫兰指数如表 6.5 所示。

结果表明，研究期间内城市共同富裕及其各维度莫兰指数处于 0.11 以上，在 0.01 的水平上显著，总体呈平稳波动趋势。说明共同富裕水平及其存在空间正自相关，共同富裕具有显著的空间聚集性，即倾向于高水平共同富裕城市相互聚集以及低共同富裕水平城市相互聚集。

表 6.5　共同富裕及各维度全局 Moran's I 指数

水平	2013 年	2014 年	2015 年	2016 年	2017 年	2018 年	2019 年	2020 年
共同富裕	0.125***	0.126***	0.124***	0.123***	0.126***	0.125***	0.125***	0.128***
共同水平	0.114***	0.128***	0.122***	0.118***	0.123***	0.121***	0.121***	0.125***
富裕水平	0.110***	0.112***	0.110***	0.111***	0.114***	0.115***	0.116***	0.120***

注：*、**、*** 分别表示 10%、5%、1%的水平上显著。

为探究具体城市的空间聚集关系，使用局部莫兰指数对城市的共同富裕水平的高低聚类进行检验，局部莫兰指数公式如下：

$$I_i = \frac{(X_i - \bar{X}) \sum_{i \neq j} W_{ij}(X_j - \bar{X})}{S^2} \tag{6.2}$$

其中，I_i 为局部莫兰指数，局部莫兰指数大于 0 表示城市共同富裕水平与其周围城市具有正空间相关，小于 0 则表示具有负自相关。若 $X_i - \bar{X} > 0$，$\sum_{i \neq j} W_{ij}(X_j - \bar{X}) > 0$ 则表示高—高聚类，若都小于 0 则表示低—低聚类，高—低、低—高聚类以此类推。计算主要年份局部莫兰指数，选取在 0.05 显著性水平下显著的城市，2014 年与 2020 年城市聚集类型如表 6.6 所示。城市共同富裕水平存在三个较为明显的高—高聚集区，即江苏、浙江等东部沿海地区，广州、深圳、珠海等地区，以及烟台、威海等胶东地区城市。大西南、大西北以及黄河中游等部分地区存在明显的低—低聚集区，并存在零星共同富裕水平较高的城市。

表 6.6　2014 年和 2020 年各聚集类型城市分布

聚集类型	2014 年	2020 年
高—高	上海、合肥、芜湖、铜陵、马鞍山、东营、威海、淄博、潍坊、烟台、青岛、佛山、广州、惠州、深圳、珠海、南京、南通、常州、扬州、无锡、泰州、盐城、苏州、镇江、南昌、丽水、台州、嘉兴、宁波、杭州、温州、湖州、绍兴、衢州、金华、厦门、泉州、福州、莆田、大连、沈阳	上海、合肥、宣城、芜湖、马鞍山、东营、威海、淄博、潍坊、烟台、青岛、佛山、广州、惠州、深圳、珠海、南京、南通、常州、扬州、无锡、泰州、淮安、盐城、苏州、镇江、南昌、丽水、台州、嘉兴、宁波、杭州、温州、湖州、绍兴、衢州、金华、厦门、泉州、福州

续表

聚集类型	2014 年	2020 年
高—低	昆明、乌海、包头、鄂尔多斯、成都、攀枝花、太原、郑州、金昌、贵阳、西安	昆明、乌海、包头、鄂尔多斯、成都、攀枝花、太原、乌鲁木齐、郑州、兰州、金昌、贵阳、西安
低—高	六安、安庆、滁州、河源、上饶、赣州、承德	河源、赣州
低—低	临沧、丽江、保山、昭通、普洱、南充、巴中、广元、广安、达州、雅安、中卫、吴忠、固原、临汾、吕梁、运城、崇左、来宾、河池、百色、十堰、张家界、怀化、邵阳、天水、平凉、庆阳、张掖、武威、白银、陇南、山南、拉萨、六盘水、安顺、毕节、遵义、铜仁、咸阳、商洛、安康、宝鸡、汉中、渭南、海东	临沧、丽江、保山、昭通、普洱、南充、巴中、广元、达州、中卫、吴忠、固原、临汾、吕梁、运城、崇左、河池、百色、周口、十堰、张家界、怀化、天水、平凉、庆阳、张掖、武威、白银、陇南、山南、六盘水、安顺、毕节、遵义、铜仁、咸阳、商洛、安康、宝鸡、延安、汉中、渭南、铜川、海东

二、城市共同富裕水平绝对收敛性分析

（一）收敛性检验模型

共同富裕存在显著的区域差异，要求实现全体人民的普遍富裕，共同富裕是否存在趋同趋势则尤为重要。本章使用 σ 收敛与 β 收敛模型检验城市共同富裕水平是否存在低追高的收敛态势。σ 收敛是常用的收敛模型，其计算各年共同富裕离差来探究共同富裕变异程度的变动趋势，离差具有逐年降低的趋势则存在 σ 收敛。β 收敛用于验证低共同富裕水平城市是否具有更高的共同富裕增长速度以追赶高共同富裕水平城市，使城市间共同富裕水平差距缩小进而收敛于同一稳态水平。绝对 β 收敛模型设定如下：

$$\log\left(\frac{D_{it}}{D_{i,t-1}}\right)=\alpha+\beta\log(D_{i,t-1})+\mu_i+\lambda_t+\varepsilon_{it} \tag{6.3}$$

其中，$\log(D_{it}/D_{i,t-1})$ 表示城市 i 在时间 t 时的共同富裕水平增长率，$\log(D_{i,t-1})$ 是城市 i 在时间 $t-1$ 时共同富水平的对数，α 为截距项，μ_i 为个体固定效应，λ_t 为时间固定效应，ε_{it} 为随机扰动项。β 是收敛性分析中重点关注的系数，β 为负时表明存在 β 收敛，收敛速度为 $-\log(1+\beta)/T$，即 β 越小收敛速度越快。

为了消除共同富裕水平的空间相关性所导致的 β 的估计偏误，参考李福柱等(2022)的做法，将空间相关性纳入 β 收敛模型，根据空间相关类型的差异，建立空间滞后模型(SLM)、空间误差模型(SEM)以及空间杜宾模型(SDM)，模型设定如下：

$$\log\left(\frac{D_{it}}{D_{i,t-1}}\right)=\alpha+\beta\log(D_{i,t-1})+\rho\sum_{j=1}^{n}w_{ij}\log\left(\frac{D_{jt}}{D_{j,t-1}}\right)+\mu_i+\lambda_t+\varepsilon_{it} \quad (6.4)$$

$$\log\left(\frac{D_{it}}{D_{i,t-1}}\right)=\alpha+\beta\log(D_{i,t-1})+\mu_i+\lambda_t+u_{it}\ u_{it}=\lambda\sum_{j=1}^{n}u_{jt}+\varepsilon_{it} \quad (6.5)$$

$$\log\left(\frac{D_{it}}{D_{i,t-1}}\right)=\alpha+\beta\log(D_{i,t-1})+\gamma\sum_{j=1}^{n}w_{ij}\log(D_{j,t-1})$$

$$+\rho\sum_{j=1}^{n}w_{ij}\log\left(\frac{D_{jt}}{D_{j,t-1}}\right)+\mu_i+\lambda_t+\varepsilon_i t \quad (6.6)$$

关于具体模型类型选择则使用 LM、稳健 LM 检验进行确定。为了探究城市共同富裕收敛速度的动态变化，在考虑空间相关性的 β 绝对收敛模型基础上引入变系数模型以显示其收敛速度变动。具体模型设定如下：

$$\log\left(\frac{D_{it}}{D_{i,t-1}}\right)=\alpha+\beta\log(D_{i,t-1})+\sum_{\tau=T_2}^{T_k}\gamma_\tau I(t\geqslant\tau)\log(D_{i,t-1})$$

$$+\rho\sum_{j=1}^{n}w_{ij}\log\left(\frac{D_{jt}}{D_{j,t-1}}\right)+\mu_i+\lambda_t+\varepsilon_{it} \quad (6.7)$$

$$\log\left(\frac{D_{it}}{D_{i,t-1}}\right)=\alpha+\beta\log(D_{i,t-1})+\sum_{\tau=T_2}^{T_k}\gamma_\tau I(t\geqslant\tau)\log(D_{i,t-1})$$

$$+\mu_i+\lambda_t+u_{it}\ u_{it}=\lambda\sum_{j=1}^{n}u_{jt}+\varepsilon_{it} \quad (6.8)$$

$$\log\left(\frac{D_{it}}{D_{i,t-1}}\right)=\alpha+\beta\log(D_{i,t-1})+\sum_{\tau=T_2}^{T_k}\gamma_\tau I(t\geqslant\tau)\log(D_{i,t-1})$$

$$+\gamma\sum_{j=1}^{n}w_{ij}\log(D_{j,t-1})+\rho\sum_{j=1}^{n}w_{ij}\log\left(\frac{D_{jt}}{D_{j,t-1}}\right)+\mu_i+\lambda_t+$$

$$\varepsilon_{it} \quad (6.9)$$

其中，当时间 $t\geqslant\tau$ 时，$I(t\geqslant\tau)=1$，否则为 0，因此 γ_τ 为当时间为 τ 时相对于上个时刻收敛速度变动量，时间 τ 时的有关收敛速度的系数 $\beta_\tau=\beta+\sum_{\tau=T_2}^{T_k}\gamma_\tau I(t\geqslant\tau)$，收敛速度为 $-\log(1+\beta_\tau)/T$。

（二）收敛性总体分析

中国2013—2020年279个城市σ收敛检验如表6.7所示。首先，共同富裕及其各维度变异系数逐年降低，均存在σ收敛的趋势。共同富裕水平变异系数由2013年的0.3506下降到2020年的0.2584，存在显著的下降趋势。其次，共同水平变异系数最小，富裕水平变异系数最大，即城市间共同水平高低差异小于富裕水平差异。共同水平变异系数均小于0.2，而富裕水平变异系数于2020年降到最低点，但仍超过0.47。

再者，共同富裕水平变异系数降低速度具有U型特征，共同水平变系数降低速率较高，整体上呈现W型特征。从共同水平来看，研究初期变异系数下降较快，2014年较2013年下降了11.2%。在2014、2015年收敛速度有所下降，年均下降3%左右，2015年提出脱贫攻坚后于2016到2017年收敛速度提升至7.1%。2018年后收敛速度有所下降约为5%，但仍存在缓慢上升趋势，在2020年脱贫攻坚、决胜全面建成小康社会关键年收敛速度存在显著提高，达8.9%。从富裕水平来看，变异系数在研究初期年均下降4%，此后迅速下降并于2017年达到最低为2.2%。2017年后收敛速度缓慢上升至3%左右，但仍低于早期水平。

表6.7　共同富裕及各维度σ收敛检验

水平	2013年	2014年	2015年	2016年	2017年	2018年	2019年	2020年
共同富裕	0.3506	0.3251	0.3101	0.3002	0.2898	0.2806	0.2702	0.2584
共同水平	0.1899	0.1686	0.1631	0.1579	0.1467	0.1400	0.1325	0.1207
富裕水平	0.5976	0.5682	0.5433	0.5278	0.5164	0.5036	0.4880	0.4747

β绝对收敛检验空间权重矩阵继续使用基于欧氏距离的反距离空间权重矩阵，检验结果如表6.8所示。结果显示：第一，从全国来看共同富裕水平及其各维度均在0.01的显著性水平下存在绝对收敛，全国收敛速度为0.0899，即共同富裕水平较低的地区拥有更快的增长率，并趋向于相同的共同富裕水平。第二，共同富裕水平、富裕水平收敛速度相对接近，而共同水平收敛速度最快达0.1397，与σ收敛检验结果相一致。可以看出，城市间共同水平差异相对较小，收敛速度较快，而城市间富裕水平差异大且相对于共同水平差异而言弥合相对缓慢，缩小城市间共同富裕差异主要问题在于如何缩小城市富裕水平差异与加速收敛。第三，共同富裕及其各维度的λ显著为正，说明共同富裕及其各维度均具有显著的空间外溢效应，能够提高城市共同富裕水平绝对收敛速度。

表 6.8　共同富裕及各维度 β 绝对收敛检验

指标	共同富裕	共同水平	富裕水平
模型类型	SEM	SEM	SEM
β	−0.513*** (−7.206)	−0.673*** (−10.959)	−0.523*** (−7.934)
λ	2.610*** (172.264)	0.846*** (26.138)	0.901*** (44.729)
观测值个数	1953	1953	1953
LM-error	194.988***	1060.449***	442.258***
R-LM-error	204.838***	499.798***	375.033***
LM-lag	14.697***	565.312***	90.836***
R-LM-lag	24.548***	4.660**	23.610***
R-squared	0.297	0.163	0.234
个体 FE	YES	YES	YES
时间 FE	YES	YES	YES

注：*、**、*** 分别表示 10%、5%、1%的水平上显著，t 检验使用城市层面聚类稳健标准误。

共同富裕水平存在明显的区域聚集性，区域内城市共同富裕水平关联较大。区域内收敛速度大小说明区域内各地区共同富裕发展收敛于各自稳态的速度，收敛速度越快区域共同富裕提升同步性、均衡性越高，收敛速度越低越容易导致区

表 6.9　区域内共同富裕 β 绝对收敛检验

区域	东北	北部	东部	南部	黄河中游	长江中游	大西南	大西北
模型类型	SEM	SEM	SEM	SEM	SEM	SEM	SEM	OLS
β	−0.739*** (−5.765)	−0.149*** (−2.931)	−0.302*** (−6.208)	−0.619*** (−5.262)	−0.627*** (−2.920)	−0.185*** (−3.072)	−0.435*** (−3.763)	−0.579*** (−8.513)
λ	0.145 (0.881)	−0.197 (−0.562)	0.104 (0.528)	−0.064 (−0.235)	0.239 (0.992)	0.626*** (5.019)	−0.499 (−1.259)	
观测值个数	224	203	168	196	329	364	322	147
LM-error	14.701***	14.569***	10.225***	39.903***	208.983***	58.890***	13.557***	0.019
R-LM-error	13.397***	14.938***	4.160**	21.763***	9.021***	36.193***	12.514***	0.420
LM-lag	10.875***	3.098*	6.461**	27.162***	216.257***	24.484***	2.323	0.122
R-LM-lag	9.571***	3.468*	0.396	9.022***	16.295***	1.787	1.281	0.523
R-squared	0.031	0.373	0.298	0.154	0.109	0.293	0.397	0.475
个体 FE	YES	YES	YES	YES	YES	YES	YES	YES
时间 FE	YES	YES	YES	YES	YES	YES	YES	YES

注：*、**、*** 分别表示 10%、5%、1%的水平上显著，t 检验使用城市层面聚类稳健标准误。

域内共同富裕水平差异恶化。基于八大经济区划分，各区域共同富裕 β 绝对收敛检验结果如表 6.9 所示。总体来看，各地区 β 绝对收敛特征均在 0.01 的显著性水平下显著，但各地区收敛速度存在明显差异：东北、黄河中游以及南部沿海地区收敛速度最快，分别达到 0.1679、0.1233 和 0.1206，长江中游和北部沿海地区收敛速度最慢为 0.0256 和 0.0202。各区域内空间外溢效应不显著，有的地区 λ 甚至为负，如北部沿海、南部沿海和大西南地区，说明区域内共同富裕水平存在较强竞争性，无法通过空间外溢实现区域内收敛速度的提升。

三、共同富裕马尔可夫链分析

(一)马尔科夫链

为了探究城市共同富裕水平流动演变趋势以及层次转移特征，使用马尔科夫链对各城市共同富裕水平高低转化概率进行分析。随机过程具有马尔科夫性，即 $t+1$ 时刻在状态 S_{t+1} 的概率只与 t 时刻状态 S_t 有关，即满足：

$$P(X_{t+1}=S_{t+1} \mid X_0=S_0,\cdots,X_t=S_t)=P(X_{t+1}=S_{t+1} \mid X_t=S_t) \tag{6.10}$$

将城市共同富裕水平划分为四个层次，各状态之间的转移概率可以用转移矩阵 P 描述即：

$$P=\begin{bmatrix} p_{11} & \cdots & p_{1n} \\ \vdots & \ddots & \vdots \\ p_{n1} & \cdots & p_{nn} \end{bmatrix} \tag{6.11}$$

其中，各元素 p_{ij} 表示城市共同富裕层次由状态 i 转向状态 j 的概率，状态转移矩阵使用极大似然法进行估计，即有：

$$p_{ij}=\frac{n_{ij}}{n_i} \tag{6.12}$$

其中，n_{ij} 为 2013—2020 年由状态 i 转移至状态 j 的次数，n_i 是研究期间内共同富裕水平处于 i 状态的总次数。

(二)马尔科夫链分析

将共同富裕指数按 2013 年的四分位数平均分成四组，得到第一、二、三四分位数分别为 0.3012、0.3645 以及 0.4431，即高于第三四分位数为状态Ⅰ(高水平)，低于第三四分位数但高于中位数的为状态Ⅱ(次高水平)，以此类推，状态Ⅳ

(低水平)为共同富裕水平低于第一四分位数的城市。马尔可夫链状态转移概率矩阵如表 6.10 所示。马尔可夫状态转移矩阵对角线元素表明了研究期内各时间城市共同富裕水平维持现状态的概率,即处于状态Ⅰ的高水平共同富裕城市在下一年维持状态Ⅰ的概率为 86.15%,其他状态以此类推

从结果来看:第一,主对角线元素概率高于其他元素,城市共同富裕水平惯性较大,即倾向于维持现有共同富裕层次。高共同富裕水平与低共同富裕水平城市惯性最大,维持现有层次的概率超过 80%,次高与次低水平城市惯性最小,均在 50%左右;第二,次高水平城市与次低水平城市变动概率相对较大,发生层次变动的概率在 50%左右。次高水平城市向上流动的概率为 25.41%,相比次低水平城市的 43.60%缺乏向上流动活力,且有 28.05%的概率降低回次低水平城市,高于次低水平城市的 5.39%。

总体上,我国城市共同富裕层次存在流动性相对较低的问题,中等水平城市竞争相对激烈但在一定程度后倾向于向下流动。高共同富裕水平城市维持较为稳定,低水平城市缺乏提升层次的活力,马太效应明显,存在加剧城市间共同富裕水平差异的风险。

表 6.10　共同富裕状态转移概率矩阵

状态	状态Ⅰ(高)	状态Ⅱ(次高)	状态Ⅲ(次低)	状态Ⅳ(低)
状态Ⅰ(高)	86.15%	13.55%	0.15%	0.15%
状态Ⅱ(次高)	25.41%	46.54%	28.05%	0
状态Ⅲ(次低)	0	43.60%	51.01%	5.39%
状态Ⅳ(低)	0.28%	2.51%	16.71%	80.50%

第三节　共同富裕各维度贡献分解

一、贡献分解方法

识别驱动共同富裕提升的主要维度与发展短板,需要对共同富裕各维度贡献进行分解。对数平均迪氏指数分解法(LMDI)常用于能源消费的因素分解,具有因素可逆、无残差项且不受样本量影响等优点,已有研究应用于经济增长驱动因素分析中(于江波等,2022)。一般而言 LMDI 法通常将一个地区能源消费或碳排放等分解为区域内各地区多个影响因素的乘积之和,进而得到各影响因素贡献度。本章共同富裕指数构建为共同水平与富裕水平的几何平均,可以使用 LMDI

法对共同水平与富裕水平各自贡献进行测度。将 T_0 到 T_k 时刻共同富裕指数变动量表示为共同水平与富裕水平贡献度之和为：

$$\Delta D_k = D^{T_k} - D^{T_0} = \Delta C_k + \Delta W_k \tag{6.13}$$

$$\Delta C_k = M_k \times \log(\frac{C^{T_k}}{C^{T_0}}) \tag{6.14}$$

$$\Delta W_k = M_k \times \log\left(\frac{W^{T_k}}{W^{T_0}}\right) \tag{6.15}$$

$$M_k = \frac{(D^{T_k} - D^{T_0})}{\log(D^{T_k}) - \log(D^{T_0})} \tag{6.16}$$

其中，ΔC_k 为 T_0 到 T_k 时刻共同水平的贡献度，ΔW_k 为 T_0 到 T_k 时刻富裕水平的贡献度。

二、贡献分解结果与区域差异

以 2013 年为基期，共同水平、富裕水平对共同富裕指数累计贡献度如图 6.2 所示，分区域共同水平贡献率变动如表 6.11 所示。结果表明：第一，共同水平与富裕水平对共同富裕贡献均为正，平均来看共同水平对共同富裕贡献度为 27.44%，富裕水平增进是观测期内共同富裕水平提升的主要因素；第二，区域之间富裕水平贡献度差异相对较大，相同层次共同富裕城市实现模式有所区别。东北地区、北部沿海地区共同水平贡献度最高达 31.47%和 27.19%，而共同富裕水

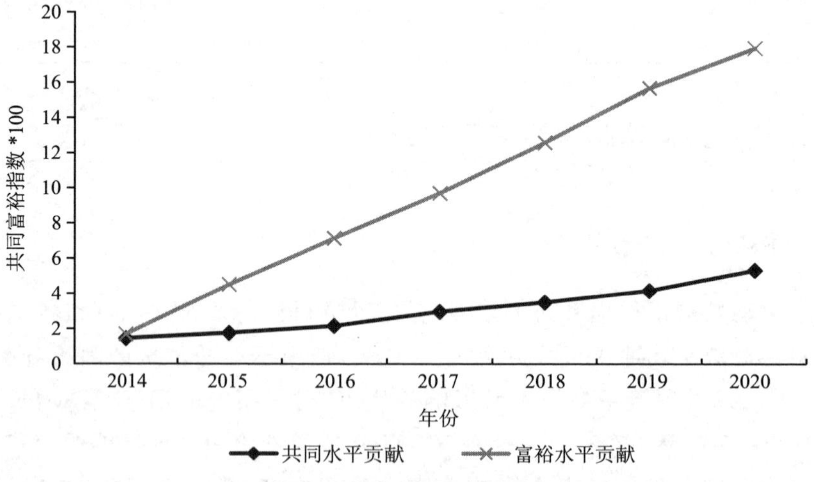

图 6.2　按年份共同富裕各维度累计贡献

平也处于较高层次的东部沿海地区则为 13.41%。在中西部落后地区，城市共同富裕提升路径也存在较大差异。例如长江中游和大西北地区共同水平贡献分别为 17.20%和 18.48%，更多依靠提高富裕水平实现共同富裕发展，而黄河中游和大西南地区共同水平贡献更高，达到 32.45%和 22.14%。

表 6.11 分地区共同水平贡献率动态变动

时间段	2014—2015 年	2015—2016 年	2016—2017 年	2017—2018 年	2018—2019 年	2019—2020 年	平均贡献度
全国	0.1309	0.1728	0.2754	0.1400	0.1774	0.4829	0.2299
东北	0.0793	0.4625	0.2541	0.1355	0.2167	0.7399	0.3147
北部	0.2873	0.0891	0.1993	0.1499	0.2842	0.6215	0.2719
东部	0.0852	0.1126	0.1532	0.0626	0.1221	0.2690	0.1341
南部	0.0628	0.1744	0.2088	0.1024	0.0960	0.3639	0.1681
黄河中游	0.1743	0.2781	0.5986	0.1931	0.2427	0.4601	0.3245
长江中游	0.0981	0.0882	0.1885	0.0954	0.0918	0.4699	0.1720
大西南	0.1317	0.1150	0.2318	0.1943	0.1781	0.4775	0.2214
大西北	0.1183	0.0139	0.2291	0.1438	0.2059	0.3976	0.1848

东北地区人口流失严重，经济发展相对迟缓，富裕水平提高相对缓慢，共同富裕的提升更多来源于共同水平的提升。北部地区共同富裕水平收敛速度较慢，区域内共同富裕水平差异较大，随着京津冀协同发展战略推进，河北地区不断承接相关产业转移，推动城镇化进展，进而提高了农村地区与落后县市区的收入水平，共同水平贡献度相对较大。大西北、大西南等地区经济发展较为落后，共同富裕水平整体较低，在进行西部大开发以及精准扶贫、脱贫攻坚的过程中，降低了城乡收入差异，部分区域的全面脱贫缓和了区域差异，并提高了贫困人口收入。由于西部地区贫困人口多，政策涉及人口基数大，收入提升相对于其他地区更显著，而富裕水平低于共同水平，富裕水平增长速度会更快，导致共同水平的贡献率较低。东部沿海地区共同富裕发展水平最高，区域差异最小，形成了相对合理的收入分配格局，共同富裕水平主要矛盾在于收入水平的提高，共同水平贡献率相对较小。

三、各维度贡献动态变动分析

为深入分析共同富裕驱动因素发展变动，使用共同水平相对贡献反映共同富裕各维度影响程度变化，各年共同水平贡献度变动如图 6.3 所示。结果表明，共同水平对共同富裕贡献度具有 W 型变动特征，即 2013—2014 年共同水平贡献度最高后随之下降,2014 年后呈波动上升趋势。

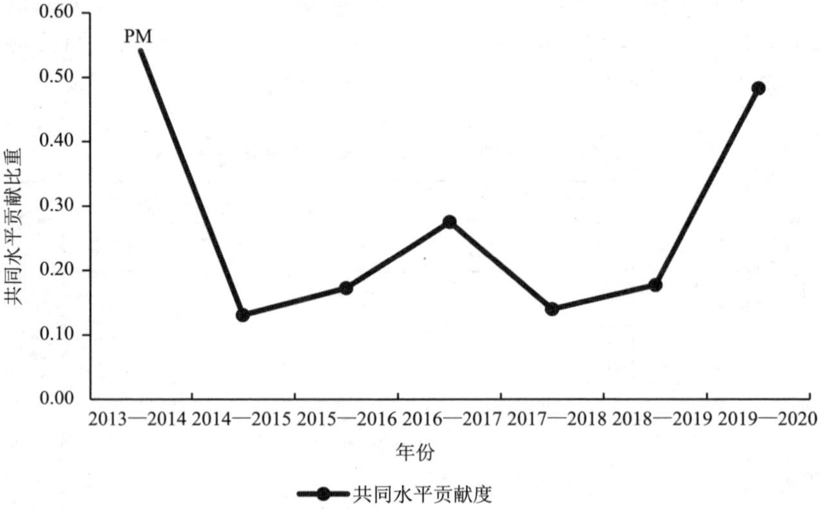

图 6.3 共同水平贡献度动态变动

从 2013 年习近平同志首次提出"精准扶贫",到 2020 年决胜脱贫攻坚、全面建成小康社会,在精准扶贫、脱贫攻坚的关键年份即政策提出年与收官年(2013、2015 与 2020 年),共同水平贡献度均有较大提升,远高于其余年份。原因在于:

第一,脱贫攻坚关键年脱贫人口高于平常年份,收入结构改善较大。贫困人口脱贫存在先脱贫再防止返贫、提高收入的过程,其中脱贫阶段是收入水平短期提升最大的阶段。精准扶贫和脱贫攻坚的关键年份存在大量人口完成脱贫阶段,城乡收入差距缩小幅度较大,因此在关键年份共同水平贡献率显著提高。

第二,先脱贫再防止返贫并提高贫困人口收入的阶段性特点,决定了富裕水平增长的相对于共同水平增长的更平滑。在解决贫困人口脱贫问题之后,巩固脱贫攻坚成果,防止贫困人口返贫,最主要的是提高贫困人口的稳定收入。这导致一段时间内收入分配格局改善相对"脱贫"时期变动较慢,共同水平相对贡献在脱贫攻坚关键年份后有所降低。

第三,脱贫攻坚中,收入水平的提高是共同水平提高的重要原因。首先,精准扶贫通过针对贫困户建档立卡、精准帮扶,不断消除农村地区与偏远地区的绝对贫困。农村地区人均可支配收入的提高,弥合了城乡收入差异,进而提高了共同水平。其次,同一城市区域发展不平衡问题很大程度上来源于城乡发展不平衡。消除农村绝对贫困提高农村人均可支配收入有利于落后县市区收入水平提高,进而缓解城市内区域发展差异，提高共同水平。再次，精准扶贫贵在“精准”之上。通过精准扶贫、定点帮扶高效解决贫困问题，而非通过大水漫灌间接提高贫困人口人均收入，使得农村地区人均可支配收入增长较快，富裕水平提高过程中收入结构随之改善。因此，富裕水平改善是共同水平的重要原因，且富裕水平的贡献高于共同水平，导致在普通年份共同水平贡献率较低。

第四节　相关结论与建议

共同富裕社会主义的本质，带领中国人民实现自由而全面发展的共同富裕，是中国共产党矢志不渝的历史使命，也是当前一切奋斗与改革的终极目标。基于以人为核心的理念，突出共同富裕核心内涵，强调人民收入是多维富裕的最根本、最关键要素的地位，构建了以人民收入以及分配结构为重点的共同富裕指标体系。借鉴 IHDI 的构造方法，使用 2013—2020 年 279 个地级及以上城市平衡面板数据，对城市层面共同富裕水平进行了测算。并使用收敛模型、莫兰指数、马尔科夫链以及 LMDI 分解对共同富裕及其各维度空间特征与时空演变进行分析。测算与分析结果如下：

1. 共同富裕及其各维度在研究期间内具有上升趋势，富裕水平增长速度最快，共同水平相对较慢，共同水平取得实质性突破难度较大。从空间分布来看，共同富裕呈以东部沿海为中心向西部地区辐射递减的阶梯状分布格局。富裕水平分布特征与共同富裕水平相类似，而共同水平则以长三角地区、珠三角地区以及哈尔滨部分地区为中心向外辐射递减，研究期间内共同富裕及各维度热点与次热点区域均有所扩大。

2. 共同富裕水平及其各维度存在收敛特征，随着精准扶贫与脱贫攻坚推进各地区共同富裕收敛速度在加快。共同富裕及其各维度增长率与其空间分布格局相反，以东南沿海为低点由四周向东扩散，表现为“越低越快”的追赶态势，σ 收敛检验与 β 绝对收敛检验支持了这一观点，各地区共同富裕发展存在趋同。构建了基于变系数模型的 β 绝对收敛模型，对其动态收敛速度进行了检验，结果显示共同富裕水平在提出脱贫攻坚后收敛速度显著加快。各区域内存在显著的收敛趋势，但不同区域收敛速度存在较大差异，北部沿海地区与长江中游的地区收敛速度相对较低。

3. 基于马尔科夫链分析，我国城市共同富裕层次流动具有两端稳定、中间活跃的特征，中等层次城市向上流动过程中降级风险随之提高。城市共同富裕层次流动性较低，城市具有倾向于维持原有层次的惯性。低水平与高共同富裕水平的城市惯性最强，高水平城市容易保持现有层次，而低水平城市缺乏提升层次的活力，存在一定“马太效应”。次低共同富裕水平城市向上流动概率较大，次高共同富裕水平城市则存在向下流动的风险，存在加剧城市间共同富裕差异的风险。

4. 共同水平与富裕水平对共同富裕提升的贡献逐年提高，富裕水平贡献占比最大，共同水平相对贡献存在阶段性波动的 W 型特征。共同水平平均贡献率为 27.44%，区域间要素贡献度差异较大，不同地区共同富裕实现路径有所差异。共同水平对共同富裕贡献度具有 W 型变动特征，即 2013—2014 年共同水平贡献度最高后随之下降，2014 年后呈波动上升趋势，在精准扶贫与脱贫攻坚关键年份显著提高。

2035 年要实现“全体人民共同富裕取得实质性进展”，推动共同富裕发展是未来一个阶段我国实现高质量发展的必由之路。考虑我国共同富裕水平东高西低的放射性阶梯状特征，以及共同与富裕两维度差异与发展难度，必须充分考虑区域间资源禀赋、经济结构、人口结构与发展阶段，明确各地区共同富裕阶段性目标与重点任务，制定合理 、实际、有效、灵活的共同富裕发展之路。

第一，应当重视经济增长之外的城乡分配格局与区域内分配格局，切实推动收入分配格局优化与均衡发展。全面实施乡村振兴战略，合理解决人地矛盾与农村劳动力流动问题。一是提高农业投资力度，充分考虑以留守妇女、老人等为主的人口结构，扶持农产品加工业等相关配套产业在农村落地生根，推动农业产业体系现代化，引导农村主要劳动力回流，提供更多就业岗位并促进农民向农业工人的过渡；二是充分利用网络经济在农业生产、销售中的作用，提高农村地区网络基础设施建设，推动网络金融、普惠金融助力农业农村，激发农民创新创业，使广大农民参与进共同富裕的共建共享过程，促进农业现代化转型，提高农民及农业工人收入水平以及农业生产率；三是完善农村土地流转制度，提高农民资产性收入，盘活农村土地资源，提高农业全要素生产率。推动新型城镇化，改革户籍制度，提高农村闲置资源利用效率，实现农村与城市间要素流动效率的提升，提高新城镇化人口收入水平以及公共服务均等化，改善收入分配格局。

第二，应充分发挥先富地区的经济优势，有效联通区域间资源合理、有效配置，实现先富带动后富。我国共同富裕水平仍存在较大区域差异，部分区域内收敛速度与发展阶段不匹配。总体来看，先富地区市场发展水平高，市场调节以经济效率为主导，实现先富带动后富。一是要实现先富地区与后富地区的产业结构实现高度耦合、协调，提高经济运行的整体效率；二是发挥政府作用，制定集中的区域发展战略，充分利用区域内高发展水平城市禀赋优势，形成区域内紧密联系的产业结构格局，实现区域内的先富带动后富格局；三是加速推进统一的大市场格局构建，打破条块分割的结构，允许跨区域投资，提高区域间要素流动效率。避免发达地区有限资源的过度竞争，要引导经济资源、人力资本向落后地区流动，促进落后地区经济发展与产业升级，改善区域间经济效率差异过大的空间格局，优化收入分配格局，缓解由市场经济所引发的系统性分化和不均衡。

第三，要巩固已有发展成果，实现共同富裕的稳步提高。城市共同富裕存在低水平城市活跃低，实现层次提升后降级风险较大。这就要求：一方面要求巩固、拓展现有脱贫攻坚成果，防止贫困人口返贫脱贫以及减少新发生贫困人口。贫困人口主要集中于农村地区，建立有效、可持续的扶贫、脱贫机制，关键在于实现农村地区整体土地、劳动力资源利用效率的提高，以及农业产业现代化的持续健康发展，保障农村人口参与越来越现代化的劳动实践的权利以及获得收入的权利，持续推进乡村振兴战略，提高贫困人口收入与劳动积极性。另一方面要坚定不移地走高质量发展道路，注重经济发展的持续性与有效性。提高人民群众收入水平必须要考虑资源承载力、环境友好以及产业配置的可持续性，避免只考虑经济效益的短视决策，以防止环境事故发生和产业配置剧烈调整，导致经济发展水平的停滞与倒退。

第七章　最低工资标准对共同富裕的影响

第一节　研究意义与价值

中国共产党第二十次全国代表大会报告指出，中国式现代化是共同富裕的现代化。共同富裕是社会主义的应有之义，实现共同富裕是社会主义的必然要求。改革开放以来我国经历了快速的发展，取得了经济增长奇迹，但发展不充分、不均衡仍是当前社会主义基本矛盾，我国区域、城乡以及群体间的收入差距仍然较大。根据国家统计局数据，近年来我国收入基尼系数尽管存在一定回落，但仍处于在0.47左右的高位。从国际经验来看，较高的收入差距，不重视收入分配以及富裕与共同的不协调发展，不仅导致高收入国家内生经济增长动力不足，也是中等收入国家难以跨越"中等收入陷阱"的重要原因。缩小贫富差距、实现共同富裕，成为当前我国持续提升经济发展质量与人民幸福感的重要着力点与必然要求。推进我国实现共同富裕，关键在于提高低收入人群收入，"提低"不仅是"扩中"的基础，能够有效缩小"三大差距"，即城乡差别、地区差距、收入差距，更为重要的是现阶段尽管我国脱贫攻坚战已取得全面胜利，但我国的低收入人群仍然还比较庞大，大概占全部人口的60%以上，近9亿人（李实等，2022）。因此，让发展成果更多惠及低收入人群，实现低收入群体收入增加、生活富裕，既是我国收入分配改革的重要内容，也是实质性推动共同富裕的主要抓手。

新时代以来，我国通过实施精准扶贫、脱贫攻坚以及乡村振兴，极大地促进了低收入群体脱贫和增收，在缩小收入差距、推进共同富裕方面成果丰硕，为共同富裕的持续推进提供了良好的物质条件与制度保障。除上述重大战略外，最低工资制度作为常规性的政策工具，是政府对劳动市场初次分配进行干预的重要手段，其通过限制工资的最低水平，来调节低收入群体与高收入群体的收入差异，进而改善收入分配格局。我国自1994年正式最低工资制度，其目的在于维护劳动者取得劳动报酬的合法权益，保障劳动者个人及其家庭成员的基本生活，有效发挥了"提低""兜底"、调节收入分配的作用。最低工资制度通过非市场性的"提低"手段，对工资标准最低水平施加约束，考虑其法律强制力，各地普遍将最低工资标准作为"提低"的直接、有效手段(李干等，2022)。尽管最低工资制度对于保障低收入劳动群体收入发挥了巨大作用，但最低工资制度却并非是万能的，最低工资标准的制定与调整必须十分审慎，一旦脱离地区经济实际发展和就业状况，不仅无助于改善收入分配格局，甚至可能对该政策下的目标群体就业和增收，均会产生严重的消极影响。

共同富裕包括"共同"和"富裕"两个维度，富裕水平与整体收入水平紧密相关，而共同维度则反映了收入水平的分配特征(彭刚等，2023)。最低工资标准是否有利于整体收入水平的提高，是对最低工资标准效率的直接反映；而其能否有效促进低收入群体收入水平的提升，则不仅关乎到公平的实现，同时也决定其是否能够促进共同富裕。首先，最低工资制度对收入水平的影响，关键在于提高的工资水平与就业人数损失的相对强度大小。最低工资制度首先会影响到低于或处于最低工资标准附近的个体，劳动者收入水平越低，最低工资标准提升对其收入的促进作用则越强(贾朋等，2013)。然而，由于高技术水平劳动力对低技术水平劳动力存在替代效应，以及不同收入水平的群体之间存在攀比效应(罗小兰等，2009)，更高收入水平的个体，其工资水平也会得到一定程度提高，但其促进效应会随着收入水平的上升而减弱，即存在涟漪效应(Acemoglu，1998)。最低工资标准的提高所带来的工资增长，能否抵消其对就业的不利冲击，决定了最低工资标准变动最终能否提高整体收入水平。最低工资标准如何影响就业，学界仍存在争议。一种观点认为，最低工资将减少就业(Bossler et al.，2020)。最低工资标准提高了劳动力价格，改变了要素相对价格，进而产生与其他生产要素、高技能劳动力等的替代效应(周培煌等，2010；徐舒等，2019)，最终会降低就业需求(王光新等，2014)，对低技能、低工资的工人就业影响更大(Neumark et al.，2002)。另一种观点则认为，最低工资标准对部分地区或行业就业可能具有促进效应(Katz and Krueger，1992；Ni . et al，2011)，当劳动力市场处于买方垄断下(Dickens et al.，1994)，最低工资标准提高会提高劳动参与，实际就业量可能并不会减少(Flinn，2006)。因此，最低工资标准如何影响整体平均收入，进而影响地区的富裕水平，以及如何影响收入结构或收入差距，目前尚未形成统一观点。

其次，最低工资制度作为重要的劳动收入"提低"手段，其能否有效发挥保障低收入群体及其家庭的收入水平，合理改善收入分配格局则显得更为重要。一种观点认为，最低工资水平提高对减贫、降低收入差距存在积极影响，即存在减贫效应(Sotomayor,2020)。但考虑到最低工资的收入分配效应往往具有异质性,其对城镇居民的积极效应可能更强(段志民等,2019),因而会导致最低工资政策的减贫效果可能并不那么显著。另一种观点认为,最低工资标准可能并非是"提低"的有效手段,该政策对低收入群体的就业冲击更强,可能不利于改善家庭收入分配(Neumark Wascher,2007a)。此外,也有学者认为最低工资对于减贫存在非线性效应,提高最低工资标准在一定程度内具有降低不平等的作用(张世伟等,2014)。总体来看,最低工资标准通常能提高低收入群体的工资收入(叶林祥等,2015),但同时也会增加企业的用工成本,对就业市场会产生一定消极作用(Neumark and Wascher,2007b),尤其是会对低技能劳动者的就业产生更大冲击(李后建等,2018)。总体而言,作为重要的"提低"政策,最低工资制度对低收入家庭收入与生活具有一定保障作用,而在劳动力市场中对低技能劳动者的消极冲击则会抵消部分效果。因此,最低工资标准对不同群体类型和就业人员的影响具有一定差异,最低工资制度"提低"保障效应能否发挥,需要各地区因地施策,通过设置科学适宜的最低工资标准予以支撑。

实践中,最低工资标准的测算方法和过程较为复杂,科学准确计量各地区标准往往面临较多难题,这在一定程度上制约了该政策效应的有效发挥。过去一些年份,我国最低工资标准调整频率较快、调整幅度较大,甚至存在区域间标准制定的攀比现象(杨灿等,2020),最低工资标准制定存在一定程度的不科学和不规范。相较区域间经济发展差距而言,我国当前最低工资标准并未体现出应有差距,最低工资标准与经济发展的协调程度较低。因此,作为"十四五"时期重要的分配政策工具,我国现有最低工资标准对促进共同富裕是否发挥出了应有作用,是否要对其进行科学合理优化,以便在保证初次分配效率的同时,实现改善低收入群体及其家庭收入水平目标,保障对低收入群体收入"提低"作用的有效发挥,而又不会对就业市场形成较大冲击,已成为我国未来共同富裕能否取得实质性进展的关键性问题。基于此,本章尝试从理论和实证双重视角,探究我国新时期最低工资水平对城市共同富裕的影响效应与影响机制,为推进共同富裕以及最低工资政策调整提供一定理论与实践依据。

为探究最低工资标准变动对共同富裕的影响,本章首先基于最低工资制度的工资效应、涟漪效应以及就业效应,从人均收入及收入基尼系数、城乡收入泰尔指数等方面,通过构建理论模型并模拟出不同的最低工资标准对富裕水平与共同水平的一般性影响,进而揭示最低工资标准影响共同富裕的内在机理。理论与模拟分析发现,当最低工资标准处于工资收入分布的第 25 到 30 分位数区间时,最低工资标准能够有效发挥出促进共同水平与富裕水平的效应。过高的最低工资标准会在一定程度上抑制富裕水平提高，而较低的最低工资标准尽管能改善收入分配并提高收入水平，但效果有所不足。鉴于此，本章进一步利用 2013—2019 年 275 个地级及以上城市平衡面板数据，实证检验了我国当前最低工资标准对共同富裕及其各维度的影响效应和机制，并使用 FMM 模型对最低工资对共同富裕的异质性进行了探究，基于政策效应结果对我国当前最低工资标准设定的合理性做出了研判。主要结论包括：(1)研究时期内，我国各地区最低工资标准与经济发展水平间的协调性较差，最低工资标准促进了共同水平的改善，但抑制了富裕水平的提升，总体上抑制了共同富裕，损失了效率。(2)最低工资标准变动对共同富裕的影响效应，会随着最低工资标准向当地收入水平的合理趋同而逐步改善。数字经济发展水平与产业结构高级化，均有利于缓解最低工资标准提高对共同富裕的消极影响，脱贫政策对最低工资标准改善收入分配与共同富裕具有积极意义。(3)FMM 模型结果显示，城市现代化过程中效率越高，现代化水平越高，最低工资标准对共同富裕的积极作用越强。

本章的研究可能具有以下几点边际贡献：第一，在考虑工资效应、涟漪效应以及就业效应的基础上，构建了最低工资对“共同”与“富裕”维度影响的理论模型，从理论上阐明了最低工资标准影响共同富裕的具体机制。之后，本章通过模拟分析刻画了最低工资标准变动对共同富裕的一般性影响，发现了最低工资标准变动对经济效率与收入分配的非线性关系，过低或过高的最低工资标准，都无益于推进共同富裕，并测算出现阶段我国最低工资标准设定的最优区间。第二，基于城市层面数据将共同与富裕纳入同一框架，探究最低工资标准变动对整体共同富裕水平及其各维度的影响效应，拓展和丰富了现有共同富裕影响的实证研究。以往研究视角集中于最低工资标准对工资水平与收入水平的影响效应及其对不同群体、技术水平人群的影响异质性，或者探究最低工资标准对收入分配的影响，通过综合收入与分配角度以归纳最低工资标准变动对共同富裕的整体影响，并未将共同富裕纳入同一分析框架。此外，过往对共同富裕的影响因素研究的讨论集中于分配制度、城镇化工业化、技术进步等角度(李实等，2022)，相关研究成果较为丰硕。而最低工资制度等分配制度对共同富裕影响的讨论大部分集中在理论层面，相关实证研究较为匮乏。本章通过测算各城市共同富裕水平，直接研究最低工资标准变动对共同富裕的综合影响，有利于把握最低工资的公平与效率的综合收益与作用机制，研究结果可为研判我国地区间最低工资标准设定的合理性以及最低工资标准调整提供了新的视角、参考依据与经验支撑。第三，利用有限混合模型探究最低工资标准对共同富裕影响的异质性,并对各种影响类型和路径的差异、转换及成因进行了解析,为各地区更好发挥出最低工资标准促进共同富裕的政策效应提供参考。以往的异质性分析基于例如区位、发展阶段等标志进行区分,标准划分相对主观,科学性有所缺失。本章基于 FMM 模型能够基于伴随变量的数据特征,对各城市在不同时间下所属的经济体制进行区分,并对最低工资标准变动对共同富裕影响的异质性,以及各体制转换提供更合理的检验与分析方式。

第二节　最低工资标准影响共同富裕的理论逻辑

一、理论模型构建

共同富裕囊括共同与富裕两个方面,内在要求实现全体人民的生活富裕和自由而全面的发展。共同与分配状态紧密相关,而富裕则与收入水平密切相连。最低工资制度作为提高低收入群体收入水平以及调节收入分配的工具,其主要通过最低工资制度的涟漪效应与就业效应,以影响整体的收入水平与富裕水平,通过"提低""兜底"调节收入分布的尾部以影响收入分配与共同水平。最低工资制度对共同与富裕两维度的效应之和,即为最低工资制度对共同富裕的总效应。对于富裕水平,最低工资制度的影响方向存在不确定性,主要取决于工资效应与就业效应的相对强弱。首先,最低工资制度通过对劳动者工资收入的最低水平进行限制,强制性提高低于最低工资标准劳动者的工资水平,实现政府对劳动市场的干预。其次,虽然最低工资制度提高了在职劳动力的工资水平,但非市场性管制提高的劳动力成本,改变了劳动力与资本、技术之间的技术替代率,进而改变企业资源配置与劳动力需求,提高了劳动者的失业风险,即存在就业效应。因此,从全体人民角度来看,最低工资制度对富裕水平的影响存在不确定性:一方面由于工资效应提高了已就业劳动者的工资水平;另一方面提高了失业风险减少就业劳动者人数,不利于平均收入水平的提高。

对于共同水平,最低工资制度的影响主要体现在收入结构的影响效应,由于最低工资经济效应存在异质性,其对收入结构的影响也存在不确定性。第一,尽管存在涟漪效应,最低工资水平更大水平提高了低收入就业人员的工资水平(叶林祥等,2015),在一定程度上缩小了高收入者与低收入者之间的收入差距,进而改善了收入结构。第二,但是由于就业效应的存在,最低工资水平变动可能挤出就业,尤其是低技能、低人力资本的劳动者就业,因此又会恶化收入结构,进而抑制共同水平的提升。第三，最低工资标准变动将会导致低收入群体就业向非正规部门流动，进而导致该群体难以被最低工资制度所覆盖，使得其工资水平与就业状态进一步恶化，也无法实现“提低”等政策保障目标。第四，最低工资改变了劳动力市场价格，价格标志会提高低收入群体的劳动参与积极性（Flinn，2006），引导低收入群体的空间流动，使低收入群体向最低工资标准更高的地区流动（陈勇吏等，2022），对低学历、低收入群体影响更大（路少朋等，2022），但最本质的原因还是由低收入区域向更高的可得工资水平地区流动。考虑我国城乡二元化的特征，随着就业形势不断正式化以及城市化的推进，最低工资制度干预了劳动力市场，进而通过价格标志引导乡村劳动力流动，改变了劳动力的城乡结构。因此，最低工资制度对共同水平的影响也存在不确定性。

由于最低工资标准对共同富裕及其各维度的影响，可能并非仅是简单的线性关系。为探究在不同的最低工资标准水平下，工资效应与就业效应孰强孰弱，分别从共同水平与富裕水平两个角度，构建理论模型分别探讨最低工资水平对共同富裕及其各维度影响的变动趋势。为简化模型特做以下假定：(1)模型不考虑劳动力的空间分布，并假设所有企业遵守最低工资制度；(2)模型仅考虑劳动力人口，而不考虑家庭规模；(3)纳入最低工资的收入效应、涟漪效应与城乡二元化特征；(4)通过平均收入刻画富裕水平变动，借助收入基尼系数以及城乡收入泰尔指数综合反映共同水平变动。由于最低工资制度通过对工资水平进行最低限度的约束，最低工资水平的经济效应与当前收入水平密切相关，因而以未实行最低工资时的收入百分位数为准设置最低工资，探究不同最低工资水平设置下对共同富裕的影响效应。构建模型主要包括四个部分：一是劳动需求模型，反映就业人数，最低工资水平越高则就业人数越少；二是工资效应与涟漪效应，最低工资提高会有限地提高收入水平，并存在收入分位数的异质性；三是劳动参与模型，工资水平越高劳动参与意愿越强；四是就业模型，判断个体是否就业状态。

首先，假设有 N 个个体，其人力资本水平分别为 $s_1, \cdots, s_N$，个体收入水平与人力资本水平成正比，在未实行最低工资制度下其工资水平 y_i 为：

$$y_i = k \times s_i \tag{7.1}$$

劳动供给取决于个体劳动意愿，当个体愿意劳动时，形成劳动供给。根据劳动供给理论，若市场工资高于保留工资则个体选择参与劳动。保留工资与其技能水平有关，技能水平越高，劳动参与意愿越强。同时考虑城乡人口劳动参与一致性，设城镇人口就业参与率高于农村人口，可以认为农村人口基准消费水平低，在非工资收入下可以较容易地满足其生活需求，就业参与率低。因而可将个体就业参与模型设定为：

$$P_i = \mu_i + \lambda_1 \frac{y_k - y_e}{y_e} \times 100 \tag{7.2}$$

$$E_i = \begin{cases} 1, if\ P_i > 0 \\ 0,\ else \end{cases} \tag{7.3}$$

其中，P_i 为个体参与就业的决策；μ_i 是城乡固定效应，用以衡量城市居民相对农村居民非农参与积极性差异，$\mu_i > 0$，城镇居民非农劳动参与程度更高；y_e 是期望收入，y_k 是市场收入；λ_1 衡量了市场收入高于保留收入时劳动参与意愿变动的强度，$\lambda_1 > 0$ 即市场工资高于保留工资越多，个体参与劳动意愿越强；E_i 是个体是否参与就业市场。

个体是否取得收入由个体是否处于就业状态来决定，未就业时收入为 0，就业时即按其技能水平决定的市场工资决定收入。同时假设个体失业率为 u_i，当个体参与劳动后，个体的工资期望为：

$$E(y_i) = (1 - u_i) \times y_i + u_i \times 0 = (1 - u_i) \times y_i \tag{7.4}$$

在实施最低工资制度后，将会产生工资效应，最低工资制度会改变就业个体工资水平下限，当市场收入低于最低工资时，其所能取得的最低收入将变为最低工资水平。由于涟漪效应的存在，最低工资标准的提升也会提高较高水平个体的工资，且越接近最低工资，工资上升的幅度会越大。因此，在加入最低工资水平后，就业个体的工资水平 y_i 需要调整为：

$$wage_i = \begin{cases} y_i \times (1 + \beta exp(-(y_i - mw))),if\ y_i > mw \\ mw,\ y_i < mw \end{cases} \tag{7.5}$$

其中，β 表示处于最低工资水平附近时工资水平的提升幅度，工资水平距离最低工资水平越远，最低工资的工资效应呈指数衰减；mw 为最低工资水平，当个体收入低于最低工资时，其就业后的工资水平为最低工资水平。

在引入最低工资制度后，企业的用工成本也会发生改变，进而使得企业的劳动力需求下降，从而导致失业率提高。由于最低工资制度存在就业效应，原本工资低于或居于最低工资附近的个体，其受到的失业冲击可能越大，即劳动力成本越低，其更加容易成为失业人群。当假设个体失业率满足 logit 模型，在引入最低工资制度后，个体的失业率为：

$$\ln\left(\frac{u_i}{1 - u_i}\right) = \gamma_0 + \gamma_1 s_i + \gamma_2 \left(\frac{mw}{y}\right)^2 + \gamma_3 s_i \frac{mw}{y} \tag{7.6}$$

其中，γ_1 衡量了个体人力资本对其失业率的影响，$\gamma_1 < 0$，则人力资本水平

越高,失业率越低;γ_2 衡量了最低工资水平变动后对个体失业率的影响,$\gamma_2 > 0$,则最低工资水平越高,对所有个体的失业率影响越大;γ_3 衡量了个体人力资本水平对最低工资变动对个体失业率的调节效应,$\gamma_3 < 0$ 时,个体人力资本水平越高,最低工资变动对其失业率的影响越小,个体失业率越低。

实施最低工资制度后,个体的市场工资也会发生相应变化,个体工资的期望由 $E(y_i)$ 变为:

$$E(wage_i) = wage_i \times (1 - u_i) \tag{7.7}$$

实行最低工资制度后,在不同最低工资标准下,劳动者总体的工资期望变为:

$$\begin{aligned} E(wage \mid mw) &= \frac{1}{N}\sum_i E(wage_i \mid mw) \\ &= \frac{1}{N}\sum_i^N [I(y_i > mw) \times (y_i \times \exp(-(y_i - mw))) \times I(\mu_i > 0) \\ &\quad + (1 - I(y_i > mw)) \times mw \times I(\mu_i + \lambda(mw - y_i) > 0)] \\ &\quad \times (1 - \frac{1}{1 + \exp(-(\gamma_0 + \gamma_1 s_i + \gamma_2 \frac{mw}{y} + \gamma_3 s_i \times \frac{mw}{y}))}) \end{aligned} \tag{7.8}$$

当 mw 为 0 时,也即未实施最低工资时的总体工资期望为:

$$\begin{aligned} E(wage \mid mw = 0) &= \frac{1}{N}\sum_i^N E(wage_i \mid mw = 0) \\ &= \frac{1}{N}\sum_i^N [y_i \times (1 - \frac{1}{1 + exp(-(\gamma_0 + \gamma_1 s_i))})] \end{aligned} \tag{7.9}$$

在实施最低工资制度后,如果人均收入高于未实施最低工资制度时,也意味着最低工资制度的实施提高了富裕水平,即 $E(wage \mid mw) > E(wage \mid mw = 0)$,此时有:

$$\begin{aligned} & E(wage \mid mw) - E(wage \mid mw = 0) \\ & = \frac{1}{N}\sum_i^N [I(y_i > mw) \\ & \quad \times \left(\frac{y_i}{\exp(y_i - mw}\right) \times I(\mu_i > 0) \\ & \quad + (1 - I(y_i > mw)) \times mw \times I(\mu_i + \lambda(mw - y_i) > 0)] \\ & \quad \times \left(1 - \frac{1}{1 + \exp\left(-\left(\gamma_0 + \gamma_1 s_i + \gamma_2 \frac{mw}{y} + \gamma_3 s_i \times \frac{mw}{y}\right)\right)}\right) \end{aligned} \tag{7.10}$$

将全部 N 个个体的工资期望从小到大进行排序，可得到每一个体的工资期望水平，使用基尼系数表示收入结构，作为共同水平的代理指标，基尼系数为：

$$gini_{mw}=\frac{2}{N}\sum_{i}^{N}\left[P(E(wage_{(i)}))-\frac{i}{N}\right] \tag{7.11}$$

其中，$P(E(wage_{(i)}))$ 表示前 i 个个体期望工资占总工资百分比。若实施最低工资制度后，基尼系数相较于未实施最低工资时基尼系数更低，即 $gini_{mw}-gini_{mw=0}<0$ 时，则认为共同水平得到了改善。

二、模拟结果与分析

由于上述公式(7.10)和(7.11)包含的参数较多，对其进行求解存在较大困难，因而考虑利用模拟分析方法，通过对各参数进行赋值，以便清晰地揭示出最低工资标准对共同水平和富裕水平的一般性影响状况。陈建东等(2013)研究认为，收入水平一般服从对数逻辑斯蒂分布，而收入水平与人力资本水平密切相关，可假定人力资本水平服从对数逻辑斯蒂分布，人力资本均值设为 10，基尼系数设为 0.35，k 赋值为 100。为在模拟结果中反映出城镇人口与农村人口的人力资本差异，这里假设农村人口人力资本均值为城镇人口人力资本均值的 70%。同时假定总的个体数量为 10000 个，人口城镇化率设定为 2021 年的水平为 63.9%。对于劳动参与方程，参考张世伟和贾朋(2014)的研究，λ_1 设为 0.035，分别对城乡固定效应 μ_i 设定为城镇 0.1，农村 −0.1。参考张攀等(2016)的研究，对于高于最低工资标准的个体，最低工资对其工资收入弹性为 0.415，而全国最低工资标准自 2004—2019 年平均增调幅度约为 10.1%。在涟漪效应存在的情况下，最低工资标准每次调整将导致较高收入个体 4.1915%的工资水平提升，考虑收入越低影响效应越大，设最低工资调整将带来 5%的涟漪效应，即设 β 为 0.05。假设不实施最低工资标准时的失业率为 10%，分别设 γ_0、γ_1 分别为 0.85 和 0.3，γ_2 与 γ_3 分别赋值为 4 与 −0.1。将各设定参数值代入模型，可分别模拟得到不同最低工资标准对共同水平和富裕水平影响，具体结果如图 7.1 所示。

模拟结果显示，随着最低工资水平的提升，该政策影响的群体比重越大，人均收入水平存在先上升后下降的变动趋势，收入分配格局、城乡收入分配格局也表现出先改善后恶化。最低工资水平变动对共同富裕的影响表现为三个阶段：(1)最低工资影响群体比重较低时，最低工资标准会促进共同富裕水平。最低工资政策主要以积极的工资效应为主，提高了平均收入水平与富裕水平。同时在岗职工工资水平提升，鼓励了农村以及欠发达地区劳动力的劳动参与意愿，区域间、城

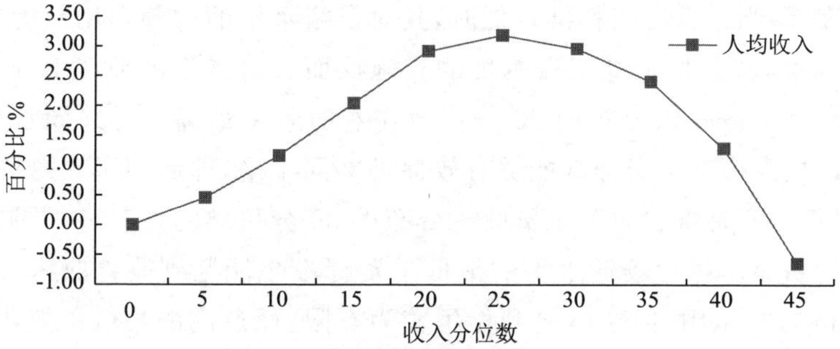

(a)人均收入变动百分比

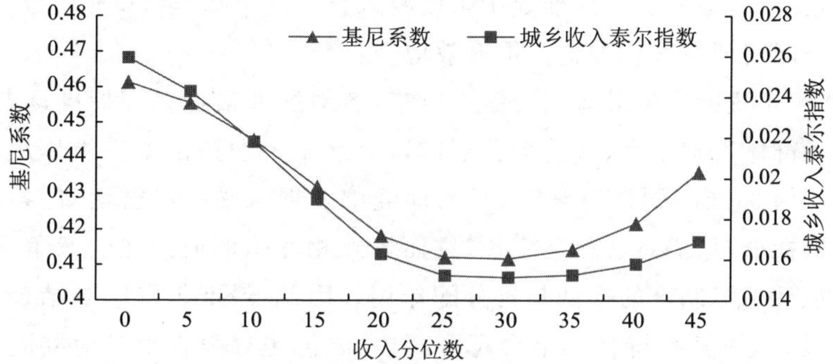

(b)收入基尼系数和城乡收入泰尔指数

图 7.1 最低工资变动对人均收入、收入基尼系数和城乡泰尔指数的影响模拟结果

乡间收入分配格局得到改善,提高了共同水平,进而提高共同富裕水平。(2)随着最低工资影响群体比重提高,最低工资标准提升对共同富裕的积极效应不断减弱。随着最低工资水平不断提高,就业效应也会随之增强,工资效应则会变弱,最低工资水平提高可能对人均收入的积极效应减弱,进而降低了富裕水平。由于最低工资水平提升导致劳动力成本提升,劳动力竞争更加激烈,高技术、高技能劳动力需求提高,致使对受最低工资政策影响较大的低收入群体就业产生更大冲击。由于农村地区人口受教育程度相对较低,人力资本积累相对不足,最低工资水平较高时,农村地区人口遭受的失业冲击更强,城乡人均相对收入水平降低,城乡收入分配格局随之恶化,进而减弱最低工资对共同水平的积极效应。(3)在上述阶段之间,最低工资水平变动对共同水平与富裕水平的影响变动可能并非同步,即存在一个最低工资标准区间,该区间内最低工资标准变动对共同富裕积极作用较弱。考虑各地区间城镇化率、经济发展水平、产业结构、贫困程度等方面均存在差异,使得工资效应与就业效应之间的相对强弱变动更加复杂。

分维度看，当最低工资标准较低时，其对富裕水平的改善作用较为有限，而当最低工资标准较高时，最低工资制度的实施反而会对富裕水平产生抑制作用，最低工资标准为工资收入分布的25分位数左右时效率最高。对共同水平而言，在一定阈值内提高最低工资标准能够有效促进共同水平，即起到了改善收入分配的作用，当最低工资标准设置为工资收入分布的30分位数附近时，对共同水平的改善效果最为明显。尽管较低水平的最低工资标准也能起到改善收入分配格局与城乡分配格局的作用，但整体提升作用较为有限，而过高的最低工资水平则会抑制富裕与共同水平的提升。因此，综合考虑最低工资标准设定对共同与富裕两方面的影响效应，当最低工资标准处于工资收入分布的第25至30分位数区间内，其对共同富裕能实现最大化的整体提升效应。

自2004年我国实施最低工资制度以来，各地区的最低工资标准逐渐上调，在提高低收入群体工资水平，改善部分群体富裕水平上发挥出了积极作用。尽管各地区最低工资标准的调整与确定，与当地经济发展水平关联密切，但各地区在制定最低工资标准时，仍然会相互攀比，进而导致相互间形成潜在的竞争关系，不利于发挥出最低工资制度的提低与再分配作用。因此，最低工资应当结合实际发展情况科学设定，使其维持在一个合理区间内，才能更好发挥出其对共同水平与富裕水平的促进作用，助力共同富裕水平的有效提升。

第三节　实证设计与数据来源

一、模型设计

上述理论模型和模拟分析，讨论了最低工资标准对共同富裕及其各维度的一般性影响。然而，实践中我国各地区的最低工资标准制定是否科学，其能否有效促进效率并兼顾公平，对共同富裕及其各维度产生促进作用，则需要进一步利用实证分析进行检验。因此，本章尝试构建计量模型，对最低工资标准同共同富裕及其各维度的影响效应与机制进行探究。最低工资标准对共同富裕影响的模型设定如下：

$$CP_{it}=\mu_i+\lambda_t+\beta_1\ln MW_{it}+\sum_{k=2}^{L}\beta_k X_{kit}+u_{it} \tag{7.12}$$

其中，CP_{it} 为城市 i 在时间 t 时共同富裕水平；$\ln MW_{it}$ 为城市 i 在时间 t 时的最低工资水平对数；β_1 为其系数，表示最低工资水平变动对共同富裕水平的半弹性；X_{kit} 表示城市 i 在时间 t 时第 k 个控制变量取值，若该控制变量为绝对量变量则取对数，若为比重变量则不变；β_k 为其对应系数；μ_i 为个体固定效应，λ_t 为时间固定效应，u_{it} 为随机扰动项。

同时，为了探究最低工资政策对共同富裕的各维度的影响效应，分别构建对共同水平与富裕水平的影响模型：

$$CL_{it}=\mu_i+\lambda_t+\beta_1\ln MW_{it}+\sum_{k=2}^{L}\beta_k X_{kit}+u_{it} \tag{7.13}$$

$$WL_{it}=\mu_i+\lambda_t+\beta_1\ln MW_{it}+\sum_{k=2}^{L}\beta_k X_{kit}+u_{it} \tag{7.14}$$

其中，CL_{it} 为城市 i 在时间 t 时的共同水平；WL_{it} 为城市 i 在时间 t 时的富裕水平。

考虑到最低工资标准的影响效应变动，各城市的发展阶段和区位禀赋存在一定差异，本章尝试使用有限选择模型（FMM）与调节效应模型，探究最低工资对共同富裕影响的异质性与影响机制。为探究最低工资水平对共同富裕及其各维度影响机制，构建调节效应模型如下：

$$\begin{aligned}CP_{it}=&\mu_i+\lambda_t+\beta_1\ln MW_{it}+\beta_c(\ln MW_{it}-\overline{\ln MW})(MV_{it}-\overline{MV})\\&+\beta_{mv}MV_{it}+\sum_{k=2}^{L}\beta_k X_{kit}+u_{it}\end{aligned} \tag{7.15}$$

$$\begin{aligned}CL_{it}=&\mu_i+\lambda_t+\beta_1\ln MW_{it}+\beta_c(\ln MW_{it}-\overline{\ln MW})(MV_{it}-\overline{MV})\\&+\beta_{mv}MV_{it}+\sum_{k=2}^{L}\beta_k X_{kit}+u_{it}\end{aligned} \tag{7.16}$$

$$\begin{aligned}WL_{it}=&\mu_i+\lambda_t+\beta_1\ln MW_{it}+\beta_c(\ln MW_{it}-\overline{\ln MW})(MV_{it}-\overline{MV})\\&+\beta_{mv}MV_{it}+\sum_{k=2}^{L}\beta_k X_{kit}+u_{it}\end{aligned} \tag{7.17}$$

其中，$\overline{\ln MW}$ 是最低工资水平对数的均值；MV_{it} 是城市 i 在时间 t 时的机制变量取值，$\overline{MV}$ 是该机制变量的均值；β_c 为交互项系数，表示机制标量对最低工资水平影响效应的调节效应；β_1 与 β_{mv} 分别表示当最低工资与机制变量处于平均水平时，对共同富裕的影响效应。

FMM 是一种数据驱动方法，可以假定不同个体在不同时期可以存在不同的经济体制，将各地区之间不可观测的异质性纳入半参数的框架进行分析。FMM 模型主要基于信息准则，确定经济体制数目，观测个体的类别归属是内生确定的，以概率的形式给出，并探讨不同伴随变量取值下个体的体制类型、类别转换与差异，可避免传统异质性分析方式中分类标准选择过于主观、随意的问题。FMM 模

型假定有 J 种体制，设个体 i 在时间 t 时属于体制 j，其模型设定为：

$$y_{it}=x_{it}^{T}\beta_j+u_{it} \tag{7.18}$$

其中，β_j 为体制 j 下对应的系数。若随机扰动项服从正态分布，广义有限混合模型为：

$$f(y_{it}\mid x_{it},z_{it})=\sum_{j=1}^{J}\pi_j(z_{it},\beta_j^{z})f_j(y_{it}\mid x_{it},\beta_j,\sigma_j) \tag{7.19}$$

其中，z_{it} 为伴随变量列向量；π_j 是个体属于体制 j 的概率；β_j^z 为伴随向量在体制 j 时的待估系数向量；f_j 表示个体属于体制 j 时的条件概率密度；σ_j 表示随机扰动项的标准差。假设属于体制 j 的概率 π_j，使用多元 logit 模型刻画，为：

$$\pi_j=\frac{exp(z_{it}^{T}\beta_j^{k})}{\sum_{j=1}^{J}exp(z_{it}^{T}\beta_k^{z})} \tag{7.20}$$

使用极大似然法对参数 β_j^z、β_j 进行估计，对应的对数似然函数为：

$$\ln L=\sum_{i,t}\ln f(y_{it}\mid x_{it},z_{it})=\sum_{i,t}\ln\Big[\sum_{j}\pi_j(z_{it},\beta_j^{z})f_j(y_{it}\mid x_{it},\beta_j,\sigma_j)\Big] \tag{7.21}$$

二、变量选取

1. 被解释变量。参考彭刚等(2023)研究，基于以人为本的共同富裕内涵，同时考虑城市层面数据质量较差，从共同与富裕两个维度构建共同富裕指标体系，并测算共同富裕及其各维度指数。使用熵权法分别测算共同水平与富裕水平指数，并参考 IHDI 方法对两指数取几何平均得到共同富裕指数。

2. 解释变量。各地区的最低工资标准，通常是由各省基于本地区经济社会发展状况，来确定最低工资标准各档水平及调整时间，各地区根据本地发展状况与需求，确定县市区对应的最低工资标准。因此，各地级市通常在同一时间出现多个最低工资标准，本章选取各城市所实行的月最低工资标准的最低档，并取对数处理作为解释变量。

3. 控制变量。参考彭刚等的(2023)研究，选取人均 GDP（*PGDP*）、城镇化率（*UR*）、第二产业产值比重（*IND*）、产业结构高级化（*STR*）、人力资本水平（*CAP*）、政府规模（*EP*）、人口规模（*Popu*）、*FDI*、金融发展（*FIN*）以及数字经济发展水平（*DIG*）等作为控制变量。

4. 机制变量。最低工资水平变动影响的个体分位数可能不同，即最低工资标准在城市当前收入分布的相对水平不同，最低工资标准对共同富裕的影响效应存有差异。但由于各城市的收入分布数据缺失，因而使用最低工资标准对城市工资的相对水平进行衡量，并作为调节变量探究最低工资标准变动对共同富裕的影响变动。由于最低工资标准变动对低收入、低技能个体的影响效应格外显著，各地区发展水平、产业结构等差异所导致的人力资本差异，对最低工资政策效应存在调节效应。因此选取数字经济发展水平、产业结构等作为机制变量，探究最低工资水平对共同富裕影响机制。在脱贫攻坚与乡村振兴的实施下，对贫困地区帮扶力度不断提高，最低工资标准在贫困地区的作用如何值得关注。2014 年 12 月，国务院扶贫开发领导小组办公室公布 832 个国家级贫困县名单，使用贫困县数量占全市县市区数量的比重，作为脱贫政策力度的代理指标，探究最低工资在贫困地区对共同富裕的影响效应。

三、数据来源

共同富裕及其各维度数据来源于彭刚等(2023)的研究，最低工资数据来源于人社部。控制变量数据来源于历年《中国城市统计年鉴》、CNRDS 数据库、CSMAR 数据库以及 EPS 数据库，数字普惠金融相关数据使用北京大学数字金融研究中心和蚂蚁集团共同编制的数字普惠金融指数。缺失数据使用插值法补齐，最终得到 2013—2019 年 275 个地级及以上城市平衡面板数据，各变量含义及描述性统计结果如表 7.1 所示。

表 7.1　变量含义及描述性统计

变量	含义	N	均值	标准差	最小值	最大值
CP	共同富裕	1925	0.432	0.134	0.019	0.903
CL	共同水平	1925	0.739	0.118	0.287	0.992
WL	富裕水平	1925	0.265	0.144	0.001	0.935
MW	最低工资对数	1925	7.147	0.199	6.721	7.816
PGDP	人均 GDP(元)对数	1925	10.750	0.532	9.158	12.280
UR	人口城镇化率	1925	0.562	0.137	0.241	1.000
IND	第二产业增加值占比	1925	0.453	0.100	0.114	0.794
STR	第三产业增加值与第二产业增加值比重	1925	1.039	0.524	0.207	5.154
CAP	本专科学生占总人口比重	1925	0.017	0.017	0.002	0.101
EP	财政支出占 GDP 比重	1925	0.211	0.116	0.0440	2.060
Popu	总人口数(万人)的对数	1925	8.203	0.680	6.089	10.37
FDI	当年实际使用外资(按当年汇率换算)占 GDP 比重	1925	0.016	0.018	0.000	0.210
FIN	年末金融机构人民币各项贷款余额占 GDP 比重	1925	1.028	0.617	0.118	9.623
DIG	数字经济发展指数	1925	0.105	0.056	0.037	0.820
PCR	贫困县数量占城市下辖县市区总数的比重	1925	0.171	0.266	0.000	1.000

第四节　最低工资标准与共同富裕:基准分析与思考

一、基准回归结果

使用最低工资对共同富裕及各维度进行回归,以探究最低工资标准变动对共同富裕的综合影响和结构效应,回归结果如表 7.2 所示。回归结果显示,最低工资水平对共同富裕的存在显著的抑制作用,加入控制变量的情况下,系数大小与

表 7.2　基准回归结果

变量	共同富裕		共同水平		富裕水平	
MW	−0.015**	−0.014***	0.038***	0.036***	−0.039***	−0.035***
	(−2.069)	(−3.574)	(3.101)	(3.129)	(−4.596)	(−5.742)
PGDP		0.024***		−0.005		0.020***
		(6.186)		(−0.471)		(3.194)
UR		0.491***		0.400***		0.416***
		(21.794)		(4.857)		(7.470)
IND		0.019		0.031		0.016
		(0.957)		(0.779)		(0.487)
STR		0.006*		−0.000		0.000
		(1.949)		(−0.051)		(0.087)
CAP		0.238***		0.047		0.319**
		(2.668)		(0.285)		(2.129)
EP		−0.007*		0.012		−0.012**
		(−1.719)		(0.765)		(−1.985)
Popu		0.024*		−0.057**		0.080***
		(1.716)		(−2.312)		(3.455)
FDI		0.024		0.075*		−0.035
		(0.880)		(1.663)		(−0.976)
FIN		0.002*		−0.001		0.002
		(1.948)		(−0.375)		(1.189)
DIG		0.083***		0.025		0.197***
		(3.660)		(1.026)		(5.320)
Cons	0.538***	−0.229*	0.469***	0.750***	0.544***	−0.628***
	(10.582)	(−1.790)	(5.381)	(3.087)	(8.983)	(−3.151)
样本容量	1925	1925	1925	1925	1925	1925
R-squared	0.991	0.996	0.961	0.966	0.988	0.992
个体固定效应	是	是	是	是	是	是
时间固定效应	是	是	是	是	是	是

注:*、**、*** 分别表示 10%、5%、1%的水平上显著,t 检验使用城市层面聚类稳健标准误。

显著性均较为稳健，且最低工资水平每提升 10%，共同富裕水平下降 0.0015。分维度看，最低工资对共同水平与富裕水平的影响存在较大分异，最低工资水平每提升 10%，将会使得共同水平显著提高 0.0038 个单位，而是富裕水平显著降低 0.0035 个单位。一方面，提高最低工资水平有利于弥合收入差距，最低工资水平变动改善了城乡间、区域间收入分配格局，对于调整城乡差异与区域差异，鼓励低收入者就业等具有积极意义。另一方面，最低工资标准同时抑制了富裕水平的提升，劳动力供给增加并不能降低均衡工资水平，反而提升了劳动力成本，最低工资的政策效应主要以就业效应为主，工资效应相对较弱。再者，最低工资标准对富裕水平的抑制影响，要高于其对共同水平的提升，尽管共同水平提高和富裕水平下降的系数大致相等，但全部样本的共同水平均值为 0.739，明显要高于富裕水平的均值 0.265，这在一定程度上解释了为何提高最低工资标准会导致共同富裕水平下降。

从控制变量来看，人均 GDP 显著地提高了共同富裕水平，但对共同水平影响不显著。经济发展过程中富裕水平不断提升，但无法自动协调共同水平使其同步变动，共同水平改善则需要额外关注。产业结构高级化、人力资本水平、金融发展以及数字经济显著提升了共同富裕水平，而对共同水平的影响并不显著。人力资本积累、技术进步、产业结构逐渐高级化，虽然能够提高人均收入水平，但人力资本、高收入产业布局等主要会向城市或发达县市区聚集，因而并不会显著改善收入分配格局。研究期间内，有利于提高富裕水平的因素并不能有效促进共同水平，经济增长过程中更要着重考虑推动共同水平的提高。因此，我国人力资本、技术要素等需要向落后地区与农村地区产业下沉，促进落后地区与发达地区资源互补、产业协调，进而为提高共同水平与协同发展提供物质基础。政府规模对共同富裕水平提升呈现出较为微弱的拟制作用，且对共同水平的影响系数为虽然为正但不显著，政府支出的经济效益与再分配作用均有待提升。

二、进一步讨论

从基准回归结果来看，我国各地区的最低工资标准虽然显著提高了共同水平，一定程度上改善了收入分配，但却显著抑制了富裕水平的提升，改善公平的同时损失了效率，整体来看抑制了共同富裕水平的提升。基于前述理论模型和模拟分析，随着最低工资标准影响的群体比重增加，最低工资标准对共同富裕的影响路径为“先促进—作用减弱—再损失效率”。我国各地区最低工资标准的提升，对共同富裕存在明显的抑制作用，虽然对共同水平存在积极作用，但不利于富裕水平的提高，我国各地区最低工资标准可能已处于作用减弱阶段的后半程，即对共同富裕的损失效率的区间内。从提升共同富裕水平的角度来看,我国当前部分地区的最低工资标准可能与当地经济发展阶段不相协调。评价最低工资相对水平常使用简化后的凯茨指数,即最低工资同平均工资或工资中位数的比值。由于城市层面数据质量相对较低,平均工资数据缺失严重,而城镇在岗职工平均工资并未纳入非公有企业就业者,也未考虑农村地区的工资收入,因而难以全面反映最低工资标准设定的协调性。由于人均可支配收入与工资收入密切相关,同时囊括了公共部门与非公共部门、城镇地区与农村地区的就业群体。因此,使用人均可支配收入作为平均工资的替代计算凯茨指数,反映最低工资标准设定的合理程度。为进一步揭示究竟是哪类地区的最低工资标准的协调性弱,将样本个体按直辖市、省会城市以及其他城市进行分类,用各类城市最低工资标准与其可支配收入的相对大小考察其最低工资标准的合理程度。各年度各地区年最低工资同当地人均可支配收入之比如图 7.2 所示。

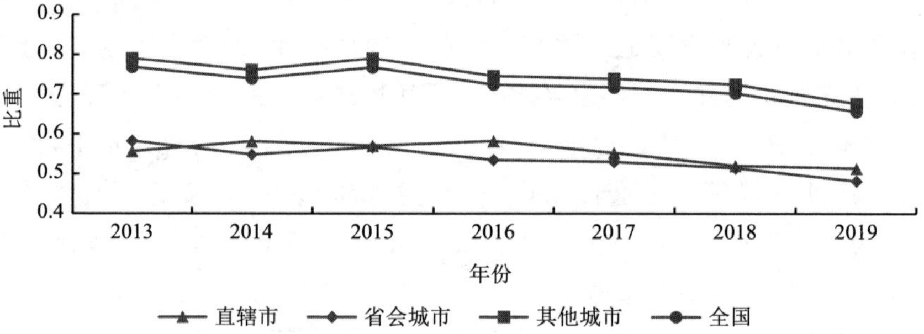

图 7.2　按年份各级城市最低工资占人均可支配收入比重

注:最低工资数据来源于人社部,人均可支配数据来源于 CEIC 数据库与各地区统计年鉴。

第一,各地区最低工资标准与人均可支配收入的相对差异较大,最低工资标准与人均可支配收入的比重整体上呈现出逐年下降的趋势。首先,平均而言,各地区年最低工资约为当地年人均可支配收入的 72.48%,其中,北京、上海约为 43.99%,天津、重庆约为 66.83%,省会城市为 53.74%,其他城市则为 74.66%。城市各类别内部最低工资标准与各地收入水平的耦合度存在较大差异,总体上表现为经济发展水平越低的城市,最低工资标准相对其人均可支配收入则越高,最低工资标准设定可能超越了当前经济发展阶段。最低工资标准制定与调整为各省制定最低工资调整时间、档次及其标准,各地级市根据自身发展实际情况选择相应档次的最低工资标准。省内各地区最低工资标准与经济发展水平不匹配,最低工资标准并未显著拉开差距。其原因可能在于各地区最低工资标准制定存在追随效应，经济发展水平较低的城市会追随发展水平相近或更高的城市，进行在标准制定时导致过度竞争或盲目攀比等问题。其次，从时间上看，各类别城市最低工资标准同人均可支配收入的比重整体上呈下降趋势，各地区政府间盲目攀比最低工资标准的趋势有所缓解。其中直辖市下降幅度最小，减少了4.21%，省会城市减少了9.99%，其他城市下降最多为11.33%，各类型城市间的最低工资相较可支配收入的比重差距在逐步收窄。

第二，随着最低工资标准对人均收入水平的比值的下降，最低工资对共同富裕的影响效应逐步改善。各地区政府间最低工资标准制定攀比、竞争问题逐渐改善，最低工资标准与当地经济发展阶段逐渐适应。为探究最低工资标准对共同富裕的影响是否存在逐步改善的趋势，使用变系数模型对其进行探究。各地区历年最低工资水平对共同富裕的影响系数及其95%置信区间随时间变动结果如图7.3所示。结果显示，2014年最低工资标准变动对共同富裕影响效应最消极。随着最低工资标准相对人均可支配收入比重逐渐改善，我国各地区最低工资水平对共同富裕的影响系数逐渐提高，由对共同富裕的显著抑制作用向不显著和促进方向转变，最低工资标准过高的问题正持续得到缓解。

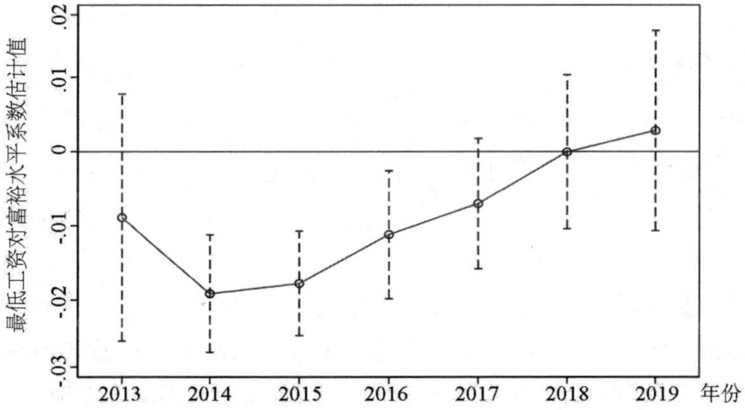

图7.3 按年份最低工资对共同富裕影响系数及其95%置信区间

注：95%置信区间使用城市层面聚类稳健标准误。

三、内生性与稳健性检验

（一）内生性检验

由于各城市的最低工资标准调整，是由所在省份统筹并划分工资档次，在统一时间进行调整，因而最低工资调整可能是外生的。然而，各城市需要根据自身经济发展现状，来选择确定适应的最低工资水平，即最低工资标准制定又会参照当地共同富裕水平，特别是富裕水平。因此，在探究最低工资标准对共同富裕影响时，也可能存在一定的内生性。这里主要使用工具变量法，来处理最低工资对共同富裕影响可能的内生性问题：(1)参考 Bai et al.(2018)的研究，逐年将城市根据人均 GDP 等分为 20 组，并用组内均值构造工具变量 IV1；(2)参考王欢欢等(2022)的研究，将城市当年所在省份的其他城市的最低工资作为其工具变量 IV2。同时，使用两阶段最小二乘法(2SLS)，对最低工资同共同富裕影响效应进行估计。相关估计结果如表 7.3 第 1 到第 6 列所示。第一阶段回归结果显示，两个工具变量均通过弱工具变量检验等检验，为保证结果的可靠性，同时使用两个工具变量进行 2sls 检验。第二阶段回归结果与基准回归结果系数大小与显著性均较为接近，最低工资水平的提升显著抑制了共同富裕与富裕水平，但提高了共同水平，这反映考虑内生性后的回归结果，相较基准回归并未出现较大变化。外生性检验结果显示，共同富裕及其各维度外生性检验统计量 p 值均大于 0.4，不能拒绝 MW 为外生变量的原假设。因此，可认为最低工资标准满足一定外生性，回归结果较为稳定、可靠。

(二)稳健性检验

使用以下几种方法进行稳健性检验：第一，对被解释变量、解释变量及控制变量在 2.5%的水平上进行缩尾处理，以避免极端值影响回归结果可靠性。第二，为避免数据测度误差，使用更换被解释变量的方式重新估计，对最低工资同共同与富裕两个维度影响进行稳健性检验。一方面，职工平均工资水平一定程度上反映了收入水平的变动，将其作为富裕水平度量进行回归；另一方面，将城乡人均可支配收入之比作为城乡收入差距的度量指标，作为共同水平的度量进行回归。相关回归结果如表 7.3 第 7 到第 9 列所示。结果显示，缩尾处理后，最低工资标准对共同富裕的影响系数仍显著为负，系数变动较小，说明回归结果较为稳健。替换被解释变量后，最低工资水平提高仍显著抑制了职工工资水平的提高，但显著缩小了城乡收入差距，与共同与富裕两维度的影响系数方向相同，回归结果依然较为稳健。

表 7.3 内生性与稳健性检验结果

方法	第一阶段回归:被解释变量 MW			第二阶段回归:工具变量			缩尾	替换被解释变量	
变量	MW	MW	MW	共同富裕	共同水平	富裕水平	共同富裕	职工平均工资对数	城乡人均可支配收入之比
*IV*1	0.267*** (4.604)		0.063* (1.906)						
*IV*2		0.987*** (90.881)	0.983*** (86.994)						
MW				−0.013*** (−2.979)	0.038*** (3.045)	−0.034*** (−5.443)	−0.012** (−2.475)	−0.043** (−1.995)	−0.130*** (−2.915)
第一阶段 F 值	21.200***	8259.341***	4323.952***						
Kleibergen-Paap rk LM statistic	21.200***	8259.341***	4323.952***						
Cragg-Donald Wald F statistic	19.18***	95.036***	98.561***						
Endogeneity test				0.317	0.235	0.618			
P-value of Endogeneity test				0.573	0.628	0.433			
控制变量	YES	YES	YES	YES	YES	YES			
样本容量	1925	1925	1925	1925	1925	1925	1925	1925	1925
R-squared				0.945	0.563	0.861	0.995	0.995	0.957
个体固定效应				是	是	是	是	是	YES
时间固定效应				是	是	是	是	是	YES

注:*、**、*** 分别表示 10%、5%、1%的水平上显著,t 检验使用城市层面聚类稳健标准误。

四、机制分析

构建调节效应模型对最低工资同共同富裕的影响机制进行探究，检验结果如表 7.4 所示。结果显示，随着最低工资占职工平均工资比重越高，最低工资对共同富裕的积极效应越小。分维度看，对于富裕水平，最低工资比重越大，对富裕水平的抑制越严重，最低工资水平超越当前工资水平越多，最低工资标准提升对收入水平的抑制作用越大。即最低工资标准同收入水平或发展水平相对水平越不合理，最低工资标准对共同富裕促进作用越弱，政策效率越低。对于共同维度，交互项系数为负但不显著，即最低工资水平已接近促进共同水平提高的临界值，不考虑当下经济发展水平，过度提高最低工资标准则会使其在共同维度也呈现出抑制效应。

数字经济对最低工资影响的调节效应在共同富裕各维度上存在异质性，数字经济发展显著的提升了最低工资水平对共同富裕与富裕水平的积极效应，而抑制了最低工资水平对共同水平的影响效应。原因可能在于，数字经济相关产业普遍分布于城市与经济相对发达的地区，且该类产业如快递、外卖等存在大量廉价劳动力需求，同时数字经济发展带动了餐饮等小微企业发展，而这些企业劳动力需求与最低工资水平密切相关。当数字经济发展水平越高，相关产业劳动力需求越大，最低工资水平变动增加了劳动力供给，进而促进了当地相关产业发展，提高了富裕水平进而促进共同富裕。而农村地区与落后地区数字经济不发达，相关产业与数字经济联系相对较小，而城市数字经济劳动力分配效应加剧了城乡、区域间的竞争，加剧了城乡间、区域间的相对差异，恶化了共同水平。

地区贫困县比重对最低工资的影响效应存在显著的调节效应，贫困县比重越大，最低工资的收入分配效应越强。最低工资水平提升促进了城市内以及城乡间的均衡发展，在脱贫攻坚、乡村振兴过程中，城市内部资源更多地向农村倾斜，最低工资制度对贫困地区的经济效应增强，提高了贫困地区的收入水平。但是，最低工资水平的提高也会提升用工成本，贫困地区企业发展较慢，产业基础薄弱，与企业发展阶段不相匹配的用工成本将会恶化企业生产经营状况，抑制居民收入水平与富裕水平的提高。同时，贫困地区由于经济不发达，最低工资标准的设置与其实际收入水平不相匹配，就业效应将占主导，过高的最低工资标准会抑制富裕水平的提高。

产业结构高级化对最低工资与共同富裕的影响也具有显著的调节作用，但在共同富裕各维度上具有差异。产业结构越高级，最低工资水平提高对共同富裕与

表 7.4 调节效应模型回归结果

调节变量	RW			DIG			PCR			STR		
变量	共同富裕	共同水平	富裕水平	共同富裕	共同水平	富裕水平	共同富裕	共同水平	富裕水平	共同富裕	共同水平	富裕水平
c_MW * c_RW	−0.188*** (−3.970)	−0.049 (−0.383)	−0.483*** (−4.825)									
c_MW * c_DIG				0.096* (1.913)	−0.247*** (−2.853)	0.569*** (5.410)						
c_MW * c_PCR							0.017* (1.878)	0.086*** (3.068)	−0.042*** (−3.306)			
c_MW * c_S TR										0.017*** (3.531)	−0.018* (−1.662)	0.056*** (5.491)
MW	−0.012** (−2.437)	0.045** (2.524)	−0.061*** (−6.212)	−0.011*** (−2.790)	0.030*** (2.720)	−0.022*** (−3.471)	−0.016*** (−4.032)	0.024** (2.136)	−0.029*** (−4.782)	−0.013*** (−3.465)	0.035*** (3.152)	−0.034*** (−5.410)
RW	−0.036** (−2.067)	−0.042 (−0.773)	0.018 (0.648)									
PCR							0.006** (2.345)	−0.022*** (−3.272)	0.024*** (6.110)			
DIG	0.074*** (3.251)	0.023 (0.885)	0.174*** (5.009)	0.056 (1.619)	0.095*** (2.670)	0.035 (0.549)	0.083*** (3.679)	0.042* (1.809)	0.184*** (5.009)	0.074*** (2.900)	0.034 (1.439)	0.169*** (4.482)
STR	0.006** (2.013)	−0.001 (−0.100)	0.002 (0.384)	0.005* (1.870)	0.001 (0.184)	−0.003 (−0.911)	0.005* (1.765)	−0.006 (−0.833)	0.004 (0.764)	−0.001 (−0.331)	0.007 (0.844)	−0.021*** (−4.771)
样本容量	1925	1925	1925	1925	1925	1925	1925	1925	1925	1925	1925	1925
控制变量	YES	YES	YES	YES	YES	YES	YES	YES	YES	YES	YES	YES
R-squared	0.996	0.966	0.992	0.996	0.966	0.993	0.996	0.967	0.992	0.996	0.966	0.993
个体效应	YES	YES	YES	YES	YES	YES	YES	YES	YES	YES	YES	YES
时间效应	YES	YES	YES	YES	YES	YES	YES	YES	YES	YES	YES	YES

注：*、**、***分别表示10%、5%、1%的水平上显著，t检验使用城市层面聚类稳健标准误。

富裕水平的影响越积极，而对共同水平的影响则愈发消极。原因可能在于，产业结构越高级，以商业、服务业为主的第三产业占比越大，对低技术劳动力需求加大，就业人员工资与最低工资标准关联更加密切，最低工资的收入效应更明显。第三产业规模扩张同经济发展联系紧密，产业结构高级化的过程中第三产业劳动力需求不断提高，最低工资水平提高的就业效应相对较弱，总体上最低工资标准提升促进了相关产业就业人员的收入水平，即提高了其富裕水平。而第三产业主要分布于城市区域，相关企业的城乡间分布不均衡使得上述效应呈现城市强农村弱格局，城乡间的效应差异最低工资调整对城乡收入水平的影响并非均等，由此抑制了最低工资政策对弥合收入差距、促进共同水平的作用。综合两个维度，产业结构高级化的调节效应在共同富裕维度显著为正，但系数小于富裕维度，即在产业结构高级化的过程中，最低工资对共同富裕的消极影响存在逐渐改善的趋势。

第五节　城市现代化、最低工资标准与共同富裕

由于最低工资标准区域间差异较小，在各地区禀赋、产业结构以及发展水平均存在较大差异的情况下，最低工资标准对共同富裕的影响效应可能存在较为明显的异质性。当前，主流的异质性分析，通常按照给定的标准划分样本，并对被解释变量的影响效应在不同子样本的差异进行检验与分析。此种方法多基于某种既定标准或研究者经验确定分组区间，且同时一般仅能对不同标准逐一检验，样本划分方法的数据支撑与科学性有所欠缺，且难以把握多重异质性下城市最低工资影响效应的具体类型。为克服这一问题，选择使用 FMM 模型探究并刻画各城市最低工资标准对共同富裕水平影响的异质性。FMM 模型基于样本数据本身对进行分组，通过多个伴随变量对城市所属体制的确定及其转换的协同作用，对其异质性来源进行解释，对不同体制下最低工资标准变动的异质性作用进行估计与检验。相较传统异质性方法而言，FMM 模型对样本的划分方式相对科学，可解释性更强。

一、诊断性检验与城市类型划分

在有限混合模型框架下，参考 Deb 和 Trivedi(2013)的研究控制个体固定效应，并通过虚拟变量的方式控制时间固定效应，对最低工资水平同共同富裕影响效应异质性进行探究。首先，由于最低工资标准制定存在经济发展落后地区最低

工资标准设定过高的问题，超越当前发展阶段的最低工资标准对共同富裕可能产生消极作用，因此不同经济发展水平下最低工资对共同富裕的影响可能存在异质性。其次，受最低工资标准变动影响最大的群体主要为低收入、低技能群体，而农村地区人力资本积累较弱，收入水平更低，同时在城乡二元化背景下，农村人口越多最低工资标准变动的劳动参与效应更强。因此城镇化率越低，最低工资标准变动的影响效应可能越强，不同城镇化率下其效应可能存在异质性。最后，最低工资是初次分配中关于劳动力的非市场性干预，对劳动密集型企业与行业影响更大，而不同产业的劳动密集程度不同，各地区不同产业结构下最低工资变动对共同富裕的影响效应可能存在异质性。综合来看，即为地区现代化水平存在差异，最低工资标准对共同富裕的影响效应，可能展现出异质性。因此选取人均 GDP（*PGDP*）、城镇化率（*UR*）以及产业结构（*IND*）作为伴随变量。

表 7.5　FMM 模型诊断性检验

类别数目	N	自由度	拟似然函数值对数	AIC	BIC	AIC3	CAIC	检验结果
1	1925	18	6510.32	−12984.63	−12884.51	−12966.63	−12884.50	否
2	1925	42	6810.77	−13537.53	−13303.90	−13495.53	−13303.88	否
3	1925	65	7062.22	−13994.44	−13632.86	−13929.44	−13632.83	是
4	1925	88	7024.17	−13872.34	−13382.82	−13784.34	−13382.78	否
5	1925	不收敛						

使用 AIC、BIC、AIC3 以及 CAIC 来确定潜类别的数量，模型诊断性检验如表 7.5 所示。结果显示，当潜类别个数为 3 时，各项指标均最小，因而选择构建潜类别个数为 3 的模型进行后续实证研究。FMM 模型伴随变量回归结果如表 7.6 所示。结果显示，类别 B 为共同富裕影响机制的主要类型，研究期间内有 75.43％的个体属于该类别，类别 A 次之有 16.21％，类别 C 最少仅 8.36％。以类别 A 为基准组构建多元 logit 模型，结果显示，与类别 A 相比城市的城镇化率越低，产业结构越轻，且经济发展水平越高，城市共同富裕影响机制越接近类别 B。类别 B 地区的经济增长并非简单依靠城市规模扩张，而是通过提高产业整体的生产效率实现带动经济发展，该类别的经济发展水平、经济效率更高。以类别 A 为基准，经济发展水平越高，城市共同富裕影响机制越接近类别 C。

表 7.6　FMM 模型伴随变量回归结果

变量	类别 A	类别 B	类别 C
PGDP	基准组	1.515**	4.295***
		(2.447)	(4.740)
UR	基准组	−7.285***	−6.108
		(−2.899)	(−1.408)
IND	基准组	−3.449*	−3.854
		(−1.825)	(−1.483)
隶属概率	16.21%	75.43%	8.36%
观测值	312	1452	161
误判偏差	17.65%		

注：*、**、*** 分别表示 10%、5%、1%的水平上显著，括号内为城市层面聚类稳健标准误。

为探究各类别差异，对各类别地区产业结构、城镇化水平、人均 GDP、人均收入进行 t 检验，检验结果如表 7.7 所示。结果显示，类别 B 地区与类别 C 地区产业结构轻重程度相似，而类别 C 地区产业结构更高级，此外类别 C 地区城镇化率与经济发展水平 t 统计量均为负，类别 C 经济发展水平显著高于类别 B 地区。而类别 A 与类别 B 相比，类别 B 产业结构更轻，城镇化率更低，人均收入与人均 GDP 的 t 检验均不显著。由此，基准组类别 A 尽管城镇化率、第二、三产业比重较高，但经济发展水平、经济效率最低，即低效现代化组，类别 B 经济效率更高，具有较大的发展潜能，即高效现代化组，而类别 C 经济发展水平、城镇化程度最高，产业结构更高级，属现代化组。

表 7.7　各类别主要变量差异

变量	产业结构	产业结构高级化	城镇化率	人均 GDP	人均可支配收入	最低工资与人均收入比
类别 B	0.4503	1.0201	0.5326	47914	21768	0.7448
类别 C	0.4588	1.2463	0.7424	115806	38637	0.5172
差分	−0.0085	−0.2262	−0.2098	−67892	−16869	0.2276
t 统计量	−1.06	−5.239***	−21.919***	−31.978***	−27.077***	14.728***
类别 A	0.4647	1.0177	0.6031	49979	22224	0.7386
类别 B	0.4503	1.0201	0.5326	47914	21768	0.7448
差分	0.0143	−0.0024	0.0705	2065	456	−0.0062
t 统计量	2.295**	−0.080	9.127***	1.340	0.990	−0.520

注：*、**、*** 分别表示 10%、5%、1%的水平上显著。

研究期间内，共有145个城市发生了体制转换，为了探究各发展类别的转换规律，估计其马尔可夫状态转移矩阵，以对城市类别转化进行研究，马尔可夫状态转移矩阵如表7.8所示。结果显示：第一，从主对角线元素来看，主对角线元素相对于当前状态下其他转换方式最大，即各类别具有倾向于保持当前发展状态的倾向。其中，高效现代化组的惯性最强，停留在本类别下的概率为89.69%，现代化组次之为60.94%，低效现代化组最低为54.79%。各类别实现发展阶段变动相对困难，尤其是高效现代化组最为困难。第二，研究期间内，低效现代化组向高效现代化组的转变相对简单，转移概率为41%，现代化组也存在向高效现代化组转移的可能，转移概率为29.69%。研究期间内，低效现代化组向上流动相对容易，而到达高效现代化组后发展阶段相对停滞，存在较长的发展时期，而现代化组相对不稳定，存在一定降级风险。

表7.8 各发展类别马尔可夫状态转移矩阵

期初状态\期末状态	现代化	高效现代化	低效现代化	合计
现代化	60.94%	29.69%	9.38%	100%
高效现代化	5.08%	89.69%	5.23%	100%
低效现代化	4.21%	41.00%	54.79%	100%
合计	7.95%	77.33%	14.72%	100%

二、回归结果与分析

使用FMM模型对共同富裕异质性进行分析，各体制下共同富裕及其各维度回归结果如表7.9所示，回归结果显示：

第一，最低工资水平提高均抑制了共同富裕水平的提升，地区越发达最低工资水平提升对共同富裕的抑制作用越弱，且这种作用主要体现在富裕水平上。低效现代化组最低工资标准对共同富裕的半弹性为−0.032，且在0.01的水平上显著，而高效现代化组则为−0.006，在0.05的水平上显著，对共同富裕的抑制作用远小于低效现代化组，而现代化组半弹性不显著，对共同富裕的抑制作用不强。而对各类别下最低工资对富裕水平影响系数进行估计，结果显示最低工资标准对富裕水平的抑制作用也存在由低效现代化组向现代化组逐渐递减的趋势。对各类别地区间最低工资与人均收入水平是否具有显著差异进行T检验，结果显示，低效现代化组与高效现代化组的t统计量不显著，现代化组显著低于低效现代化组与高效现代化组。该部分结果印证了落后地区最低工资标准设定相对不合理的判断，即经济发展水平更低且经济效率更低的落后地区，最低工资上调将抑制其共同富裕提高。

第二，经济发展潜力与经济效率更高的地区，即使在相同最低工资标准设置下，最低工资标准变动对共同富裕的影响效应更积极。对于经济效率更高但发展水平较低的高效现代化组，最低工资标准上调对共同富裕的半弹性则降低为低效现代化组的18.75%，最低工资标准提高对共同富裕的抑制作用更小，与现代化组的－0.003相差不大。即在同等最低工资标准设置下，地区的现代化效率越高，经济发展潜力越大，最低工资标准提高对共同富裕的抑制作用更低。现代化效率较高的地区，经济发展相对较快，相关产业的扩张下，最低工资能够更大程度地提高更多农村剩余劳动力的参与水平，城乡差距逐渐缩小，共同水平改善。随着发展型城市的产业和技术不断升级，企业生产经营预期越良好，预期收益的提高进而导致最低工资标准提高所导致劳动力成本提高同边际产出之比变小，企业对劳动力的排斥程度减弱。最低工资的就业效应减弱，对富裕水平的抑制作用更小，对共同富裕的积极效应更强。

第三，从共同水平来看，最低工资标准变动对共同水平的影响系数存在由低效现代化组向现代化组先递增后递减的变动规律。即对于低效现代化组与现代化组而言，最低工资标准上升对共同水平的影响系数虽然为正，但不显著，而对于高效现代化组而言则显著为正。对于低效现代化组而言，由于存在较高水平的城镇化率，最低工资标准相对于其收入水平较高，农村地区劳动力的劳动参与程度更高，最低工资标准进一步上升并不能进一步提高劳动者的劳动参与度，不能有效调整工作岗位在城乡居民间的合理分配。同时，由于经济效率相对较低，企业发展水平相对薄弱，提高最低工资标准将导致劳动力价格与企业经营水平不匹配，也不利于进一步提升低收入群体的收入水平。而对于现代化组，由于产业结构相对高级，在较高的城镇化率下，农村劳动力相对较少，劳动参与程度高，最低工资对共同水平的影响效应更低。且更高的最低工资水平将进一步提高城乡劳动力的竞争性，由于人力资本的城乡不均衡，最低工资标准上升对农村劳动者将产生更严重的就业冲击，进而抑制了最低工资对共同水平的影响效应。对于高效现代化组而言，由于产业结构更轻，城镇化水平更低，农村劳动力更多，最低工资标准能更有效地提高农村地区劳动力参与程度，较大的经济发展潜力降低了最低工资标准的失业冲击，最低工资标准变动对共同水平的影响效应更积极。

总体而言，最低工资标准变动对共同富裕和富裕水平影响的消极效应，具有由低效现代化组向现代化组不断递减趋势，而对共同水平的积极影响，存在先上升后下降的变动趋势。即当前最低工资标准显著抑制了落后地区的共同富裕与富裕水平，对共同水平的改进不显著，最低工资标准设定相对过高。而对高效现代化组而言，最低工资标准对共同富裕的消极作用被高发展潜力与效率所减弱，但由于城镇化率较低，最低工资标准变动仍能进一步改善共同水平。对于现代化组而言，最低工资标准变动对共同富裕及其各维度均不存在显著影响，但最低工资标准提升仍能微弱地提高共同水平，对富裕水平的抑制作用较小，最低工资标准设定相对合理。

表 7.9　FMM 模型各类回归结果

变量	类别 A(低效现代化组)			类别 B(高效现代化组)			类别 C(现代化组)		
	CP	CL	WL	CP	CL	WL	CP	CL	WL
MW	−0.032***	0.057	−0.077***	−0.006**	0.035***	−0.022***	−0.003	0.021	−0.003
	(−2.973)	(1.071)	(−3.426)	(−2.217)	(3.912)	(−6.475)	(−0.246)	(0.618)	(−0.256)
PGDP	0.039***	0.032	0.037**	0.027***	−0.002	0.021***	0.009**	−0.015	0.011
	(3.746)	(1.046)	(2.006)	(5.861)	(−0.263)	(4.677)	(2.238)	(−1.027)	(1.479)
UR	0.524***	0.468***	0.398***	0.390***	0.210***	0.328***	0.363***	0.441***	0.223***
	(10.539)	(2.912)	(3.892)	(12.008)	(2.953)	(7.868)	(12.789)	(3.376)	(6.221)
IND	0.112	−0.007	0.174*	−0.060***	−0.000	−0.100***	0.111***	0.046	0.287***
	(1.455)	(−0.062)	(1.936)	(−3.413)	(−0.002)	(−6.127)	(5.442)	(0.679)	(6.428)
STR	0.018	−0.020	0.023	−0.003	−0.000	−0.013***	0.022***	0.011	0.059***
	(1.533)	(−0.803)	(1.263)	(−1.140)	(−0.010)	(−5.559)	(5.789)	(0.643)	(6.755)
CAP	0.509	−0.053	0.811	0.116*	0.075	0.075	0.093	0.154	0.209
	(1.342)	(−0.080)	(1.545)	(1.956)	(0.601)	(1.109)	(1.054)	(0.459)	(1.329)
EP	−0.002	0.081	−0.023	0.020***	0.024	0.006	−0.012***	−0.002	−0.005
	(−0.151)	(0.863)	(−0.595)	(3.889)	(1.261)	(0.780)	(−5.395)	(−0.343)	(−1.592)
Popu	0.049*	−0.072	0.084**	0.044**	0.016	0.116***	−0.012	−0.197***	0.081***
	(1.796)	(−1.232)	(2.140)	(2.164)	(0.580)	(4.554)	(−0.581)	(−3.355)	(4.531)
FDI	0.028	0.590**	−0.149	−0.014	−0.020	−0.062***	0.149**	0.090	0.207***
	(0.372)	(2.521)	(−0.911)	(−0.174)	(−0.650)	(−3.527)	(2.112)	(1.082)	(3.541)
FIN	0.017**	−0.013	0.028**	0.001	−0.001	0.000	0.006***	0.024***	−0.001
	(2.150)	(−1.060)	(2.571)	(1.220)	(−0.556)	(0.138)	(2.856)	(4.542)	(−0.191)
DIG	0.055**	0.048	0.169**	0.014	−0.026	0.085**	0.081***	0.122***	0.124***
	(1.969)	(0.702)	(2.594)	(0.773)	(−0.780)	(2.276)	(15.977)	(3.484)	(6.739)
个体效应	YES	YES	YES	YES	YES	YES	YES	YES	YES
时间效应	YES	YES	YES	YES	YES	YES	YES	YES	YES

注：*、**、*** 分别表示 10%、5%、1%的水平上显著，括号内为城市层面聚类稳健标准误。

第六节 结论与启示

“十四五”时期，如何切实发挥出最低工资政策的“提低”与收入分配作用，实现最低工资制度对共同富裕积极作用的有效发挥，推进共同富裕取得实质性进展，具有重要的现实意义。本章的主要贡献是，通过构建理论模型和模拟分析，探究了最低工资标准对共同水平与富裕水平两个维度的一般性影响，并使用2013—2019年275个地级及以上城市的平衡面板数据，实证检验了新时代以来我国各地区最低工资水平对共同富裕及其各维度的影响效应，并对我国当前最低工资标准制定的合理性以及影响的异质性进行了研判与分析。研究发现，最低工资标准需处于合理区间内，才能对共同富裕及其各维度发挥充分的促进作用，最低工资标准处于收入分布第25到30分位数之间，最低工资标准对共同富裕的提升效应最大。在研究期内，我国各地区最低工资标准与经济发展水平协调性有待提高，最低工资变动对共同富裕存在显著抑制作用，但在一定程度上促进了共同水平增长，改善了收入分配，其影响效应会随着最低工资标准同当地收入水平的合理调节而改善。数字经济发展与产业结构高级化水平提高，有利于缓解最低工资标准提高对共同富裕的消极影响，脱贫政策对最低工资标准改善收入分配与共同富裕均具有积极意义。城市现代化水平对最低工资标准同共同富裕的影响效应关系紧密，城市化效率越高、经济发展潜力越强，越有利于提高最低工资标准对共同富裕影响效应，对提高共同水平而言尤为关键。

通过本章研究，可以得到以下几点政策启示：

1. 深化最低工资标准促进共同富裕的影响效应，有效发挥最低工资制度的“提低”作用。理论分析与模拟结果显示，最低工资标准变动对“共同”与“富裕”维度均存在“先促进后减弱”的影响效应。过高的最低工资标准对富裕水平的积极作用较弱甚至存在抑制，损害了效率，而较低的最低工资标准尽管在一定程度上改善富裕水平，但政策效应不足。因此，过高或过低的最低工资标准对共同富裕的影响效应有限，各地区要注重评估本地区最低工资标准的积极效应强弱，使最低工资标准保持在合理区间内，发挥最低工资制度在初次分配中做大“蛋糕”的效率，保障分好“蛋糕”的作用。此外，要明确最低工资标准“提低”“兜底”的政策定位。最低工资标准作为初次分配的非市场性政策工具，其通过约束就业者工资的最低水平，以有效发挥提高低收入群体收入作用。基于此，不应出于“扩中”定位盲目抬高最低工资标准，这不仅不利于增加中等收入群体比重，其消极效应甚至会阻碍共同富裕水平的提升。

2. 持续完善各地区最低工资标准调整制度，提高最低工资标准制定的科学性与规范性，不断提高我国各地区共同富裕水平。为有效发挥最低工资标准的积极作用，最低工资标准应当与本地经济发展水平、发展阶段与现实需求相适应，制定科学、合理的最低工资标准。基于对当下最低工资标准设定合理程度的研判，一是要缩小各地区间最低工资标准与人均可支配收入相对水平差距，保持最低工资标准与本地经济发展水平协调发展，使最低工资标准回归合理区间；二是避免地区间最低工资标准制定的追赶心理与攀比心理，减少最低工资标准制定同其他不合理挂钩标准的密切程度。“就业是最大的民生”，在就业优先政策下，从最低工资标准“提低”与保障低收入群体生活的目标出发，在提高低收入群体就业质量的同时注重保障就业。避免由于“盲目跟风”以及“指标竞赛”导致最低工资标准超出合理区间之外，使实际效果与“提低”初衷相违背，损失最低工资标准的政策效率。

3. 注重发挥最低工资标准与地区现代化水平的协调推进作用。基于 FMM 模型结论，即便最低工资标准的相对水平相近，效率更高的现代化地区更有利于提高最低工资标准对共同富裕的影响效应，现代化水平越高最低工资标准的“提低”“兜底”作用越强，效率越高。首先，应注重地区现代化对共同富裕的核心作用，保持地区经济可持续发展能力，对提升微观部门对未来经济运行的信心与预期，提高最低工资制度的工资效应，缓解失业冲击，改善劳动者就业状况与收入增长具有重要意义。其次，建立最低工资标准与现代化发展联动机制，实现最低工资标准与现代化进程的协同变动，对提高低收入群体及其家庭预期水平，调动劳动参与积极性与消费信心具有积极意义，提高最低工资标准对共同富裕的影响效应。最后，各地区应基于本地现代化进程与发展效率，明确共同富裕推进路径选择，处理、权衡效率与公平的关系，避免最低工资标准的盲目调整损害共同富裕的实质性推进。

第八章　中国城市数字经济发展对共同富裕的影响与分异

第一节　研究背景与价值

党的二十大报告指出，共同富裕是中国特色社会主义的本质要求，也是一个长期的历史过程。共同富裕的实现是中国社会主义现代化建设中各个领域和各个方面的共同成果，其中经济发展水平是共同富裕伟大事业的基石。然而，我国经济社会现阶段面临着长减速、结构调整、政策消化“三期叠加”与需求缩紧、供给冲击和预期转弱“三重压力”并存的复杂局面(蓝庆新等，2022)，延缓了共同富裕扎实推进的步伐。对此，习近平总书记在主持召开中央财经委员会第十次会议时强调，要坚持以人民为中心的发展思想，在高质量发展中促进共同富裕。随着新一轮数字技术与经济领域的广泛融合，当今已进入数字经济时代，数字经济已成为促进经济增长的重要动力。数字经济能够提高生产效率、资源配置效率、创新效率、交易效率、组织效率和产业融合效率，对经济高质量发展具有显著的促进效应(师博等，2022)。数字经济和共同富裕的发展时间不谋而合，靶向和时间上的统一性让数字经济与共同富裕的协同联动成为可能。发展数字经济为驱动我国经济实现动能转换，扭转经济社会复杂局面做出铺垫，是实现高质量发展，扎实推进共同富裕的重要引擎。《数字中国建设整体布局规划》指出，建设数字中国是数字时代推进中国式现代化的重要引擎，是构筑国家竞争新优势的有力支撑。在此之下，推进数字产业发展和深化产业数字化，势必成为未来我国经济发展的主攻方向和必然趋势。因此，在高质量发展的背景下，探索数字经济对共同富裕的影响及其作用机制，明晰数字经济促进共同富裕的不同路径，实现共同富裕与数字经济的协同推进与发展，对于推进中国式现代化进程乃至实现全体人民共同富裕具有重大理论价值和实践意义。

已有研究探讨了数字经济对共同富裕的影响，主要认为数字经济可以引领中国的质量变革、效率变革和动力变革，实现我国经济一般性增长和均衡性增长，以创新效应、溢出效应、协同效应和普惠效应推动共同富裕发展（王军等，2023）。聚焦于共同富裕一体两面，数字经济的增长效应和普惠效应分别对应共同富裕的“富裕”和“共同”维度。数字经济发挥增长效益多集中于如何促进高质量发展，带动经济增长，如荆文君等（2019）指出在微观层面上互联网、移动通信、大数据、云计算等新兴技术可以形成兼具规模经济、范围经济及长尾效应的经济环境，以提高经济发展水平。而发挥普惠效应则多集中于如何缩小城乡多维差距，促进城乡融合，如李晓钟等基于省级层面视角，研究发现数字经济发展对城乡收入差距的影响呈现先扩大后缩小的“倒 U 型”态势（李晓钟，2022）。袁慧爱等则结合两种效益认为数字经济能够发挥增长效应，并能在发挥均衡效应的基础上进一步提高增长效应（袁惠爱等，2023）。

由于数字经济和共同富裕的内涵均十分广泛，众多学者一般选择从数字经济与共同富裕的某个方面来进行探究。一方面，从数字经济的现实实践作为延伸方向，例如数字普惠金融的兴起带动创业活跃度（张金林等，2022），数字乡村建设推动城乡融合发展（苏红键，2022），从数字经济发展视角探究了推动共同富裕的有效性。另一方面，从共同富裕的表现方面切入，数字经济通过减少区域间的流动成本，发挥空间溢出效益来实现区域协调（刘伟丽等，2023），发挥资源配置的市场机制来均衡收入分配（刘程，2022），以共同富裕为结果导向证实了数字经济的可行性。也有部分学者对数字经济促进共同富裕的过程提出了风险研判（蒋永穆，2022），认为数字技术作为一种生产手段，在市场竞争中必然成为企业追求高效率和低成本的工具，数字资本和数字垄断将进一步加剧贫富差距，压制人的全面发展（刘军等，2021）。还有部分研究分析了数字经济对共同富裕的异质性影响，主要选择以区域为划分依据（叶堂林等，2023），探究我国不同地域下数字经济对共同富裕的赋能作用，但该分类方法具有一定的主观经验，容易忽视现实存在的客观异质性问题。

总体而言，现有文献已围绕数字经济和共同富裕两大议题开展了诸多研究，从多个方面探究数字经济对共同富裕的影响，同时也指出两者关系的复杂性，对揭示数字经济与共同富裕的内在相互关系打下了扎实的基础，为本章进一步研究提供了有效支撑。然而，已有研究关于数字经济对共同富裕一体两面的影响机制探讨存在一定不足，且异质性分析有待进一步深化。为此，本章将同时从共同富裕以及共同和富裕三个维度入手，系统探讨数字经济对共同富裕的影响。本章可能的边际贡献主要有以下三点：第一，借鉴现有文献，本章搭建起一个融合数字经济和共同富裕各维度的实证研究框架，并基于城市层面数据同时考察数字经济对整体共同富裕及其结构维度的影响。第二，从政府和市场两方面入手，重点探究数字经济在共同富裕影响下的增长效应和普惠效应，力求我国数字经济发展能够与共同富裕的实现同频共振。第三，借助有限混合模型，将中国城市数字经济对共同富裕的影响路径进行客观分类，系统考察城市异质性特征及动力机制转换。

第二节　理论分析与研究假设

现阶段，在我国经济转型、增速放缓的大背景下，基于互联网及新兴技术产生的新型经济形态——数字经济，却表现出了快速增长态势。数字经济是新时代实现高质量发展的重要引擎，而共同富裕则实现高质量发展的必然要求，两者贯穿于高质量发展的全过程。共同富裕要想从理论走进现实，必须坚持以高质量可持续发展为基础，先把“蛋糕”做大，再将“蛋糕”分好，形成由“效率优先、兼顾公平”向“兼顾效率与公平”转变的共同富裕模式切换。因此，基于共同富裕的一体两面发展特性，来探讨数字经济对共同富裕的影响关系十分必要。

一、数字经济对共同富裕的影响

“富裕”代表着社会生产力的提高和人民生活质量显著提升，是共同富裕的基础。数字经济作为一种新的经济模式和发展引擎，有利于激发市场活力，增加社会财富（Hjort et al.，2019），具有“做大蛋糕”、提升“富裕”的强大潜力。具体而言，在宏观层面，数字经济一方面通过创新生产要素、变革供需方式和赋能产业价值等方式重构经济运行系统，凭借发挥技术创新效应与信息扩散效应熨平市场经济发展周期，从而来提升经济增长的稳定性与持续性（张腾等，2021）。另一方面数字经济发挥自身优势，提高经济运行效率、市场资源配置效率和全要素生产率来加速经济效率提升，贯彻新发展理念。在中观层面，数字经济与实体经济不断融合，通过“赋能”与“渗透”作用，加快数字产业化和产业数字化进程（戚聿东等，2020），提升科技创新和人力资本赋能实体经济发展。伴随着我国产业结构调整，数字经济能够调节市场供需错位，改善资源错配状况，进行要素重组升级，提高全要素生产率，从而促进产业结构持续升级。在微观层面，数字经济发展有助于优化就业结构，传统劳动密集型产业通过不断融合数字技术实现结构性改革，转换劳动者就业方式，鼓励灵活就业，提高劳动报酬所得。聚焦乡村发展动力不足问题,数字经济能够在发展城乡企业、助推城镇建设和改变城镇资源配置等方面发挥重要作用,满足新型城镇化发展需求,赋能乡村振兴战略实施。因此,数字经济能够推动经济发展,具有明显的增长效应,是提高富裕水平的重要推动力,故提出如下假说:

H1a:数字经济发展对共同富裕的富裕维度有正向影响。

"共同"代表着社会资源的合理分配,社会发展成果惠及全体人民,是共同富裕发展的目的。数字经济发展有助于改善社会经济基础,创造新的社会财富,更为关键的是如何促进全体人民共享数字经济发展红利。根据历史经验,每一次技术革命在显著提升社会生产力的同时,往往也伴随着贫富差距的进一步拉大。那么,数字经济在做大"蛋糕"的同时,能否有效实现对"蛋糕"的合理分配呢?相较于传统技术,数字技术依赖于新的生产要素——数据要素。数据要素具有规模报酬递增的特点,大型企业可根据自身的庞大体系,利用用户容量、数据储量、算力垄断等优势占据市场中心,提高市场进入壁垒和转入壁垒,对中小企业形成一定数字垄断。一方面,数字垄断能够促使大型企业成为行业寡头,压缩中小企业生存空间,形成"赢家通吃"的市场结构,从而实现某种程度上的"自然垄断",加剧收入不平等;另一方面,数据垄断将进一步增强消费者群体的使用黏性,使企业轻松掌握用户的消费习惯和个人信息,从而为用户精准定位价格歧视,获取更多消费者剩余,增加企业利润,当前大数据杀熟现象已颇为常见。此外,数字经济发展并不自动产生成果共享的"涓流效应";只有在充分融合、连接的前提下,才能带动各类产业的生产率进步(蔡昉,2023),而我国当前数字经济协调机制尚不完善,各地区间缺乏完善的数字利益分配机制,在区域和城乡间易形成数字鸿沟。数字鸿沟不仅会加剧原有的不平等程度,还会对各群体的财富创造能力产生影响,导致越是经济欠发达的地区,"数字鸿沟"越大,贫富差距愈发明显。因此,数字经济对共同维度的影响具有复杂性,但综合看数字经济会对共同维度具有负向影响,故提出如下假说:

H1b:数字经济发展对共同富裕的共同维度有负向影响。

综合数字经济对共同富裕一体两面情况,数字经济对共同富裕的推动并非是双向的,而是存在一定的差异性。具体而言,数字经济发展能够促进富裕水平,但同时在一定程度上会抑制共同水平,从而使得数字经济对整体共同富裕如何影响的研判存有一定难度。基于前述分析,将共同富裕的实现步骤和数字经济的影响特点结合来看:首先,共同富裕的实现并非一蹴而就,共同富裕是全体人民的富裕,不是少数人的富裕,也不是整齐划一的平均主义,要分阶段促进共同富裕。实现共同富裕，必须脚踏实地、久久为功，不同人群的富裕的程度有高有低，时间有先有后，不可能齐头并进(习近平，2021)。其次，数字技术和传统技术相比具有差异性和统一性，差异性在于数字技术在赋能上具有易用性、广泛性和渗透性特征，生产过程中具有异质化、网络化和社会化特点(王梦菲等，2020)。数字技术赋能和生产过程中的特点，加速了社会资源分配，提高经济效率，但也产生了对资本或劳动的相对替代，加大对高技能劳动者的需求，损害中低技能劳动者的相对收入权(Acemoglu et al.，2018)。统一性则体现在数字经济与传统技术的发展过程中，技术推广一般需经过接入、使用和转化三个阶段，现阶段我国城乡居民在运用数字技术转化成经济效应方面，仍具有一定的数字鸿沟，短时间内难以有效弥合。数字经济和共同富裕的同步进行契合了双方的发展特点，导致我国现阶段数字经济是以推动富裕维度发展为主，发挥增长效应，着重改善社会经济水平。因此，数字经济在整体上会推动共同富裕发展，符合当前发展实际，故提出如下假说：

H1c：数字经济发展在整体上对共同富裕水平有正向影响。

二、政府财政与金融市场的调节作用

随着数字经济的快速发展，一系列问题也随之出现，如数据资本垄断、数字化生产对传统劳动力的替代以及城乡、代际之间的数字鸿沟等，成为推进共同富裕的掣肘因素，阻碍共同富裕的推进速度。财政作为政府对市场经济进行宏观调控的重要手段，是促进居民共享国家发展成果、调节收入再分配的重要方式。随着国家财政和社会保障支出力度的不断加大，我国居民社会保障待遇和水平也不断提高。一方面，政府财政支出的增加，有利于推进民生保障建设，优化配置社会资源，改善贫困地区的社会基础设施建设，推进公共服务均等化。政府作为我国社会建设和经济发展的主导和核心，具有政策导向功能，引领社会资源向贫困地区适当倾斜，改善城乡发展悬殊现状，缩小城乡之间的数字鸿沟，为数字经济在农村地区发展提供更多资源支持，充分发挥数字经济的经济增长效应。另一方面，政府财政支出在缩小收入差距方面能够发挥关键作用。财政转移支付是重要的社会再分配制度，转移支付的主要目的在于“济贫”，其具有外部时滞短、针对性强的特点，在缩小居民收入差距方面能够发挥立竿见影的作用(刘伟等，2018)。此外，在面对数字经济对经济结构的冲击时，政府最低工资和失业保障等制度，也可以起到一定的兜底作用，能够有效缓解居民收入差距的进一步扩大。因此，提出如下假说 H2。

H2：政府财政支出水平较高的城市，有利于发挥数字经济对共同富裕的普惠作用。

为了进一步深度挖掘数字经济的规模增长效应，分析数字经济对共同富裕的增长效应，需结合当地市场发展水平进行研判。金融发展水平在很大程度上反映了一个城市的市场活力和资源配置状况，金融市场发展有利于推动社会财富增加。一方面，在宏观经济上金融市场发展有利于推动要素市场改革，优化资金配置、提升风险管理能力（张军扩等，2019），例如数字技术与传统金融相结合下的金融科技，构架新兴金融业务和变革创新交易机制，为推动高质量发展创造体制保障。另一方面，数字普惠金融作为数字技术与普惠金融的有机结合，其具有覆盖范围广、服务种类多、使用便捷化等特点，不仅扩展了金融衍生品的市场渠道，也增加了广大社会群体对金融产品的可获得性。数字普惠金融的发展有利于降低小微企业融资门槛，跨越资金约束创业限制，缩小用户之间交易成本，鼓励居民自主创业，带动社会财富的可持续性增长。因此，提出如下假说 H3。

H3：金融发展水平较高的城市，更有利于发挥数字经济对共同富裕的增长作用。

三、数字经济对共同富裕影响的异质性

从数字经济的地域发展现状来看，区域差异显著，以城市群为边界，京津冀、长三角和珠三角等三大城市群的核心城市是我国数字经济发展水平较高的省份，中部地区和西部地区发展相对落后（王娟娟等，2021）。从数字经济的赋能效果上看，数字经济发展水平越高，对共同富裕的赋能效果越显著（向云等，2022）。数字经济发展显著促进了东部地区、中部地区和西部地区的共同富裕，且在东部地区数字经济赋能共同富裕的水平高于中部地区和西部地区。原因可能在于数字经济具有边际报酬递增的特点，数字基础设施建设状况越好、居民数字技术应用能力越强，数字经济对共同富裕的提升作用越为明显。我国作为一个幅员辽阔、人口众多的发展中国家，无法为数字经济发展提供相同的资源禀赋和发展条件。地域之间的差异可能产生马太效应，发达地区发挥资源集聚优势，吸引欠发达地区的生产资料汇聚，从而导致数字经济对经济发展的贡献存在较大差距，造成了数字经济对共同富裕赋能效果在地域上存有差异。异质化影响不仅产生于各地区数字经济的本身差距，当地资源禀赋也对数字经济对共同富裕的赋能效果产生较大影响。在经济发展水平好、技术创新水平高、城镇化程度深的地区，数字经济的支撑作用往往更能够发挥。此外，对于数字经济具有较大需求的地区，能够有效利用数字经济重组经济结构、提升产业全要素生产率，最大程度上发挥出数字经济的规模报酬效应。因此提出如下假说 H4。

H4:数字经济赋能共同富裕具有异质性特征。

第三节 实证研究设计

一、基准回归模型

为定量分析数字经济发展水平对共同富裕的影响和作用,借鉴赵涛(2020)等构建的城市面板模型,建立基准回归模型如下:

$$Y_{it} = \beta_0 + \beta_1 Digital_{it} + \sum \gamma Control_{it} + \mu_i + \delta_t + \varepsilon_{it} \quad (8.1)$$

其中,i 表示城市,t 表示年份,Y_{it} 表示 i 城市 t 年的共同富裕指数,包括共同富裕水平、共同水平和富裕水平三个维度,$Digital_{it}$ 表示 i 城市 t 年的数字经济发展水平,回归系数 β_1 反映了数字经济发展水平对共同富裕的影响。$Control_{it}$ 表示引入的一系列控制变量,包括经济发展水平、城镇化水平、政府支出比重、金融发展水平、外贸依存度、人力资本和创新水平。μ_i 表示城市固定效应,表示一些不随时间变化的区域差异、经济结构的不可观察因素。δ_t 表示时间固定效应,表示一些宏观整体上的政策变动、经济周期等的不可观测因素。ε_{it} 表示随机扰动项变量选择。

二、调节效应模型

为进一步分析政府和市场在数字经济对共同富裕中的作用,选择将政府财政支出和金融发展水平两个变量作为调节变量,与数字经济发展水平构建交互项,建立以下两个调节模型:

$$Y_{it} = \beta_0 + \beta_1 Digital_{it} \times gov_{it} + \beta_2 Digital_{it} + \sum \gamma Control_{it} + \mu_i + \delta_t + \varepsilon_{it} \quad (8.2)$$

$$Y_{it} = \beta_0 + \beta_1 Digital_{it} \times fin_{it} + \beta_2 Digital_{it} + \sum \gamma Control_{it} + \mu_i + \delta_t + \varepsilon_{it} \quad (8.3)$$

其中,gov_{it} 和 Fin_{it} 分别表示政府财政支出和金融发展水平,分析调节变量在共同富裕维度、共同维度和富裕维度的影响作用,数字经济的边际效应分别为 $\beta_1 \times gov_{it} + \beta_2$ 和 $\beta_1 \times fin_{it} + \beta_2$。由于在进行调节效应分析时,交互项与自变量和调节变量之间存在自相关,为了缓解高度共线性带来的模型估计误差,选择将自变量和调节变量进行中心化处理后,再进行交互项代入模型中来修正误差。

三、有限混合模型

相较于传统以主观经验进行选择,以省域地区、资源禀赋为划分依据的异质性处理方法，有限混合模型更加注重各城市之间不可观测的异质性特征，将其纳入一个整体框架中进行考察，从而可缓解主观分类引发的系列问题。对此，借鉴逯进等(2022)相关研究，引入以联合正态分布决定的有限混合模型对数字经济与共同富裕发展的影响进行异质性分析。以包含2条路径的有限混合模型为例，其具体表达式为：

$$Group1: y = x\beta_1 + \varepsilon_1 \quad \varepsilon_1 \sim N(0, \sigma_1^2) \tag{8.4}$$

$$Group2: y = x\beta_2 + \varepsilon_2 \quad \varepsilon_2 \sim N(0, \sigma_2^2) \tag{8.5}$$

其中，y 代表被解释变量；x 为解释变量矩阵；β_1 和 β_2 为对应的待估系数；ε_1 和 ε_2 分别服从为独立同分布的零均值正态分布，其标准差分别为 σ_1 和 σ_2，为了刻画出解释变量在不同路径下所表现的差异性特点，待估系数 β_1 和 β_2 应显著不相等，否则将退化为一条路径。

在式(8.4)和式(8.5)中，不同城市隶属于某路径的概率仅与解释变量和被解释变量之间的拟合优度有关。为了更加准确把握不同路径的推动因素，加入伴随变量，用来解释不同路径之间数字经济发展对共同富裕发展差异性的背后动因。给定城市 i，建立带有伴随变量的有限混合模型。

$$f(y \mid x, z, \Theta) = \sum_{k=1}^{K} \pi_k(z, \alpha_k) f_k(y \mid x, \beta_k, \sigma_k) \tag{8.6}$$

其中，K 表示路径数量，z 表示伴随矩阵，对应的待估系数矩阵为 α_k，α_k 为路径 k 的残差项标准差，$\pi_k(z, \alpha_k)$ 代表城市 i 隶属于路径 k 的概率，$f_k(y \mid x, \beta_k, \sigma_k)$ 代表了路径 k 中被解释变量 y 的条件分布。

假定不同城市隶属于路径 k 的概率用多元 Logit 模型刻画：

$$\pi_k(z, \alpha_k) = \frac{\exp(\alpha_k + z\alpha_k)}{\sum_{k=1}^{K} \exp(\alpha_k + z\alpha_k)} \tag{8.7}$$

此时，可以采用极大似然法对模型(8.6)进行估计，对数极大似然函数为：

$$\begin{aligned} \log L &= \sum_{n}^{N} \log f(y \mid x, z, \Theta) \\ &= \sum_{n=1}^{N} \log \left[\sum_{k=1}^{K} \pi_k(z, \alpha_k) \prod_{t=1}^{T} f_k(y \mid x, \beta_k, \sigma_k) \right] \end{aligned} \tag{8.8}$$

随后，利用经验贝叶斯准则，得到城市 i 隶属于路径 k 的概率：

$$\hat{\pi}(k \mid z_i, y_i) = \frac{\pi_k(z_i, \hat{\alpha}_k) f_k(y_i \mid x_i; \hat{\beta}_k, \hat{\sigma}_k)}{\sum_{k=1}^{K} \pi_k(z_i, \hat{\alpha}_k) f_k(y_i \mid x_i; \hat{\beta}_k, \hat{\sigma}_k)} \tag{8.9}$$

此时，所有省份隶属于路径 k 的整体概率为：

$$P_k = \frac{\sum_{k=1}^{K} \hat{\pi}(k \mid z_i, y_i)}{K} \tag{8.10}$$

当然，此类内生分类方法仍会存在错判的可能性，整体误判偏差为：

$$V = 1 - \frac{\sum_{k=1}^{K} \max \hat{\pi}(k \mid z_i, y_i)}{K} \tag{8.11}$$

四、变量测度与说明

（一）被解释变量

在共同富裕的宏观指标测度研究中，邹克等（2021）从收入子系统和平等子系统两个方面构建耦合协调度进行测度，考虑了城乡和行业差距。李瑞松等从经济发展、社会发展、收入消费、文化发展及生态环境五个方面对共同富裕进行综合评测打分（2023）。目前，学术界对测度共同富裕多集中于全国和省级层面，城市共同富裕发展水平测度研究较少。而究其原因，主要在于城市层面可获得的统计指标和数据较少，难以对共同富裕进行全面测度。因此，借鉴彭刚等（2023）基于以人民为中心的发展思想，从“富裕”和“共同”两个维度对城市进行共同富裕测度包括以下指标：“富裕”维度包括绝对收入和相对收入两个方面，绝对收入衡量居民的基本生活水平，相对收入衡量居民的社会生活水平；“共同”维度包括城乡差异和区域差异，城乡差异衡量城乡之间一体化进程，区域差异衡量城市之间的富裕均衡水平。富裕水平以可支配收入的绝对指标和相对指标表示，共同水平的测度选择泰尔指数进行衡量，分别计算城乡可支配收入和城市卫星灯光亮度值的泰尔指数。之后使用熵值法确定富裕水平和共同水平的权重，并参考 IHDI 的构造方法对两个指数取几何平均值从而测度出共同富裕指数（Compro）（如表 8.1）。

表 8.1 共同富裕测度指标体系

一级指标	二级指标	具体指标	指标性质
富裕水平 *Pro*	绝对收入	人均可支配收入	正向
	相对收入	$\frac{\text{人均可支配收入}}{\text{全国人均可支配收入}}$	正向
共同水平 *Com*	城乡差异	城乡人均可支配收入泰尔 T 指数	负向
	区域差异	各县市区 DN 均值的泰尔 T 指数	负向

（二）解释变量

对于城市层面数字经济水平的衡量，借鉴徐维祥等（2022）研究，从数字基础设施、数字产业发展和数字普惠金融三个方面构建综合评价指标体系，并编制数字经济发展指数来对其进行测度。数字基础设施为当地城乡居民对数字技术的接受指标，选择互联网普及率和移动电话普及率两个指标测度，分别用每百人互联网用户数（户），和每百人移动电话用户数进行表征；数字产业发展为当地数字经济发展水平的核心指标，选择电信业务产出、邮政业务产出和相关产业从业人数三个测度指标，分别使用人均电信产出、人均邮政业务总量和信息传输、计算机服务和软件业从业人数占比进行表征；数字普惠金融作为城乡居民的数字应用表现，该部分由数字普惠金融的覆盖广度、使用深度和数字化程度来衡量，具体数据为北京大学数字金融研究中心和蚂蚁金服集团共同编制的中国数字普惠金融指数。使用熵值法对各层指标进行客观赋权，最终得到各城市的数字经济发展指数（表8.2）。

表8.2　数字经济发展水平指标体系

一级指标	二级指标	指标说明
数字基础设施	互联网普及率	每百人互联网用户数（户）
	移动电话普及率	每百人移动电话用户数
数字产业发展	电信业务产出	人均电信业务总量（元）
	邮政业务产出	人均邮政业务总量（元）
	相关产业从业人数	信息传送、计算机服务和软件业从业人数占比（%）
数字普惠金融	覆盖广度	数字普惠金融覆盖广度指数
	使用深度	数字普惠金融使用深度指数
	数字化程度	数字普惠金融数字化程度指数

（三）控制变量

为了更全面考察数字经济对共同富裕的影响研究，借鉴袁惠爱等（2023），叶堂林等（2023）相关研究，在城市层面上选取经济发展水平、城镇化水平、政府财政支出比重、金融发展水平、外贸依存度、人力资本水平和创新发展水平作为控制变量，为消除量纲影响，将非比率指标取对数处理。（1）经济发展水平（$pgdp$）：使用各城市人均地区生产总值，表示该城市的生产力发展水平，反映该城市经济的整体发展状况；（2）政府财政支出（gov）：采用政府财政预算支出占GDP的比重来衡量，公共财政支出为居民提供社会保障和基础设施服务，不仅能够促进地区经济发展，同时也会对收入分配产生影响；(3)金融发展水平(*fin*)：采用各城市年末金融机构各项贷款余额与GDP之比来衡量，金融发展水平关乎当地消费方式和资金流动，也在一定程度上反映当地数字普惠金融发展状况；(4)产业结构层次系数(*ind*)：按照三次产业的层次高低依次赋权，对三次产业占GDP的比重进行加权求和，反映城市产业结构高级化程度；(5)外商投资占比(*FDI*)：采用各城市外商直接投资乘以当年平均汇率占GDP之比，反映当地对外开放程度；(6)人力资本水平(*HC*)：采用各城市每万人本专科生在校数量，反映当地的教育水平程度；(7)城镇化水平(*urban*)：选取城镇人口占年末总人口的比重来衡量，城镇化发展水平衡量城乡一体化进程，可度量城乡发展格局；(8)技术创新水平(*iov*)：选取每万人当年获得的发明数量，衡量当地科技创新能力。

五、数据来源与说明

基于数据的科学性和可获得性，将数据缺失严重的城市进行了剔除处理，最终选取了2011—2019年我国266个地级市以上城市的面板数据，数据主要来源《中国统计年鉴》《中国城市统计年鉴》、CNRDS和各地级市统计年鉴和统计公报，个别缺失数据采用插值法补全，各变量描述性统计结果见表8.3。

表8.3 描述性统计结果

变量	含义	样本量	平均值	标准差	最小值	最大值
Compro	共同富裕	1861	0.437	0.132	0.106	0.903
Com	共同水平	1861	0.743	0.114	0.287	0.992
Pro	富裕水平	1861	0.268	0.144	0.039	0.935
digital	数字经济	1861	0.106	0.056	0.0038	0.820
pgdp	人均GDP对数	1861	10.760	0.518	9.350	12.281
gov	政府财政支出	1861	0.202	0.088	0.026	0.675
fin	金融发展水平	1861	1.011	0.587	0.061	9.622
ind	产业结构层次	1861	2.300	0.158	0.366	2.832
FDI	外商投资占比	1861	1.675	1.763	0.001	19.766
HC	人力资本水平	1861	0.017	0.017	0.002	0.101
urban	城镇化水平	1861	0.565	0.136	0.262	1.000
iov	创新发展水平	1861	1.563	4.006	0.008	48.130

第四节 实证结果分析

一、基准回归结果

在估计之前,首先,使用方差膨胀因子法,对解释变量之间是否存在多重共线性进行检验,结果显示解释变量的方差膨胀因子(VIF)均小于10,表明模型中解释便变量之间不存在明显的多重共线性。随后,对模型进行 Hausman 检验,结果为拒绝原假设,因而选择双向固定效应模型。选择从共同富裕及其分项结构三个维度出发,实证检验数字经济对共同富裕的影响,表 8.4 为基准回归结果,第(1)

表 8.4 基准回归分析结果

变量	(1)		(2)		(3)	
	Pro	*Pro*	*Com*	*Com*	*Compro*	*Compro*
digital	0.224*** (0.043)	0.159*** (0.043)	−0.011 (0.034)	0.037 (0.026)	0.086*** (0.032)	0.075*** (0.028)
pgdp		0.018*** (0.006)		0.008 (0.011)		0.024*** (0.004)
gov		−0.040** (0.021)		0.080** (0.037)		0.003 (0.012)
fin		0.002 (0.002)		−0.002 (0.002)		0.002* (0.001)
ind		−0.003 (0.003)		−0.014 (0.006)		−0.002 (0.002)
FDI		−0.000 (0.000)		0.001 (0.000)		0.000 (0.000)
HC		0.221 (0.136)		0.152 (0.166)		0.229** (0.096)
urban		0.391*** (0.047)		0.467*** (0.093)		0.484*** (0.018)
iov		0.006*** (0.001)		−0.002*** (0.001)		0.002*** (0.000)
_cons	0.245*** (0.005)	−0.164** (0.064)	0.745*** (0.004)	0.403** (0.111)	0.428*** (0.003)	−0.108*** (0.042)
个体效应	Yes	Yes	Yes	Yes	Yes	Yes
时间效应	Yes	Yes	Yes	Yes	Yes	Yes
观测值	1862	1862	1862	1862	1862	1862
R^2	0.083	0.415	0.001	0.142	0.019	0.576

注:*、**、*** 分别表示在10%、5%和1%的显著性水平下显著;括号内数字为聚类到城市层面的标准误,下同。

部分到第(3)部分分别为将富裕维度、共同维度和共同富裕维度作为被解释变量，并展示了仅添加被解释变量和加入控制变量后的回归结果。结果显示：

第一，在富裕维度上，两次回归结果中的数字经济变量回归系数均为正，且通过了1%的显著性检验，表明数字经济对富裕水平具有显著的正向推动作用，验证了假设1a。数字经济对富裕维度的增长效应直接表现为提升了居民人均可支配收入，原因在于数字经济改变了经济增长模式，带动我国结构性调整和供给侧改革，数字产业化和产业数字化的蓬勃发展，为社会经济带来了新的增长活力，增加社会财富。同时，数字经济创造了新的就业机会和就业形态，优化就业结构，数字平台效益显著，催生大量灵活就业人员，为增加人均收入带来了可能性。

第二，在共同维度上，无论是否加入控制变量，数字经济参数回归结果均未通过显著性检验，反映出数字经济发展水平对共同水平的影响并不显著，拒绝了假设1b。导致这一结果的原因，可能在于城乡居民在数字素养方面仍存在巨大的差距，数字鸿沟可能存在并影响到数字经济的普惠效果。2021年中国社科院公布的《乡村振兴战略背景下中国乡村数字素养调查分析报告》中指出，农村居民数字素养平均得分比城市居民低37.5%，数字化工具的应用能力差距对收入水平产生影响，造成城乡机会不公平和发展不均衡，进而导致了在共同维度上数字经济无法充分发挥其效能。

第三，在整体上，数字经济发展能够促进共同富裕水平提升，且回归结果均通过了1%的显著性检验，充分说明数字经济发展对共同富裕具有显著的正向推动作用，验证了假设1c。从各维度结果来看，数字经济在持续不断"做大蛋糕"，但却没能"分好蛋糕"，在共同维度上表现不佳。原因可能在于数字经济存在规模报酬递增效应，由于各主体数字经济水平存在差异，禀赋较好的地区的增长效应可能要显著大于相对落后的地区，从而形成整体增加而内部差距增大的现象。

控制变量方面，经济发展水平 $pgdp$ 能够显著促进共同富裕水平的提升，人均GDP水平的上升往往也会带动着人均收入水平的上升，从而促进富裕水平增长，整体上对共同富裕具有显著的正向影响。政府财政支出 gov 对共同水平具有显著的促进影响，政府财政支出力度的增加可提升社会群体的福利水平，保障居民最低生活水平，有利于缩小城乡、区域间的收入差距，促进社会公平。金融发展水平 fin 在10%的显著性下能够促进共同富裕，金融发展水平主要作用于社会资金流动，激发市场活力，带动社会财富增加。人力资本水平 HC 代表着地区的受教育水平，在5%的显著性水平下能够显著提升共同富裕水平。人力资本水平上升，一方面扩宽了可从事的社会工作种类，带动经济增长，另一方面也可创造更多就业机会来实现社会公平。城镇化水平 *urban* 对共同富裕三个维度均存在正向促进作用，且在 1% 显著性水平下均显著。城镇化水平上升，反映城乡一体化进程加快，更多的发展红利也会惠及农村，无论从共同还是富裕水平均能够得到有效提升，从而在整体上推动共同富裕。创新发展水平 *iov* 对三个维度的影响也均显著，但对共同水平呈现出拟制影响，验证了技术创新在推进经济发展的同时可能对均等化产生不利影响。

二、调节效应检验

共同富裕的发展离不开社会环境的影响，因而选择从政府财政和金融环境两个方面，进一步考察数字经济和共同富裕之间的复杂关系。一方面，政府作为社会公共产品的供给者，具有显著正外部性，有利于克服市场失灵现象，为社会群体提供更多基础设施和公共服务。政府财政支出在带动当地基础设施建设、提升数字化接入普及力度、落实数字化技术应用中发挥着重要作用。同时，政府财政还能够利用转移支付、税收政策等来调节社会分配，缩小城乡、地区、群体间差距，促进共同富裕。另一方面，金融与经济共生共荣，金融通过资金融通能够有力支撑经济发展，随着数字经济的兴起，数字普惠金融增加了农村地区的金融可获得性，发展数字普惠金融成为金融扶贫工作的重要抓手，能够有效助力乡村振兴，促进农村地区经济发展和农民增收，推动实现共同富裕。

表 8.5 第(1)部分 3 列分别报告了政府支出比重对数字经济发展水平与共同富裕三个维度之间关系的影响。在共同富裕维度和富裕维度，数字经济主效应均为正，且通过了 5% 的显著性水平，而交互项系数均为负，其中富裕维度的交互项系数通过了 1% 的显著性水平，表明调节变量政府财政支出比重的增加显著削弱了数字经济对富裕维度的增长作用，具有负向调节作用。在共同维度，数字经济系数依旧显著为正，但相较其他两个维度的差异，交互项在共同维度的估计系数显著为正，表明财政支出水平的增加显著增强了数字经济发展水平对共同维度的增长作用，具有正向调节作用，验证了假设 H2。究其原因在于，政府财政支出的增加带来更多社会保障性服务，公共财政支出增加推动城乡居民基本设施建设不断完善，推动城乡居民数字化技术的应用，提高城乡居民的实际利益所得，有利于缩小城乡差距，促进共同维度发展。

表 8.5 第(2)部分 3 列分别报告了金融发展水平对数字经济发展水平与共同富裕三个维度之间关系的影响。金融发展水平的提高强烈增强了数字经济发展水平在富裕维度的增长作用，数字经济发展水平主效应和交互性系数均显著为

正，验证了假设 H3。而在共同维度，金融发展水平与数字经济发展水平的交互项为负，通过了 10%的显著性水平，这表明金融发展水平的提高阻碍了共同维度的发展，不利于共同进步，拉大了区域和城乡的内部差距。究其原因在于，金融发展水平的提高表明居民的金融可获得性更为便利，有利于带动城乡居民消费和创业，从而增加财富，实现收入上的增长。农村地区由于普惠金融的发展，显著提高了农户的金融参与感，优化了农村部门的外部融资效率，但城市部门的金融可获得性也大大增加，且城市部门具有更大的金融人口基数，使得资本要素流动更加集中于城市部门，从而整体金融水平的提高可能加剧了城乡贫富差距，不利于共同维度发展。

表 8.5　调节效应分析结果

变量	(1)			(2)		
	Pro	*Com*	*Compro*	*Pro*	*Com*	*Compro*
digital	0.079**	0.077**	0.059**	0.097*	0.064**	0.057*
	(0.039)	(0.038)	(0.025)	(0.052)	(0.030)	(0.034)
digital × *gov*	−1.322***	0.658*	−0.265			
	(0.287)	(0.380)	(0.194)			
gov	−0.047***	0.083**	0.002	−0.041**	0.080**	0.003
	(0.017)	(0.036)	(0.013)	(0.021)	(0.037)	(0.012)
digital × *fin*				0.121***	−0.051*	0.035*
				(0.030)	(0.028)	(0.019)
fin	0.003	−0.002	0.002	0.002	−0.002	0.002**
	(0.002)	(0.002)	(0.001)	(0.002)	(0.002)	(0.001)
控制变量	Yes	Yes	Yes	Yes	Yes	Yes
_cons	−0.183***	0.413***	−0.112***	−0.167***	0.405***	−0.109***
	(0.059)	(0.108)	(0.041)	(0.064)	(0.110)	(0.042)
城市效应	Yes	Yes	Yes	Yes	Yes	Yes
年份效应	Yes	Yes	Yes	Yes	Yes	Yes
观测值	1862	1862	1862	1862	1862	1862
R^2	0.442	0.146	0.577	0.439	0.145	0.579

三、内生性检验

通过基准回归得知，城市数字经济的发展有利于推动共同富裕，两者存在着显著的正相关关系。然而，模型中可能存在内生性问题需要进行考虑，以避免对估计结果造成偏差。一方面，模型中可能存在遗漏变量问题，一些关键变量的缺失可能导致干扰项与解释变量相关;另一方面,数字经济与共同富裕之间存在反向因果关系,因为富裕水平的提高有助于当地数字技术设施完善,进而推进数字经济水平提升,从而造成共同富裕水平也能够影响到数字经济发展。

为了克服上述可能存在的内生性问题,需寻找到合适的工具变量。借鉴黄群慧等(2019)研究,选择 1984 年各城市邮电业务总量,作为构建数字经济发展水平的工具变量的核心变量。一方面,数字经济本身依靠信息技术发展而来,邮电业务总量一定程度上反映了当地的电信基础设施建设;另一方面,固定电话等传统电信工具对共同富裕发展水平影响较小,该工具变量满足相关性和外生性两个特点。进一步,借鉴 Nunn 等(2014)的方法,使用 1984 年各城市固定电话数量与上一年全国互联网上网人数构造交互项 IV,作为该年数字经济的工具变量,并采用两阶段最小二乘法(2SLS)对其进行检验,结果如表 8.6 所示。结果显示,在考虑内生性后,工具变量分别通过了“工具变量识别不足”和“弱工具变量”检验,验证了工具变量选择的合理性。数字经济对富裕维度和共同富裕的正向促进作用依旧存在,并且参数在 1%的显著性水平下依然显著,数字经济对共同水平的影响并不显著。可见,在引入工具变量考虑内生性问题后,结果仍然是稳健的。

表 8.6 内生性检验结果

变量	digital	Pro	Com	Compro
阶段	第一阶段	第二阶段	第二阶段	第二阶段
digital		0.867*** (0.144)	−0.191 (0.118)	0.205*** (0.062)
IV	0.008*** (0.002)			
_cons	−0.424*** (0.187)	0.128 (0.096)	0.412*** (0.093)	0.162*** (0.044)
控制变量	Yes	Yes	Yes	Yes
城市效应	Yes	Yes	Yes	Yes
年份效应	Yes	Yes	Yes	Yes
观测值	1596	1596	1596	1596
R^2	0.903	0.989	0.980	0.997
Kleibergen-Paap rkLM	14.980 [0.000]			
Kleibergen-Paap rkWaldF	15.951 {8.96}			

注:中括号内数值内为 p 值,大括号内数值为 Stock-Yogo 弱识别检验 15%水平上的临界值。

四、稳健性检验

为进一步验证研究结论的可靠性，选择从下述两个方面进行稳健性检验：(1)变量缩尾处理。样本异常离群值可能会对回归结果的准确性形成一定干扰，导致系数产生偏差，将被解释变量和解释变量均进行1%的缩尾处理，来消除异常离群值对回归系数的影响，结果见表8.7结果(1)部分列所示。从结果看，数字经济在富裕维度和共同富裕维度的解释系数均有所下降，但依旧保持显著正相关，结果依然较为稳健；(2)更换解释变量。通过主成分分析(PCA)方法，将数字经济7个指标的数据进行标准化后降维处理，得到新的数字经济综合指数，记为digipca，重新带入固定效应模型中，结果见表8.7结果(2)部分列所示。结果显示，富裕和共同富裕维度的核心被解释变量系数依然保持为正，数字经济对提升共同富裕发展水平的效应依旧成立；而数字经济对共同维度的影响结果仍不稳定，进一步验证了数字经济对共同维度的复杂性影响。

表8.7 稳健性检验结果

变量	(1)			(2)		
	Pro	Com	Compro	Pro	Com	Compro
digital	0.185*** (0.058)	0.015 (0.047)	0.059** (0.026)			
digipca				0.009*** (0.003)	−0.000 (0.002)	0.004*** (0.001)
_cons	−0.178** (0.072)	0.457*** (0.109)	−0.083* (0.044)	−0.170** (0.072)	0.423 (0.110)	−0.103** (0.042)
控制变量	Yes	Yes	Yes	Yes	Yes	Yes
城市效应	Yes	Yes	Yes	Yes	Yes	Yes
年份效应	Yes	Yes	Yes	Yes	Yes	Yes
观测值	1862	1862	1862	1862	1862	1862
R^2	0.274	0.132	0.541	0.135	0.262	0.551

第五节 基于有限混合模型的异质性研究

一、最优路径判别和路径分析

为缓解传统异质性分析中主观对样本进行分类的不足，本章采用有限混合模型，探究中国城市数字经济对共同富裕发展影响的异质性问题。在使用有限混合模型之前，由于影响路径数量往往是未知的，需先研判并确定最优的路径数目。同时，为了解释各路径之间的动能转化成因，在有限混合模型中需要加入伴随变量来呈现差异特征。基于数字经济对共同富裕的内在关系，从学术理论和社会聚焦两方面来确定和选取伴随变量。

共同富裕具有一体两面的发展特性，共同和富裕分别与我国发展“不平衡”和“不充分”相对应。一方面，发展“不平衡”问题是人类社会的“通病”，由于各地区的资源禀赋、地理位置等外在因素和各主体之间的主观能动性、积极性等内在条件均存在差异，资源分配不均、发展条件不同现象将长期存在。现阶段我国发展的“不平衡”，主要体现为不同区域和不同群体发展之间的不平衡。城乡二元结构下，农村地区是我国经济发展的薄弱地区，农村地区脱贫是我国实现共同富裕的最大难点，为此需要同时大力推进城镇化和乡村振兴，实现城乡融合发展。因此，需要加快城乡人口流动、推动农业现代化、激发乡村旅游等。同时，还需要不断促进城乡之间信息化基础设施的优化布局和相互联通，降低农村居民获取信息的成本，扩大数字经济的市场规模、推动数字化转型、加大数字技术的应用范围，从而提升数字经济对共同富裕的赋能效果。另一方面，发展“不充分”问题指的是发展总量和发展质量的不足。我国在改革开放四十多年的历程中，从一穷二白跃居到世界第二大经济体，取得了历史性成就，我国经济总量上成绩斐然。但是，我国经济发展水平仍然不高，人均 GDP 和可支配收入与发达国家相比仍有较大距离，难以满足人民对美好生活的向往和追求。经济发展水平在数字经济对城乡收入差距的影响中会存在门槛效应，当经济发展状况较好时，农村的教育投入和教育水平也会随之提高，农村居民学习机会增多，对互联网等信息工具的应用技能也会随之提升，缩小城乡居民数字鸿沟(李晓钟等，2022)。因此，较高的经济发展水平推动数字经济的快速发展，为共同富裕发展提供更充分的基本保障，在数字经济推动共同富裕的实现路径中提供了便利。

表 8.8　有限混合模型的最优路径判定结果

类别数目	N	拟似然函数值对数	自由度	BIC	CAIC	检验结果
1	1862	6298.66	16	−12476.85	−12476.84	No
2	1862	6552.05	37	−12885.51	−12825.49	No
3	1862	6665.09	57	−12901.00	−12900.97	Yes
4	1862	6728.11	76	−12883.99	−12883.94	No

根据上述分析，经济发展水平和城镇化水平可以作为伴随变量，将其加入有限混合模型后，检验结果见表 8.8。为了适用于样本量较大的情况，分别考虑使用

贝叶斯信息准则 BIC 和修正赤池信息准则 CAIC 对最优类别数目进行确定。在对待估计参数数目和拟合优度进行综合权衡后，根据最小信息准则可以确定我国城市层面数字经济对共同富裕的影响存在三条路径，分别记录为路径 A、路径 B 和路径 C。

按照先验信息的传统主观分类，都假定该城市在样本期内其分类是固定不变的，不会发生路径转化，尤其以区域作为划分标准的异质性检验，地理位置决定了各城市的分类依据。而在现实情况下，随着社会的不断进步，各城市的发展类型、发展方向定位等都有可能发生改变，相应发展路径也可能随着时间推移而发生显著变迁。为了进一步理解路径转换背后的内在逻辑，引入双侧 t 检验法来检验伴随变量在不同影响路径间是否存在显著差异。在路径 A、路径 B 和路径 C 这三条途径之间，分别对经济发展水平和城镇化水平进行 t 检验，检验结果如表 8.9 所示。结果显示，三条路径之间在经济发展水平和城镇化上均呈现显著差异，通过显著性水平为 1%的 t 检验，路径 A 的经济发展水平和城镇化水平均最低，路径 B 的经济发展水平和城镇化水平居中，路径 C 的经济发展水平和城镇化水平均最高。

表 8.9　路径转换的决定因素

路径	经济发展水平	城镇化水平
路径 A	10.593	0.530
路径 B	10.752	0.564
路径 C	10.877	0.589
路径 A 和路径 B 差分	0.189***	0.034***
	(0.000)	(0.000)
路径 A 和路径 C 差分	0.284***	0.059***
	(0.000)	(0.000)
路径 B 和路径 C 差分	0.125***	0.025***
	(0.000)	(0.001)

注：括号内为 t 检验 p 值。

二、回归结果分析

根据 Dep 等(2013)研究，采用最大期望算法(EM)对有限混合模型的似然函数进行估计，使用 within 方法控制固定效应，回归结果见表 8.10。将经济发展水平、城镇化水平纳入有限混合模型，通过观察回归结果中的解释系数可以发现，三条路径的解释系数均显示数字经济与共同富裕存在正相关关系，路径 A 作为基准组，系数最小且不相关，为低效益组别。路径 B 和路径 C 均通过了显著性检验，且系数越来越大。路径 B 中，数字经济对共同富裕的解释系数为 0.033，路径 C 中数字经济对共同富裕的解释系数提升到了 0.048，路径 B 的赋能效果低于路径 C，为中效益组别；路径 C 中数字经济对共同富裕的推动作用最为明显，为高效益组别。经过计算，路径 C 的隶属概率最高，为 43.29%，路径 A 和路径 B 的隶属概率分别为 29.27% 和 27.44%，表明我国城市数字经济发展对共同富裕主要呈现高水平的特性。

表 8.10 有限混合模型回归结果

变量	路径 A（低效益）	路径 B（中效益）	路径 C（高效益）
digital	0.027 (0.068)	0.033*** (0.009)	0.048** (0.020)
*_cons*1	−0.025*** (0.002)	−0.003** (0.001)	0.023** (0.011)
pgdp		2.153* (1.203)	7.301*** (1.740)
urban		68.678*** (9.557)	125.991*** (13.870)
*_cons*2		0.897 (0.251)	0.858*** (0.280)
隶属概率	29.27%	27.44%	43.29%
误判偏差		17.39%	

注：_cons1 和_cons2 分别为有限混合模型常数项系数和每条路径下的常数项系数。

通过对基准组即路径 A 组进行比较，分析伴随变量系数结果可理解我国城市数字经济对共同富裕的差异化特征。具体而言，经济发展水平和城镇化水平两个伴随变量的系数均显著为正，即经济发展水平和城镇化水平的提高，均有助于提高隶属于路径 B 和路径 C 的概率。对路径 B 和路径 C 分开讨论，经济发展水平和城镇化水平两个伴随变量的系数在不同路径下具有一定差异，路径 C 的系数相较于路径 B 偏大，符合上文对路径差异的描述。路径 C 作为发达组，相对于发展组的路径 B，具有更高的经济发展水平和城镇化水平。根据前述讨论，经济增长有助于改善社会发展条件，提高居民可支配收入，增加社会财富。而城镇化能缩小城乡收入差距进而改善总体收入不均等，是促进社会收入公平的关键，共同富裕双维度推进才能充分发挥数字经济对共同富裕的带动作用。基于现实来看，现阶段推动共同富裕仍要把发展放在第一位，在发展中逐步实现共同富裕，保持稳定、持续的经济增速，巩固壮大经济总量，提升自主创新能力，促进共同维度和富裕维度的同步提升，夯实共同富裕的经济根基。

三、路径转化分析

引入马尔科夫链，探究分析样本期内各城市数字经济对共同富裕的路径转化过程。马尔科夫链为状态空间中，经过从一个状态到另一个状态的转换的随机过程，各状态之间的转移概率使用转移矩阵 P 来描述，即：

$$P=\begin{bmatrix} p_{11} & \cdots & p_{1n} \\ \vdots & \ddots & \vdots \\ p_{n1} & \cdots & p_{nn} \end{bmatrix} \tag{8.12}$$

其中，各元素 p_{ij} 表示数字经济影响路径从状态 i 到状态 j 的概率，状态转移矩阵使用极大似然法进行估计，即有：

$$p_{ij}=\frac{n_{ij}}{n_i} \tag{8.13}$$

其中，n_{ij} 为 2013—2019 年由状态 i 转移至状态 j 的次数，n_i 是研究期间内影响路径处于 i 状态的总次数，2013 年为基期年，2019 年为期末年，266 个城市在 7 年间共可最大转化 1596 次。

基于有伴随变量的回归结果，可以整理得到马尔可夫状态转移矩阵，马尔可夫状态转移矩阵对角线元素，表示样本期内各城市影响路径维持现状态的概率，结果如表 8.11 所示。结果显示，第一，低效益组和中效益组群体变化幅度较大，且主要变动方向为高效益组，而高效益群体主对角线元素概率显著高于其他元素，表明在发达组路径中数字经济对共同富裕的影响具有较大黏性，倾向于维持现状。第二，对角线右上角表明样本期内城市影响路径改善的概率，对角线右下角为样本期内各城市影响路径恶化的概率，城市发生的路径转换中，向“升级”路径发生的概率要高于“降级”路径的概率。

表 8.11　影响路径转移概率矩阵

状态	低效益	中效益	高效益	合计
低效益	49.63%(267)	40.52%(218)	9.85%(53)	100%(538)
中效益	3.49%(17)	46.82%(228)	49.69%(242)	100%(487)
高效益	1.93%(11)	9.63%(55)	88.44%(505)	100%(571)
合计	18.48%(295)	31.39%(501)	50.13%(800)	100%(1596)

注：数值代表模式间的转换概率；括号内为转化的城市数目。

进一步，图 8.1 反映了中国各城市在样本期内不同影响路径下的分布情况。结果显示，在样本期内整体城市主体呈现出由低效益组，向中效益组和高效益组逐步转变态势，具体表现为低效益组逐年下降，中效益组呈现倒 U 型，高效益组逐年上升。从不同时间阶段来看，2013—2014 年，我国城市影响路径中低效益组占据主要部分，两年分别占到 93.63%和 68.16%，绝大多数城市中数字经济并未显著推动数字经济发展；2015—2016 年，中效益组逐渐成为城市主体类别，这两年比例分别为 61.80%和 70.04%，数字经济对共同富裕的赋能效果开始展现；2017—2019 年，高效益组城市类别正式转变成为城市类别的主体，且高粘性的特征让发达组地区保持稳定状态，这三年高效益组类别占比分别为 83.15%、88.39%和 88.02%，数字经济显著表现出对共同富裕的推动作用。上述演变过程，反映出随着社会的不断进步，我国城市经济发展水平逐年提高，城镇化建设不断推动，在两者相互作用之下，基础设施建设网络覆盖城乡地区，社会保障性服务涵盖农村地区，城乡居民人均受教育水平越来越高，数字技术的推广得到极大便利，从而使得数字经济对共同富裕发展的赋能效果愈发显著。

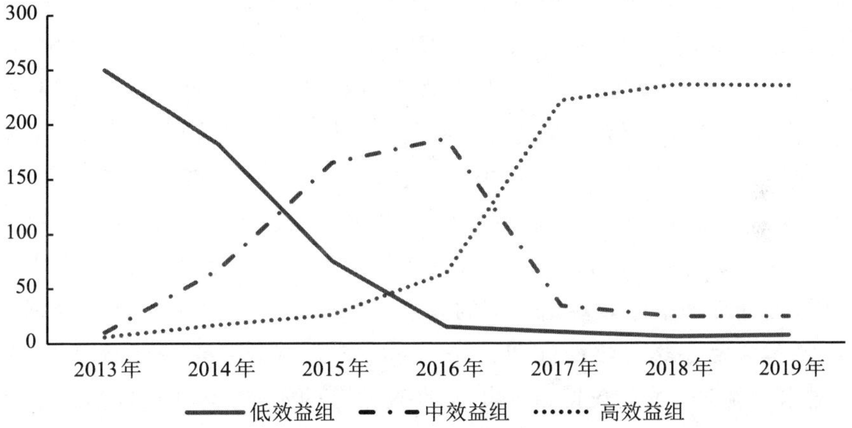

图 8.1　2013—2019 年中国各城市隶属路径分布图

第六节　研究结论与政策建议

根据共同富裕的时代内涵，本章基于 2013—2019 年 266 个全国地级市以上的面板数据，分共同和富裕两个维度，构建了城市层面的共同富裕指标体系，刻画了数字经济对共同富裕的互动机制。结果表明：(1)在样本期内，数字经济对共同富裕水平具有显著的正向影响，并能够显著促进富裕水平，数字经济有利于提高居民收入水平；但在共同维度上，两者并未表现出显著的影响关系，数字鸿沟问题可能存在。数字经济发展在整体上能够有力提高共同富裕水平，特别是在“做大蛋糕”方面表现良好，未来应着力做好“分好蛋糕”；(2)通过构建调节效应模型，发现政府财政支出显著削弱了数字经济对富裕维度的增长作用，具有负向调节作用，但却显著增强了数字经济发展水平对共同维度的增长作用；金融发展水平扩展了数字经济发展水平在富裕维度的增长作用，而在共同维度，金融发展水平却滞后了共同维度的发展，表现出明显的负向调节作用；(3)数字经济对共同富裕的影响作用具有异质性，利用有限混合模型归纳出我国城市数字经济对共同富裕存在三条影响途径，按照赋能效果分为低效益、中效益和高效益组别，整体上对共同富裕均保持积极影响，但在赋能成效上存在路径差距。经济发展水平的提高和城镇化建设的推进，能够促进城市由低效益组向高效益组转变，有效提高数字经济对共同富裕的积极作用。

结合上述结论，本章提出以下政策建议：

第一，大力支持数字技术研发，持续提升数字经济水平。为充分发挥出数字经济对富裕水平的推动作用，一方面要加速推进数字经济和实体产业融合，有效发挥企业在数字化转型的关键作用，全面系统推动企业在研发设计、产品加工和市场营销等业务数字化转型，将更多数字技术转化为发展机遇，创造更多就业岗位，充分利用数字技术来实现产业的多元化和去中心化，扩展产业市场范围，构建形成产业数字化和数字产业化的双向联动助推效果。另一方面要坚持以市场为导向，着力完善数据要素的市场化配置，有效发挥金融市场在资源配置中的重要调节作用，支持市场主体对数据要素的自主挖掘开发。建设国家公共数据要素资源体系，向社会大众释放数据红利。同时建立行之有效的市场监管体系，保障数据要素的自由流通，防范数据垄断扩大收入差距的不利影响，保障居民收入和社会财富的合理分配。

第二，多措并举跨越数字鸿沟，保障社会收入公平。为发挥数字经济的普惠效应，增强数字经济对共同水平的推动作用，一是要统筹推动新型智慧城市和数字乡村建设，加快城市智能设施向乡村延伸覆盖，完善农村地区信息化服务供给，针对性开展培训以提升农村居民数字化产品和技术应用能力，以大数据应用为支撑，强化市场动态、政策评估、资源流动在农业农村地区的决策分析功能，避免数字鸿沟现象引发的机会不公平和结果不平等；二是要聚力发挥政府调控作用，面向偏远地区、脱贫地区，排查基层数字接入困难，打通数字赋能的“最后一公里”，提高基层公共服务数字化、普惠化水平,降低区域间差距。加大税收、社保和转移支付等政府调节力度,改善居民收入分配,不断增加低收入群体收入,扩大中等收入群体比重,促进我国橄榄型收入分配格局的形成。

第三,实施差异化数字经济发展战略。正视我国城市数字经济对共同富裕影响路径上的差异,依据当地资源禀赋和数字技术能力,扎实提高经济发展水平和推进城镇化建设,促进城市路径升级转换,因地制宜、循序渐进地推进共同富裕。发挥数字经济的辐射带动作用,利用数字经济能够突破时空限制的技术特点,推动跨部门信息资源联动建设,建立能在不同系统、不同部门、不同层级、不同地域间的高层次数据协同共享管理机制。通过发达城市带动落后城市升级换代,拓展人工智能、先进通信技术、大数据、云计算等数字技术应用场景的普及,扩展数字经济运营广度、加深数字经济服务深度,增强各应用场景的关联性与整体性,实质性稳步推进共同富裕目标实现。

下　篇

第九章　中国省级低收入群体测算研究

第一节　研究背景和意义

中国共产党第二十次全国代表大会报告指出，中国式现代化是共同富裕的现代化。在“十四五”建设时期，扎实推进共同富裕实质性进展既是社会主义的本质要求与应有之义，也是新时代推进中国式现代化，实现经济高质量、可持续发展的重要目标、考核指标、实践主题及政治任务。改革开放以来，中国富裕水平的不断提高并进入中等发达国家行列，但收入分配格局却存在恶化趋势。我国收入基尼系数从1978年的0.32上升至2020年的0.47左右，城乡间、区域间与人群间的经济发展不均衡仍是未来一段时期内我国经济发展的系统性隐患与主要矛盾之一。进入以高质量发展为核心的现代化建设阶段，调节收入分配的重点已由“效率优先，兼顾公平”转向“兼顾效率与公平”，改善收入分配格局，推进共同富裕实质性进展，是当下我国跨越中等收入陷阱（张军，2017）的关键，也是实现第二个百年奋斗目标的必由之路。

改善收入分配格局，扩大中等收入群体，关键在于提高低收入群体收入，实现低收入向中等收入的转化。中央财经委员会第十次会议指出，为在高质量发展中实现共同富裕，要“扩大中等收入群体比重，增加低收入群体收入，合理调节高收入”，形成中间大两头小的橄榄型分配结构，二〇三五年远景目标指出要实现中等收入群体显著扩大。缩小收入差距，实现橄榄型收入分配结构，关键在于提高低收入群体收入水平，实现金字塔“底部”向“中部”的转换。新时代以来，我国通过实施精准扶贫、脱贫攻坚政策，消灭了绝对贫困，全面实现小康社会，显著提高了极端贫困人口的收入、生活水平，为扩大中等收入群体，推进共同富裕提供了坚实基础。在社会主义初级阶段，我国仍存在发展不充分、不均衡的主要矛盾，人均收入水平相对较低，存在大量低收入群体。因此，提高低收入群体收入是当前实质性推进共同富裕，缩小收入差距，扩大中等收入群体规模的重点与基础。

学界过往对贫困人口或中等收入群体内涵与界定进行了研究，并在贫困人口、中等收入群体界定、规模测算及其特征变动等方面取得了丰富的研究成果。但对于低收入群体、中等收入内涵讨论不足，界定方式也未达成统一，现有界定方式也未能充分反映其群体内涵，不利于“提低”“扩中”的路径的进一步研究。为此，本章从低收入群体内涵出发，尝试提出更加科学、合理、有效的低收入群体与中等收入群体界限的测算方式。

在理论层面，本章的研究意义在于：首先，科学界定低收入群体与中等收入群体内涵，改进现有低收入群体测算方法，提出考虑各群体生活状态特征、收入水平等差异的低收入水平线，对低收入与中等收入群体进行科学、有效地划分做出边际贡献，为后续提低扩中的研究提供理论依据；进一步地，对我国低收入群体规模进行科学测算，有利于探究其时空分异特征，对低收入群体或中等收入群体规模现状、特征与不足等问题进行把握，丰富了实现低收入群体增收、赋能等理论的研究体系；最后，基于低收入测算数据，对“提低”与“扩中”的策略与路径进行探究，为改善收入分配格局，扩大中等收入群体，有效推进共同富裕提供理论与数据支撑。

在现实层面，本章的研究意义在于：第一，从生活质量与收入水平的角度定义了低收入群体的界限，对精确识别低收入群体，实现因人施策、因地施策，以及提高扶贫、提低政策效率具有重要现实意义；第二，建立更加科学的、符合各地区经济发展状况低收入群体界定标准，对各地方政府把握当地收入分配结构与低收入群体规模，明确实质性推动共同富裕与提低扩中任务中的主要内容，提供新的思路与参考等方面具有现实意义；第三，探究如何提高低收入群体收入，促进低收入者向中等收入群体转换，对实质性推动共同富裕，缓解收入差距，增强经济发展内生动力，提供了新的思考与政策性建议。

第二节　低收入群体内涵与界定标准

低收入是一个相对概念，在任何经济发展阶段总有部分群体处于收入相对较低的状态（张栋和刘文璋，2022）。提高低收入群体收入，扩大中等收入群体规模，要明确低收入群体与中等收入群体的内涵与外延，进而确定低收入群体界定原则与方法。学界对低收入群体测算的相关研究起源于对低收入群体内涵的界定，以及与低收入群体内涵密切联系的界定方式和标准。

一、低收入群体内涵

学界对低收入群体的理解主要来源于两方面：一是与中等收入群体相对，即低于中等收入的群体；二是基于贫困群体的角度理解低收入群体。

（一）基于中等收入群体的低收入群内涵

一般而言，低收入群体即收入水平低于中等收入群体的部分，明确中等收入群体范围则自然确定低收入群体的标准与规模。对中等收入群体（Middle Income）的研究起源于中产阶级（Middle Class），一般认为中产阶级是社会结构概念（李春玲，2016），其界定的依据除了收入标准外，还包括财产规模、职业地位、教育层次、生活水平和消费能力等多个维度。而中等收入群体更强调收入维度的标准划分，指能够满足一定生活需求（谢洪起，2003）的收入水平并处于收入分布中间位置的人群（黄应绘和田双，2022）。也有学者认为中等收入群体应涵盖消费水平、财富积累等物质方面的内容以及社会地位、生活方式等精神方面的内容（朱兰和万广华，2023）。但收入水平在一定程度上反映了受教育水平、职业等方面（吴鹏和常远，2018），收入处于中等水平的群体也往往在上述维度处于中间位置（李强和徐玲，2017），因此以收入水平作为界定标准的做法更为常见。在经济学领域，通常对中等收入群体与中产阶级不做区分，多数语境下两者含义相同（李春玲，2016）。一般而言，该群体应具有全社会中间水平的收入水平，就业相对稳定，具有适量、符合基本需要的居住条件、基本公共服务、家庭储蓄与财产收入，存在超出基本生存需要消费水平等特征（刘世锦等，2022），属于一大批既不富裕也不贫穷的家庭（Birdsall et al.，2000）。因此，与中等收入群体相对，难以满足中等收入群体生活水平的与风险状态的群体便天然地属于低收入群体，即收入水平、生活质量均未达到中间水平，生活存在一定风险的群体。

（二）基于贫困群体的低收入群内涵

低收入群体为收入水平较低的群体，囊括了贫困群体以及非贫困但收入未达到中等收入的群体，因此低收入群体与贫困群体联系紧密。贫困一般存在两种理解：一是绝对贫困，即收入水平维持最低限度生活时的收入水平；二是相对贫困，即依靠个人或家庭的劳动力所得（或其他合法收入）虽能维持其食物保障，但无法满足在当地条件下被认为是最基本的其他生活需求的状态（周力和沈坤荣，2021）。由于社会参与的成本随着生活水平的提高而变化，生活最低限度（Pressman,2015)与相对贫困阈值(Decerf,2017)取决于所处社会的收入标准,低收入群体内涵与生产力、经济发展水平密切相关。中产阶级可以被认为是那些“轻松”摆脱贫困风险的人(Atkinson et al. ,2013),即中等收入群体应当是陷入贫困风险相对较低的群体,而低收入群体则为陷入贫困风险较高的群体(López－Calva et al. ,2014)。因此,低收入群体上界或中等收入群体的下界应当高于使个体免受社会排斥风险的收入标准,即其上界应当显著高于贫困标准(Horrigan et al. ,1988;Pressman,2015)。低收入群体的上限应当高于相对贫困的上限,远高于绝对贫困的标准,且其顶部人口面临的社会排斥风险或返贫风险应相对较低,低收入人群的收入标准与基本需求也应随着经济发展水平与基本生活需要的变动而变动。

二、低收入群体界定标准

当前学术界对如何界定低收入群体并不存在共识,界定方式与界定标准不统一。总体来看,与低收入内涵界定类似,学界界定低收入群体通常包括两种思路:一是从贫困人口界定出发,以确定低收入群体的上界;二是从中等收入或中产阶级界定出发,从经济特征测算低收入群体的上界或中等收入群体的下界。贫困群体与低收入群体相关界定标准如表 9.1 所示。

表 9.1　贫困与低收入群体界定标准

群体类型	界定方法	界定依据	界定标准	来源
贫困群体	绝对标准	收入水平	农村纯收入 100 元(1978 年)、1196 元(2008 年)、2100 元(2010 年)以下	中国农村贫困线
			每天人均收入 1 美元(1985PPP)、1.25 美元(2005PPP)、1.9 美元(2011PPP)、2.15 美元(2017PPP)以下	世界银行国际贫困线
			每天人均收入 3 美元(1990PPP、1999PPP)、4.4 美元(2008PPP)、5.4 美元(2013PPP)、5.8 美元(2015PPP)、6.85 美元(2017PPP)	世界银行按收入水平分组下中高收入国家的平均社会贫困线
			每天人均收入 16.4 美元(1990PPP)、18.2 美元(1999PPP)、20.4 美元(2008PPP)、20.5 美元(2013PPP)、21.2 美元(2015PPP)	世界银行按收入水平分组下高收入国家的平均社会贫困线
			每天人均收入(1＋每人均消费水平中位数/2)美元以下	世界银行社会贫困线(SPL)

续表

群体类型	界定方法	界定依据	界定标准	来源
低收入群体	贫困标准	贫困概率	陷入贫困高概率(90%以上)相关的可比收入	López-Calva et al.(2014)
		收入水平	人均收入两倍贫困线以下	Albert et al.(2018)
低收入群体	绝对标准	收入水平	人均日收入4美元以下	Yuan Z. et al.(2012)
			人均日收入12美元以下	Milanovic和Shlomo(2002)
			人均日收入10美元以下	Birdsall(2010)
			家庭年收入1.9万美元以下	Elwell(2014)
			城镇家户可支配收入2.5万人民币以内	Farrell et al.(2006)
			人均可支配收入低于2.2万元以内(2010年)	国家发改委社会发展研究所课题组等(2012)
			人均收入4000美元以下(2000PPP)	世界银行
			城镇家户可支配收入6万人民币以内	Barton et al.(2013)
			典型三口之家人均可支配收入10万以下(2018年价格)	国家统计局、朱兰和万广华(2023)
		消费支出	人均2美元以下	Banerjee和Esther(2008)
			人均10美元(2005PPP)或11美元(2011PPP)以下	Kharas(2010)
贫困群体	相对标准	收入水平	等效家庭人均可支配收入中位数的50%以下	OCED标准
			等效家庭人均可支配收入中位数的60%以下	欧盟标准
低收入群体	相对标准	人均收入	100%—125%	李培林和张翼(2008)
		收入中位数	50%以下	朱长存(2012)
			67%以下	Pew Research Center(2015)
			75%以下	Birdsall et al.(2000)、Pressman(2007)
		收入分布	收入五等份组最低的20%人口	Estache和Leipziger(2009)
			收入分布25分位数以下	李培林和朱迪(2015)
			收入五等份组最低的40%人口	Alesina和Perotti(1996)
	其他标准	人均可支配收入	世界200多个国家GNI中位数的67%以下	杨修娜等(2018)
	混合分布	收入水平	使用有限混合分布估计不同收入群体界限:11013元(2010年)、14174元(2012年)、14450元(2014)、16391元(2016)	刘渝琳等(2021)

(一)基于贫困标准的低收入群体界定标准

低收入群体包含贫困人口,贫困线是衡量中产阶级的重要标准(Horrigan 和 Haugen,1988),也是衡量低收入群体上限的重要参照。贫困通常包括绝对贫困与相对贫困,相对贫困线必然高于绝对贫困线。相对贫困线通常包括弱相对贫困线与强相对贫困线两种(吕普生和陈子旋,2023):前者通常依据人口基本消费需求,设定绝对标准作为弱相对贫困线标准;后者则是依据收入统计量的一定百分比作为相对贫困的下限(张俊英等,2023),即相对标准。

弱相对贫困线通常使用世界银行的国际贫困线,例如每人每天 1 美元(1985PPP),并在 2020 年将国际贫困线从 1.9 美元(2011PPP)调整至 2.15 美元(2017PPP)。在发达国家,通常使用强相对贫困线界定贫困人口,欧盟与世界经合组织通常使用等效人均可支配收入的一定比重作为贫困人口上限,强相对贫困线具有数据获取方便、贫困线展示直观的优点(吕普生和陈子旋,2023),为相对贫困的识别和群体测量工作带来了诸多便利。为反映极端贫困与随着社会经济发展贫困人口基本需求的变化,世界银行提出社会贫困线(Social Poverty Line ,简称 SPL),SPL 表明了不同发展水平下满足个人基本需求所付出的成本(李莹等,2021)。

有的学者使用贫困标准的倍数作为对不同生活水平的测算,以划分不同的收入群体(López-Calva et al. ,2014)。也有的学者基于贫困标准测算个体陷入贫困高概率(90%以上)风险的相关可比收入,并将该可比收入作为低收入与中等收入群体的界限(Albert et al. ,2018)。低收入群体包含贫困群体,同时也包含并非贫困但处于贫困风险中的群体,因此低收入群体的上限应当远高于极端贫困水平,高于相对贫困水平,且该收入水平仍未达到中等收入标准或满足中等生活质量。

(二)基于中等收入群体的低收入群体标准

通过界定中等收入群体以确定低收入群体界定标准的方法主要包括通过职业、受教育程度等(Gao et al. ,2022)定性标准、主观标准、绝对标准、相对标准以及绝对标准与相对标准相结合的方法。

定性标准界定中等收入群体或低收入群体尽管在较为满足社会学对中产阶级的定义,但随着经济发展,职业类型变化较快(Birdsall et al. ,2000)、人力资本积累及政治参与等因素难以紧密抓住中产阶级群体内涵要点(Kharas,2010),其划分标准在许多情况下可能会过时(Pressman,2015)。主观标准是通过某一收入水平下多数个体认为自己属于何种收入群体，以得到各类型群体的界限，这种方法尽管可以得到较为认同的收入范围（Pressman，2015），但显然存在大量贫困家庭认为自己是中等收入等不合理现象。

学界主要采取绝对标准或相对标准，以确定低收入群体与中等收入群体界限。绝对标准界定低收入群体与中等收入群体主要是从经济发展以及维持相应生活水平的角度进行定义（李春玲，2017a）。即不同经济发展水平与生活水平下，考虑低收入群体与中等收入群体的生活状态的差异，确定其界定标准。例如世界银行使用巴西与意大利的平均收入作为中等收入人口的下限与上限，即人均年收入4000美元至17000美元（2000PPP）的群体。Kharas（2010）认为全球的中产阶级不应包括在最贫穷的发达国家被视为穷人的群体，以及在最富有的发达国家被视为富人的人，选取葡萄牙和意大利的平均贫困线作为低收入群体上限，卢森堡收入中位数两倍作为中等收入群体上限。但绝对标准界定低收入或中等收入在不同发展水平国家的效果不同（李培林，2017），且存在难以反映收入结构变动等问题（黄应绘和田双全，2022）。

绝对标准更多地被用于国际比较和分析全球中等收入群体的发展趋势，而相对标准则更多地被用于国内收入分配结构的分析和社会政策的制定（李培林，2017）。相对标准主要从收入分配结构的角度进行界定，一般包括两种方法：一是直接将收入分布中间一定百分位数个体作为中等收入群体，将最低一定百分位数作为低收入群体（Alesina和Perotti，1996；Estache和Leipziger，2009；李培林和朱迪，2015）；二是使用某统计量（例如收入中位数或均值）及其百分比作为低收入群体与中等收入群体各自区间的上下限（Birdsall et al.，2000；Pressman，2007）。对于两种方法的选择，一是使用等分收入法界定中等收入或低收入群体，尽管较为符合经济直觉，但由于该方法下低收入群体规模比重始终不变，只能用于对收入水平变化的研究而无法反映规模变动（谢洪起，2003）；二是基于统计量一定百分比界定低收入群体或中等收入群体的方法则更为常见，具有简便、易操作，且方便国际比较的优点，但也存在较大的局限。

对于基于统计量一定百分比的相对标准方法，其问题主要包括三方面，第一，相对标准受国家或地区受结构影响较大（刘世锦等，2022），一定程度上是对收入差距的测量从而偏离中等收入群体或低收入群体的内涵。第二，相对标准测算中等收入与低收入群体并未考虑收入水平与实际生活需要的关系。即存在收入水平持续增长，但收入差距扩大时中等收入群体可能会缩小，或相同中等收入群体规模，但实际生活水平存在较大差异，这违背了经济直觉。第三，由于相对标准界定中等收入群体并未考虑收入水平与实际生活需要、经济发展水平的关系，因此会造成各国家之间、不同时期之间低收入或中等收入群体不可比。例如，在该标准下收入分配越均衡，低收入群体规模越小，导致发展水平低但分配更加公平的地区（如朝鲜）的低收入群体规模比经济发达但分配不均衡的国家（如美国）更小。

有的学者认为绝对标准适用于低收入国家，而相对标准则适用于发达国家（李春玲，2017b），或最好的办法是采取绝对与相对相结合的方式定义中等收入群体，如使用国际标准的相对水平作为某国家中等收入群体的国际标准（杨修娜等，2018）。有的学者使用有限混合分布（刘渝琳等，2021）、效用指数（宿玉海，2021）和多指标综合评价（李强和赵罗英，2017）的方法对中等收入群体或低收入群体进行界定，但其界定标准复杂，难以提供简单、稳定、有效的低收入群体或中等收入群体界定标准。

三、提高低收入者收入、促进共同富裕评述

提低、扩中是我国实质推进共同富裕的重要方面，学界对改善贫困、提高低收入者收入以及改善收入分配结构等展开了较为丰富的研究。提高低收入者收入，扩大中等收入群体首先是经济发展问题，本质在于提高人民群众收入水平，微观上主要涉及如何提高收入、稳定就业，宏观看主要涉及公平与效率（李逸飞，2021）。学界主要从分配制度、技术进步、人力资本积累等方面，对提高低收入群体收入、促进共同富裕进行了探究。

第一，缩小收入差距，提高低收入者收入，通常依靠分配政策（万广华等，2022a）：一是通过初次分配政策例如最低工资政策，提高贫困人口或低收入者收入（Sotomayor，2020）；二是，通过再分配制度缓解收入差距与人力资本差异（李莹，2022），提高低收入群体收入水平甚至进入中等收入群体的重要方式（李炜和王卡，2022）。但是，最低工资制度尽管提高了低收入者工资水平，但也提高了劳动力成本（罗小兰和丛树海，2009），进而抑制低收入人口就业（Neumark et al.，2004），可能不利于低收入群体收入水平提升。对于再分配政策也未存在统一观点，有的学者认为当前再分配政策力度不足，未能有效调节收入差距（李实，2021），也有的学者认为基于税收与转移支付的再分配政策会加剧经济扭曲，其政策效果可能有限（万广华等，2022a）。

第二，技术进步提高了劳动生产率与产业升级，降低了贫困发生率（王朝才和周子超，2023），实现了收入水平的提高（杨先明和秦开强，2015），有利于走出中等收入陷阱（寇宏伟和陈璋，2020）。但由于技术进步与劳动力在短期内存在替代效

应,人工智能为代表的技术产业革命对产业工人形成巨大冲击,加大了增加就业、扩大中等收入群体的难度(陈万钦等,2021)。技术冲击对不同群体的就业机会和工资水平的影响存在差异(周广肃和丁相元,2022),产业结构中资本密集型、技能密集型工业扩张加深结构性结业矛盾(林淑君等,2021),这都恶化了低收入者就业与收入。保障相关人员转岗培训,满足企业对技能劳动者的需求,开拓新的职业与岗位(陈万钦等,2021),对缓解技术冲击的消极影响具有重要意义。

第三,人力资本是决定就业质量与收入水平的关键,人力资本的积累既是减贫的内生动力(于新亮等,2022),也是能否进入中等收入群体的本质条件(胡海鹰和金丹,2023)和核心要素(李逸飞,2021)。在技术冲击、产业结构变动、工资制度调整过程中,人力资本对收入差距存在显著的调节作用(李实和朱梦冰,2022;李后建等,2018)。数字经济或互联网的使用对提高低收入者收入以及促进人力资本积累具有积极作用(李素霞和蔡萌,2023),但数字鸿沟在一定程度上抑制了其积极作用的发挥(何宗樾等,2020)。刘世锦等(2022)认为,当前扩中的核心在于促进机会均等,提低扩中应注重多开展专业知识教育与职业技能培训。提高劳动者创新能力与就业能力(陈万钦等,2021),以增强社会流动性与人力资本积累(李逸飞,2021)。也有的学者从金融发展(梁杰等,2022)、金融科技(郭露和刘梨进,2023)、贸易等方面开展了研究,为缓解贫困、提低与促进共同富裕拓宽了思路。

综上所述,首先,对于低收入内涵,学界普遍认为低收入群体应当是在收入分布中处于较低收入水平且未达到中等收入水平的群体。从人口类型上看,低收入群体应包含贫困人口与非贫困但并不富裕的人口,其顶部人口收入水平应远高于绝对贫困标准,高于相对贫困标准。从生活质量与风险状况上看,其顶部人口生活质量接近中等水平,存在超出基本生活需求的消费但不充分,存在较高贫困风险的个体。其次,对于其测算标准,学界暂时并未存在统一的低收入群体界定标准,绝对标准尽管与低收入群体生活水平联系更密切,但其在国际比较与反映收入结构方面作用较为局限。而相对标准尽管简便,且相较于绝对标准更方便进行国际比较,但其与低收入群体内涵联系产生一定分离,在国际比较与时空分异中存在不可比的问题。最后,学界从制度因素、技术进步以及人力资本等方面,对如何减贫、改善贫困脆弱性,提低以及促进共同富裕进行了探究,并取得了丰硕成果。但对于在实质性推动共同富裕的当下,如何实现低收入群体向高收入群体转化,改善非贫困但收入较低人口收入与扩中问题的研究仍然不足。

因此,界定低收入群体必须联系低收入群体内涵,其上界必须同贫困群体与中等收入群体相区分,在允许跨区域比较的同时,反映收入结构的变动与提低扩中进程，紧密结合我国实质推动共同富裕的需求。而对于低收入群体的提升研究，则应当把握各类影响因素对低收入群体结构的作用效应，明确各类因素对低收入群体不同类型及其不同阶段的作用重点，以提高相关政策安排的提低扩中效应。

第三节　低收入标准及群体测算方法

一、低收入群体界定理论基础与测算方法选择

以人民福祉为中心，实现发展成果由全体人民共享，是我国推进共同富裕的本质要求。在此之下，对低收入群体界定与测算，应当紧密联系低收入群体内涵，充分衔接我国当前共同富裕实际需求。在提低扩中并最终形成橄榄型收入分配格局的需求下，低收入群体是收入分布中的尾部人口，即具有收入结构意义上的相对性，其在结构上包含了所有贫困人口，以及一批既非贫困又非中等收入的人群。

因此，科学测算低收入群体应当紧密结合以下两个重点：一方面，从内涵上看，应体现出其在收入分布尾部的相对性的核心特征，把握不同收入水平下物质生活水平差异，并对低收入群体内部贫困人口，以及既非贫困又不富裕的温饱人口的异质性构成进行合理识别。另一方面，在共同富裕角度中等收入群体的作用，在于形成橄榄型收入格局（李金昌等，2023），低收入群体的变迁是发展的、动态的，在不同阶段人民对物质精神生活的向往是不同的，相应低收入所对应的生活水平及需求构成也存有差异。因此，不应将低收入固定在某一特定生活水平，仅反映总体物质福利或经济发展水平的提高，而忽视其蕴含的动态发展性和结构分配性等关键信息。低收入标准选择应充分反映低收入与其他收入群体的群体间差异，并测算低收入人口在发展成果共享中的参与程度与橄榄型收入格局的形成水平。

基于此，低收入群体界定应准确把握以下四个原则：一是相对性，低收入群体与中等收入群体相对，在收入分布上处于左端尾部，并体现不同收入群体的分配状态与参与水平；二是多元性，低收入群体界定标准应当对不同生活质量与风险状况的各类低收入群体规模变动予以反映；三是动态性，在不同经济发展阶段低收入群体标准应动态调整；四是可比性，即在不同时间与地区，低收入群体特征应当可比。

监测低收入群体以及提低扩中目标实现，应当通过一系列指标予以综合反映。一方面，低收入群体比重直接反映了合理收入分配格局的实现程度与低收入群体在发展成果分配中的共享程度；另一方面，低收入群体结构变动则反映了低收入群体生活质量与风险的改善和低收入群体的物质生活富裕程度的提高。因此，在界定方法选择上本书考虑使用绝对标准与相对标准相结合的方法界定低收入群体，即在全国水平上使用相对标准，直接监测提低扩中进程的实现程度，并基于各地区购买力水平进行调整，将该标准确定为各省市的绝对标准，以监测低收入群体的分布、演变与地区提低扩中进程。原因在于，若固定某一实际收入水平，使用绝对标准测算低收入群体，其仅能反映总体生活水平变动，即经济发展水平，既难以反映收入结构改善与橄榄型收入结构的形成，即难以满足相对性，另一方面绝对标准也无法适应经济发展导致的低收入生存需求变动，即难以满足动态性。而全国层面的相对标准保证低收入群体满足收入分布的相对性与动态性；根据不同地区购买力对低收入标准进行调整，从实际收入和生活水平的角度上测算低收入群体能更加紧密结合低收入内涵，同时将全国层面的相对标准作为各地区的绝对标准，满足了地区间与时间上的可比性；而将低收入群体根据生活水平与风险状况进行划分则满足了低收入群体测算的多元性，并对低收入群体生活水平变动进行了补充。

二、低收入标准测算与群体特征测算

（一）低收入标准测算

借鉴杨修娜等（2018）研究思路，使用中位数收入法测算全国低收入标准上界，并将该上界作为当年各地区低收入群体界定的绝对标准。

当收入 y 满足以下条件时，个体属于低收入群体：

$$y < F^{-1}(50\%) \times k \tag{9.1}$$

其中，$F^{-1}(y)$ 表示收入分布函数的反函数，$F^{-1}(50\%)$ 表示居民收入分布的中位数，k 表示收入分布中位数的一定比例。通常比重 k 的选择相对主观，基于不同研究需求学界通常将 k 设定在 0.5 到 1 之间，多数研究选择收入中位数的 0.67（Pew Research Center，2015）或 0.75（Birdsall et al.，2000；Pressman，2007）作为低收入群体标准。由于相对标准界定满足动态性，此时低收入群体界定标准大小较好地反映了发展成果与富裕水平增进的度量，在监测提低扩中与橄榄型收入分配格局进程的需求下，k 的选择应当较好反映我国收入结构变动以及发展成果共享程度。

一般而言,低收入群体与其他收入群体的分化程度越高,低收入群体与其他群体差异则越大,相应该低收入标准能更为显著地衡量和反映,低收入群体在发展成果分配中的共享水平和橄榄型收入分配格局的实现水平。基尼系数尽管经常被用于收入差距的度量,但其多衡量收入分布的整体分散程度(Alesina et al.,2004),难以客观测度其数值变动是否由低收入群体引起。在当下推进共同富裕的框架下,基尼系数难以准确衡量低收入群体与其他收入群体之间的分化程度(洪兴建和李金昌,2007)。极化指数衡量了不同收入群体之间的分化水平,不同收入群体组内差距越小,组间差距越大,则分化越严重(洪兴建和李金昌,2007)。在共同富裕背景下,极化指数可以刻画出不同收入群体内的接近程度,同时也可测度群体间的差异水平,相对基尼系数能够更好地描述低收入群体与其他群体之间的差异性。而在某一低收入群体界定标准下,基于同一数据测算得到的极化指数越大,则说明其较好的描述了不同收入群体收入特征差异。因此,可以使用收入极化指标根据收入差异对各群体进行分类,以选择出最能显著反映结构变动的低收入群体测算标准。

极化指标主要包括 W 型指数(Wolfson,1994)与 ER 型指数(Esteban 和 Ray,1994):前者多是基于收入中位数划分群体,以测算收入分布的两极分化程度;而 ER 型指数则是基于认同感与疏离感,同组人数越多认同感越强,一个组与其他组差异越大,疏离感越强,ER 型指数常用来测算多极化。在形成橄榄型收入格局的需求下,考虑低中高三类收入水平分类,W 型指数难以刻画三极分化,而 ER 型指数可以构建任意数量收入组别。因此使用基于 ER 指数改进后的 EGR 极化指数(Esteban et al.,2007),来测算低收入群体与中等收入群体、高收入群体的分化程度,以作为低收入群体界定标准反映收入结构的评估指标。EGR 指数计算方法如下:

$$EGR = K\sum_i \sum_j prop_i^{1+\alpha} prop_j \left| y_i - \bar{y}_j \right| - \beta(G - G(\bar{y})) \tag{9.2}$$

其中 EGR 为 EGR 极化指数,$prop_i$ 为某收入群体的人口比重,$y_{\bar{i}}$ 为某群体的组内收入平均值或其对数,G 为总体基尼系数,$G(\bar{y})$ 为各组组内个体收入与其均值相同时的总体基尼系数,K,α,β 均为大于 0 的常数。

参考学界主流做法(杨修娜等,2018;李金昌等,2023),中等收入群体与高收入群体界限使用 2 倍收入中位数,在给定 α,β 下,最优的 k 应当满足:

$$k = \underset{k}{\operatorname{argmax}} \sum_t EGR_t(s_{1t}, s_{2t}, \alpha, \beta),\ s_{1t} = kF_t^{-1}(0.5),\ s_{2t} = 2F_t^{-1}(0.5)$$

为探究 k 值选择的稳健性，使用该 k 值下低收入比重与基尼系数、W 型指数的相关系数进行参考和判定，若两种标准下的结果较为接近，则 k 的选择是比较稳健的。

对于绝对贫困标准，使用世界银行标准即 2.15 美元/每人每天(2017PPP)，并进行购买力平减，相对贫困标准则使用世界银行社会发展贫困线(SPL)作为度量指标，具体计算方法参照李莹等(2021)，使用 max(2.15，1+0.5×收入中位数)美元/每人每天(按当年 PPP 换算)的标准进行测算。

(二)低收入群体比重与结构测算

给定第 t 年收入中位数 m_t，全国和城乡收入分布分别为 $F_t(y)$，$F_t^u(y)$，$F_t^c(y)$，低收入群体界定标准为 $s_t=m_t\cdot k$，则第 t 年全国及城乡各自低收入群体比重分别为：

$$prop_t=F_t(s_t)\text{，}prop_t^u=F_t^u(s_t)\text{，}proP_t^c=F_t^c(s_t) \tag{9.3}$$

由于各地区间的物价水平存在一定差异，会造成同等收入的购买力不同。因此，在省级层面直接使用上述确定的低收入标准，可能会偏离低收入群体的内涵，且难以反映各省份低收入群体规模的实际变动。因此，要尊重各地区发展不均衡的事实，避免“一刀切”的低收入群体界定(朱兰和万广华，2023)，应在全国层面的相对标准下，将该标准基于各地区物价水平对低收入标准进行调整。

本书使用陈梦根(2019)测算的各地区 PPP 平价指数，并使用 CPI 对部分年份进行外推，以调整各地区低收入标准。由于各地区购买力平价指数以北京市的价格作为基准，而上文低收入标准界定则是基于全国价格水平，因此需要对上述购买力平价指数进行调整，调整方法如下：

设省份 i 在时间 t 相对于北京市的购买力平价指数为 P_{it}^c，$\bar{y}_{it}$ 为其人均可支配收入，N_{it} 为其人口数量，全国人均可支配收入为 $\sum_i \bar{y}_{it}$，$w_{it}=N_{it}\sum_j N_{jt}$，则北京市价格水平下，各地人均可支配收入为 $P_{it}^c\,\bar{y}_{it}$，北京市价格下全国人均可支配收入为 $\sum_i w_{it}P_{it}^c\bar{y}_{it}$。全国价格水平与北京市价格水平之比为：

$$\frac{P_t}{P_t^c}=\frac{GDP_t}{GDP_t^c}=\frac{N_t\cdot\sum_i w_i y_{\bar{t}}}{N_t\cdot\sum_i w_{it}P_{it}^c\bar{y}_{it}}=\frac{\sum_i w_{it}\bar{y}_{it}}{\sum_i w_{it}P_{it}^c\bar{y}_{it}} \tag{9.4}$$

则各地区相对于全国价格水平的购买力平价因子则为 $\frac{P_t}{P_t^c}P_{it}^c$，则有省份 i 在时间 t 的低收入标准 s_{it} 经购买力平价调整后，s_{it} 为：

$$s_{it}=\frac{\sum_i w_{it}\bar{y}_{it}}{\sum_i w_{it}P_{it}^c\bar{y}_{it}}P_{it}^c s_t \tag{9.5}$$

省份 i 在时间 t 时的低收入群体比重及其城乡低收入群体比重分别为：

$$prop_{it}=F_{it}(s_{it}),prop_{it}^u=F_{it}^u(s_{it}),proP_{it}^c=F_{it}^c(s_{it})$$

设当年绝对贫困标准与相对贫困标准为 p_t,w_t，则全国绝对贫困群体比重与相对贫困群体比重，以及省份 i 在时间 t 时两群体比重分别为：

$$ap_t=F_t(p_t),ap_t^u=F_t^u(p_t),aP_t^c=F_t^c(p_t)$$

$$ap_{it}=F_{it}(p_t\cdot P_{it}),ap_{it}^u=F_{it}^u(p_t\cdot P_{it}),aP_{it}^c=F_{it}^c(p_t\cdot P_{it})$$

$$rp_t=F_t(w_t)-F_t(p_t),rp_t^u=F_t^u(w_t)-F_t^u(p_t),rP_t^c=F_t^c(w_t)-F_t^c(p_t) \tag{9.6}$$

$$rp_{it}=F_{it}(w_t\cdot P_{it})-F_{it}(p_t\cdot P_{it}),rp_{it}^u=F_{it}^u(w_t\cdot P_{it})-F_{it}^u(p_t\cdot P_{it}),$$
$$rP_{it}^c=F_{it}^c(w_t\cdot P_{it})-F_{it}^c(p_t\cdot P_{it})$$

（三）全国低收入群体比重变动分解方法选择

由于在全国层面使用的是相对标准，因而测算的低收入群体比重变动，主要反映了收入结构的变动。为综合考虑收入增长与收入结构改善对低收入群体的作用，需对低收入变动按收入增长、分配结构以及标准变动等三方面贡献进行分解。其主要作用有：一是在一定程度上克服了相对标准仅测量收入结构的缺陷，并探究低收入群体规模变动的主要原因；二是可以测算在一定标准下，经济发展成果和收入结构改善，能够在多大程度上影响低收入群体比重；三是能够探究不同地区低收入群体演变的驱动因素及其异质性。

学界对贫困群体规模测算与分解相关研究较为丰富，基于不同指数构造方法发展出了多种贫困变动分解方法，如 FGT 分解（Foster et al.，1984）、FFL 分解（Firpo et al.，2018）、LMDI 分解等。低收入群体天然地包含了贫困群体，同时在一定程度上与贫困群体测算具有一定共同性。Foster 等（1984）提出了 FGT 指数，用以测度贫困指数，其具有可分解性和可加性的特征，在贫困测度与分解相关研究中应用广泛。因此本书尝试借鉴 FGT 指数的构建思路，以测算全国与各地区的低收入指数，并对其不同要素贡献进行识别。FGT 指数可表达为：

$$p(\alpha)=\int_0^H\left(1-\frac{\bar{y}}{S}L'(p)^{\alpha}\right)dp=\frac{1}{N}\sum_i\left(\frac{s-y_i}{s}\right)^{\alpha}=p_{\alpha}(\bar{y},L,s) \tag{9.7}$$

其中，α 为厌恶系数，该系数越大，社会对贫困或低收入群体的厌恶程度越高，s 为低收入标准，H 为贫困发生率，$\bar{y}$ 表示平均收入，$p(\cdot)$ 为累计分布函数，L

表示收入结构，因此 FGT 指数可以表示为平均收入、收入结构与低收入标准的函数。当 α 为 0 时，FGT 指数即表示低收入发生率，α 为 1 时则表示低收入矩，反映了低收入群体与低收入标准之间的相对距离，α 为 2 时则表示平方低收入矩，反映了低收入群体间的收入差异。本书参考谭诗斌(2019)的研究，将低收入 FGT 指数向收入增长、收入结构以及低收入标准三因素进行分解。

设 $\Delta p_\alpha^t = p_\alpha^t - p_\alpha^{t-1} = p_\alpha(\bar{y}_t, L_t, s_t) - p_\alpha(\bar{y}_{t-1}, L_{t-1}, s_{t-1})$，表示时间 t 到 $t-1$ 的 FGT 指数变动，FGT 指数可以分解为：

$$\Delta p_\alpha^t = \Delta p_{\alpha,\mu}^t + \Delta p_{\alpha,L}^t + \Delta p_{\alpha,s}^t \tag{9.8}$$

其中，$\Delta p_{\alpha,\mu}^t$，$\Delta p_{\alpha,L}^t$，$\Delta p_{\alpha,s}^t$ 分别表示收入增长、收入结构变动、低收入标准变动对 FGT 指数变动的贡献程度，$\Delta p_{\alpha,\mu}^t$，$\Delta p_{\alpha,L}^t$，$\Delta p_{\alpha,s}^t$ 分别为：

$$\begin{aligned}\Delta p_{\alpha,\mu}^t = & \frac{1}{3}(p_\alpha(\bar{y}_t, L_{t-1}, s_{t-1}) - p_\alpha(\bar{y}_{t-1}, L_{t-1}, s_{t-1})) \\ & + \frac{1}{6}(p_\alpha(\bar{y}_t, L_t, s_{t-1}) - p_\alpha(\bar{y}_{t-1}, L_t, s_{t-1})) \\ & + \frac{1}{6}(p_\alpha(\bar{y}_t, L_{t-1}, s_t) - p_\alpha(\bar{y}_{t-1}, L_{t-1}, s_t)) \\ & + \frac{1}{3}(p_\alpha(\bar{y}_t, L_t, s_t) - p_\alpha(\bar{y}_{t-1}, L_t, s_t))\end{aligned} \tag{9.9}$$

$$\begin{aligned}\Delta p_{\alpha,L}^t = & \frac{1}{3}(p_\alpha(\bar{y}_{t-1}, L_t, s_{t-1}) - p_\alpha(\bar{y}_{t-1}, L_{t-1}, s_{t-1})) \\ & + \frac{1}{6}(p_\alpha(\bar{y}_t, L_t, s_{t-1}) - p_\alpha(\bar{y}_t, L_{t-1}, s_{t-1})) \\ & + \frac{1}{6}(p_\alpha(\bar{y}_{t-1}, L_t, s_t) - p_\alpha(\bar{y}_{t-1}, L_{t-1}, s_t)) \\ & + \frac{1}{3}(p_\alpha(\bar{y}_t, L_t, s_t) - p_\alpha(\bar{y}_t, L_{t-1}, s_t))\end{aligned} \tag{9.10}$$

$$\begin{aligned}\Delta p_{\alpha,s}^t = & \frac{1}{3}(p_\alpha(\bar{y}_{t-1}, L_{t-1}, s_t) - p_\alpha(\bar{y}_{t-1}, L_{t-1}, s_{t-1})) \\ & + \frac{1}{6}(p_\alpha(\bar{y}_t, L_{t-1}, s_t) - p_\alpha(\bar{y}_t, L_{t-1}, s_{t-1})) \\ & + \frac{1}{6}(p_\alpha(\bar{y}_{t-1}, L_t, s_t) - p_\alpha(\bar{y}_{t-1}, L_t, s_{t-1})) \\ & + \frac{1}{3}(p_\alpha(\bar{y}_t, L_t, s_t) - p_\alpha(\bar{y}_t, L_t, s_{t-1}))\end{aligned} \tag{9.11}$$

三、数据选择与收入分布估计方法

(一)数据选择

学界已有关于低收入群体或中等收入群体标准界定与规模测算的相关研究,通常使用家庭微观调查数据进行测算,部分研究使用国家统计局住户调查的五等份分类数据,对收入分布函数进行估计并测算不同群体规模。尽管家庭微观数据集使用灵活、便捷,但仍存在不同数据集口径与国家统计局可支配收入数据口径存有差异,样本容量相对较小,分地区代表性差,城乡分布不均匀,以及时间连续性差等问题,这都会影响更细粒度的收入分布曲线的估计效果。而国家统计局住户调查数据时间连续性好,样本容量较大、分布更为均匀,分地区收入数据质量较高,因此使用全国与各地区住户调查的五等份收入数据,对低收入群体规模及其变动进行测算。

总体而言,全国层面住户调查收入五等份数据连续性、完整性较好,但各省住户调查的收入分组数据的报告形式则存在较大差异。住户调查收入分组数据报告主要包括两种形式:一是根据按照人均可支配收入或人均纯收入次序,按照等人口比重进行五等分组(部分地区报告七分组,但可转化为五等分组),并报告每组人均收入;二是根据人均纯收入报告不同收入区间的人口比重或户数比重,而不是基于人口等分组报告人均收入。为解决不同收入分组类型差异,按收入区间报告的收入分组数据转化为五等分收入数据,以估计收入分布曲线。参考徐映梅和张学新(2011)的研究,不同收入区间内的样本均值等于其区间中点,开口组即收入大于某值或收入小于某值的组别,则根据田卫民(2012)的做法确定其组内均值。

由于从某些年份开始,部分省份停止公布收入分组数据,因此各省存在不同程度的收入分组数据缺失。根据五等分收入数据缺失情况,可以将缺失情况分为以下四类:第一,农村与城镇收入分组数据均存在,不存在数据缺失。第二,不区分城镇与农村,仅公布全部人口的收入分组数据。第三,仅公布城镇人口收入分组数据,农村收入分组数据缺失;第四,农村与城镇收入分组数据均缺失。各年份各类型分组数据情况如表 9.2 所示。总体来看,2000—2021 年各省份有 73.754% 的样本城乡收入分组数据完整,3.519% 的样本可以估计该省当年全体人口的收入分布函数,而存在城镇或农村收入分组数据缺失的个体比重为 22.727%,数据质量整体较高。纵向来看,2010 年之前,各省份收入分组数据缺失情况相对乐观,数据缺失主要以农村收入分组数据缺失为主,2010 年之后农村收入分组数据缺失情况更加严重，在2015年之后数据缺失情况进一步加剧。朱兰和万广华(2023)基于省级五等份数据对各省中等收入群体进行了一定探索与分析，由于未对缺失数据进行调整或填补，使其难以进一步反映中等收入群体的空间分布、群体结构等问题。

表9.2 各年份各缺失类型比重

年份	类型1	类型2	类型3	类型4	需要插补比重
2000	87.097%	3.226%	9.677%	0.000%	9.677%
2001	87.097%	3.226%	9.677%	0.000%	9.677%
2002	83.871%	3.226%	12.903%	0.000%	12.903%
2003	83.871%	3.226%	12.903%	0.000%	12.903%
2004	83.871%	3.226%	12.903%	0.000%	12.903%
2005	83.871%	3.226%	12.903%	0.000%	12.903%
2006	83.871%	3.226%	12.903%	0.000%	12.903%
2007	80.645%	3.226%	16.129%	0.000%	16.129%
2008	80.645%	3.226%	16.129%	0.000%	16.129%
2009	80.645%	3.226%	16.129%	0.000%	16.129%
2010	80.645%	0.000%	16.129%	3.226%	19.355%
2011	77.419%	0.000%	16.129%	6.452%	22.581%
2012	77.419%	0.000%	16.129%	6.452%	22.581%
2013	77.419%	0.000%	6.452%	16.129%	22.581%
2014	77.419%	0.000%	3.226%	19.355%	22.581%
2015	77.419%	0.000%	3.226%	19.355%	22.581%
2016	67.742%	3.226%	3.226%	25.806%	29.032%
2017	64.516%	6.452%	0.000%	29.032%	29.032%
2018	54.839%	6.452%	0.000%	38.710%	38.710%
2019	48.387%	9.677%	0.000%	41.935%	41.935%
2020	45.161%	9.677%	0.000%	45.161%	45.161%
2021	38.710%	9.677%	0.000%	51.613%	51.613%
总计	73.754%	3.519%	8.944%	13.783%	22.727%

(二)收入分布估计方法

为更清晰地探究低收入群体的空间分布、群体特征等问题，针对不同地区收入分组数据缺失情况，对不同缺失情况的数据进行区别处理，对部分缺失情况较严重省份收入分布曲线进行外推。

1. 类型 1 与类型 2

五等份收入分组数据下，收入分布曲线估计方法主要包括参数方法与非参数方法：参数方法通过选定收入分布曲线的分布类型，如对数正态分布（李金昌等，2023），基于收入与基尼系数估计分布参数，进而估计收入分布；非参数方法通常使用核密度估计（顾严和冯银虎，2008）或加权核密度估计（Sala-i-martin，2006）的方法对收入分布曲线进行估计，通常不用假设收入分布曲线类型，使用较为灵活。学界常使用参数估计拟合五等分或七等分收入分组数据下的收入分布函数（陈建东等，2013），而由于五等份收入分组数据样本较少（每年只有五个观测），非参数方法要求较大的样本容量以保证估计的有效性，其估计误差可能比参数方法更大（张萌旭等，2013）。然而，参数方法得到的收入分布曲线，在不同等分人口的收入均值通常与收入五等分数据不相符，因此 Shorrocks 和万广华（2008）提出通过将收入分组数据“还原”为个体数据的方法，模拟得到收入数据，进而估计收入分布函数。该类方法在评估贫困变动（陈宗胜等，2013；李莹等，2021；斯丽娟和郭海霞，2022）、中等收入群体比重估计（朱兰和万广华，2023）、收入不均等指数（万广华等，2022b）等收入不平等领域得到了广泛应用。类型 1 与类型 2 数据可以直接使用还原的方法估计该省该时点的收入分布曲线，并能得到各省城乡基尼系数与总体基尼系数。估计步骤如下：

对于五等分收入分组数据，设第 k 组收入真实均值为 μ_k，人口比重为 0.2，设初始样本容量为 N，则根据五等分收入的均值与标准差，构建收入分布函数并等间距取 N 个收入分位数作为其初始样本，则初始样本为 $x_{ki}(k=1,\cdots,5;i=1,\cdots,N/5)$，$x_{ki}$ 为第 k 组的第 i 个个体。

由于基于参数分布产生初始样本在不同分组的组内均值 μ_k^* 通常不等于其真实均值 μ_k，因此需要调整样本个体取值使其等于各组的真实均值 μ_k。若 $x_{ki}\in[\mu_k,\mu_{k+1})$，$k=1,\cdots,4$，则将 x_{ki} 调整为：

$$\hat{x}_{ki}=\mu_k+\frac{\mu_{k+1}-\mu_k}{\mu_{k+1}^*-\mu_k^*}(x_{ki}-\mu_k^*) \tag{9.12}$$

若 $x_{ki}\in[0,\mu_1)$ 或 $x_{ki}\in[\mu_5,\infty)$，则将 x_{ki} 调整为：

$$\hat{x}_{ki}=\frac{\mu_j}{\mu_j^*}x_{ki},j=1,5 \tag{9.13}$$

调整后，得到新的收入样本 $\hat{x}_{ki}(k=1,\cdots,5;i=1,\cdots,N/5)$，重复上述过程，

使样本各组组内均值 μ_k^* 逐渐接近于其真实均值 μ_k。由于迭代后的样本各组均值仍与其真实值存在差异,因此需要对样本个体进行最终调整。首先确定各组收入边界不变,设各组下边界 c_k 为:

$$c_1=0;c_k=\frac{\max_i \hat{x}_{k-1,i}+\min_i \hat{x}_{ki}}{2},k>1 \tag{9.14}$$

根据模拟样本各组组内均值与真实值的大小差异,对样本个体取值进行最终调整:

$$x_{ki}=c_{k+1}-\frac{c_{k+1}-\mu_k}{c_{k+1}-\mu_k^*}(c_{k+1}-\hat{x}_{ki}),\text{if } \mu_k>\mu_k^* \text{ and } k<5 \tag{9.15}$$

$$c_k+\frac{\mu_k-c_k}{\mu_k^*-c_k}(\hat{x}_{ki}-c_k),\text{else}$$

得到最终模拟样本 $\hat{x}_{ki}(k=1,\cdots,5;i=1,\cdots,N/5)$,以估计收入分布曲线。

对于估计各省份总体收入分布函数,设样本容量为 N,省份 i 在时间 t 时的人口城镇化率为 ur_{it},则样本中城镇人口数量 N_u 与农村人口数量 N_c 分别为 $N\cdot ur_{it}$ 和 $N\cdot(1-ur_{it})$。将城乡五等分收入分组数据以及城乡人口数量 N_u 与 N_c 带入上述程序进行模拟,生成得到样本容量为 N_u 的城镇收入样本 $\hat{x}_{ki}^u(k=1,\cdots,5;i=1,\cdots,N_u)$,与样本容量为 N_c 的农村收入样本 $\hat{x}_{ki}^c(k=1,\cdots,5;i=1,\cdots,N_c)$,将两个样本混合即得到样本容量为 N 的全体人口的模拟样本 $(\hat{x}_{ki}^u,\hat{x}_{kj}^c)(k=1,\cdots,5;i=1,\cdots,N_u,\cdots,N_c)$,及累计分布函数的估计 $\hat{F}_t(y)$。

2. 类型 3 与类型 4

类型 3 保留了城镇收入分组数据,而类型 4 城乡收入分组数据均缺失。对于类型 3,可以通过城镇收入分组数据估计城镇收入分布曲线,而农村收入分布曲线假设服从参数分布,其位置函数可以通过国家统计局公布的各省农村人均可支配收入进行确定,形状参数则使用预测的方法进行外推。对于类型 4,由于缺少城镇与农村的收入分组数据,仅能通过人均可支配收入确定收入分布函数的位置参数,因此也需要对其形状参数进行外推。学界对收入分布函数的参数估计相关研究较为丰富,通常使用 GB2 分布(朱兰和万广华,2023)、$log-log$ 分布(陈建东等,2013)等作为备选形式,前者通常包括 4 个参数,$log-log$ 分布包含两个参数,且参数含义更明确,因此本书选取包含位置与形状两个参数的 $log-log$ 分布以估计各地区的城乡收入分布曲线。设收入 y 服从 $log-log$ 分布,其概率密度函数、均值同参数的关系如下所示：

$$f(y;\alpha,\beta)=\frac{\beta y^{\beta-1}}{\alpha^{\beta}\left(1+\frac{y^{\beta}}{\alpha}\right)^{2}} \tag{9.16}$$

$$E(y)=\frac{\alpha b}{\sin(b)},b=\frac{\pi}{\beta},\ \text{gini}=\frac{1}{\beta} \tag{9.17}$$

其中，α 为位置参数，通常等于收入中位数，β 为形状参数，形状参数的倒数等于该分布下的基尼系数。参考 X Sala-i-Martin（2006）的做法，考虑短期内收入分布形状相对稳定，使用时间趋势进行回归以填补缺失收入分布数据。本书则基于机器学习的方法，将时间趋势、经济发展阶段、城镇化水平等因素纳入模型，使用 XGBoost 对各地区缺失年份的城乡基尼系数进行填补，得到省份 i 在时间 t 时的形状参数 $\hat{\beta}_{it}$。由于各地区位置参数可以通过各地区城乡人均可支配收入进行确定，设省份 i 在时间 t 时的人均可支配收入为 $\bar{y}_{it}$，则位置参数估计 $\hat{\alpha}_{it}$ 为：

$$\hat{\alpha}_{it}=\frac{y_{it}\sin(\hat{b}_{it})}{\hat{b}_{it}},\hat{b}_{it}=\frac{\pi}{\hat{\beta}_{it}} \tag{9.18}$$

得到省份 i 在时间 t 时城镇或农村的收入累积分布函数估计为：

$$\hat{F}_{it}(y;\hat{\alpha}_{it},\hat{\beta}_{it})=\frac{1}{1+(y/\hat{\alpha}_{it})^{\hat{\beta}_{it}}} \tag{9.19}$$

但由于参数分布与还原法得到的分布存在差异，为保证估计的一致性，需要对上述参数分布进行调整。本书基于五等分收入数据和一定基尼系数下参数分布的关系，将基于还原法所得的密度函数作为真实分布，通过两分布之间的差异以调整参数分布，以保证收入分布估计的一致性和可靠性。假设收入 y 时其概率密度为 $f(y)$，而参数分布的概率密度为 $f_{\theta}(y)$，则有

$$g(y)=\frac{f(y)}{f_{\theta}(y)},f(x)=f_{\theta}(y)g(y) \tag{9.20}$$

由于 $g(y)$ 未知，因此使用已有收入五等份数据的样本进行估计，得到 $\hat{g}(y)$ 进而调整类型 3 和类型 4 的概率密度，最终得到概率密度估计为：

$$\hat{f}_{it}(y)=f_{\theta}(y;\hat{\alpha}_{it},\hat{\beta}_{it})\hat{g}_{i}(y) \tag{9.21}$$

由于收入均值存在增长趋势，因此对收入分布围绕均值中心化后进行上估计。设样本容量为 N，根据省份 i 在时间 t 时的城镇化率 ur_{it} 计算城乡人口数量，按照人口数量等分位数生成城乡样本，得到最终城乡收入样本 $(\hat{x}_{ki}^{u},\hat{x}_{kj}^{c})$ $(k=1,\cdots,5;i=1,\cdots,N_u,\cdots,N_c)$，及其累计分布 $\hat{F}_t(y)$。

四、低收入测算结果与分析

(一)低收入标准测算结果

基于上述估计方法与评价标准,不同比率 k 下的 EGR 极化指数,以及低收入群体比重同基尼系数、W 型极化指数的相关系数如表 9.3 所示。

表 9.3　不同 k 选择下低收入群体比重与基尼系数的相关系数以及极化指数

k	极化指数	基尼系数		W 型指数	
	EGR 指数均值	Spearman	Kendall	Spearman	Kendall
0.50	0.1231	0.4552	0.3004	0.2046	0.1344
0.55	0.1286	0.5006	0.3478	0.2595	0.1818
0.60	0.1331	0.5688	0.419	0.3509	0.253
0.65	0.1367	0.6391*	0.4625	0.4802	0.3439
0.70	0.1397	0.7487***	0.5534**	0.6805**	0.4980*
0.75	0.1420	0.7813***	0.5850***	0.7378***	0.5455**
0.80	0.1436	0.8209***	0.6324***	0.8199***	0.6245***
0.85	0.1446	0.8243***	0.6482***	0.8787***	0.7036***
0.90	0.1449	0.7564***	0.5810***	0.8840***	0.7154***
0.95	0.1446	0.7150***	0.5296**	0.8719***	0.6877***

注:相关系数 p 值使用 Bonferroni 矫正 p 值,* 为 $p<0.1$,** 为 $p<0.05$,*** 为 $p<0.01$。

结果显示,而当 k 取 0.9 时,EGR 极化指数最大,低收入比重最能反映不同收入水平下群体分化水平,以充分反映低收入与其他收入群体的参与收入分配的分化程度与公平程度。从其他指标看,k 取 0.9 时,低收入比重与 W 型指数关联最密切,当 k 取 0.85 时低收入群体比重与基尼系数的等级相关系数最强,与 EGR 指数标准下结果相差不大,结果基本稳健。因此,选取 k 为 0.9 以界定低收入标准。相较于已有研究,更高的低收入标准更符合我国社会主义初级阶段和大量的低收入人口的基本国情,使用发达国家的 0.7 倍标准,则难以反映我国大量低收入群体的现状,混淆中等收入和低收入,也难以满足提低扩中与橄榄型收入格局监测的政策需要。

k 为 0.9 时,我国 2000—2022 年各年份低收入标准及其各群体类型标准变动与增长率如图 9.1 所示。总体来看,低收入标准由 2000 年的 2677 元增加为 2022

年的 29297 元，年均增长率达 11.49%，绝对贫困标准则由 2234 元上升为 2022 年的 3639 元，平均增速达 2.24%，相对低收入标准由 2481 元上升至 17804 元，平均增速为 9.37%。首先，低收入群体三类标准在 2000 年初时差别不大，随着经济发展，满足低收入群体各类型生活需求的收入差距逐渐扩大，群体异质性更加明显，并逐渐接近于发达国家的低收入群体标准。其次，从标准变动角度看，低收入标准增加最快，相对贫困标准增加更慢，但趋势类似，绝对贫困标准增长最慢，即随着美好生活需求的日益提高，实现不同生活水平所需的低收入各类标准差异逐渐扩大，群体异质性逐渐增强。

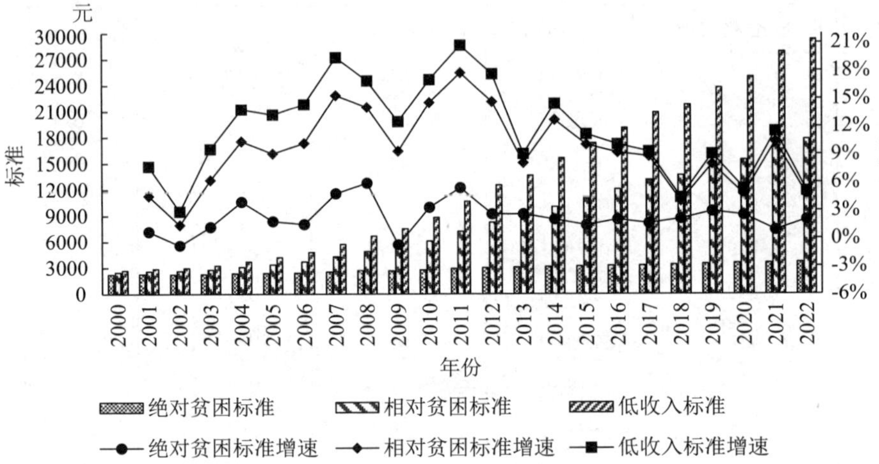

图 9.1 低收入标准与增长率

根据各地区购买力调整后，各地区部分年份低收入标准以及各地区低收入标准差异如表 9.4 所示。结果显示：第一，基于购买力平价调整后各地区低收入标准差异较大，呈现东高西低、南高北低的分布特点，东部与西部地区内低收入标准差异最大，中部地区和东北地区次之，但总体来看区域内差异有所缩小。第二，各地区低收入标准年均增长率存在一定差异，东部地区低收入标准增长速度最慢，东北地区次之，西部地区与中部地区增速相对较快，但各地区低收入标准变动并不存在趋同，并存在一定程度的发散趋势，尤其是 2015 年后的东部地区。

表 9.4 各省份部分年份低收入标准

单位:元

地区	省份	2000 年	2004 年	2008 年	2012 年	2016 年	2020 年	2021 年	年均增长率
东北	辽宁	2444	3260	5863	11119	16882	22238	24874	11.68%
	吉林	2332	3173	5758	10962	16813	22224	24736	11.90%
	黑龙江	2194	2948	5420	10478	15807	20782	23130	11.87%
	平均	2323	3127	5681	10853	16501	21748	24247	11.82%
东部	北京	2962	3888	6652	12443	19119	25130	28109	11.31%
	天津	2672	3565	6346	11921	18300	24136	27051	11.65%
	河北	2259	3069	5648	10665	16195	21463	23984	11.91%
	上海	3385	4458	7853	14834	22946	29875	33451	11.52%
	江苏	2828	3809	6910	13125	20063	26704	30018	11.91%
	浙江	3094	4151	7443	13940	21224	28223	31693	11.72%
	福建	2825	3728	6717	12485	19084	24875	27715	11.49%
	山东	2562	3479	6253	11738	17794	23754	26597	11.79%
	广东	3437	4467	8003	14843	22713	30223	33706	11.48%
	海南	2811	3691	6861	13300	20329	27420	30428	12.01%
	平均	2884	3831	6869	12929	19777	26180	29275	11.67%
中部	山西	2420	3229	6008	11305	17136	22552	25200	11.80%
	内蒙古	2404	3267	5894	11232	17125	22383	24987	11.79%
	安徽	2586	3505	6469	12139	18392	24237	27057	11.83%
	江西	2323	3094	5625	10591	16211	21550	24058	11.77%
	河南	2307	3191	6002	11380	17375	23070	25754	12.18%
	湖北	2539	3487	6465	12263	18769	24888	27618	12.04%
	湖南	2621	3563	6637	12485	19013	25044	27847	11.91%
	平均	2457	3334	6157	11628	17717	23389	26074	11.90%
西部	广西	2245	3027	5717	10713	16314	21877	24422	12.04%
	重庆	2744	3716	6809	12704	19323	25311	28088	11.71%
	四川	2323	3233	6030	11519	17551	23329	25888	12.17%
	贵州	2147	2919	5517	10298	15824	20648	22868	11.92%
	云南	2134	2894	5461	10419	16113	21232	23537	12.11%
	西藏	2651	3566	6375	12212	19080	24959	27863	11.85%
	陕西	2618	3513	6415	12389	18826	24922	27987	11.94%
	甘肃	2333	3217	5944	11587	17817	23270	25978	12.16%
	青海	1779	2517	4836	9729	15337	20297	22749	12.90%
	宁夏	2152	2938	5544	10727	16436	21412	24022	12.17%
	新疆	2161	2952	5467	10750	16494	21526	24101	12.17%
	平均	2299	3136	5829	11186	17192	22617	25228	12.08%

第十章 各地区低收入群体测算结果与分析

第一节 各地区低收入群体规模与结构分析

一、低收入群体规模与特征

（一）低收入群体规模分析

当 k 为 0.9 时，我国 2000—2022 年各年份低收入群体比重变动如图 10.1 所示，主要年份各省份低收入群体规模如表 10.1 所示，各地区低收入群体规模变动如图 10.1 所示。

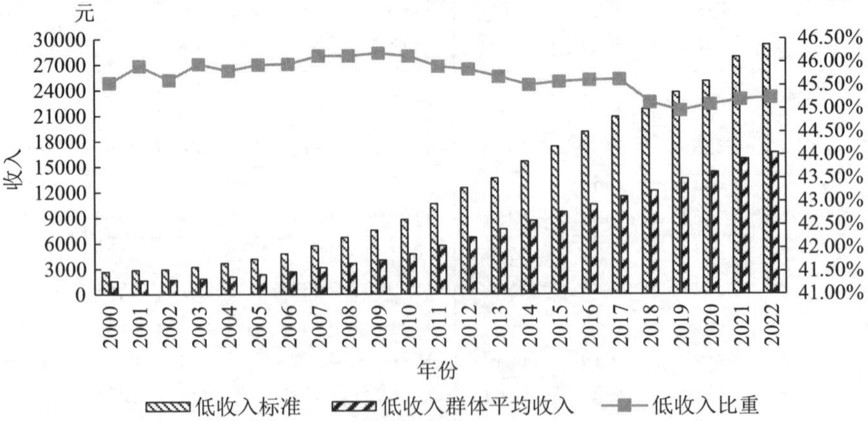

图 10.1 低收入群体标准及其比重

从群体规模看，按照相对标准，2000 年我国低收入群体比重平均为 45.56%，而 2022 年则为 45.24%，约有 6.39 亿人，由于收入结构并未发生显著改善，相对标准下低收入群体比重较为稳定。从演变过程看，低收入群体比重经历了先上升后降低变动趋势，2000 年起低收入群体比重迅速上升，并于 2009 年达到最高值

表 10.1 主要年份各省份低收入群体规模

地区	省份	2000 年	2004 年	2008 年	2012 年	2016 年	2020 年	2021 年	总变动
东北	辽宁	28.53%	27.98%	29.14%	28.91%	29.88%	33.17%	30.80%	2.27%
	吉林	37.01%	32.68%	37.19%	39.93%	46.44%	49.30%	49.37%	12.36%
	黑龙江	33.64%	32.21%	38.55%	40.39%	41.43%	41.49%	43.09%	9.46%
	平均	32.48%	30.67%	34.48%	35.62%	37.85%	39.79%	39.28%	6.80%
东部	北京	7.13%	4.78%	5.36%	7.45%	7.94%	9.29%	10.57%	3.43%
	天津	9.31%	12.35%	13.13%	12.91%	15.32%	19.75%	20.81%	11.50%
	河北	43.62%	34.39%	28.40%	45.17%	45.13%	47.82%	49.02%	5.40%
	上海	3.21%	4.10%	5.19%	7.52%	7.21%	11.05%	12.52%	9.32%
	江苏	26.45%	27.10%	28.94%	29.26%	31.26%	32.26%	31.48%	5.03%
	浙江	20.89%	18.52%	22.01%	27.23%	24.27%	25.81%	25.46%	4.56%
	福建	29.87%	28.68%	31.84%	34.29%	35.53%	34.27%	32.94%	3.07%
	山东	34.80%	33.94%	35.53%	39.62%	40.30%	40.56%	40.87%	6.07%
	广东	24.73%	29.63%	36.32%	36.79%	38.79%	40.26%	40.85%	16.11%
	海南	51.19%	49.39%	56.14%	59.01%	55.85%	61.39%	59.23%	8.03%
	平均	28.68%	27.67%	29.30%	33.35%	33.94%	35.40%	35.58%	6.91%
中部	山西	50.23%	45.83%	51.10%	54.08%	52.62%	49.07%	50.67%	0.44%
	内蒙古	46.38%	42.33%	37.20%	37.51%	40.86%	41.26%	40.42%	−5.96%
	安徽	68.53%	60.40%	54.28%	46.78%	47.49%	51.78%	54.87%	−13.66%
	江西	49.67%	39.14%	41.53%	44.89%	41.29%	42.69%	44.72%	−4.95%
	河南	57.64%	56.93%	54.05%	53.34%	52.32%	53.95%	49.86%	−7.78%
	湖北	41.42%	42.54%	49.67%	51.71%	50.71%	52.91%	49.88%	8.46%
	湖南	52.43%	49.64%	52.72%	56.04%	50.97%	48.59%	49.21%	−3.22%
	平均	53.82%	50.22%	50.40%	50.60%	49.12%	50.01%	49.43%	−4.39%
西部	广西	55.19%	52.85%	55.94%	56.31%	51.68%	52.10%	53.63%	−1.56%
	重庆	55.06%	50.32%	47.35%	43.57%	48.74%	45.81%	44.49%	−10.56%
	四川	55.92%	54.32%	57.58%	56.08%	54.25%	49.22%	47.35%	−8.57%
	贵州	64.79%	66.06%	68.45%	66.71%	59.67%	57.46%	53.46%	−11.34%
	云南	60.52%	59.32%	62.19%	60.39%	57.38%	55.71%	54.29%	−6.23%
	西藏	80.01%	76.71%	77.91%	79.79%	73.71%	63.69%	62.30%	−17.71%
	陕西	64.96%	65.63%	61.63%	58.94%	54.64%	52.02%	51.70%	−13.27%
	甘肃	64.91%	61.40%	68.37%	68.59%	62.50%	61.72%	61.65%	−3.26%
	青海	50.91%	48.49%	56.51%	55.09%	48.11%	42.75%	43.18%	−7.73%
	宁夏	50.59%	47.53%	49.56%	52.54%	51.96%	45.36%	46.88%	−3.71%
	新疆	50.11%	51.89%	55.73%	55.60%	50.40%	51.95%	50.70%	0.59%
	平均	58.70%	57.39%	59.42%	58.08%	54.81%	52.40%	51.33%	−7.37%

46.19%,后缓慢下降,2017 年开始迅速下降。2020 年后低收入群体存在一定程度的扩张但幅度有限,新冠疫情迟滞了低收入群体收入分配水平的改善,与脱贫攻坚时期低收入缩小趋势产生一定背离。参考中国统计年鉴数据,我国基尼系数也经历了由 2003 年起快速上升,并于 2008 年达到最高点,后缓慢下降,并于 2014 年后趋于稳定的变动趋势,相对标准下低收入群体测算结果与收入分配格局变动基本一致。由于在相对标准下,与相关研究相比(李金昌等,2023),尽管低收入标准选取比重存在差异,但总体趋势基本一致,总体来看测算结果较为可信。

各地区低收入标准的购买力进行调整前后低收入比重如图 10.2 所示。结果显示,若不调整购买力,对各地区使用相同的低收入标准,则会高估各地区的低收入比重约 2.3%,尤其是导致发达地区低收入问题认识不足,以及低估落后地区减贫提低成效。因此,各地区低收入标准调整后,中国低收入群体呈现以下特征:

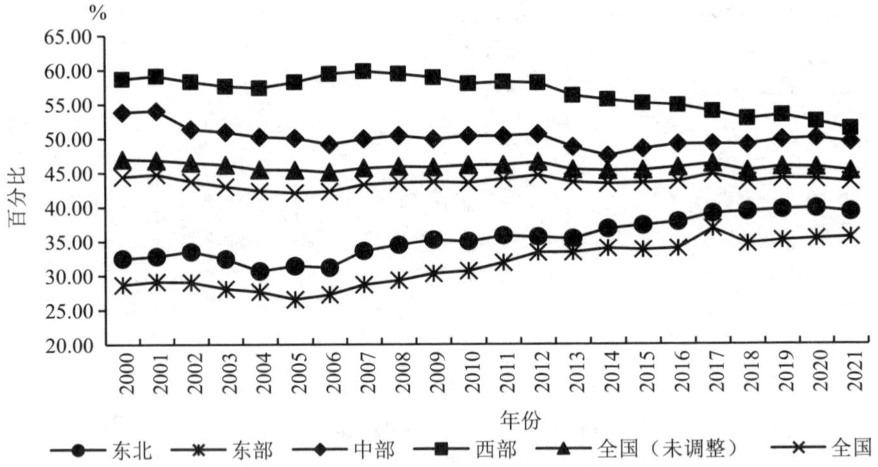

图 10.2　各地区低收入群体规模变动

从空间分布看,总体上呈东低西高的特征,地区经济越发达则区域差异越明显。第一,东部地区低收入群体比重最低,其次为东北地区,两者均低于全国水平,中部、西部地区最高。其中,北京市低收入群体比重最低,2021 年在 10%左右,西藏、甘肃的低收入群体比重最高,2021 年超过了 60%,其余省份低收入群体比重在全国水平 45%附近分布。第二,各区域内差异存在明显的异质性,东部地区组内低收入群体比重变差极大,共同富裕实现程度存在较大差异,中部和西部地区内部低收入群体比重相对分布相对均衡,东北地区组内变差呈现扩大趋势,但从全国来看区域差距有所缓解。

从纵向演变看，低收入群体分布随时间呈现出东加西减，趋同收敛的演变趋势。首先，研究期间内，东西部地区低收入群体比重差异由 29.82%逐渐缩小为 15.77%，低收入群体比重的区域间差异存在逐步改善的趋势，东西发展差异逐渐缩小。然而，相对落后的中西部地区则总体呈下降趋势，东部、东北地区低收入群体比重却呈上升趋势，发达地区低收入群体扩张则需重视。其中，多数省份低收入群体比重变动在 10%以内，吉林、天津、广东三省低收入群体严重扩张，增加了 10%以上，中西部地区安徽、西藏、贵州、陕西等四省（自治区）改善最多，均降低了 10%以上的低收入比重。一方面，得益于市场配置资源能力的增强以及西部大开发、中部崛起等区域发展战略（李实，2021），中西部与东部发达地区的收入差距得到显著缩小。另一方面由于国际市场逐渐低迷、国内有效需求不足（安树伟和李瑞鹏，2023），东部地区收入增长动力相对不足，产生了低收入扩张问题。因此，发达地区低收入群体存在逐步扩大的压力，缺少中等收入群体扩容的驱动因素，似乎陷入经济增速有限且难以迈向橄榄型收入结构的“中等收入陷阱”。

（二）低收入群体城乡结构分析

过大的城乡与持续扩大的城乡内部差异会阻碍共同富裕进程（李实等，2023），探究城乡低收入群体演进规律是识别、把握低收入群体发展阶段、明确重点攻坚地区的前提。各年全国分城乡低收入群体比重如图 10.3 所示，各年份低收入群体城乡构成如图 10.4 所示，各年份城镇化率与基尼系数如图 10.5 所示。

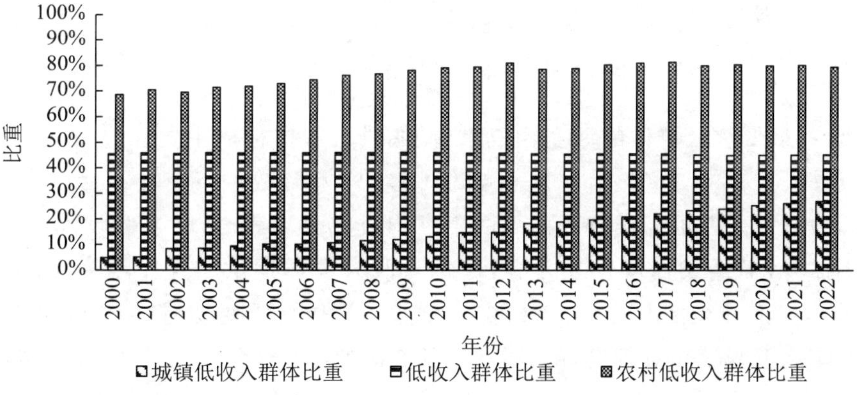

图 10.3　低收入群体城乡结构

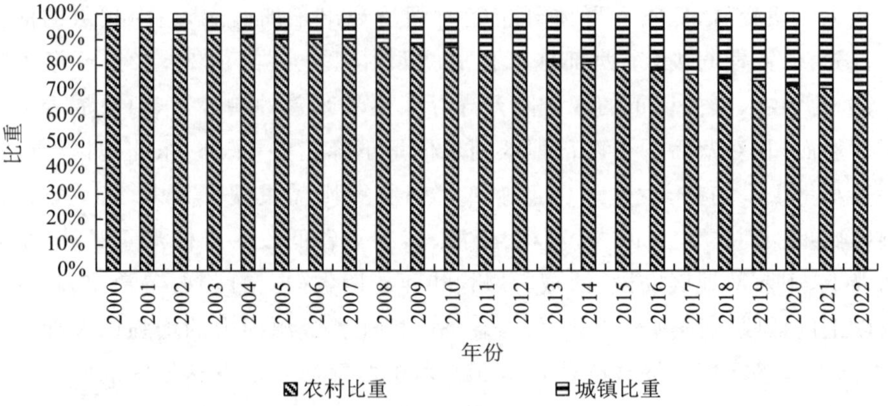

图 10.4　低收入群体城乡结构

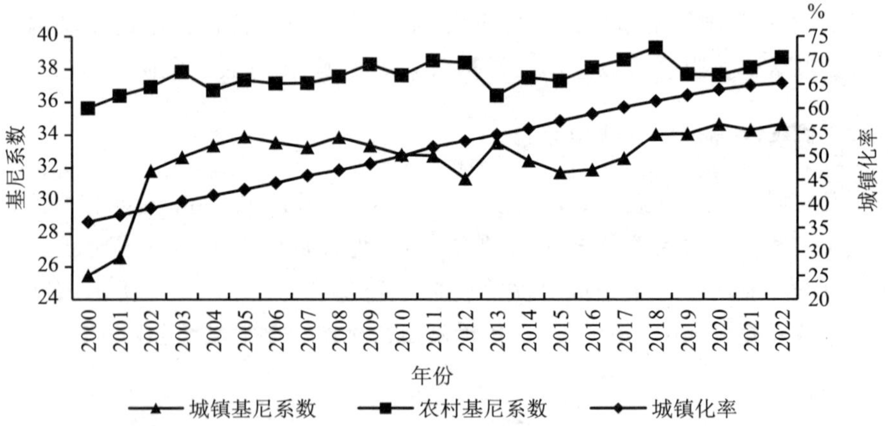

图 10.5　各年份城镇化率与基尼系数

第一,从低收入群体的城乡构成来看,低收入群体构成主要以农村人口为主。农村低收入人口在 2000 年一度占到低收入总人口数的 96.16%,2022 年则为 61.13%,农村人口仍为低收入群体的主要构成部分。第二,城乡低收入群体比重均有所提升,但增长速度存在差异:城镇低收入群体比重上升速度较快,由 2000 年的 4.84%上升至 2022 年的 26.96%,低收入群体比重变动超过 20%;而农村低收入群体比重变动相对较慢,由 2000 年的 68.69%上升至 2022 年的 80%左右,变动幅度低于 15%,农村低收入群体比重变动相对稳定。第三,农村低收入人口收入改善可能快于城镇人口,农村地区的提低进程加速更快。从 2000—2022 年,低收入群体中农村人口比重降低了约 35.02%,城镇低收入群体比重增加了 26.96%,根据国家统计局数据我国人口城镇化率上升了约 29%。若城镇农村低收入人口仅存在城乡转换，其低收入群体结构比重变动应当定于城镇化率变动，而城镇人口比重增加小于低收入群体中城镇人口比重的上升，即在相对标准下，低收入群体的农村人口比重至少存在6%的下降是由经济发展等其他因素驱动，而非城镇化导致的人口转移。

较大的区域差距下，各地区低收入群体的城乡构成也存在较大差异。各地区城镇、农村低收入群体比重变动分别如图10.6、图10.7所示。首先，总体来看，各地区城乡低收入群体均存在上升趋势，仍表现为西高东低的空间分布格局。不同点在于，从区域差距看，各地区城乡低收入比重存在较大的异质性：城镇低收入群体比重相对接近，各地区低收入群体标准差最大时不足0.04，而农村低收入群体

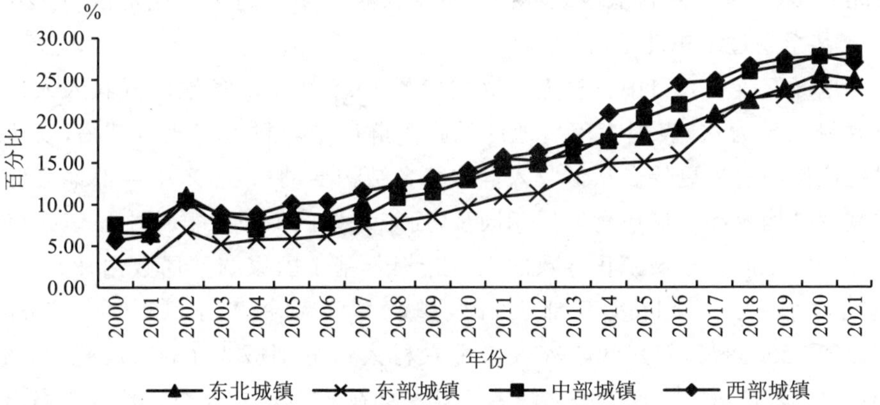

图10.6 各地区城镇低收入群体比重

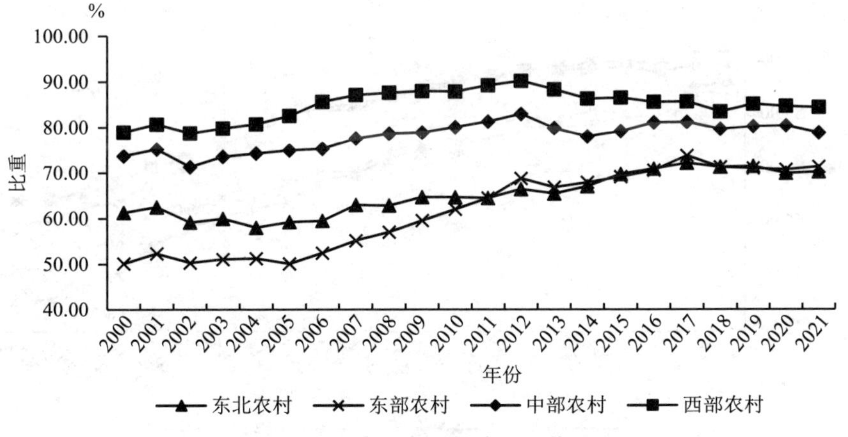

图10.7 各地区农村低收入群体比重

比重差距则相对较大，标准差最小时也超过了 0.06。其次，从收敛趋势看，各地区城镇低收入标准的标准差呈逐年扩大的趋势，收敛趋势较弱。而农村低收入群体比重则呈现出相反的变动趋势，标准差逐步缩小，表现出更强的收敛性，但与城市相对，东部地区农村低收入群体比重增长速度明显高于其他地区，在 2017 和 2019 年甚至超过了东北地区。

体比重相对接近，各地区低收入群体标准差最大时不足 0.04，而农村低收入群体比重差距则相对较大，标准差最小时也超过了 0.06。其次，从收敛趋势看，各地区城镇低收入标准的标准差呈逐年扩大的趋势，收敛趋势较弱。而农村低收入群体比重则呈现出相反的变动趋势，标准差逐步缩小，表现出更强的收敛性，但与城市相对，东部地区农村低收入群体比重增长速度明显高于其他地区，在 2017 和 2019 年甚至超过了东北地区。

各地区低收入人口中农村人口比重如图 10.8 所示。各地区低收入人口中主要以农村人口为主，表现为落后地区低收入群体中农村人口比重越高，发达地区农村提低扩中进程更快。从低收入群体城乡结构变动来看，东中西部地区低收入群体城乡结构变动与城镇化发展相同步，而东北地区低收入群体中城镇人口比重扩张并不完全取决于城镇化导致的人口转换。基于国家统计局数据，2000—2021 年，东北、东部、中部以及西部人口城镇化率分别提升了 15.64%、25.87%、30.21%和 29.83%，而其低收入人口中农村人口分别减少了 35.74%、26.66%、28.37%以及 30.82%，东中西部两者差异保持在 2%以内，而东北地区则高出城镇化率 20%，东北城市低收入群体扩张问题十分严峻。

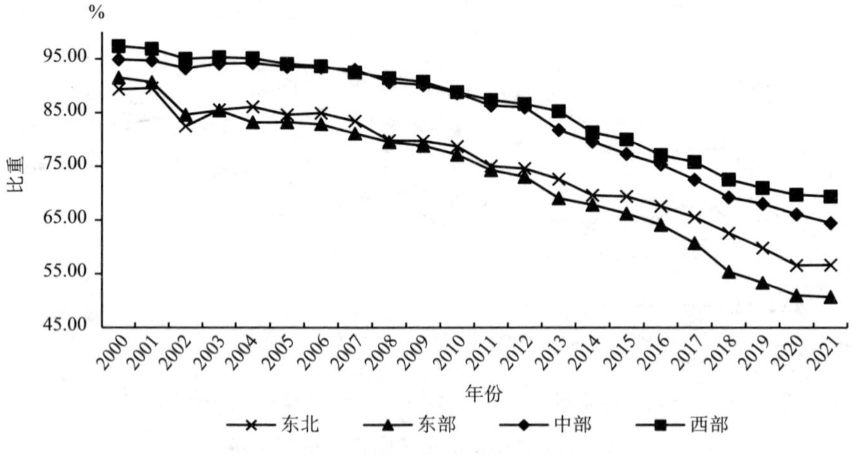

图 10.8　各地区低收入人口中农村人口比重

第二节　各地区低收入群体发展成果共享程度分析

一、低收入群体发展成果共享程度分析

实质性推动共同富裕的需求存在阶段性差异，研究期间内收入分配调节重点由效率优先向兼顾效率与公平调整，在西部大开发、中部崛起等区域性战略，精准扶贫、脱贫攻坚等重大战略下，低收入群体在收入分配的参与程度是否有所改善，以及经济发展是否具有亲低性，尤其是农村人口的参与水平等问题尤为重要。

（一）分时期低收入群体发展成果共享程度分析

将研究期间按照五年计划进行划分，以探究不同时期经济背景下低收入群体特征演变与发展差异，各时期、各地区低收入群体部分指数水平如表 10.2 所示。

表 10.2　不同时期各省份、各地区低收入群体部分指数水平

指标	地区	“十五”时期	“十一五”时期	“十二五”时期	“十三五”时期	平均水平
低收入群体比重	东北	32.17%	33.89%	36.19%	39.13%	35.35%
	东部	28.10%	29.24%	33.26%	35.20%	31.45%
	中部	51.31%	49.93%	49.11%	49.43%	49.94%
	西部	58.14%	59.10%	56.65%	53.44%	56.83%
	全国	45.85%	46.11%	45.71%	45.29%	45.69%
低收入群体人均收入同低收入标准之比	东北	61.66%	59.36%	59.20%	59.98%	60.05%
	东部	66.26%	63.98%	63.70%	64.06%	64.50%
	中部	60.24%	56.26%	55.86%	56.95%	57.33%
	西部	54.05%	51.35%	51.19%	52.01%	52.15%
	全国	57.40%	54.85%	54.98%	56.11%	56.04%
低收入群体人均收入与人均收入增速差异	东北	−1.55%	0.44%	2.73%	−0.08%	0.38%
	东部	−3.82%	0.81%	2.61%	−0.55%	−0.24%
	中部	−3.05%	0.63%	2.39%	0.66%	0.16%
	西部	−2.76%	0.77%	3.31%	0.53%	0.46%
	全国	−3.09%	0.43%	2.47%	−0.10%	0.02%

首先，我国低收入群体在发展成果共享的参与程度略有不足，在重大战略调节下低收入群体收入分配地位不断提高。一是相对标准下，若收入结构不变则低收入群体收入增长与标准变动应相同步，而我国低收入群体收入年均增长11.31%，略低于低收入标准年均增长率11.49%，总体来看我国低收入群体参与发展成果分配水平略有不足；二是低收入群体收入在经济发展成果分配的参与程度变动经历了两个阶段：第一阶段是“十五”到“十一五”时期，低收入群体人均收入同低收入标准之比逐渐下降，低收入群体收入增长落后于经济发展和低收入标准增长，低收入群体成果共享的参与程度不足；第二阶段是“十二五”时期尤其是十八大以来该趋势发生逆转，在一系列税负改革（汪昊，2023）、政府再分配职能强化（唐高洁等，2023）以及脱贫攻坚等重大战略下，“十三五”时期低收入群体收入增长与人均可支配收入增长相协调，并与低收入标准之比于2020年达到近年来最高值57.29%，低收入群体参与收入分配情况得到改善，但在疫情期间有所恶化。

其次，从各省份地区来看，经济相对发达的省份低收入群体比重上升规模有收窄的趋势，尤其是东部地区，西部欠发达地区的低收入群体比重在“十三五”期间大幅降低。前者低收入群体比重扩大主要来源于增长速度不足，欠发达地区则需要考虑如何保持经济发展与低收入群体收入增长的密切关联。

一是与全国低收入群体变动趋势相比，各地区低收入群体比重变动存在一定异质性。对于东部发达地区，其低收入群体比重持续增长，“十二五”期间增长幅度最大为4.01%，在“十三五”期间低收入群体比重增加幅度收窄。而对于西部欠发达地区，“十二五”计划开始扭转了“十五”和“十一五”期间低收入比重的恶化趋势，低收入群体比重逐渐降低，尤其是“十三五”期间。东北地区和中部地区均存在一定扩张，但由于东北地区经济发展动力不足，低收入群体比重在各个时期均快速增加，尤其是吉林和黑龙江两省，对于中部地区则变动幅度相对有限。因此全国层面“十二五”到“十三五”期间低收入群体比重的下降主要来源于西部地区的低收入人口减少，但由于东部地区和东北地区低收入人口的增加，全国范围内低收入群体相对稳定。

二是经济增速过低东部、东北部等地区低收入群体扩张的主要原因，中西部地区则需要保持、提高低收入群体公平参与分配的能力。范从来（2017）认为“益贫式增长”强调穷人的收入增长率应大于平均增长率，低收入群体收入增长率与平均增长率之间的差异能合理地衡量低收入群体收入分配地位。从“十五”到“十二五”，各地区低收入群体人均收入和地区人均收入增速差异由负转正，即低收入群体在发展成果分享的参与水平逐渐提高，尤其是“十二五”时期最高，“十三五”时期基本实现低收入群体收入增长与经济发展相同步。其中，东部、东北部地区低收入群体收入增速高于人均收入增速，中西部省份低收入群体收入增速更接近人均收入增长，尽管东部、东北地区经济发展的亲低性更强，但经济增速不足，低收入群体规模逐渐扩大，中西部地区经济发展基本惠及低收入群体，在保障经济增长之外更应注重提高低收入群体公平参与分配的能力。

(二)城乡低收入群体发展成果共享程度分析

推动共同富裕，要求全面推进乡村振兴，实现城乡居民共享发展成果(陈宗胜和杨希雷，2023)，探究农村人口在发展成果共享的参与程度则尤为重要。上述结果表明，低收入群体构成中农村人口比重持续下降，但农村低收入群体比重存在逐年升高的趋势，其可能原因在于：

第一，农村低收入群体比重提高，说明发展成果可能并未同步惠及农村的低收入人口。根据中国统计年鉴数据，基于农村五等份人均收入计算的人均收入增长率为 10.29%[①]，低于低收入群体标准的 11.49%。农村低收入群体比重经历了先增加，至 2012 年达到最高点，后党的十八大后稳定在 80%左右。而在 2012 年前，农村低收入群体收入增长速度平均低于低收入标准增速 1.528%，在 2012 年后则高 0.209%。即在 2012 前低收入群体比重不断提升的主要原因在于低收入群体收入增速更低，并未完全享受到经济发展的富裕增长红利。

第二，低收入群体富裕程度的增进速度是低收入群体比重的趋势因素，而富裕的共享程度则是波动的主要原因。各年份农村低收入群体收入增速与低收入标准增速之差和农村基尼系数如图 10.9 示。农村收入基尼系数变动主要存在三个阶段：首先，2000—2012 年，基尼系数呈平稳上升趋势，但变动幅度约为 0.02，低收入群体比重增加约 12%；其次，在 2013 年农村基尼系数大幅下降，后呈逐年上升趋势，2014 年至 2018 年增加了约 0.03，低收入群体比重增加 4%；最后 2019 年后，农村基尼系数得到一定改善，但在疫情后又呈上升趋势。

---

① 中国统计年鉴根据家户数量进行人均收入分组，设各组人口比重相同，则当年人均收入则为各收入组的算数平均。

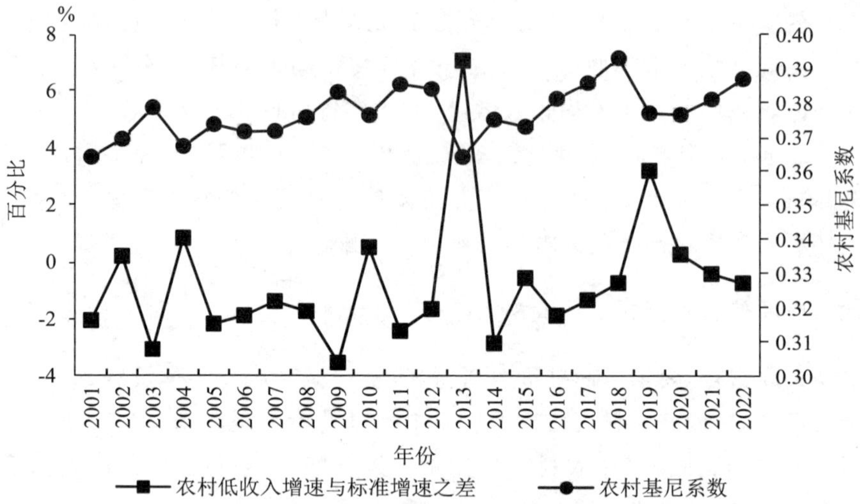

图 10.9　各年份农村低收入群体收入增速与低收入标准增速之差和农村基尼系数

总体来看,尽管在 2000—2012 年以及 2013—2018 年农村收入分配格局均存在一定恶化,但在相近基尼系数变动下,2012 年后低收入群体规模变动较小。因而在 2012 年前农村低收入比重增加的主要原因是农村低收入群体未充分参与发展成果的分配,2012 年后随着农村人口的参与程度提高,遏制了低收入群体比重的提高,低收入群体的富裕程度增进速度是低收入群体比重变动的趋势因素。2012 年后,尤其是 2018 年后,农村人口基本充分参与经济发展成果分享,低收入群体比重变动相对平坦,此时其比重波动主要来源于农村收入结构的恶化,富裕增进的共享程度是低收入比重波动的主要原因。因此,农村地区低收入群体增长主要来源于收入增长低于低收入标准增长速度,其波动受收入分配格局恶化的调整。

二、低收入群体驱动因素分析

研究期间各年份低收入群体比重变动各要素贡献如表 10.3 所示,并按五年计划以及脱贫攻坚实施年份(2015 年)为节点对低收入群体比重变动进行分解,以探究不同时期低收入群体比重变动的驱动因素,分解结果如表 10.4 所示。由于全国层面使用相对标准,且低收入群体收入增长相对较慢,因此收入增长与标准增长的贡献之和反映了发展成果向低收入群体共享的倾向性,这种差异越小,经济发展惠及低收入群体则越多,$\Delta p_{0,\mu}^{t}+\Delta p_{0,s}^{t}$ 时间趋势如图 10.10 所示。

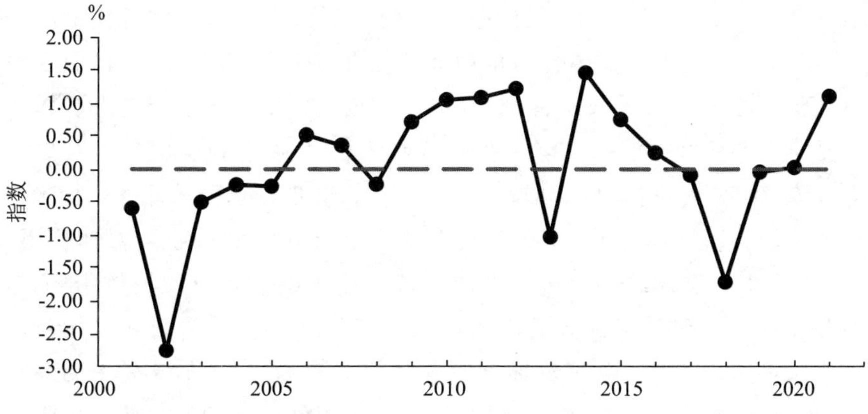

图 10.10 各年份收入贡献与标准贡献之和

表 10.3 全国低收入群体比重变动分解

年份	Δp_0^t	$\Delta p_{0,\mu}^t$	$\Delta p_{0,L}^t$	$\Delta p_{0,s}^t$	$\Delta p_{0,\mu}^t+\Delta p_{0,s}^t$
2000	—	—	—	—	—
2001	0.358%	−3.709%	0.951%	3.116%	−0.593%
2002	−0.304%	−3.938%	2.450%	1.183%	−2.754%
2003	0.343%	−4.301%	0.843%	3.801%	−0.500%
2004	−0.137%	−5.522%	0.102%	5.283%	−0.239%
2005	0.132%	−5.353%	0.391%	5.094%	−0.259%
2006	0.009%	−4.884%	−0.508%	5.401%	0.518%
2007	0.178%	−6.690%	−0.182%	7.049%	0.359%
2008	−0.005%	−6.346%	0.226%	6.115%	−0.232%
2009	0.059%	−3.856%	−0.656%	4.571%	0.715%
2010	−0.062%	−5.078%	−1.112%	6.128%	1.050%
2011	−0.223%	−6.449%	−1.308%	7.535%	1.085%
2012	−0.060%	−5.489%	−1.279%	6.708%	1.220%
2013	−0.161%	−4.729%	0.871%	3.697%	−1.032%
2014	−0.181%	−4.578%	−1.644%	6.041%	1.463%
2015	0.076%	−4.014%	−0.676%	4.767%	0.752%
2016	0.037%	−4.003%	−0.212%	4.251%	0.249%
2017	0.006%	−3.983%	0.096%	3.892%	−0.090%
2018	−0.489%	−3.666%	1.226%	1.950%	−1.716%
2019	−0.181%	−4.218%	−0.138%	4.175%	−0.043%
2020	0.137%	−2.522%	0.110%	2.549%	0.027%
2021	0.103%	−4.092%	−1.002%	5.197%	1.105%
2022	0.039%	−2.263%	−0.059%	2.360%	0.098%
总变动	−0.325%	−49.325%	−1.071%	50.071%	0.745%

第一，一定低收入标准下，我国收入结构改善对低收入群体规模缩小的改进有限，分配结构对低收入群体比重的改善主要集中于中西部地区，低收入群体比重缩小主要来源于收入增长。首先，标准一定时，收入增长是低收入群体比重缩小的主要原因。从2000—2022年，我国低收入群体降低了0.325%，其中收入分配结构改善降低了我国1.071%的收入群体比重，而收入增长减少了我国49.325%的低收入群体规模，远高于收入结构改善导致的低收入群体比重缩小。其次，中西部地区收入结构改进对低收入群体比重改进具有积极作用，而东部地区需要警惕收入分配恶化扩大低收入群体的消极作用。尽管收入结构对改善低收入群体比重作用有限，但相对标准下收入结构变动则存在持久作用。总体来看，东部地区收入结构变动平均增加了0.67%的低收入群体，而东北地区为-0.73%，而对于中西部等相对落后地区，中部地区收入分配结构改善约缩小了2.04%，西部地区作用相对较大，平均缩小了5.11%的低收入群体比重。无论是哪个时期，东部地区收入结构对地区低收入群体比重变动的改善作用最小、消极效应最大，而西部地区则相反，因此东部地区应当警惕收入分配状况恶化对低收入群体的冲击。最后，研究期间内，经济发展对低收入群体的偏好性较低，低收入群体与经济发展的同步性相对不足。低收入群体规模总体变动与收入结构贡献之间的差异，如表第五列所示，即剔除收入分配结构变动后，发展成果在多大程度上惠及低收入群体的度量。相对标准下低收入群体标准提高所导致的低收入群体比重增加为50.07%，超过了由收入提高对减少低收入群体的贡献。这可能由于低收入群体的收入增长速度低于低收入标准的增长速度，即尾部人口与收入分布中部和头部人口的收入差距相对扩大，因此由于收入分配结构改善减少的低收入群体比重在一定程度上被发展成果的分享不均衡所抵消。

第二，与上文结论类似，随着收入分配调节重点变化，经济发展成果在不同群体间分配存在差异。我国低收入群体的人均收入年均增长率为11.31%，低于低收入标准的年均增长率11.49%，即低收入群体收入增长落后于低收入标准，低收入群体并未公平地享受到经济发展的红利。整体来看，提出分配结构变动后，发展成果向低收入群体的倾向性主要三个阶段：一是2000—2005年即“十五”计划期间，$\Delta p^t_{0,\mu}+\Delta p^t_{0,s}$小于0，经济发展更多惠及低收入群体；二是2006—2012年即“十一五”和“十二五”计划初期，$\Delta p^t_{0,\mu}+\Delta p^t_{0,s}$大于0，经济发展提高了整体收入水平，但中间水平提高的比低收入水平更多，收入分配格局的改善并未同步提高低收入群体的成果分享水平；三是2013—2020年即“十二五”和“十三五”时期，随着脱贫攻坚政策的实施，偏离发展成果分享低收入群体的趋势得到遏制，低收入群体从经济发展中的获得程度改善，$\Delta p_{0,\mu}^{t}+\Delta p_{0,s}^{t}$ 开始缓慢下降，并在2017年后能够公平参与发展成果共享；四是在2020年新冠疫情后可能由于不同收入家庭的经济韧性差异，收入分配向中高收入群体的倾向性加强。

表10.4 按时间段低收入群体变动贡献

时期	地区	总变动	收入贡献	结构贡献	标准贡献	收入与标准贡献之和
研究期间	全国	−0.325%	−49.325%	−1.071%	50.071%	0.745%
	东北	8.03%	−45.25%	−0.73%	54.01%	8.76%
	东部	7.25%	−46.32%	0.71%	52.86%	6.54%
	中部	−3.81%	−50.73%	−1.98%	48.91%	−1.83%
	西部	−7.58%	−51.04%	−4.76%	48.22%	−2.82%
“十五”时期	全国	0.39%	−22.84%	4.61%	18.63%	−4.21%
	东北	−1.33%	−23.54%	3.89%	18.32%	−5.22%
	东部	−1.31%	−18.12%	2.55%	14.26%	−3.86%
	中部	−4.53%	−26.71%	2.52%	19.66%	−7.06%
	西部	−1.05%	−18.81%	1.28%	16.48%	−2.33%
“十一五”时期	全国	0.18%	−26.68%	−1.62%	28.48%	1.80%
	东北	3.87%	−26.08%	−1.37%	31.33%	5.25%
	东部	3.62%	−21.21%	−0.56%	25.39%	4.18%
	中部	1.04%	−28.87%	−0.92%	30.83%	1.96%
	西部	0.06%	−25.24%	−2.65%	27.96%	2.72%
“十二五”时期	全国	−0.55%	−24.39%	−3.56%	27.40%	3.01%
	东北	2.90%	−26.07%	−2.31%	31.28%	5.21%
	东部	2.59%	−21.00%	−2.41%	26.01%	5.00%
	中部	−1.44%	−26.84%	−3.41%	28.81%	1.97%
	西部	−2.24%	−25.45%	−2.87%	26.08%	0.63%
“十三五”时期	全国	−0.49%	−17.57%	0.95%	16.13%	−1.44%
	东北	2.82%	−17.23%	0.87%	19.18%	1.95%
	东部	2.23%	−16.80%	3.16%	15.87%	−0.93%
	中部	1.22%	−18.23%	1.77%	17.68%	−0.55%
	西部	−3.61%	−19.13%	0.88%	14.64%	−4.49%
脱贫攻坚前（2008—2014年）	全国	−0.63%	−29.41%	−4.26%	33.04%	3.63%
	东北	2.75%	−30.43%	−2.62%	35.81%	5.38%
	东部	3.70%	−24.91%	−2.82%	31.42%	6.52%
	中部	−1.98%	−32.53%	−3.80%	34.35%	1.82%
	西部	−3.24%	−30.95%	−4.36%	32.08%	1.12%
脱贫攻坚后（2014—2020年）	全国	−0.41%	−21.25%	0.28%	20.55%	−0.70%
	东北	3.60%	−19.65%	−0.66%	23.91%	4.26%
	东部	2.26%	−20.58%	2.84%	20.00%	−0.58%
	中部	1.94%	−21.17%	0.90%	22.22%	1.04%
	西部	−4.34%	−23.74%	0.53%	18.87%	−4.87%

第三，从分解结果上看，不同时期低收入群体变动主因存在较大差异，其中收入结构贡献逐渐提高并保持稳定，经济增长对低收入群体的亲和力逐渐变强。“十五”时期的低收入群体比重提高主要来源于收入结构的恶化，直接增加了4.61%的低收入群体，“十一五”时期略有改善，但低收入群体仍存在上升趋势。“十二五”与“十三五”时期各因素贡献也存在较为明显的差异，“十二五”时期低收入群体比重降低的主要原因在于收入结构的改善，“十三五”主要来源于经济发展的亲贫性提高。“十二五”期间，在相对标准下收入增长贡献弱于标准提高贡献，而收入结构存在一定改善，因此“十二五”时期低收入群体收入提升相对于中等收入群体收入而言相对不足，发展成果共享的参与水平有所不足。进入新时代后，尤其是“十三五”时期，在精准脱贫、脱贫攻坚等一揽子政策下，收入与标准贡献之和由增加低收入群体转为缩小低收入群体规模，收入增长对低收入群体收入的促进作用更强，经济发展的对低收入群体的亲和力迅速改善。

因此，提高经济发展的“亲低性”，提高低收入群体在收入分配中的参与程度，可能是未来一段时间我国缩小低收入群体、改善收入分配格局，进而扩大中等收入群体的重要方式。对于西部地区，保持低收入群体收入与经济发展相同步、超前是保持西部落后地区的低收入群体收入提高、规模缩小的重要前提。而对于其他地区，尤其是东部地区与东北部地区，稳定、改善收入分配结构恶化的趋势是稳定低收入群体比重的必要条件，而提高经济增长动力才是彻底扭转低收入群体比重规模扩大的前提。

第三节　低收入群体减半目标与实现时间分析

中央财经委员会第十次会议指出，要坚持循序渐进推动共同富裕。十九大为实现2020到2050年宏伟目标“两步走”路线指出，一是到2035年基本实现社会主义现代化，中等收入群体比重明显提高；二是到2050年建成社会主义现代化强国。两步走路线下，实现共同富裕实质性推进，形成橄榄型收入结构，首先要实现中等收入群体比重倍增的目标（刘世锦等，2022），实现低收入群体向中等收入群体的转化，其对偶目标即实现低收入群体比重减半。

低收入群体比重减半目标存在两种标准，即相对标准与绝对标准的低收入群体减半。一方面，提低扩中要求在相对标准下实现收入结构的优化与调整，形成两头小中间大的橄榄型分布格局，即相对标准或收入结构意义上的低收入群体减半。另一方面，若考察一定生活质量下的低收入群体减半，则为绝对标准或生活水平意义上的减半目标。前者从低收入群体角度的描述了橄榄型收入结构目标实现水平，而后者的实现程度则衡量了整体物质生活水平提高与经济发展水平高低。李实(2021)认为共同富裕的标准是相对的，推动共同富裕的重心在于推动共享。因此绝对标准的减半目标是相对标准减半目标的短期目标，考察相对标准下减半目标的实现则更为重要。

在绝对标准的低收入群体减半目标下，参考刘世锦等(2022)的做法，假设通货膨胀率为2.5%，保持2022年低收入标准实际购买力不变，探究不同实际经济增速下的一定生活质量内涵的低收入群体减半目标何时实现。若家庭人口结构等相对稳定，以及产业升级同劳动力供给相对匹配，失业率基本不变，进而使收入结构不产生较大变动时，不同经济实际增长率下低收入群体比重减半目标实现年份如图10.11所示。若不考虑收入结构变动，在2035年实现实际一定生活水平下低收入群体比重减半，则要求实际收入增长速度应保持在5%左右，即名义增长速度应当为7.5%以上，与刘世锦等(2022)结论基本一致。参考陈锡康等(2024)的预测，若经济增速放缓至4.4%，则在2036年能够完成该减半目标，若下降至3.8%，则至少需要16年即2038—2039年才能完成生活质量层面的减半目标。

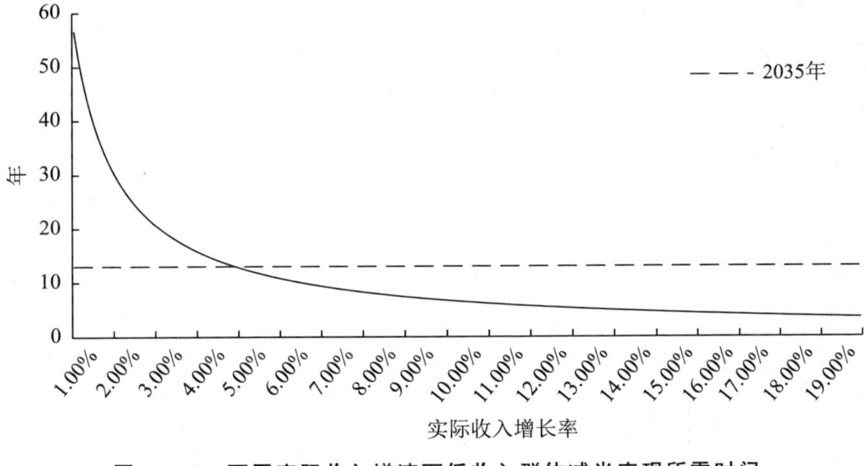

图10.11　不同实际收入增速下低收入群体减半实现所需时间

而对于相对标准下低收入减半的长期目标，减半目标在2035年则难以实现，需要设定长期目标规划。共同富裕要在发展中实现共享，在共享中促进发展(李实，2021)。一方面，经济包容性增长改善了收入分配格局，推进了提低扩中进程，另一方面要注重发展成果的共享以及收入结构的改进，以增强经济增长的内生动力。基于测算数据，剔除收入结构贡献后，收入与标准对低收入比重降低的贡献之和则为 1.44%，即整体上收入增长对低收入群体比重的弹性约为 0.03，基尼系数对低收入群体比重的弹性约为 0.6。若保持“十三五”时期经济增长的减低效应，在其他因素导致的基尼系数变动 $\Delta gini$ 与年均收入增长率 g 下，从 2022 年开始，实现低收入群体比重减半目标所需要的时间如表 10.5 所示。一方面，在保证经济增长亲低性一定时，仅考虑经济包容性增长以改进收入分配格局，不存在其他外生因素造成基尼系数变动时，在保持名义收入增长率 8%，完成减半目标预期需花费 26 年(2048 年)。每提高或降低 1%的收入增速，则会提前或之后 2—3 年实现减半目标。另一方面，若我国收入基尼系数额外降低 0.1，在收入增长率保持在 8%时，则在 2045 年以实现低收入群体减半，若收入增速保持在 5%则将推至 2050 年后。因此，保持现有收入增速不变，短期内便难以实现收入结构意义上低收入群体减半目标，若包容性增长下收入增速不足则将更加困难。

表 10.5　不同基尼系数变动与收入增长率下实现减半目标所需年数

$\Delta gini$ (%) \ g	−0.15	−0.12	−0.09	−0.06	−0.03	0	0.03	0.06	0.09	0.12	0.15
1.00	151	164	175	185	194	202	210	217	224	230	236
2.00	76	82	88	93	98	102	106	109	113	116	119
3.00	51	55	59	62	65	68	71	73	75	78	80
4.00	38	42	44	47	49	51	53	55	57	58	60
5.00	31	33	36	38	40	41	43	44	46	47	48
6.00	26	28	30	32	33	35	36	37	38	39	40
7.00	22	24	26	27	29	30	31	32	33	34	35
8.00	20	21	23	24	25	26	27	28	29	30	31
9.00	17	19	20	21	22	23	24	25	26	27	27
10.00	16	17	18	19	20	21	22	23	23	24	25
11.00	14	16	17	18	19	19	20	21	21	22	23
12.00	13	14	15	16	17	18	18	19	20	20	21
13.00	12	13	14	15	16	16	17	18	18	19	19
14.00	11	12	13	14	15	15	16	17	17	17	18
15.00	11	12	12	13	14	14	15	15	16	16	17

加速实现低收入群体减半目标，关键在于提高收入增长的“亲低性”。习近平总书记指出发展是解决中国一切问题的基础和关键。包容性增长会促进收入结构的改善，进而推动经济高质量发展，提高收入结构改善的内生动力，正反馈下低收入减半速度将提升。“十三五”期间，剔除收入结构变动因素，经济增长对低收

入比重变动的弹性为－0.03，若提高经济增长的亲低性，即提高一定经济增速下低收入群体参与发展成果分配的程度，该弹性绝对值将变大。保持实际收入增速为5%，在不同收入增长对低收入群体比重的弹性下，实现减半目标所需年份如表10.6所示。经济增长亲低性提高，实现低收入减半目标的实现时间将显著缩短，若弹性变为－0.05，即收入增长1%能减少0.05%的低收入群体时，减半目标实现将提前10年。在亲低性增长外，收入分配的外生改善若使基尼系数降低0.05—0.1时，减半目标实现时间将进一步提前4—8年，即到2045—2049年完成时实现低收入减半、中等收入倍增的目标。因此，若要在2050年附近实现低收入减半目标与橄榄型收入分配格局，提高经济增长的亲贫性，改善低收入群体的分配地位则尤为关键。

表10.6 收入增速为5%时，不同弹性下对低收入群体比重变动实现减半目标所需年数

弹性	$\Delta gini = 0$	$\Delta gini = -0.05$	$\Delta gini = -0.1$
－0.10	17	13	9
－0.09	19	15	11
－0.08	21	18	13
－0.07	24	20	16
－0.06	27	24	19
－0.05	31	27	23
0.04	35	32	27
0.03	41	38	33

综上所述，在百年未有之大变局下，低收入群体减半目标实现应当基于经济发展阶段，设定2035年生活质量提高的短期减半目标，以及2050年橄榄型收入结构的长期减半目标。一方面，若仅在生活质量而非收入结构维度上，要求在2035年实现低收入群体比重减半，则必须要保持人均收入7.5%以上的名义增速或5%以上的实际增速。另一方面，要形成橄榄型收入结构，提高中等收入比重，要求进一步改善低收入群体分配地位，并保持收入稳定增长的情况下(以5%为例)，在2050年前后则可能实现低收入群体实质上的减半目标，2035年前该目标难以实现。

第十一章　低收入群体比重变动分解与提低重点问题

城乡二元化下，农村收入远落后于城镇水平，低收入群体表现出显著的城乡差异，同时在西部崛起背景下如何保障中西部提低扩中动力，扭转东部地区低收入扩张趋势则尤为重要。一方面，在乡村振兴、脱贫攻坚等重大政策下，农村低收入群体比重是否存在改善，脱贫后农村提低重点与关键地区等问题仍待探究。另一方面，东部、东北地区低收入群体比重持续恶化的城乡、群体来源仍不明晰，探究、把握提低扩中的重点区域与重点群体则十分关键。

第一节　低收入群体比重变动分解方法

我国在过去几十年间经历了快速增长，根据世界银行标准，中国由低收入国家逐渐成为中高收入国家。一方面，中国人民生活水平也经历了快速上升，低收入群体结构存在显著改变，另一方面，中国已经实现了绝对贫困人口清零，明确下一阶段提低扩中的重点攻坚群体则尤为重要。将低收入群体划分为绝对贫困、相对贫困以及不贫困但不富裕的相对低收入群体，各年份低收入群体构成及其变动如图 11.1 所示，各地区主要年份绝对贫困人口、相对贫困人口以及相对低收入人口比重及各地区低收入群体结构变动分别如图 11.1 所示。

第一，低收入群体结构逐年升级，贫困群体比重逐渐降低，低收入群体生活水平显著提升。首先，尽管低收入群体比重相对稳定，但低收入群体生活水平得到显著提升，贫困逐渐被消灭，相对低收入群体将逐渐占据主导地位。在低收入群体中，贫困人口比重从 2000 年的 92.68%逐渐下降到 2022 年的 52.83%，而相对低收入群体则由 7.32%上升至 47.17%，收入群体结构存在显著改善。其次，贫困

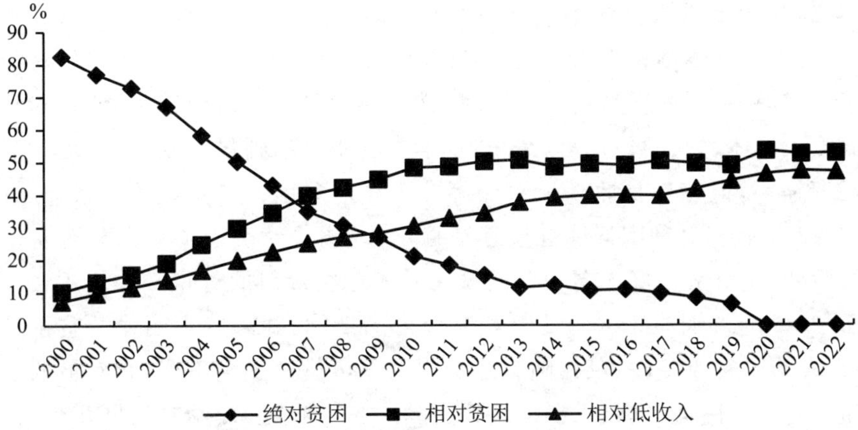

图 11.1 全国各年份低收入群体构成(各年份低收入群体比重=100%)

群体中,绝对贫困人口显著减少,贫困人口类型由绝对贫困向相对贫困转变。2000 年,我国绝对贫困人口占比约 82.45%并快速降低,在 2013 年后我国绝对贫困人口比重稳定于 11%附近,在 2015 年实施精准扶贫与脱贫攻坚政策后,绝对贫困比重开始继续缩小并于 2020 年彻底消灭绝对贫困。与此同时,相对贫困群体规模持续扩大,并于 2009 年左右超过绝对贫困人口规模,成为贫困群体主要类型。因此,当前提高低收入群体收入关键在于提高较大规模的相对贫困群体收入,实现相对贫困群体向相对低收入群体的转变。

表 11.1 各省份、地区主要年份各类型低收入群体比重

群体	地区	2000 年	2004 年	2008 年	2012 年	2016 年	2020 年	2021 年
绝对贫困	东北	25.73%	13.91%	8.07%	4.59%	3.30%	—	—
	东部	22.25%	12.68%	6.03%	3.21%	1.45%	—	—
	中部	44.67%	27.71%	13.88%	6.85%	3.21%	—	—
	西部	50.02%	36.22%	18.91%	9.26%	5.69%	—	—
相对贫困	东北	3.86%	9.21%	14.01%	15.29%	17.09%	17.73%	17.26%
	东部	3.60%	8.21%	12.45%	15.49%	15.66%	16.58%	15.90%
	中部	5.40%	13.85%	22.25%	22.34%	25.54%	25.04%	23.86%
	西部	5.26%	13.17%	26.89%	31.05%	30.57%	30.81%	28.69%
相对低收入	东北	2.89%	7.54%	12.40%	15.74%	17.45%	20.60%	20.81%
	东部	2.82%	6.79%	10.82%	14.64%	16.83%	18.21%	19.14%
	中部	3.75%	8.65%	14.26%	21.42%	20.37%	23.57%	24.56%
	西部	3.42%	8.00%	13.62%	17.77%	18.55%	20.29%	20.75%

第二，我国低收入群体中，相对贫困群体与相对低收入群体比重存在趋同趋势，当前低收入群体结构升级动力可能不足。首先，相对贫困群体向相对低收入群体转换较慢，主要表现为在研究期间初期，绝对贫困人口快速下降，相对群体与相对低收入群体之间的先扩大，在 2010 年左右差异达到最大水平，而后两者数量差异逐渐缩小，但相对低收入人口始终低于相对贫困人口且年均转换比重降低。其次，2013 年后相对贫困群体规模逐渐稳定，说明绝对贫困群体向相对贫困群体转换的后期，相对贫困群体向相对低收入群体存在近似的等量转换。主要体现在 2013 到 2017 年绝对贫困人口比重相对稳定的期间，并未发生明显的贫困群体变动，而在实施脱贫攻坚政策后，随着绝对贫困人口份额逐渐下降，相对低收入群体比重随之增长。因此，低收入群体结构变动中，三种类型变动具有同步性，即部分人口脱离绝对脱贫后，另一部分相对贫困群体才进入相对低收入群体，这种收敛趋势可能表明相对贫困向相对低收入群体转换动力不足。

第三，空间上看，仍然存在越往西则贫穷问题越突出的现象，西部地区相对贫困人口是提低任务的重要内容。首先，2000 年我国中西部地区绝对贫困人口比重分别占总人口 44.67%和 50.02%，在低收入群体中贫困人口比重超过 80%，而东部与东北部地区贫困人口比重不足 30%，远低于中西部地区贫困人口比重，中西部贫困问题更严重。其次，到 2021 年我国已经基本消灭绝对贫困问题，转化为西部地区较为严重的相对贫困问题，相对贫困人口比重约占低收入群体的 58.03%。而东部、中部和东北部地区低收入群体类型主要以相对低收入群体为主，在低收入群体中比重超过 50%，相对贫困问题相对较弱。因此，不论在哪个发展阶段，我国各省和地区总体存在越向西贫困问题越严重的分布格局。

第四，从发展阶段来看，东中部以及东北部已实现了相对低收入为主导，推进中等收入群体扩容应是当下工作把握的重点，而西部地区减贫、提低的发展相对落后，提高低收入群体收入仍是当务之急。基于全国层面分析，我国仍以相对贫困群体为主，而分省份区域来看各地发展阶段仍有差异：一是消灭绝对贫困进程存在差异，东北、东部以及中西部地区低收入群体中绝对贫困比重分别于 2013、2012、2014 和 2015 年后分别降至 10%以下，中西部地区相对落后；二是绝对贫困群体向相对贫困群体转换速度高于相对贫困向相对低收入的转换速度，进而可能存在相对低收入人口堆积，尤其是东部地区，东北、中部地区次之，而西部地区最慢；三是在减贫、提低过程中，各地区发展阶段在完成收敛的时间上存在较大差异，即东北地区与中部地区在 2012—2013 年相对贫困与相对低收入群体比重第一次相等，但并未进入收敛稳态，相对贫困问题有所扩大，在 2017 年后才重新开始收敛，东部地区低收入结构在2014年后相对稳定，而2018年后表现出相对低收入人口堆积。因此，东部地区中等收入群体扩容的当务之急是实现相对低收入人口向中等收入群体流动，中部与东北等欠发达地区则应当注重保障经济发展动力以及提高经济发展的亲低性，而西部地区应集中于解决较为严重的相对贫困问题，提高低收入群体收入。

总体来看，在全国层面的相对标准下，尽管我国低收入群体比重并未显著缩小，但随着经济发展水平提高，我国低收入群体结构经历了由贫困为主导向相对解决温饱需求的相对低收入群体为主导的快速升级，低收入群体生活质量得到实质性提高。空间上看，仍存在越向西越贫困，低收入群体结构越落后的分布特征，西部地区的相对贫困问题成为提低进程的主要障碍。低收入群体结构变动存在相对贫困与相对低收入群体比重趋同的趋势，东部、中部以及东北地区已经完成了趋同阶段，但东部地区存在相对低收入群体堆积问题，中等收入群体扩容问题刻不容缓。

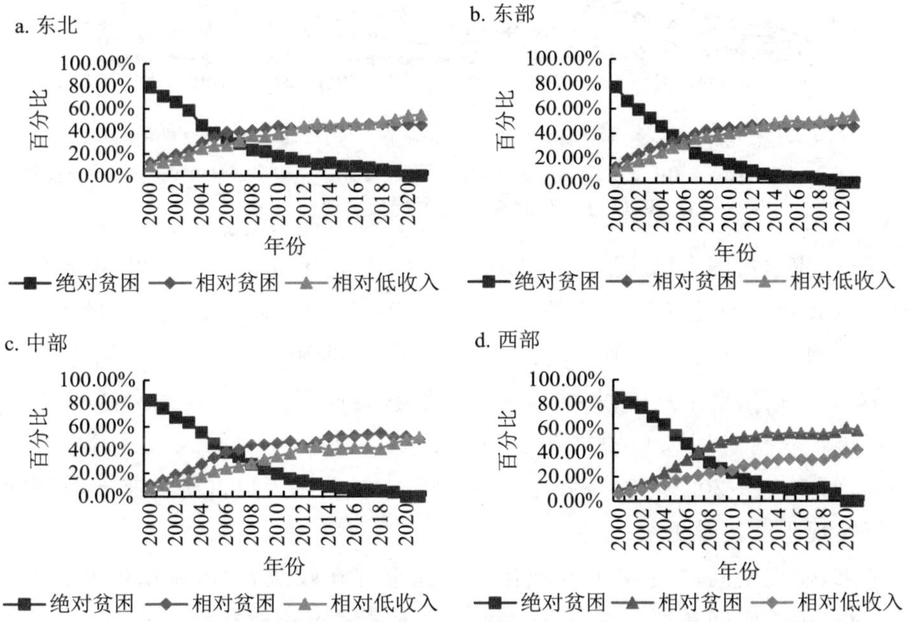

图 11.2　各地区地区低收入群体结构变动(低收入群体比重=100%)

第二节 低收入群体比重变动分解结果与分析

一、基本情况与城乡分异

各地区城镇化水平与进程存在较大区别，不同地区城乡低收入群体结构以及提低扩中重点群体不同。低收入群体各类型比重的城乡分布如图 11.3 所示，各地区主要年份低收入群体城乡比重及其结构如表 11.2、11.3 所示。

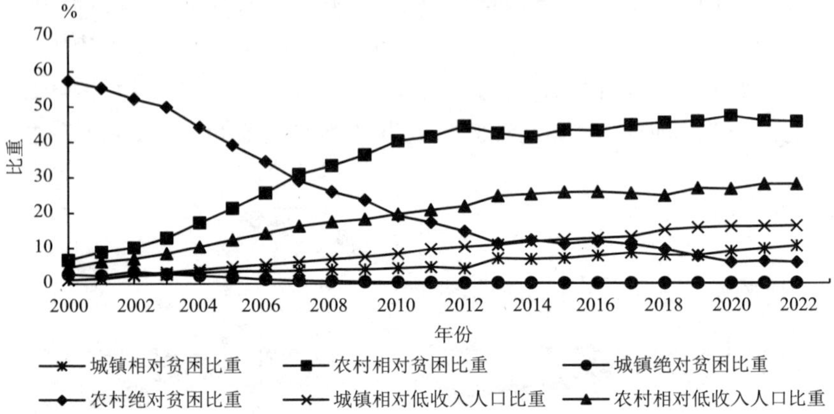

图 11.3 分城乡低收入群体各类型比重

第一，我国贫困人口构成仍以农村人口为主，贫困人口的城乡结构变动显著，农村人口共同富裕改善速度更快。在 2000 年，我国贫困人口中，农村人口约占 96.76%，到 2022 年为 72.01%，农村人口的贫困问题仍然严峻。从趋势上看，尤其是 2013 年提出精准扶贫以来，农村人口能够更加充分地参与发展成果的分配，显著促进了农村贫困人口脱贫增收。从 2000—2012 年农村人口占比仅下降了 4.48%，而 2013—2022 年则下降了 14.01%，农村贫困人口占比迅速下降，农村共同富裕实现程度改善更快。

第二，研究期间内，农村相对贫困人口比重存在收敛趋势，城镇仍处于增长态势，相对贫困扩张问题严峻。首先，2000 年我国城镇相对贫困人口达 1.11%，农村为 6.68%，而在 2020 年则分别为 10.61%和 45.63%，贫困人口类型由绝对贫困向相对贫困转变。其次，我国城镇贫困人口尤其是相对贫困人口比重存在增长趋势，而农村相对贫困人口比重则表现出明显的收敛趋势。研究期间内，我国城镇相对贫困人口比重年均增长 0.43%，存在逐年上升趋势，而农村地区相对贫困人口比重则在2012年后停止增长，在45%附近波动。在城镇低收入群体比重持续上升的情况下，共同富裕如何缓解城镇相对贫困群体规模扩大，促进相对低收入群体向中等收入群体流动则尤为重要。

表11.2 各地区主要年份低收入群体城乡比重

类型	地区	2000年	2004年	2008年	2012年	2016年	2020年	2021年
绝对贫困	东北城镇	3.67%	1.89%	0.83%	0.16%	0.07%	—	—
	东部城镇	1.71%	1.41%	0.47%	0.11%	0.06%	—	—
	中部城镇	4.28%	1.57%	0.59%	0.15%	0.11%	—	—
	西部城镇	3.14%	2.29%	0.77%	0.17%	0.20%	—	—
	东北农村	50.28%	28.44%	17.46%	11.29%	9.01%	—	—
	东部农村	39.51%	24.79%	13.22%	8.21%	4.23%	—	—
	中部农村	62.06%	42.24%	23.35%	12.88%	6.86%	—	—
	西部农村	67.91%	52.50%	29.77%	16.24%	11.27%	—	—
相对贫困	东北城镇	1.50%	2.69%	4.69%	4.36%	6.03%	8.97%	7.76%
	东部城镇	0.73%	1.93%	2.71%	3.21%	5.08%	8.39%	7.67%
	中部城镇	1.72%	2.30%	3.57%	4.27%	7.64%	9.94%	9.68%
	西部城镇	1.27%	3.15%	4.46%	4.82%	10.32%	11.39%	11.22%
	东北农村	6.49%	17.09%	26.11%	31.79%	36.62%	36.23%	37.73%
	东部农村	6.02%	14.95%	25.07%	35.25%	37.02%	40.54%	40.32%
	中部农村	6.98%	20.27%	35.55%	38.63%	46.55%	47.51%	44.80%
	西部农村	6.78%	17.98%	40.31%	51.16%	51.11%	56.16%	52.37%
相对低收入	东北城镇	1.44%	3.45%	7.11%	10.71%	13.05%	16.48%	17.13%
	东部城镇	0.71%	2.38%	4.72%	8.01%	10.71%	15.65%	16.22%
	中部城镇	1.62%	3.05%	6.58%	10.31%	14.18%	17.65%	18.37%
	西部城镇	1.23%	3.34%	7.12%	11.24%	13.99%	16.14%	15.64%
	东北农村	4.51%	12.49%	19.27%	23.33%	25.24%	29.30%	28.74%
	东部农村	4.60%	11.51%	18.72%	25.32%	29.27%	27.53%	28.58%
	中部农村	4.67%	11.76%	19.74%	31.43%	27.65%	30.61%	32.41%
	西部农村	4.25%	10.23%	17.51%	22.78%	23.18%	25.70%	27.69%
低收入群体总和	东北城镇	6.60%	8.03%	12.63%	15.23%	19.14%	25.54%	24.94%
	东部城镇	3.15%	5.72%	7.89%	11.34%	15.86%	24.16%	23.95%
	中部城镇	7.62%	6.93%	10.74%	14.73%	21.93%	27.69%	28.12%
	西部城镇	5.64%	8.78%	12.35%	16.23%	24.51%	27.69%	26.96%
	东北农村	61.28%	58.01%	62.83%	66.41%	70.87%	69.90%	70.19%
	东部农村	50.13%	51.25%	57.01%	68.78%	70.52%	70.68%	71.30%
	中部农村	73.71%	74.27%	78.64%	82.94%	81.05%	80.33%	78.73%
	西部农村	78.94%	80.72%	87.59%	90.17%	85.56%	84.63%	84.35%

表 11.3　各地区主要年份低收入群体城乡结构

类型	地区	2000 年	2004 年	2008 年	2012 年	2016 年	2020 年	2021 年
绝对贫困	东北城镇	55.53%	23.51%	6.55%	1.03%	0.37%	—	—
	东部城镇	54.36%	24.60%	5.91%	0.97%	0.41%	—	—
	中部城镇	56.18%	22.71%	5.51%	1.02%	0.50%	—	—
	西部城镇	55.67%	26.10%	6.23%	1.04%	0.80%	—	—
	东北农村	82.04%	49.03%	27.79%	17.00%	12.71%	—	—
	东部农村	78.81%	48.37%	23.19%	11.94%	5.99%	—	—
	中部农村	84.19%	56.87%	29.69%	15.53%	8.46%	—	—
	西部农村	86.02%	65.05%	33.98%	18.01%	13.17%	—	—
相对贫困	东北城镇	22.71%	33.46%	37.11%	28.61%	31.48%	35.24%	31.17%
	东部城镇	23.11%	33.74%	34.29%	28.33%	32.02%	34.91%	32.10%
	中部城镇	22.51%	33.22%	33.27%	29.01%	34.84%	36.02%	34.52%
	西部城镇	22.58%	35.90%	36.10%	29.71%	42.11%	41.37%	41.77%
	东北农村	10.60%	29.45%	41.55%	47.87%	51.67%	55.29%	56.77%
	东部农村	12.01%	29.17%	43.97%	51.25%	52.50%	59.56%	58.52%
	中部农村	9.47%	27.29%	45.21%	46.58%	57.43%	60.81%	58.03%
	西部农村	8.59%	22.28%	46.02%	56.73%	59.74%	68.60%	65.42%
相对低收入	东北城镇	21.76%	43.03%	56.34%	70.36%	68.14%	64.76%	68.83%
	东部城镇	22.53%	41.66%	59.81%	70.70%	67.57%	65.09%	67.90%
	中部城镇	21.31%	44.07%	61.22%	69.97%	64.66%	63.98%	65.48%
	西部城镇	21.75%	38.01%	57.67%	69.26%	57.09%	58.63%	58.23%
	东北农村	7.36%	21.52%	30.66%	35.13%	35.61%	44.71%	43.23%
	东部农村	9.18%	22.47%	32.84%	36.81%	41.51%	40.44%	41.48%
	中部农村	6.33%	15.84%	25.10%	37.89%	34.11%	39.19%	41.97%
	西部农村	5.39%	12.68%	19.99%	25.26%	27.09%	31.40%	34.58%

第三，城镇人口以相对低收入为主要类型，而农村人口则以相对贫困人口为主要类型，城乡人口在共同富裕进程仍存在较大差距。首先，城镇低收入群体的主要类型实现了绝对贫困向相对低收入类型的转化，农村低收入群体仅过渡至相对贫困人口为主的阶段。2000 年，城镇相对低收入人口占同期城镇低收入人口的 22.12%，而农村则为 6.72%，相对低收入人口均不是城乡主要的低收入人口类型。在 2022 年，城镇相对低收入人口占其低收入人口的比重上升至 60.38%，相对低收入人口成为城镇低收入人口的主要类型，同期农村则为 35.19%，城乡相对低收入群体比重差异由 15.4%扩大到 25.19%。尽管农村地区低收入人口结构相较于期初有所改善，但仍与城镇存在较大差距，尤其体现在相对贫困问题突出，而

相对低收入人口不足上。

二、地区分异特征

我国城乡低收入群体规模与结构变动基本上与各地区发展趋势相同步，但各地区城乡减贫进程存在较大差异。首先，从消灭绝对贫困的角度看，各地区城镇消灭绝对贫困的实现时间相对接近，在2005—2007年间各地区均将绝对贫困人口比重降至1%以下，各地区城镇共同富裕进程相对接近。其次，各地区农村共同富裕进程则相差较大，东部地区农村人口于2011年将绝对贫困人口降低至10%以下，而其他地区均在脱贫攻坚政策实施后才将绝对贫困人口减少至10%以下，越往西则完成时间越晚。再次，从低收入群体结构上看，城乡绝对贫困群体结构存在较为严重区域性差异，各地区城镇绝对贫困结构相对接近，相对比例关系差别较小，而农村地区则表现出较强的异质性：一是绝对贫困占低收入群体比重的标准差从起初的0.77%降低至0.05%，2014年以来城镇低收入群体比重已不足1%，各地区城镇低收入群体结构差异极小；二是期初各地区农村绝对贫困占低收入群体比重相对接近，变异系数仅为0.0365，而到2019年后达到0.3以上，因此农村减贫进程的区域间差异远大于城镇，中西部农村地区相对贫困人口则需要重点关注。

第三节 提低扩中重点问题讨论

把握提低扩中目标下的重点地区与群体，对下一阶段实现西部地区低收入群体持续优化，逆转东部地区低收入群体扩张十分关键。基于研究期间内各地区低收入群体比重变动，将各省、自治区、直辖市(除港、澳、台外)划分为四类，即群体比重显著改善、相对改善、有限扩张以及严重扩张四类，并对各省份低收入群体比同时间进行拟合探究其变动规律，各类包含省份及其2021年部分特征如表11.4所示。总体来看：尽管部分省份低收入群体改善显著但“高位扩张”，部分省份在提低扩中后期则存在动力不足的问题；对于低收入扩张的省份而言，则应解决其相对低收入群体的堆积问题，以及老工业区的发展困境。因此，提高低收入群体收入，扩大中等收入群体，应当格外关注落后地区相对贫困人口的疏通与流动问题，以及发达地区低收入改善的动力与趋势。

首先，应当警惕低收入改善进程中“高位扩张”的省份，安徽、重庆、河北、甘肃、广西等省份应当尤为关注。一方面，尽管安徽与重庆低收入比重降低超10%，

表 11.4　不同类别下省份低收入群体变动与城乡、群体结构特征

类别	省份	低收入群体比重变动	低收入群体比重	低收入群体城镇比重	低收入群体相对贫困	低收入群体相对低收入	形状
显著改善	西藏	−17.71%	62.30%	14.57%	60.21%	37.96%	倒U型
	安徽	−13.66%	54.87%	35.45%	50.72%	43.65%	U型
	陕西	−13.27%	51.70%	36.29%	51.94%	43.96%	—
	贵州	−11.34%	53.46%	24.93%	56.94%	34.70%	倒U型
	重庆	−10.56%	44.49%	43.89%	49.43%	49.34%	U型
有限改善	四川	−8.57%	47.35%	28.45%	55.41%	43.06%	倒U型
	河南	−7.78%	49.86%	34.25%	42.65%	57.21%	—
	青海	−7.73%	43.18%	36.04%	57.17%	37.45%	倒U型
	云南	−6.23%	54.29%	23.12%	54.52%	38.05%	倒U型
	内蒙古	−5.96%	40.42%	38.78%	47.89%	50.01%	U型
	江西	−4.95%	44.72%	33.71%	51.67%	47.74%	U型
	宁夏	−3.71%	46.88%	38.26%	49.06%	48.73%	倒U型
	甘肃	−3.26%	61.65%	30.16%	64.78%	28.34%	倒U型
	湖南	−3.22%	49.21%	33.58%	49.33%	48.25%	倒U型
	广西	−1.56%	53.63%	32.61%	53.29%	46.25%	倒U型
有限扩张	山西	0.44%	50.67%	34.14%	51.13%	47.90%	—
	新疆	0.59%	50.70%	28.12%	67.32%	31.92%	—
	辽宁	2.27%	30.80%	46.11%	44.92%	50.02%	U型
	福建	3.07%	32.94%	38.14%	38.51%	59.68%	—
	北京	3.43%	10.57%	56.73%	23.93%	75.93%	U型
	浙江	4.56%	25.46%	47.49%	42.52%	55.23%	—
	江苏	5.03%	31.48%	44.91%	41.77%	57.77%	—
	河北	5.40%	49.02%	42.55%	48.77%	48.78%	U型
	山东	6.07%	40.87%	35.62%	44.69%	53.27%	—
严重扩张	海南	8.03%	59.23%	45.36%	54.98%	41.04%	—
	湖北	8.46%	49.88%	38.72%	49.76%	47.89%	倒U型
	上海	9.32%	12.52%	63.10%	28.18%	71.50%	U型
	黑龙江	9.46%	43.09%	42.75%	41.01%	57.08%	—
	天津	11.50%	20.81%	65.25%	28.63%	71.08%	U型
	吉林	12.36%	49.37%	41.05%	46.20%	51.55%	U型
	广东	16.11%	40.85%	53.95%	47.29%	52.14%	—

低收入比重均存在先下降后扩张的倒U型变动模式，尤其是河北省低收入比重存在较大扩张，这些省份短期内低收入扩张风险较高。安徽、重庆、河北三省低收入结构虽然以相对贫困群体为主，但与相对低收入群体比重相近，考虑其存在较大规模农村低收入人口，因此缩小城乡差异，提高农村人口收入水平，是其扭转当前低收入扩张的重要着力点（万广华等，2022c）。另一方面，甘肃、广西的“高位扩张”问题尤为突出，低收入比重降幅不足，且低收入比重仍超过50%，尽管研究期间后期总体改善，但短期内低收入比重则表现出抬头趋势。相比于安徽和重庆，甘肃与广西的低收入人口中的农村人口占比超过70%，且在全面建成小康社会后仍存在较为突出的相对贫困问题，如何防止农村相对贫困人口堆积，实现相对贫困群体向更高收入层次流动，是破局“高位扩张”局面的关键问题。

其次，要关注扩中动力不足等省份，例如内蒙古、江西、宁夏、新疆、山东、海南等省份。一方面，在全国层面使用相对标准下，扩中动力不足一是体现了低收入群体基本与经济发展相协调，其低收入群体能够合理参与收入分配；二是在低收入群体基本公平参与发展成果共享时，显示出这些地区经济发展相对缓慢的问题，低收入群体在收入分配的参与程度并未显著提高，尤其是山东、海南等低收入有限扩张的省份。另一方面，扩中动力不足省份低收入群体中农村人口约占六至七成，新疆、海南两省则存在更为严重的相对贫困问题，因此发展成果如何惠及农村低收入群体，在缓解相对贫困问题基础上，推进新型城镇化，提高农村群体相对贫困群体、城镇相对低收入群体参与经济发展成果共享水平，是提高当地经济发展动力，增强提低扩中内生动力的重要出发点。

最后，广东、天津、上海等发达地区以及东北老工业区低收入群体均存在持续扩张，或改善后恶化的变动趋势，低收入严重扩张问题十分严峻。一方面，与同类型省市相比，广东、上海、天津等东部发达地区，低收入扩张主要归咎于实际收入增长动力不足，以及相对低收入群体堆积问题严重。由于存在宾大效应（陈梦根，2020），经济发达地区物价水平相对较高，通胀速度也高于非发达省份，应当着重促进实际收入水平的提升，缓解低收入扩张问题。同时，基于国家统计局数据，尽管其低收入比重低，但同北京、浙江、江苏等省市相比，人均可支配收入年均增长率不足，这是其低收入群体扩张的主要原因。上海、天津两市低收入群体已经进入城镇居民、相对低收入为主导的发展阶段，广东则存在大量农村低收入人口，相对低收入群体比重不足。因此，为扭转其低收入快速扩张的趋势，一是应当加快城镇化进程，注重现有农村低收入群体的清零；二是要注重城镇相对低收入人口的堆积，促进相对低收入群体向中等收入群体的转化，根本在于增强经济发展内生动力，优化收入结构，缩小收入差距。另一方面，对于东北地区，尤其是黑龙江、吉林两省，在研究期间内呈现出U型变动趋势，且扩张速度远高于辽宁省。其中，东北地区由于发展较早，城镇化率相对更高，且形成了相对先进的低收入结构。因此，实现东北老工业区提低扩中问题与实现老工业区复苏问题相一致。

第十二章　低收入群体影响因素分析

提高低收入群体收入，进而扩大中等收入群体，探究低收入群体收入提升及规模缩小的影响因素则十分关键。由于低收入群体存在显著的区域差异、城乡差异，本章从发展环境、产业结构、数字经济、人力资本、提低政策等因素出发，探究低收入群体收入提升，以及比重缩小即中等收入扩容的影响因素及其异质性。

第一节　模型设定与变量选取

考虑低收入群体数量特征存在显著的空间聚集特征，本书通过构建空间自回归模型，以剔除空间自相关导致的估计偏误，并探究低收入群体收入提升及低收入比重降低的影响因素。参考彭刚等（2023）的研究，基于空间自相关的类型差异，构建 SLM 模型与 SEM 模型如下：

$$Y_{it} = \sum_k x_{kit}\beta_k + \rho \sum_j w_{ij} Y_{jt} + \mu_i + \lambda_t + u_{it}$$

$$Y_{it} = \sum_k x_{kit}\beta_k + \mu_i + \lambda_t + u_{it}, u_{it} = \lambda \sum_j w_{ij} u_{jt} + v_{it} \quad (12.1)$$

其中，Y_{it} 为省份 i 在时间 t 的被解释变量取值，被解释变量包括低收入群体收入以及低收入群体比重，x_{kit} 省份 i 在时间 t 的第 k 个解释变量的取值，β_k 为其影响系数；W 为空间权重矩阵，对应元素为 w_{ij}，ρ 和 λ 为空间自相关系数，考虑各省份之间的空间聚集特征以及经济联系对空间相关性的影响，选取经济地理矩阵刻画省份间的距离关系；μ_i 为个体固定效应，λ_t 为时间固定效应，u_{it} 为随机扰动项。

由于全国层面使用相对标准，经购买力调整后作为各省份的绝对标准，各地区经济发展水平、收入结构等因素决定了其低收入比重，而产业发展、城镇化进程、金融和对外开放环境对其经济发展动力具有推动作用，且在一定程度上影响了当地就业结构、空间分布以及行业分布，进而作用于收入分配。因此，为探究提低扩中路径，从产业结构、人力资本、对外开放、金融发展等方面出发选取可能的影响因素，并控制了经济发展与收入结构变动，以探究上述因素对低收入群体收入提高和规模缩小的作用效应。参考已有研究，引入解释变量经济发展（*INC*）、基尼系数(*GINI*)、城镇化(*UR*)、政府规模(*EP*)、产业结构(*IND*)、产业结构高级化(*STR*)、对外开放(*OPEN*)、金融发展(*FIN*)、人力资本(*CAP*)、数字经济(*DIG*)等变量。其中，参考以往研究(彭刚等，2023)，数字经济水平测算指标体系如表 12.1 所示。

表 12.1　数字经济测算指标体系

一级指标	二级指标	含义	方向
数字基础设施	互联网普及水平	互联网用户数(人/百人)	正向
	移动电话普及水平	移动电话用户数(人/百人)	正向
数字产业发展	电信业务	人均电信业务总量(元)	正向
	邮政业务	人均邮政业务总量(元)	正向
	相关行业从业人数	计算机服务和软件从业人员比重	正向
数字普惠金融	数字金融覆盖广度	数字金融覆盖广度指数	正向
	数字金融使用深度	数字金融使用深度指数	正向
	数字化程度	数字普惠金融数字化程度指数	正向

研究期间内，在精准扶贫、脱贫攻坚等政策下，实现了贫困人口等低收入群体的全面脱贫，彻底消除了绝对贫困，而在消灭绝对贫困后，如何进一步解决相对贫困问题以及相对低收入群体的堆积问题，是提低扩中的重点问题。因此，以脱贫攻坚政策为例，一方面探究脱贫攻坚政策如何实现低收入群体收入提高与规模缩小，另一方面探究如何提高相关政策效应，为优化乡村振兴布局以及提低扩中路径选择提供理论依据和数据支撑。参考彭刚等(2023)的研究，在 2014 年 12 月国务院扶贫开发领导小组办公室公布 832 个国家级贫困县名单，将存在国家级贫困县的省份作为实验组，不存在国家级贫困县的省份作为对照组，并将贫困县所占该省县市区数量比重(*PCR*)作为贫困程度的代理指标，以构造 DID 模型，探究脱贫攻坚政策的提低扩中效应。

此外，考虑低收入群体与中等收入、高收入群体的人力资本差异，不同产业结构下劳动力需求的异质性如何影响低收入群体提低扩中则尤为重要，尤其是推进数字经济，实现产业升级与技术升级时，如何缓解技术进步对低收入群体的负面冲击，以及实现低收入群体有效参与经济发展与技术进步红利共享则尤为重要。因此，以数字经济为例，基于调节效应模型进一步探究产业升级与技术变动中如何实现以及推动提低扩中进程。

被解释变量数据来源于各省统计年鉴，并按照上述测算方法计算得出，解释变量均来源于EPS数据库和中国统计年鉴。缺失值数据使用插值法补齐，最终得到2011—2021年31个地区(港、澳、台除外)平衡面板数据，变量名称、含义及其描述性统计如表12.2所示。

表12.2 变量含义及描述性统计

变量	变量名称	变量含义	样本容量	平均值	标准差	最小值	最大值
INC	经济发展	人均可支配收入(元)，回归中使用对数	341	25159	11987	7480	77731
GINI	收入结构	基尼系数	341	0.401	0.045	0.242	0.504
UR	城镇化水平	城镇化率	341	0.586	0.131	0.230	0.900
POPU	人口规模	总人口(万人)，回归中使用对数	341	4470	2903	309	12684
EDU	人力资本	本专比重占总人口比重	341	0.136	0.0730	0.021	0.477
EP	政府规模	财政支出占GDP比重	341	0.281	0.206	0.107	1.379
IND	第二产业结构	第二产业增加值与总GDP比重	341	0.425	0.0870	0.158	0.590
STR	产业结构高度化	第三产业增加值与第二产业增加值比重	341	1.251	0.694	0.518	5.297
DIG	数字经济	熵权法测算	341	0.262	0.129	0.036	0.716
FIN	金融发展	年末金融机构贷款余额占GDP比重	341	0.811	0.259	0.378	2.546
OPEN	对外开放水平	对外贸易额占GDP比重(当年汇率)	341	0.260	0.288	0.008	1.548
PCR	贫困程度	贫困县数量占该省县市区总数之比	341	0.288	0.276	0	0.954

第二节 回归结果与分析

一、基准回归结果与分析

低收入群体收入及其比重影响因素回归结果如表12.3所示。经济地理矩阵下，对低收入群体收入和低收入比重模型分别进行LM-error和LM-lag检验及其稳健检验，结果均在0.01显著性水平下拒绝了使用无空间误差效应或空间自相关效应的原假设，LM-error检验均更显著，因此使用SEM模型探究其影响因素。回归结果如下：

第一，从经济发展与收入结构两个核心变量上看，提高经济发展动力并改善收入结构仍是降低低收入群体比重的重要环节，但对于不同低收入类型存在一定

表 12.3 基准回归结果

变量	群体比重				群体收入			
	低收入	绝对贫困	相对贫困	相对低收入	低收入	绝对贫困	相对贫困	相对低收入
INC	−0.381***	−0.270***	0.047	−0.165***	0.102	−0.246	0.200***	0.038
	(−9.966)	(−3.982)	(0.742)	(−4.422)	(1.264)	(−0.823)	(2.728)	(1.276)
GINI	0.542***	0.490***	0.364**	−0.302**	−1.381***	−2.199***	−0.573***	0.026
	(5.686)	(4.800)	(2.332)	(−2.259)	(−6.806)	(−3.108)	(−3.709)	(0.429)
UR	−0.152	0.043	−0.364*	0.186	−0.198	−0.395	−0.541**	−0.173*
	(−1.003)	(0.307)	(−1.680)	(1.384)	(−0.767)	(−0.418)	(−2.469)	(−1.768)
POPU	−0.075	−0.028	0.124	−0.173***	−0.041	0.286	0.001	0.065
	(−1.237)	(−0.391)	(0.931)	(−2.934)	(−0.383)	(0.780)	(0.010)	(1.333)
EDU	0.035	0.017	−0.090	0.111	0.417**	0.402	0.347***	0.034
	(0.414)	(0.263)	(−0.816)	(1.403)	(2.518)	(0.478)	(2.893)	(0.439)
GOV	0.036	−0.071*	0.219***	−0.104***	−0.094	−0.307	−0.075	0.039
	(1.075)	(−1.777)	(5.195)	(−2.818)	(−1.311)	(−0.837)	(−0.940)	(1.541)
IND	−0.096	−0.146	0.024	0.048	0.102	0.042	−0.134	0.163***
	(−0.922)	(−1.605)	(0.158)	(0.512)	(0.663)	(0.073)	(−1.023)	(2.749)
STR	−0.009	−0.027*	0.017	0.005	0.021	0.075	−0.026	0.017***
	(−0.552)	(−1.796)	(0.664)	(0.535)	(1.013)	(0.807)	(−1.199)	(2.640)
DIG	−0.022	0.099	−0.207**	0.087	−0.050	−0.755**	−0.144	−0.007
	(−0.485)	(1.294)	(−2.020)	(1.369)	(−0.598)	(−2.070)	(−1.118)	(−0.182)
OPEN	−0.009	−0.030	0.037	−0.015	0.010	−0.027	0.015	0.052***
	(−0.474)	(−1.279)	(0.921)	(−0.548)	(0.181)	(−0.177)	(0.391)	(2.726)
FIN	−0.007	−0.012	0.004	0.000	0.001	0.041	−0.010	0.002
	(−0.794)	(−1.476)	(0.331)	(0.046)	(0.125)	(0.939)	(−0.942)	(0.504)
λ	−0.824**	−0.837	−0.638***	−1.051***	−0.812**	−0.575**	−1.303***	−0.926**
	(−2.308)	(−1.602)	(−2.742)	(−3.411)	(−2.514)	(−2.125)	(−6.000)	(−2.510)
LM-error	484.708***	71.915***	374.931***	161.596***	197.561***	128.415***	140.203***	275.485***
R-LM-error	383.221***	68.784***	259.732***	58.445***	198.997***	87.741***	127.324***	260.717***
LM-lag	151.027***	5.471**	169.238***	127.516***	6.086**	44.282***	16.170***	24.710***
R-LM-lag	49.540***	2.339	54.038***	24.366***	7.523***	3.608**	3.291*	9.942***
样本容量	341	341	341	341	341	341	341	341
R-squared	0.068	0.677	0.006	0.222	0.623	0.232	0.805	0.096
个体效应	是	是	是	是	是	是	是	是
时间效应	是	是	是	是	是	是	是	是

注：*、* *、* * *分别表示在10%、5%、1%的水平上显著，括号内为稳健标准误下的t统计量。

异质性。一方面,在一定标准下,地区人均可支配收入提高将显著降低了低收入群体规模,具体来看,收入水平提高显著降低了绝对贫困人口和相对低收入人口比重,对相对贫困人口比重作用不显著。其原因可能在于,收入水平提高显著改善了绝对贫困人口收入水平,并使部分绝对贫困人口上升为相对贫困人口,部分相对贫困人口也会上升至更高收入层次人口,由于新增加的相对贫困人口与成为相对低收入人口规模相当,因此并未显著改变相对贫困人口规模。由于收入提高显著降低了低收入群体规模,相对贫困向相对低收入转换的人口规模,小于向中等收入群体转换的规模,进而导致相对低收入群体规模缩小。综合来看,提高经济发展动力仍是改善贫困、扩大中等收入群体的根本路径。另一方面,收入结构恶化缩小了中等收入群体规模,导致低收入群体的贫困化加深,尤其是对于相对低收入群体。收入结构恶化使低收入群体规模显著扩张,基尼系数对绝对贫困与相对贫困人口比重的影响系数均显著为正,即收入结构恶化使部分相对贫困群体重新返贫,并使相对低收入群体降级为相对贫困群体,贫困程度进一步提高。而基尼系数对相对低收入群体影响系数为负,收入结构恶化减少了相对低收入群体规模,但由于低收入群体比重扩大,部分中等收入群体降级为相对低收入群体,更多的相对低收入人口向相对贫困群体转换,导致相对低收入人口总量降低。综合来看,收入结构恶化将会导致低收入群体的贫困问题突出,对中等收入群体的损害远小于对低收入群体的消极影响。

第二,城镇化与人力资本积累有利于推动低收入群体结构升级,政府调节的再分配能力更强,但均难以实现低收入比重的有效缩小,扩中动力不足。首先,城镇化尽管对低收入比重的系数为负,但不显著,城镇化对扩大中等收入规模作用不足,但分类型看,推动了相对贫困人口脱贫,一定程度上降低了相对贫困人口规模,实现贫困人口向上流动,推进了低收入结构升级,但作用相对较弱。其次,随着人口规模提升,低收入群体的相对贫困风险可能提高。一方面,人口规模对低收入比重系数虽然为负但不显著,目前来看人口规模扩大并未导致低收入规模的持续扩张。另一方面,人口规模扩大显著降低了相对低收入群体比重,在并未显著影响低收入比重时,可能存在相对低收入群体的分化问题,即部分人口可能升级为中等收入群体,但另一部分群体收入增长不足,返贫成为相对贫困人口。再次,人力资本对低收入群体作用不足,一方面人力资本水平提高并未显著降低低收入比重,另一方面人力资本水平提高对各类型低收入群体比重影响均不显著,人力资本水平提高的扩中作用不足。但从收入角度看,在低收入比重与结构均未发生显著影响的情况下,人力资本水平提高显著提升了低收入群体平均收入,尤其是相对贫困群体收入，尽管并未实现扩中目标，但在一定程度上改善了低收入收入水平，初步实现了提低目标。

第三，从产业发展来看，产业结构升级在一定程度上促进了绝对贫困人口脱贫，以及相对低收入人口的收入增长，而数字经济发展则存在较强的异质性，在推动低收入群体结构升级时要警惕数字鸿沟问题。首先，制造业比重扩张以及产业结构高级化对低收入比重系数均为负但不显著，即产业升级可能存在一定扩中作用，但效应不足。分群体类型看，随着产业结构升级，更多贫困人口由第一产业进入第二、三产业，显著提高了其收入水平并实现贫困人口的向上流动，存在一定减贫效应。从收入角度看，产业结构升级虽然实现了绝对贫困人口脱贫，但并未显著提高现有低收入人口，尤其是相对贫困人口收入的进一步增加，仅实现了相对低收入群体收入提升，产业升级并未惠及所有低收入群体。同时，伴随着产业结构升级，金融发展与对外开放水平的提高对缩小低收入群体比重，实现低收入群体结构升级作用不足。其次，数字经济发展对扩中效应有限，其主要原因在于数字鸿沟下相对贫困人口作用异质性所导致的群体分化。研究期间内，数字经济对低收入比重系数不显著，其作用可能主要在于调节低收入群体结构。一方面，数字经济发展对相对低收入群体比重作用为正，但不显著，即可能实现了部分相对贫困人口向上流动，但作用十分有限。另一方面，数字经济发展对绝对贫困比重系数为负，但不显著，从收入角度看却显著降低了绝对贫困人口收入，存在一定贫困风险。在数字鸿沟作用下，人力资本较低的相对贫困人口数字禀赋更少，利用数字要素实现收入提升能力不足，在要素替代下，这部分人口面临更高的失业风险，进而损害了其收入提升，贫困风险加重。

二、城乡异质性分析

分城乡低收入比重影响因素回归结果如表 12.4 所示，从城乡角度看，上述各要素则存在一定异质性：

第一，经济发展对城镇低收入群体收入提升的促进作用更大，最终实现了低收入群体结构升级和中等收入群体扩容，收入结构恶化对农村低收入群体的冲击更强。一方面，尽管经济发展显著降低了城乡的低收入群体比重，但经济增长对城镇低收入比重的半弹性绝对值大于农村，即经济发展对缩小城镇低收入比重作用更大，农村低收入人口在发展成果共享的参与程度可能不足。另一方面，当地经济发展显著降低了各类低收入群体比重，而仅降低了农村的绝对贫困规模与相对低收入规模，即农村存在大量相对贫困人口的积压，相对贫困人口向相对低收入群体转化速度慢于城镇人口，相对贫困风险相对突出。最后，收入结构的改善更大程度上减少了城镇低收入比重，尤其是城镇贫困人口，整体来看对农村低收入群体关注相对不足，尤其是相对贫困及以上收入人口。因此，提高经济发展惠及农村人口的“亲低性”是提高低收入群体参与发展成果共享的关键问题，一是要关注农村存在大量相对贫困群体的现状；二是要在改善收入分配格局过程中，兜底和提低政策应向农村地区倾斜，保障农村人口参与市场竞争的能力。

表 12.4 分城乡低收入比重回归结果

变量	城镇比重				农村比重			
	低收入	绝对贫困	相对贫困	相对低收入	低收入	绝对贫困	相对贫困	相对低收入
INC	−0.395***	−0.019***	−0.132**	−0.247***	−0.296***	−0.305***	0.153	−0.158**
	(−4.974)	(−3.337)	(−2.392)	(−5.428)	(−5.663)	(−3.414)	(1.482)	(−2.040)
GINI	0.567***	0.042***	0.466***	0.055	0.186	0.964***	−0.046	−0.695***
	(3.506)	(4.549)	(3.602)	(0.516)	(1.347)	(5.073)	(−0.175)	(−2.806)
UR	1.052***	0.046**	0.571***	0.366**	−0.030	0.036	−0.268	0.263
	(4.698)	(2.518)	(3.125)	(2.207)	(−0.129)	(0.156)	(−0.693)	(1.125)
POPU	0.157	−0.002	0.061	0.088	−0.233***	−0.094	0.303	−0.434***
	(1.061)	(−0.473)	(0.655)	(1.166)	(−3.311)	(−0.681)	(1.353)	(−3.930)
EDU	−0.076	−0.001	−0.053	−0.010	0.162	−0.051	−0.129	0.335**
	(−0.584)	(−0.157)	(−0.583)	(−0.127)	(1.619)	(−0.343)	(−0.677)	(2.228)
GOV	0.073	0.008**	0.108*	−0.047	0.058	−0.129*	0.303***	−0.095
	(0.927)	(2.375)	(1.939)	(−0.906)	(1.322)	(−1.858)	(3.155)	(−1.350)
IND	0.081	0.004	0.090	0.049	−0.341***	−0.153	−0.143	−0.038
	(0.382)	(0.657)	(0.673)	(0.416)	(−2.622)	(−0.747)	(−0.720)	(−0.186)
STR	0.030	0.001	0.029	0.009	−0.056***	−0.046	0.013	−0.023
	(0.893)	(1.447)	(1.273)	(0.578)	(−3.783)	(−1.431)	(0.465)	(−1.019)
DIG	−0.057	0.005	−0.055	0.008	−0.182**	0.137	−0.413**	0.096
	(−0.616)	(0.781)	(−1.014)	(0.118)	(−2.354)	(1.039)	(−2.110)	(0.923)
OPEN	0.024	−0.000	0.025	0.014	−0.201***	−0.062	−0.043	−0.093
	(0.309)	(−0.216)	(0.560)	(0.377)	(−5.229)	(−1.489)	(−0.612)	(−1.378)
FIN	0.006	−0.001**	−0.007	0.014	−0.024**	−0.015	0.017	−0.029**
	(0.345)	(−1.993)	(−1.008)	(1.255)	(−2.563)	(−1.102)	(0.866)	(−2.025)
λ	−0.119	−0.580***	0.131	−0.754*	−0.753*	−0.748**	−0.464**	−0.860***
	(−0.375)	(−2.701)	(0.398)	(−1.822)	(−1.813)	(−2.389)	(−2.101)	(−3.034)
LM-error	289.229***	28.143***	179.376***	253.475***	541.238***	72.219***	429.209***	125.256***
R-LM-error	173.721***	35.344***	93.023***	143.708***	289.443***	46.962***	209.765***	8.049***
LM-lag	120.630***	1.515	94.101***	112.614***	340.764***	26.341***	267.604***	147.714***
R-LM-lag	5.122**	8.716***	7.748***	2.847*	88.969***	1.084	48.161***	30.508***
样本容量	341	341	341	341	341	341	341	341
R-squared	0.520	0.224	0.176	0.569	0.017	0.657	0.188	0.124
个体效应	是	是	是	是	是	是	是	是
时间效应	是	是	是	是	是	是	是	是

注：同表 12.3。

第二，城镇化进程在整体上并未有效缩小低收入比重，但在一定程度上扩大了城镇低收入比重，政府支出对农村贫困群体收入提升与减贫作用则更为显著。一方面，城镇化进程虽然在一定程度上促进了低收入群体升级，但扩中作用不足，其原因可能在于城镇化进程更多地是将农村低收入人口转移至城镇，提高了原农村人口的收入水平，实现了收入结构的改善。但仍存在一些问题：一是未提高城市对农村的辐射带动作用，未能显著提升现有农村低收入人口收入；二是新城市化人口收入提升速度不足，相关配套服务设施不足，产业建设不完善，导致了相对贫困与相对低收入群体堆积。另一方面，人力资本水平在一定程度上提高了农村相对低收入群体比重，实现了群体结构升级，但并未显著降低收入群体比重，而对于城镇人口提低扩中效应不足。最后，政府支出显著降低了农村绝对贫困比重，扩大了农村相对贫困比重，推动了绝对贫困群体脱贫并向上流动，有效实现了兜底提低的作用，但对于城镇贫困人口作用不足。

第三，先进产业扩张与升级更多实现了农村贫困群体的脱贫与流动，数字鸿沟作用下数字经济对低收入人口尤其是农村人口的分化作用仍需关注。一方面，考虑城市产业相对先进，制造业与服务业比重更大，因此先进产业的扩张与升级通常由城市向农村进行，实现了农村人口向第二、三产业的转移，尤其是产业结构高级化进程提高了农村人口的收入水平，脱贫作用更加突出。但考虑农村人力资本水平不足，劳动市场中竞争力有限，收入水平的提高不足以支持农村人口由相对贫困向相对低收入群体的进一步跨域，提低效应有余而扩中效应不足。另一方面，数字经济发展并未改变城市低收入群体结构，其数字鸿沟主要作用于农村人口：数字经济显著降低了农村收入群体比重，尤其是相对贫困人口，但由于降低的相对贫困人口小于低收入整体的下降水平，数字经济发展可能是一部分相对贫困人口脱贫的同时使另一部分人口返贫，存在一定分化作用。

三、影响机制分析

实质性推动共同富裕，形成橄榄型的收入分配格局，关键在于做大蛋糕同时分好蛋糕。一方面，随着数字经济的持续发展，其逐渐成为未来一段时间我国经济发展的重要推动力以及核心竞争力，在做大蛋糕的同时，推动产业升级过程中，评估数字经济推动低收入群体收入提高以及低收入群体结构升级效应与不足，以实现中等收入群体扩容则十分重要。另一方面，在研究期间内，我国于 2013 年首次提出“精准扶贫”，在 2015 年正式实施脱贫攻坚战略，并于 2020 年消灭绝对贫困，以脱贫攻坚政策为例，评估、把握提低扩中重大战略对低收入群体提低扩中的作用及其机制，在数字经济与产业升级过程中实现贫困人口兜底，调整未来政策着力点与重点群体提供了参考与数据支撑。

产业结构高级化对数字经济同低收入群体的影响的调节效应检验如表12.5所示。

表12.5　产业结构高级化对数字经济同低收入群体调节效应检验

变量	群体比重				群体收入			
	低收入	绝对贫困	相对贫困	相对低收入	低收入	绝对贫困	相对贫困	相对低收入
$DIG \times STR$	-0.008	0.048***	-0.065***	0.013	0.054*	-0.234*	0.085***	0.028**
	(-0.490)	(3.444)	(-2.852)	(0.751)	(1.817)	(-1.768)	(3.130)	(2.214)
DIG	-0.016	0.067*	-0.165***	0.079*	-0.032	-0.008	-0.199***	-0.019
	(-0.351)	(1.729)	(-2.669)	(1.688)	(-0.664)	(-0.206)	(-2.648)	(-0.652)
STR	-0.004	-0.055***	0.053***	-0.002	-0.006	-0.022***	-0.076***	0.003
	(-0.284)	(-5.090)	(3.056)	(-0.189)	(-0.687)	(-3.226)	(-3.579)	(0.334)
λ	-0.827***	-0.835***	-0.796***	-1.111***	-1.068***	-0.562**	-1.264***	-1.353***
	(-2.712)	(-2.684)	(-2.582)	(-3.405)	(-2.995)	(-1.992)	(-4.403)	(-3.871)
LM-error	492.672***	73.410***	362.817***	172.013***	192.515***	124.203***	139.972***	275.587***
R-LM-error	392.659***	69.125***	252.365***	63.445***	193.639***	84.341***	126.717***	260.263***
LM-lag	149.665***	6.291**	164.858***	133.881***	6.020**	43.133***	16.413***	24.618***
R-LM-lag	49.652***	2.006	54.406***	25.312***	7.124***	3.271*	3.157*	9.293***
控制变量	是	是	是	是	是	是	是	是
样本容量	341	341	341	341	341	341	341	341
R-squared	0.070	0.673	0.044	0.229	0.329	0.002	0.365	0.004
个体效应	是	是	是	是	是	是	是	是
时间效应	是	是	是	是	是	是	是	是

注：同表12.3。

结果显示，随着产业结构逐渐升级，数字鸿沟问题对相对贫困群体的分化作用逐渐提升，即产业结构高级化强化了数字鸿沟的分化作用，贫困风险有所增强。具体而言，数字经济在产业结构更高级时，在一定程度上提高了低收入群体的收入水平，尤其是人力资本水平更高的相对贫困和相对低收入群体，但是使更多相对贫困人口降级为绝对贫困人口，强化了数字鸿沟的分化作用。其原因可能在于，一方面，在产业结构高级化过程和数字经济发展过程中，由于对高技能水平劳动力需求提高，以及数字要素使用等技术进步因素导致的劳动生产率提升。另一方面，数字经济与先进产业的城乡分布同低收入群体城乡结构的不匹配强化了数字鸿沟的分化作用。低收入群体在农村分布更加广泛,存在庞大的农村相对贫困人口,而数字经济与城市产业结合时间更早,规模更大,数字经济及其相关产业的城乡分布不均匀,进而导致了庞大的农村相对贫困人口并未充分参与成果共享,延缓了其收入提升与向上流动。总体来看,在产业结构高级化进程中,数字经济虽然提升了低收入群体的整体收入,尤其是人力资本更高的低收入群体收入,但其强化了数字鸿沟作用,在推进数字经济发展过程中尤其需要关注农村相对贫困人口的就业与技能培训工作,提高就业竞争力与人力资本水平。

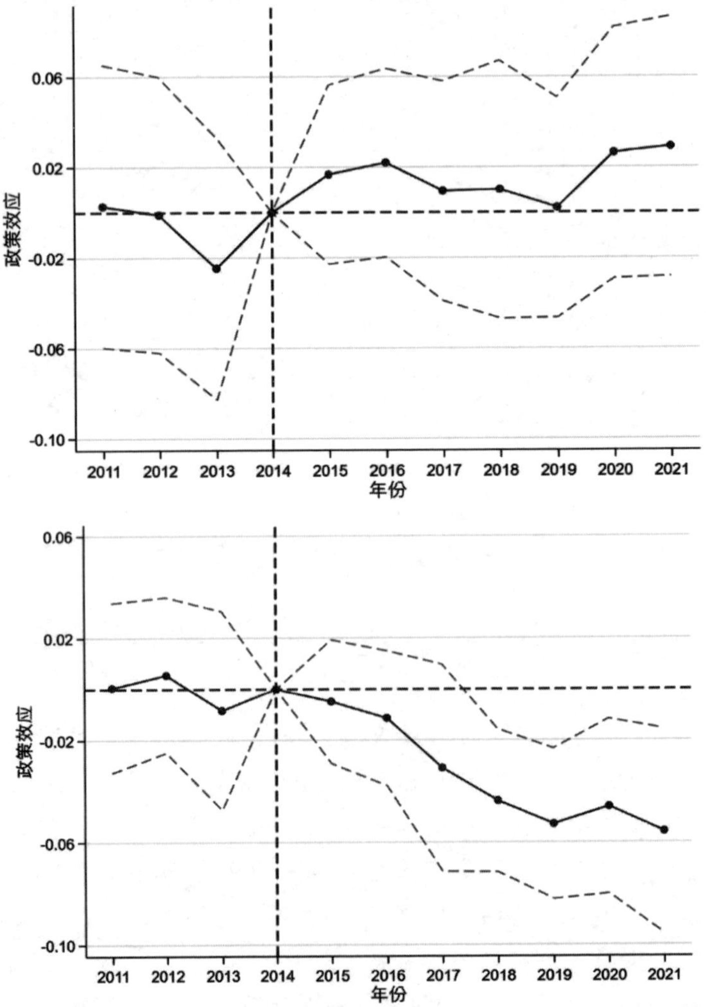

图 12.1　平行趋势检验,其中被解释变量左为低收入比重,右为低收入群体平均收入

脱贫攻坚政策对低收入群体的政策效应估计结果如表 12.6 所示，平行趋势检验如图 12.1 所示。以政策实施的前一年（2014 年）为基准，对低收入群体比重而言，在政策实施前政策效应在 0 左右，基本满足事前平行趋势，政策实施后政策效应逐年加强，即脱贫攻坚政策实施以来实现了低收入比重的持续缩小，平行趋势假设基本满足。而对于低收入群体收入而言，尽管事前趋势基本满足，但由于政策实施后并未显著提高低收入群体收入水平，政策效应不突出，并未显著提高低收入群体的整体收入水平。因此，低收入比重和低收入群体平均收入的平行趋势基本满足，可以使用 DID 模型对脱贫攻坚政策的处理效应进行估计。

表 12.6　脱贫攻坚对低收入群体比重、平均收入回归结果

变量	群体比重				群体收入			
	低收入	绝对贫困	相对贫困	相对低收入	低收入	绝对贫困	相对贫困	相对低收入
PCR×	−0.020**	−0.013*	−0.013	0.008	0.021	0.022	0.035***	0.014***
Period	(−2.398)	(−1.844)	(−1.210)	(0.960)	(1.597)	(0.335)	(2.745)	(2.652)
λ	−0.775***	−0.740**	−0.686**	−1.093***	−0.843***	−0.571**	−1.308***	−0.852***
	(−2.663)	(−2.453)	(−2.312)	(−3.379)	(−2.580)	(−2.006)	(−4.578)	(−2.798)
LM-error	435.968***	66.930***	267.432***	161.544***	199.298***	123.932***	142.263***	285.494***
R-LM-error	341.684***	49.008***	183.307***	58.369***	199.645***	86.019***	126.746***	263.339***
LM-lag	139.785***	18.044***	129.525***	127.524***	6.911***	42.266***	18.315***	30.395***
R-LM-lag	45.501***	0.123	45.401***	24.350***	7.258***	4.353**	2.798*	8.240***
控制变量	是	是	是	是	是	是	是	是
样本容量	341	341	341	341	341	341	341	341
R-squared	0.076	0.688	0.038	0.241	0.335	0.244	0.155	0.781
个体效应	是	是	是	是	是	是	是	是
时间效应	是	是	是	是	是	是	是	是

注：同表 12.3。

回归结果显示，脱贫攻坚政策的实施显著降低了低收入比重，而对现有低收入群体收入的系数虽然为正但不显著，收入提升作用相对有限。一方面，脱贫攻坚政策针对贫困县及贫困人口，其显著降低了绝对贫困人口比重，而对相对贫困和相对低收入比重影响不显著，因此脱贫攻坚政策显著提高了贫困人口收入水平，并实现了绝对贫困人口的向上流动。另一方面，脱贫攻坚政策显著降低了低收入比重，考虑群体流动下，绝对贫困人口比重显著缩小，而相对贫困与相对低收入比重较为稳定，可能存在与脱贫人口规模相近的人口实现了向相对低收入以及中等收入群体的流动，即存在一定扩中作用。最后，从收入角度看，脱贫攻坚政策虽然没有显著提高低收入群体平均收入，但显著提高了相对贫困、相对低收入的群体的平均收入，尤其是对于相对贫困群体。因此，脱贫攻坚政策提高了绝对贫困群体收入，使其进一步向更高收入水平群体流动，存在推动群体结构升级以及扩大中等收入群体的作用，并且显著当前处于相对贫困与相对低收入群体的收入水平，完成了提低的主要任务，政策效应显著。

综上所述，产业结构高级化进程与数字经济发展持续发展下，低收入群体逐渐向二、三产业流动，数字鸿沟问题将更加突出。一方面应当重视如何缓解因为人力资本导致相对贫困群体就业能力不足问题，缓解数字鸿沟的消极效应。另一方面，应当注重农村地区、落后地区的产业结构升级与数字经济发展，实现农村、落后地区人口公平参与发展成果共享。在此过程中，要注重针对性的提低保障措施，在脱贫攻坚后，针对农村庞大的相对贫困人口，以及可预见的数字鸿沟等问题，提出相对相应的提低兜底计划，结合乡村振兴政策实现农村产业升级和技术进步，提高农村人口的技能水平与就业能力，缓解由于人力资本与产业分布不平衡导致的相对贫困分化问题。

第三节　研究结论与建议

实质性推动共同富裕，形成橄榄型收入结构，重点则在于提高低收入群体收入，实现低收入群体向中等收入群体转换。明确低收入标准，是研究、监测低收入群体演变，进而探究如何扩大中等收入群体的前提。基于低收入群体内涵，在提低扩中与构建橄榄型收入结构需求下，本书首先测算了全国与各地区低收入标准并对其群体空间分布、城乡结构及其演变特征进行了探究。结合借鉴 FGT 指数分解方法，分析、测算了各时期低收入群体变动的驱动因素与发展成果惠及低收入群体的水平，并在相对标准与绝对标准两个维度下，对实现低收入群体比重减半目标的所需年份与条件进行了研判。随后，对低收入群体的城乡结构与群体结构演变进行了分析，并基于不同低收入演变类型，对未来缩小低收入群体比重的重点区域及其重点群体、目标进行了思考与探究。最后，本书构建回归模型，从经济发展、发展环境、产业结构等角度探究了低收入群体影响因素及其城乡异质性，基于数字经济以及脱贫攻坚战略，探究了低收入群体影响机制。研究结果显示：

第一，我国仍存在庞大的低收入群体，低收入群体比重经历了先扩张后缩小的演变趋势，并呈现东低西高、东增西减的变动格局。首先，我国当前低收入群体规模约为 6.4 亿人，仍然存在大量低收入人口，存在东低西高的分布格局，越往西则低收入群体比重的地区间差异越大。其次，低收入规模经历了先上升后降低的发展过程，各地区低收入群体规模存在收敛、趋同的发展趋势，西部地区低收入群体比重缩小趋势显著，东部地区的存在扩张风险。最后，研究期间内，低收入群体在发展成果共享中的参与程度有限，但党的十八大以来，经济发展的"亲低性"有所改善，发展成果惠及低收入群体水平提高，近年来基本实现低收入群体公平参与收入分配。

第二，经济发展的对低收入群体的惠及程度提高是新时代以来缩小低收入群体的主要原因，但实现相对标准下低收入减半目标仍任重道远，2035 年实现一定生活水平标准下的减半目标则更为可能。首先，在一定标准下，经济增长是低收入群体缩小的主要原因，研究期间内收入结构改善贡献不足。其次，收入结构改善贡献呈现出西高东低的分布格局，西部地区通过优化收入结构平均 5.11%低收入群体比重，而东部地区则存在收入结构恶化的风险。再次，"十二五"时期及之后收入结构贡献逐渐提高并保持稳定，"十三五"时期及之后，在精准脱贫、脱贫攻坚等一揽子政策下，低收入群体公平参与发展成果共享是缩小低收入群体的关键因素。最后，基于测算结果，实现橄榄型收入结构意义上的低收入减半目标，在百年未有之大变局下，在 2035 年实现存在较大困难，而生活水平意义上的减半目标则更可能实现。

第三，我国低收入群体的城乡结构逐渐改善，群体结构稳步升级，相对低收入群体逐渐占据主体地位，农村与西部地区仍低收入、相对贫困问题尤为突出。首先，从城乡结构上看，低收入群体水平上主要以农村人口为主，低收入群体中农村人口比重存在降低趋势，同时城乡低收入群体结构存在相似发展规律，但农村发展阶段远落后于城市，尤其体现在西部地区。其次，我国低收入群体结构经历了由贫困为主导向相对低收入群体为主导的快速升级，低收入群体生活质量得到实质性提高，低收入群体结构变动存在相对贫困与相对低收入群体比重趋同的趋势，而西部地区仍处于趋同过程中，但脱贫攻坚政策后该过程开始加速，需要重点关注西部地区的相对贫困问题。再次，城乡共同富裕、脱贫减贫进程存在较大差异，表现为各地区城镇群体结构相对接近，相对比例关系差别较小，而农村地区则表现出较强的异质性。

第四，缩小低收入群体比重，应关注不同低收入群体变动类型下的重点区域的提低扩中路线。首先，对于低收入群体规模较大但存在扩张倾向的"高位扩张"地区，应把握各省农村低收入群体比重过大，相对贫困问题严重突出的现实，推动相对贫困向相对低收入群体的结构升级。其次，对于扩中动力不足等省份，要进一步推动低收入群体公平参与收入分配，提高经济增长对农村群体相对贫困群体、城镇相对低收入群体的包容性，提高地区扩中动力。最后，对东部部分发达地区低收入严重扩张地区，在增强经济发展动力之外，应注重农村低收入群体的清零以及避免城镇相对低收入群体比重的堆积，破除相对低收入向中等收入流动壁垒，全面扩大中等收入群体，对于东北地区，推动老工业区复苏与提低扩中问题基本一致。

第五，经济持续健康发展仍是提低扩中的重要前提，产业升级、城镇化、政府支出等对结构升级具有推动作用但扩中效应不足，在数字经济发展进程中应关注数字鸿沟问题，脱贫攻坚政策提低扩中效应突出。一是，提高经济发展动力并改善收入结构仍是降低低收入比重的重要环节，但经济发展对城镇低收入群体收入提升的促进作用更大，有力推动其结构升级和中等收入群体扩容，收入结构恶化对低收入群体尤其是农村人口的冲击更强；二是城镇化与人力资本积累有利于推动低收入群体结构升级但作用较弱，对农村辐射带动作用不足，政府调节的再分配能力更强，对于农村贫困群体的减贫作用更加显著，但均难以实现低收入比重的有效缩小；三是从产业发展来看，产业结构升级在一定程度上促进了绝对贫困人口脱贫，尤其是农村贫困群体的脱贫与向上流动，而与产业结构高度密切的金融发展和对外开放对低收入群体的影响效应不足。四是数字经济发展对低收入群体存在较强的异质性，实现了部分相对贫困人口向上流动与收入进一步提高，但数字鸿沟作用下增加贫困风险，产业结构高级化进程强化了这一效应。五是脱贫攻坚政策有效完成了兜底提低任务，显著降低了低收入比重，尤其是绝对贫困人口，并实现了相对贫困与相对低收入群体收入增长，存在一定扩中效应。

基于上述结论，本章提出如下政策建议：

首先，进一步提高低收入群体在经济发展成果分配的参与程度及其收入份额，持续改善收入分配结构。第一，在消除绝对贫困后，在防止脱贫人口返贫以及防范新增加贫困人口之外，应当转换贫困治理目标与实现路径。一方面应注重缓解相对贫困人口比重扩张，增强相对贫困人口收入获取的能力，实现相对贫困人口向相对低收入群体的转换，另一方面应注重监测相对低收入群体流动，增强相对低收入群体经济韧性，强化风险防化和社会保障，防止相对低收入群体返贫，推动其向中等收入群体转化。第二，就业是低收入群体最大的民生，在经济新常态下，提高再分配政策的提低扩中作用，通过优化税负结构，强化财税政策的再分配功能，保障低收入群体现有工资水平，以改善收入分配格局。第三，重视低收入群体的城乡差距，尤其是推动农村低收入群体结构升级与收入提高。一方面应着力推进新型城镇化，改善原农村人口就业条件与农村资源禀赋可得能力，降低农村低收入群体比重。另一方面应持续优化城乡资源禀赋、就业岗位与产业结构的合理、均衡配置，推动农村人力资本与就业能力提高，推进基本公共就业服务，增加农村人口收入，增强农村经济发展内生动力，缩小城乡差距。

其次，应立足低收入群体规模较大，城乡间、区域间、群体间收入差距较大的现实，合理制定低收入群体减半的阶段性目标与过程指标。第一，调整目标减半目标的阶段性考核指标，应在经济稳定发展的前提下，到2035年前实现现有生活水平标准下的低收入群体规模减半，扩大中等生活水平群体比重，提高民生水平与国民幸福感。第二，提高低收入群体减半与中等收入群体倍增目标中收入结构改善指标权重，强调收入结构持续改善目标，提高低收入群体尤其是相对贫困群体的发展成果分配参与水平，清除相对低收入群体向中等收入群体流动制度障碍，推进实现2050低收入群体实质性减半目标。第三，无论是2035年阶段性目标，还是2050年低收入群体实质性减半目标，关键在于实现经济高质量持续稳定发展，稳定、改善收入与发展预期，以稳促增，以增促稳，扎实推进共同富裕。一方面应提高消费在经济发展的内生动力，提高低收入群体收入以扩大内需水平，增强经济稳定持续发展动力。另一方面，应推动经济高质量发展，坚持通过供给侧改革，推动建立、完善现代化产业结构，推动经济发展中增量提质与存量优化，提高经济发展的稳定性与持续性。

再次，要继续保持中西部地区低收入群体比重缩小的总体态势，重视东部发达地区低收入群体逆向扩张的危险事实，实现落后地区的提低与发达地区的扩中。第一，基于中西部地区农村低收入以及相对贫困突出的现实，加速构建国内大市场构建，提高落后地区的市场接入度与活力，实现先富带动后富，并持续快速推进新型城镇化，提高农村贫困人口的发展成果参与水平。第二，关注东部沿海发达地区，尤其是上海、天津、广东等地区低收入群体扩张的事实，着力破除经济增速不足且收入差距仍处高位的问题，消除农村剩余低收入人口，防范城镇相对贫困以及相对低收入群体堆积问题。一方面，应着力推进东部地区供给侧结构性改革，从经济发展外需拉动向内生增长转换，提高经济发展持续稳定增长的能力。另一方面，应当重视东部发达地区收入分配问题，着力解决外来人口的相对贫困问题，提高劳动回报率与收入份额，降低相对低收入群体税收负担，破除低收入群体向中等收入群体流动的制度壁垒。

最后，实现脱贫攻坚成果巩固与乡村振兴战略有效衔接，切实推进贫困人口脱贫，稳固脱贫攻坚成果，缓解产业结构升级以及数字经济发展过程中对低收入群体的分化作用。一是要巩固、拓展现有脱贫攻坚成果,防止脱贫人口返贫,并且减少贫困人口产生。强化财税政策的再分配作用时,要提高财政支出的兜底作用与提低作用,优化地区间、城乡间资源配置水平,提高农村、落后地区资源投入倾斜水平,促进要素合理流动;二是充分发挥数字经济与金融发展的增收效应,对城乡、东西部地区因地制宜,增强数字经济与产业发展深度融合,实现产业规模经济、范围经济,提高居民可支配收入、实现经济增长;三是警惕数字鸿沟对低收入群体的分化作用,通过提高相对贫困人口的人力资本水平,优化数字经济及相关产业的城乡分布、地区分布,抑制数字鸿沟问题。一方面要不断完善乡村数字化建设,缓解城乡数字经济发展差异,促进城市和农村的要素资源流动;另一方面要注重数字经济在区域间的协调发展,深化区域间数字经济领域合作,推动如"东数西算"等重大工程,实现各地区数字经济协调发展。

参考文献

[1]阿马蒂亚·森,尔冬.简论人类发展的分析路径[J].马克思主义与现实,2002,(06):36—39.

[2]安树伟,李瑞鹏.东西差距还是南北差距?——1978年以来中国区域差距的演变与机理分析[J].中国软科学,2023,(04):109—120.

[3]蔡昉.如何利用数字经济促进共同富裕?[J].东岳论丛,2023,44(03):118—124,192.

[4]曹景林,邰凌楠.基于消费视角的我国中等收入群体人口分布及变动测度[J].广东财经大学学报,2015,(06):4—15.

[5]常亚青.中国居民绝对收入流动性与GDP增长关系的实证分析[J].上海经济研究,2013 (11).

[6]陈建东,罗涛,赵艾凤.收入分布函数在收入不平等研究领域的应用[J].统计研究,2013,(09):79—86.

[7]陈景华,陈姚,陈敏敏.中国经济高质量发展水平、区域差异及分布动态演进[J].数量经济技术经济研究,2020,37(12):108—126.

[8]陈丽君,郁建兴,徐铱娜.共同富裕指数模型的构建[J].治理研究,2021,37(4):2,5—16.

[9]陈梦根.价格差异、收入不平等与地区宾大效应[J].经济学动态,2020,(04):49—63.

[10]陈梦根.贫困购买力平价和地区贫困线:理论与测算[J].改革,2019,(04):88—102.

[11]陈强.高级计量经济学及Stata应用[M].2版.北京:高等教育出版社,2011:291.

[12]陈万钦,刘奎庆,徐双军.我国如何"精准"扩大中等收入群体[J].河北经贸大学学报,2021,(05):46—53.

[13]陈锡康,杨翠红,祝坤福,等.2024年中国经济增长速度的预测分析与政策建议[N].中国科学院院刊,2024,(01):95—104.

[14]陈勇吏,李经,魏下海.最低工资标准影响劳动力空间配置吗?——基于地方政府竞争视角的分析[J].财经研究,2022,48(10):108—122.

[15]陈钊,陆铭,佐藤宏.谁进入了高收入行业?——关系,户籍与生产率的作用[J].经济研究,2009(10).
[16]陈宗胜,沈扬扬,周云波.中国农村贫困状况的绝对与相对变动——兼论相对贫困线的设定[J].管理世界,2013,(01):67—76,187—188.
[17]陈宗胜,杨希雷.论中国共同富裕测度指标和阶段性进展程度[J].经济研究,2023,58 (09): 79—97.
[18]程恩富,刘伟. 社会主义共同富裕的理论解读与实践剖析[J]. 马克思主义研究, 2012, (6): 41—47, 159.
[19]程名望,贾晓佳,仇焕广. 中国经济增长(1978—2015):灵感还是汗水? [J].经济研究, 2019(7).
[20]程硕,曹丽娜.我国 2000~2010 年平均寿命变化特征的分析[J].中央民族大学学报(自然科学版),2013,22(S1):23—27,37.
[21]丁守海.最低工资管制的就业效应分析——兼论《劳动合同法》的交互影响[J].中国社会科学,2010,(01):85—102,223.
[22]段景辉,陈建宝. 基于家庭收入分布的地区基尼系数的测算及其城乡分解[J].世界经济,2010(1).
[23]段志民,郝枫.最低工资政策的城镇家庭收入分配效应研究[J].统计研究,2019,36(07):65—76.
[24]范从来. 益贫式增长与中国共同富裕道路的探索[J].经济研究,2017,52(12):14—16.
[25]方倩.财政支农政策的理论分析[J].现代经济信息,2011(22):77,84.
[26]高倩.河北省工业碳排放特征分析及减排情景研究[D].华北电力大学,2015.
[27]龚云. 论邓小平共同富裕理论[J].马克思主义研究, 2012, (1): 46—55.
[28]苟晓霞.我国年龄组平均预期寿命变动的实证研究[J].人口学刊,2011(04):30—36.
[29]顾严,冯银虎.我国行业收入分配发生两极分化了吗? ——来自非参数 Kernel 密度估计的证据[J].经济评论,2008,(04):5—13.
[30]郭露,刘梨进.金融科技、收入不平等与多维相对贫困脆弱性[J].财经科学,2023,(03):15—29.
[31]郭玉晶,宋林.民营经济增长驱动要素特征及其时空演变轨迹——基于供给侧要素配置视角[J].商业经济与管理,2016(04):15—27.
[32]国家发改委社会发展研究所课题组,常兴华,李伟.扩大中等收入者比重的实

证分析和政策建议[J]. 经济学动态，2012，(05)：12—17.

[33]国务院发展研究中心农村部课题组，叶兴庆，徐小青. 从城乡二元到城乡一体——我国城乡二元体制的突出矛盾与未来走向[J]. 管理世界，2014(09)：1—12.

[34]何宗樾，张勋，万广华. 数字金融、数字鸿沟与多维贫困[J]. 统计研究，2020，(10)：79—89.

[35]贺艳华，刘聪，周国华，等. 长江经济带城乡居民福祉测度及其差异[J]. 热带地理，2021，41(02)：27—339.

[36]洪兴建，李金昌. 城镇贫困的因素分析及反贫困政策建议[J]. 中国人口科学，2005(6).

[37]洪兴建，李金昌. 两极分化测度方法述评与中国居民收入两极分化[J]. 经济研究，2007，(11)：139—153.

[38]胡海鹰，金丹. 农民工进入中等收入群体的进路选择[J]. 哈尔滨工业大学学报(社会科学版)，2023，(03)：75—81.

[39]胡锡琴，曾海，杨英明. 解析人类发展指数[J]. 统计与决策，2007(01)：134—135.

[40]华林香，肖秀钦，钱庆荣，等. 马尔可夫模型在一次能源消费预测中的应用——以福建省为例[J]. 福建师范大学学报(自然科学版)，2013，29(05)：78—86.

[41]黄群慧，余泳泽，张松林. 互联网发展与制造业生产率提升：内在机制与中国经验[J]. 中国工业经济，2019(08)：5—23.

[42]黄应绘，田双全. 影响中等收入群体比重的宏观因素及城乡差异[J]. 统计与决策，2022，(14)：50—54.

[43]黄禹铭. 东北三省城乡协调发展格局及影响因素[J]. 地理科学，2019，39(08)：1302—1311.

[44]黄祖辉，张淑萍. 中国共同富裕发展的时代背景与“提低”路径[J]. 江苏大学学报(社会科学版)，2022，24(4)：1—7，34.

[45]贯则琴，龚晓莺. 新时代共同富裕的时代内涵、长效困境与实现路径[J]. 新疆社会科学，2022，(4)：20—29，188.

[46]姜继红，郑红娥. 消费社会研究述评[J]. 学术研究，2005(11)：26—30.

[47]蒋永穆，亢勇杰. 数字经济促进共同富裕：内在机理、风险研判与实践要求[J]. 经济纵横，2022(05)21—30，135.

[48]解安,侯启缘.新发展阶段下的共同富裕探析——理论内涵、指标测度及三大逻辑关系[J].河北学刊,2022,42(01):131—139.

[49]金正连.共同富裕的理论方位与实践路径[J].区域经济评论,2022,(4):16—21.

[50]靳友雯,甘霖.中国人类发展地区差异的测算[J].统计与决策,2013(13):11—14.

[51]荆文君,孙宝文.数字经济促进经济高质量发展:一个理论分析框架[J].经济学家,2019(02):66—73.

[52]寇宏伟,陈璋.中等收入陷阱的存在性讨论及跨越机制分析[J].科学学研究,2020,(09):1579—1586,1705.

[53]蓝庆新,童家琛,丁博岩.数字经济与共同富裕的关联机制和协调发展[J].经济社会体制比较,2022(05):18—26.

[54]李春玲.当代中国社会的声望分层——职业声望与社会经济地位指数测量[J].社会学研究,2005(02).

[55]李春玲.中等收入群体概念的兴起及其对中国社会发展的意义[J].中共中央党校学报,2017,(02):101—107.

[56]李春玲.中等收入群体与中间阶层的概念定义——社会学与经济学取向的比较[J].国家行政学院学报,2016,(06):53—58,126—127.

[57]李春玲.中国特色的中等收入群体概念界定——绝对标准模式与相对标准模式之比较[J].河北学刊,2017,(02):154—162.

[58]李福柱,曹友斌,李昆泽.中国制造业出口技术复杂度的区域差异及收敛性研究[J].数量经济技术经济研究,2022,39(04):107—126.

[59]李干,董保华.两种"底部"博弈:共同富裕中的收入分配改革[J].探索与争鸣,2022(10):115—127,179.

[60]李后建,秦杰,张剑.最低工资标准如何影响企业雇佣结构[J].产业经济研究,2018,(01):90—103.

[61]李金昌,余卫.共同富裕统计监测评价探讨[J].统计研究,2022,39(2):3—17.

[62]李晶,李晓颖.基于空间距离法的区域人类发展指数[J].统计研究,2012,29(01):61—67.

[63]李培林,张翼.中国中产阶级的规模、认同和社会态度[J].社会,2008,(02):1—19,220.

[64]李培林,朱迪.努力形成橄榄型分配格局——基于2006—2013年中国社会状况调查数据的分析[J].中国社会科学,2015,(01):45—65,203.

[65]李培林.扩大中等收入者比重的对策思路[J].中国人口科学,2007(5).

[66]李强,徐玲.怎样界定中等收入群体?[J].北京社会科学,2017,(07):4—10.

[67]李强,赵罗英.中国中等收入群体和中等生活水平研究[J].河北学刊,2017,(03):151—157.

[68]李瑞松,刘洪久,胡彦蓉.中国省际共同富裕水平评价研究[J].统计与信息论坛,2023,38(02):29—46.

[69]李实,杨一心.面向共同富裕的基本公共服务均等化:行动逻辑与路径选择[J].中国工业经济,2022(02):27—41.

[70]李实,史新杰,陶彦君,于书恒.以农村低收入人口增收为抓手促进共同富裕:重点、难点与政策建议[J].农业经济问题,2023,(02):4—19.

[71]李实,赵人伟,张平.中国经济改革中的收入分配变动[J].管理世界,1998(1).

[72]李实,朱梦冰.推进收入分配制度改革促进共同富裕实现[J].管理世界,2022,(1):52—61,76,62.

[73]李实.共同富裕的目标和实现路径选择[J].经济研究,2021,(11):4—13.

[74]李实.缩小收入差距促进共同富裕[J].中共杭州市委党校学报,2022(05):4—9,2.

[75]李素霞,蔡萌.共同富裕背景下互联网使用的资本积累效应与城乡居民的相对贫困缓解[J].西安交通大学学报(社会科学版):1—20 .

[76]李炜,王卡.共同富裕目标下的"提低"之道——低收入群体迈入中等收入群体的途径研究[J].社会发展研究,2022,(04):20—38,242.

[77]李晓西,刘一萌,宋涛.人类绿色发展指数的测算[J].中国社会科学,2014(06):69—95,207—208.

[78]李晓钟,李俊雨.数字经济发展对城乡收入差距的影响研究[J].农业技术经济,2022(02):77—93.

[79]李逸飞.面向共同富裕的我国中等收入群体提质扩容探究[J].改革,2021,(12):16—29.

[80]李莹,于学霆,李帆.中国相对贫困标准界定与规模测算[J].中国农村经济,2021,(01):31—48.

[81]联合国开发计划署、清华大学中国发展规划研究院、国家信息中心.《中国人类发展报告特别版》.北京:UNDP,2019.

[82]梁杰，高强，隋云龙. 农村金融、土地流转与城乡居民收入差距[J]. 统计与决策，2022，(16)：46—51.

[83]林聚任，张小莉. 城乡空间协调发展与融合——基于胶东地区的研究[J]. 南京社会科学，2020(06)：57—64.

[84]林淑君，郭凯明，龚六堂. 产业结构调整、要素收入分配与共同富裕[J]. 经济研究，2022，(07)：84—100.

[85]林万龙，陈蔡春子. 中国城乡差距 40 年(1978—2017)比较：基于人类发展指数的分析[J]. 河北师范大学学报(哲学社会科学版)，2021，44(03)：120—129.

[86]刘斌，李磊. 贸易开放与性别工资差距[J]. 经济学(季刊)，2012(1).

[87]刘诚. 数字经济与共同富裕：基于收入分配的理论分析[J]. 财经问题研究，2022(04)：25—35.

[88]刘靖，张车伟，毛学峰. 中国 1991～2006 年收入分布的动态变化：基于核密度函数的分解分析[J]. 世界经济，2009，32(10)：3—13.

[89]刘军，曹雅茹，鲍怡发，等. 制造业智能化对收入差距的影响研究[J]. 中国软科学，2021(03)：43—52.

[90]刘世锦，王子豪，姜淑佳，等. 实现中等收入群体倍增的潜力、时间与路径研究[J]. 管理世界，2022，(08)：54—67.

[91]刘维林. 地方公共服务如何成为新型城镇化的新动力？——基于要素集聚及空间外溢效应的检验[J]. 城市发展研究，2021，28(09)：109—115.

[92]刘伟，王灿，赵晓军，等. 中国收入分配差距：现状、原因和对策研究[J]. 中国人民大学学报，2018，32(05)：25—43.

[93]刘伟丽，陈腾鹏. 数字经济是否促进了共同富裕？——基于区域协调发展的研究视角[J]. 当代经济管理，2023，45(03)：1—10.

[94]刘小平. 要素资源配置、城乡收入差距与农村居民消费[J]. 商业经济研究，2022(22)：61—64.

[95]刘学良，续继，宋炳妮. 中国区域发展不平衡的历史动态、表现和成因——东西差距和南北差距的视角[J]. 产业经济评论，2022(02)：152—167.

[96]刘渝琳，司绪，宋琳璇. 中等收入群体的持续期与退出风险估计——基于 EM 算法的收入群体划分[J]. 统计研究，2021，(05)：121—135.

[97]柳卸林，王宁，吉晓慧，等. 中心城市的虹吸效应与区域协调发展[J]. 中国软科学，2022(04)：76—86.

[98]逯进，赵亚楠，高艳云. 我国省域人口结构对环境污染影响的异质性研究——

基于有限混合模型[J].统计研究,2022,39(11):88—101.
[99]路少朋,商圆月.最低工资标准与低收入群体空间流动[J].山西财经大学学报,2022,44(06):1—13.
[100]吕德文,黄垚.共同富裕视角下农村中等收入群体:类型与特征[J].江苏行政学院学报,2022,(4):51—57.
[101]吕光明,陈欣悦.2035年共同富裕阶段目标实现指数监测研究[J].统计研究,2022,39(4):3—20.
[102]吕普生,陈子旋.如何识别相对贫困:海外研究的学术谱系与前沿动态[J].北京行政学院学报,2023,(01):79—90.
[103]罗小兰,丛树海.基于攀比效应的中国企业最低工资标准对其他工资水平的影响[J].统计研究,2009,(06):60—65.
[104]罗智骁,孙翔.马尔科夫模型在鸡泽县多能互补电力消费预测中的应用[J].价值工程,2021.
[105]马双,张劼,朱喜.最低工资对中国就业和工资水平的影响[J].经济研究,2012,47(05):132—146.
[106]倪旭君.居民家庭结构变动对收入变动的影响分析[J].上海经济研究,2015(11).
[107]欧阳慧,李沛霖,李智.城乡区域视角下促进共同富裕的战略路径研究[J].区域经济评论,2022,(4):22—31.
[108]彭刚,杨德林,杨琳.中国市域尺度共同富裕水平格局及其影响因素[J].经济地理,2023,43(01):44—54,132.
[109]戚聿东,刘翠花,丁述磊.数字经济发展、就业结构优化与就业质量提升[J].经济学动态,2020(11):17—35.
[110]权衡."收入分配—收入流动"现代框架:理论分析及其政策含义[J].学术月刊,2008(02).
[111]任栋,曹改改,龙思瑞.基于人类发展指数框架的中国各地社会发展协调度分析[J].数量经济技术经济研究,2021b,38(06):88—106.
[112]任栋,吴翔,曹改改.中国各地人类发展水平的测度与影响因素分析[J].中国人口科学,2020(01):41—52,127.
[113]任栋,张捷,曹改改,等.基于人类发展指数框架的中国教育指数的编制和比较研究[J].华东师范大学学报(教育科学版),2021a,39(11):100—114.
[114]师博,胡西娟.高质量发展视域下数字经济推进共同富裕的机制与路径[J].

改革,2022(08):76—86.
[115]斯丽娟,郭海霞.面向共同富裕的中国城乡相对贫困指数的测度及变动分解[J].数量经济技术经济研究,2022,(05):47—63.
[116]宋洪远,马永良.使用人类发展指数对中国城乡差距的一种估计[J].经济研究,2004(11):4—15.
[117]宋娜.中国共同富裕发展水平测度及创新发展研究[J].技术经济与管理研究,2022(08):123—128.
[118]宋小芳.马克思分配观的共同富裕向度及其当代价值[J].湖南社会科学,2022,(3):30—36.
[119]苏红键.地区收敛与共同富裕:进程、归因及其实现[J].西南民族大学学报(人文社会科学版),2022,43(7):99—107.
[120]苏红键.城乡福祉均等化的内涵、评价与启示[J].当代经济管理,2021,43(08):24—32.
[121]苏红键.数字城乡建设:通往城乡融合与共同富裕之路[J].电子政务,2022(10):88—98.
[122]宿玉海,孙晓芹,李成友.收入分配与异质性消费结构——基于中等收入群体新测度[J].财经科学,2021,(09):80—95.
[123]孙冀.从人类发展指数到地区发展水平指数的测算机理及应用——以辽宁省14市为例[J].社会科学辑刊,2018(03):144—147.
[124]孙志燕,侯永志.对我国区域不平衡发展的多视角观察和政策应对[J].管理世界,2019,35(08):1—8.
[125]覃成林,杨霞.先富地区带动了其他地区共同富裕吗——基于空间外溢效应的分析[J].中国工业经济,2017,(10):44—61.
[126]谭诗斌.FGT贫困指数变动分解虚拟空间投影解析方法[J].数量经济技术经济研究,2019,(10):132—148.
[127]汤旖璆.减税何以有效释放农村消费潜力——城乡消费差距视阈下的经验证据[J].税收经济研究,2022,27(04):51—66.
[128]唐高洁,闫东艺,冯帅章.走向共同富裕:再分配政策对收入分布的影响分析[J].经济研究,2023,58(03):23—39.
[129]田辉,孙剑平,朱英明.东部六省市可持续发展状况——基于人类发展指数(HDI)的研究[J].统计与决策,2007(16):74—76.
[130]田伟.辽宁省城镇与农村人口预期寿命差异问题研究[J].辽东学院学报(社

会科学版),2018,20(03):37—42.

[131]田卫民.省域居民收入基尼系数测算及其变动趋势分析[J].经济科学,2012,(02):48—59.

[132]佟孟华,褚翠翠,李洋.中国经济高质量发展的分布动态、地区差异与收敛性研究[J].数量经济技术经济研究,2022,39(06):3—22.

[133]万广华,罗知,张勋,等.城乡分割视角下中国收入不均等与消费关系研究[J].经济研究,2022,(05):87—105.

[134]万广华,江葳蕤,陈亚会.中国农村推进共同富裕的目标与路径[J].农业经济问题,2022,(11):57—69.

[135]汪昊.中国劳动和资本税收负担及分配效应[J].经济研究,2023,58(04):95—113.

[136]汪毅霖,张宁.不平等厌恶的测度与收入不平等调整的人类发展指数——基于阿特金森社会福利函数的研究[J].数量经济研究,2021,12(02):115—133.

[137]王朝才,周子超.共同富裕进程中的相对贫困:指标构建与影响机制[J].河海大学学报(哲学社会科学版),2023,(01):80—93.

[138]王欢欢,胡冬敏,张际.最低工资制度、劳动合同期限与企业用工形式[J].经济学(季刊),2022,22(04):1125—1146.

[139]王金营.1990年以来中国人口寿命水平和死亡模式的再估计[J].人口研究,2013,37(04):3—18.

[140]王娟娟,佘干军.我国数字经济发展水平测度与区域比较[J].中国流通经济,2021,35(08):3—17.

[141]王军,罗茜.数字经济影响共同富裕的内在机制与空间溢出效应[J].统计与信息论坛,2023,38(01):16—27.

[142]王梦菲,张昕蔚.数字经济时代技术变革对生产过程的影响机制研究[J].经济学家,2020(01):52—58.

[143]王圣云,罗玉婷,韩亚杰,李晶.中国人类福祉地区差距演变及其影响因素——基于人类发展指数(HDI)的分析[J].地理科学进展,2018,37(08):1150—1158.

[144]王贤彬,黄亮雄.夜间灯光数据及其在经济学研究中的应用[J].经济学动态,2018(10):75—87.

[145]翁寒冰.历史唯物主义视域下"以人民为中心"的思想探析[J].南昌大学学

报(人文社会科学版),2018,49(05):5—10.
[146]奚倩.中国省域城乡融合发展的统计测度研究[D].浙江财经大学,2019.
[147]习近平.扎实推动共同富裕[J].求是,2021(20):4—8.
[148]向攀,赵达,谢识予.最低工资对正规部门、非正规部门工资和就业的影响[J].数量经济技术经济研究,2016,33(10):94—109.
[149]向云,陆倩,李芷萱.数字经济发展赋能共同富裕:影响效应与作用机制[J].证券市场导报,2022(05):2—13.
[150]项久雨.新发展理念与美好生活[J].马克思主义研究,2021(10):39—47,163—164.
[151]谢洪起.小康社会建设阶段中等收入群体界定与发展研究[J].上海经济研究,2003,(08):30—36.
[152]邢继雯,谢志强.协同推进新型城镇化与城乡融合发展的思考[J].理论视野,2022(03):63—68.
[153]徐佳辉,黄蓉生.习近平"共同富裕"重要论述三重意蕴论析[J].思想战线,2022,48(4):10—19.
[154]徐舒,杜鹏程,吴明琴.最低工资与劳动资源配置效率——来自断点回归设计的证据[J].经济学(季刊),2020,19(01):143—164.
[155]徐维祥,周建平,刘程军.数字经济发展对城市碳排放影响的空间效应[J].地理研究,2022,41(01):111—129.
[156]徐映梅,张学新.中国基尼系数警戒线的一个估计[J].统计研究,2011,(01):80—83.
[157]许宪春,雷泽坤,窦园园,等.中国南北平衡发展差距研究——基于"中国平衡发展指数"的综合分析[J].中国工业经济,2021(02):5—22.
[158]杨灿,叶林祥,詹鹏.我国最低工资标准制定中的"跟风行为"——基于2004～2017年省级面板数据的实证研究[J].经济社会体制比较,2020(05):79—89.
[159]杨欢.中国优质医疗资源配置水平的区域差异及动态演进研究[J].西北人口,2022,43(4):12.
[160]杨俊,李雪松.教育不平等、人力资本积累与经济增长:基于中国的实证研究[J].数量经济技术经济研究,2007(02):37—45.
[161]杨立雄.概念内涵、路径取向与分配定位:对共同富裕关键理论问题的探讨[J].华中科技大学学报(社会科学版),2022,36(4):82—91.

[162]杨先明,秦开强.技术变迁、收入收敛的长期趋势与中国经济增长[J].经济学动态,2015,(06):78—86.

[163]杨修娜,万海远,李实.我国中等收入群体比重及其特征[J].北京工商大学学报(社会科学版),2018,(06):10—22.

[164]杨永恒,胡鞍钢,张宁.基于主成分分析法的人类发展指数替代技术[J].经济研究,2005(07):4—17.

[165]叶林祥,T. H. Gindling,李实,等.中国企业对最低工资政策的遵守——基于中国六省市企业与员工匹配数据的经验研究[J].经济研究,2015,50(06):19—32.

[166]叶堂林,王雪莹.数字经济对协调性均衡发展的影响——兼论共同富裕的实现路径[J].经济学动态,2023(01):73—88.

[167]于江波,王晓芳.经济增长驱动要素在空间与时间两维度的动态演变轨迹[J].经济与管理研究,2015,36(05):3—12.

[168]于新亮,孙峥岫,上官熠文,于文广.相对贫困潜在增量治理:贫困边缘人群的识别路径和演化机制分析[J].农业技术经济,2022,(10):53—68.

[169]于卓熙,李思琦,祝志川.我国营商环境发展水平及其区域差异与收敛性[J].统计与决策, 2022,38(19):45—50.

[170]袁惠爱,赵丽红,岳宏志.数字经济发展与共同富裕促进:"做大蛋糕"与"分好蛋糕"辩证思考[J].现代财经(天津财经大学学报),2023,43(01):50—67.

[171]袁艺,张文彬. 共同富裕视角下中国经济高质量发展:指标测度、跨区比较与结构分解[J]. 宏观质量研究, 2022, 10(4): 95—106.

[172]臧微,白雪梅.中国居民收入流动性研究[J].天府新论,2012(1).

[173]张栋,刘文璋."单人户"入保对低收入群体贫困脆弱性的缓解作用研究——基于CFPS数据的实证分析[J].经济问题探索,2022,(04):55—78.

[174]张金林,董小凡,李健.数字普惠金融能否推进共同富裕?——基于微观家庭数据的经验研究[J].财经研究,2022,48(07):4—17,123.

[175]张军.坚持改革开放和扩大中等收入群体是跨越中等收入陷阱的关键[J].经济研究,2017,52 (12): 17—18.

[176]张军扩,侯永志,刘培林,等.高质量发展的目标要求和战略路径[J].管理世界,2019,35(07):1—7.

[177]张俊英,申婧,雷芳.家庭多维相对贫困:测度、成因及空间差异[J].湖南师范大学社会科学学报,2023,(01):121—129.

[178]张龙耀,邢朝辉.中国农村数字普惠金融发展的分布动态、地区差异与收敛性研究[J].数量经济技术经济研究,2021,38(03):23—42.
[179]张美云.人类发展指数研究前沿探析及未来展望[J].改革与战略,2016,32(07):33—36+118.
[180]张萌旭,陈建东,蒲明.城镇居民收入分布函数的研究[J].数量经济技术经济研究,2013,(04):57—71.
[181]张世伟,韩笑.最低工资标准提升对农民工劳动供给的影响[J].人口学刊,2019,41(03):91—99.
[182]张腾,蒋伏心,韦朕韬.数字经济能否成为促进我国经济高质量发展的新动能?[J].经济问题探索,2021(01):25—39.
[183]张文彬,王赟.可行能力视角下中国福利水平区域差异、动态演进与结构分解[J].数量经济技术经济研究,2021,38(12):45—66.
[184]张正河,杜凯.中国工农城乡发展:滞后与同步推进[J].中国软科学,2019(02):62—77.
[185]赵涛,张智,梁上坤.数字经济、创业活跃度与高质量发展——来自中国城市的经验证据[J].管理世界,2020,36(10):65—76.
[186]赵忠.我国农村人口的健康状况及影响因素[J].管理世界,2006(3).
[187]中共中央宣传部.习近平新时代中国特色社会主义思想学习问答[M].北京:学习出版社,人民出版社,2021.
[188]周广肃,丁相元.工业机器人应用对城镇居民收入差距的影响[J].数量经济技术经济研究,2022,(01):115—131.
[189]周国富,李贺.中国城市高质量发展的时空格局及收敛性检验[J].统计学报,2022,3(02):1—15.
[190]周力,沈坤荣.相对贫困与主观幸福感[J].农业经济问题,2021,(11):102—114.
[191]周申,倪何永乐.高铁建设是否降低了省内地区收入差距?——基于卫星灯光数据的经验研究[J].现代经济探讨,2022(03):82—94.
[192]周逸先,崔玉平.农村劳动力受教育与就业及家庭收入的相关分析[J].中国农村经济,2001(4).
[193]朱兰,万广华.中等收入群体"扩容提质":现状、挑战与对策[J].兰州大学学报(社会科学版),2023,(01):41—53.
[194]邹克,倪青山.普惠金融促进共同富裕:理论、测度与实证[J].金融经济学研

究,2021,36(05):48—62.

[195]邹乐群,陈迪平.论加强我国国有垄断企业工资外收入的管理[J].财经理论与实践,2000(3).

[196]左鹏. 共享发展的理论蕴涵和实践指向[J]. 思想理论教育导刊, 2016,(1): 86—90.

[197]Acemoglu D, Restrepo P. The race between man and machine: Implications of technology for growth, factor shares, and employment[J]. American economic review, 2018, 108(6): 1488—1542.

[198]Acemoglu D. Why do new technologies complement skills? Directed technical change and wage inequality[J]. The quarterly journal of economics, 1998, 113(4): 1055—1089.

[199]Acs G, Zimmerman S., 2008. "Economic Mobility from 1984 to 2004" [J]. Economic Mobility Project, 2008.

[200]Albert, J. R. G., A. G. F. Santos, and J. F. V. Vizmanos, 2018, "Profile and Determinants of the Middle-income Class in the Philippines"[J]. PIDS Discussion Paper Series, No. 2018—20.

[201]Alesina A. and Perotti R., 1996, "Income Distribution, Political Instability and Investment" [J], European Economic Review, Vol. 40(6): 1203—1228.

[202]Alesina, A., R. D. Tella, and R. MacCulloch, 2004, "Inequality and Happiness: Are Europeans and Americans Different?"[J]. Journal of public economics, 88(9—10), 2009—2042.

[203]Anand S, Sen A. 2000. The Income Component of the Human Development Index[J]. Journal of Human Development and Capabilities, 2000, 1(1): 83—106.

[204]Andres A., 2005, "Income Inequality, Unemployment, and Suicide: A Panel Data Analysis of 15 European Countries" [J]. Applied Economics, Vol. 37(4): 439—451.

[205]Ang B W. Decomposition Analysis for Policy Making in Energy: Which is the Preferred Method[J]. Energy Policy, 2004, 32(9), 1131—1139.

[206]Atkinson A B. On the Measurement of Inequality[J]. Journal of Economic Theory, 1970, 2(3): 244—263.

[207]Atkinson A., Bourguignon F., 2000,"Introduction: Income Distribution and Economics" [J]. Handbook of Income Distribution, Vol. 1(1): 1—58.

[208]Atkinson, A. B., and A. Brandolini, 2013,"On the Identification of the Middle Class"[J]. Income inequality: Economic disparities and the middle class in affluent countries, 77—100.

[209]Auten G., Gee G., 2009,"Income Mobility in the United States: New Evidence from Income Tax Data" [J]. National Tax Journal, Vol. 62(2): 301—328.

[210]Ayala L., Sastre M., 2008,"The Structure of Income Mobility: Empirical Evidence from Five UE Countries" [J]. Empirical Economics, Vol. 35(3): 451—473.

[211]Bai X, Chatterjee A, Krishna K, et al. Trade and minimum wages in general equilibrium: Theory and evidence[J]. Journal of International Economics, 2021, 133: 103535.

[212]Banerjee, A. V., and E. Duflo, 2008, "What is Middle Class about the Middle Classes around the World?"[J]. Journal of economic perspectives, 22(2), 3—28.

[213]Birdsall N., Graham C., Pettinato S., 2000,"Stuck in the Tunnel: Is Globalization Muddling The Middle Class?" Brookings Institution[J]. Center on Social and Economic Dynamics WP No. 14.

[214]Birdsall, N., 2010, "The (Indispensable) Middle Class in Developing Countries; or, the Rich and the Rest, not the Poor and the Rest"[J]. Equity and growth in a globalizing world, 157.

[215]Blackburn M., Bloom D., 1985,"What is Happening to the Middle Class?" [J]. American Demographics, Vol. 1:18—25.

[216]Blau P., & Duncan O., 1967. The American Occupational Structure[M]. New York: John Wiley and Sons.

[217]Bossler M, Gerner H D. Employment effects of the new German minimum wage: Evidence from establishment-level microdata[J]. ILR review, 2020, 73(5): 1070—1094.

[218]Chakravarty S R. A Generalized Human Development Index[J]. Review of

Development Economics, 2003, 7(1): 99—114.

[219]Chakravarty S. , Majumder A. , 2001,"Inequality, Polarization and Welfare: Theory and Applications" [J], Australian Economic Papers, Vol. 40 (1):1—13

[220]Chenery H. Structural Change and Development Policy[M]. New York: Oxford University Press, 1981.

[221]Cruces G. , Lopez-Calva L. , Battiston D. 2011,"Down and Out or Up and In? Polarization-Based Measures of Middle Class for Latin America" [M]. Centro de Estudios Distributive, Laborales y Sociales Working Paper.

[222]Davis J. , Huston J. , 1992,"Shrinking Middle-Income Class: A Multivariate Analysis" [J]. Eastern Economic Journal, Vol. 18(3): 277—285.

[223]Deb P, Trivedi P K. Finite mixture for panels with fixed effects[J]. Journal of Econometric Methods, 2013, 2(1): 35—51.

[224]Decerf, B. , 2017,"Why not Consider that Being Absolutely Poor is Worse than Being Only Relatively Poor?"[J]. Journal of Public Economics, 152, 79—92.

[225]Dickens R, Machin S, Manning A. The effects of minimum wages on employment: Theory and evidence from Britain[J]. Journal of labor economics, 1999, 17(1): 1—22.

[226]Duclos J. , Ecchevin D. , 2005,"Bi-Polarization Comparisons" [J]. Economic Letters, Vol. 87(2):249—258.

[227]D'Ambrosio, C. , P. Muliere and P. Secchi, 2002,"Income Thresholds and Income Classes" [J], Working Paper, University Bocconi, Milano, Italy.

[228]Estache, A. , and D. Leipziger, 2009, "Stuck in the Middle: Is Fiscal Policy Failing the Middle Class? "[M]: Brookings Institution Press.

[229]Esteban, J. , and D. Ray, 1994, "On the Measurement of Polarization" [J]. Econometrica: Journal of the Econometric Society ,819—851.

[230]Esteban, J. , C. Gradín, and D. Ray, 2007,"An Extension of a Measure of Polarization, with an Application to the Income Distribution of Five OECD Countries"[J]. The Journal of Economic Inequality ,5,1—19.

[231]Esteban, J. , Gradin C. and Ray D. , 1994,"On the Measurement of Polar-

ization" [J]. Economitrica, Vol. 62(4), 819—851.

[232]Esteban, J., Gradin C. and Ray D., 1999, "Extensions of the Measure of Polarization, with an Application to the Income Distribution of five OECD Countries" [R]. working paper No. 218.

[233]Farrell, D., U. A. Gersch, and E. Stephenson, 2006, "The Value of China's Emerging Middle Class"[J]. McKinsey Quarterly, 2(I), 60.

[234]Firpo, S. P., N. M. Fortin, and T. Lemieux, 2018, "Decomposing Wage Distributions Using Recentered Influence Function Regressions"[J]. Econometrics, 6(2), 28.

[235]Flinn C J. Minimum wage effects on labor market outcomes under search, matching, and endogenous contact rates[J]. Econometrica, 2006, 74(4): 1013—1062.

[236]Foster J, Lopez-Calva L, Szekely M. Measuring the Distribution of Human Development: Methodology and an Application in Mexico[J]. Journal of Human Development and Capabilities, 2005, 6(1): 5 - 25.

[237]Foster J., Wolfson M., 2010, "Polarization and the Decline of the Middle Class: Canada and the U. S. " [J]. Journal of Economic Inequality, Vol. 8:247—273.

[238]Foster, J., J. Greer, and E. Thorbecke, 1984, "A Class of Decomposable Poverty Measures"[J]. Econometrica: Journal of the Econometric Society, 761—766.

[239]Fuwa N., 2003, "Pathways from Poverty toward Middle Class: Determinants of Socio-Economic Class Mobility in the Rural Philippines" [D]. Conference Paper, 'Staying Poor: Chronic Poverty and Development Policy', University of Manchester.

[240]Gao, J., X. Zeng, C. Zhang, and P. Porananond, 2022, "Understanding the Young Middle-Class Chinese Outbound Tourism Consumption: A Social Practice Perspective"[J]. Tourism Management, 92, 104555.

[241]Gasparini L., Lustig N., 2011a, "The Rise and Fall of Income Inequality in Latin America" [J]. Working Papers 213, ECINEQ, Society for the Study of Economic Inequality.

[242]Guido Luchters, Lukas Menkhoff. Chaotic signals from HDI measurement

[J]. Applied Economics Letters, 2000, 7(4): 267—270.

[243]Halaby, C. N. ,& Weakliem, D. L. , 1993,"Ownership and Authority in the Earnings Function: Nonnested Tests of Alternative Specifications"[J]. American Sociological Review, Vol. 58(1):16.

[244]Harris J R, Todaro M P. Todaro. Migration, Unemployment and Development: A Two-Sector Analysis[J]. The American Economic Review, 1970, 60(1): 126—142.

[245]Hatefi S M, Torabi S A. A Common Weight MCDA-DEA Approach to Construct Composite Indicators[J]. Ecological Economics, 2010, 70(1): 114—120.

[246]Hicks D A. The Inequality-Adjusted Human Development Index: A Constructive Proposal[J]. World Development, 1997, 25(8): 1283—1298.

[247]Hjort J ,Poulsen J. The arrival of fast internet and employment in Africa [J]. American economic review,2019,109(3)1032—79.

[248]Horrigan, M. W. , and S. E. Haugen,1988, "The Declining Middle-Class Thesis: A Sensitivity Analysis"[J]. Monthly Labor Review, 111(5), 3—13.

[249]Jahan S. Measuring Human Development: Evolution of the Human Development Index[R]. UNDP working paper, 2002.

[250]Kahneman D, Deaton A. High Income Improves Evaluation of Life But Not Emotional Well-being[J]. Proceedings of National Academy of Sciences, 2010, 107(38): 16489 - 16493.

[251]Katz L F, Krueger A B. The effect of the minimum wage on the fast-food industry[J]. ILR Review, 1992, 46(1): 6—21.

[252]Liu C J, Nie F Q, Ren D. Temporal and Spatial Evolution of China's Human Development Index and Its Determinants: An Extended Study Based on Five New Development Concepts[J]. Social Indicators Research, 2021, 157(1): 247—282.

[253]López-Calva, L. F. , and E. Ortiz-Juarez,2014,"A Vulnerability Approach to the Definition of the Middle Class"[J]. The Journal of Economic Inequality,12,23—47.

[254]Milanovic, B. , and S. Yitzhaki, 2002,"Decomposing World Income Dis-

tribution: Does the World have a Middle Class?"[J]. Review of income and wealth, 48(2), 155—178.

[255]Morse S. For Better or for Worse, till the Human Development Index Do Us Part? [J]. Ecological Economics, 2003, 45(2): 281—296.

[256]Neumark D, Schweitzer M, Wascher W. Minimum wage effects throughout the wage distribution[J]. Journal of Human Resources, 2004, 39(2): 425—450.

[257]Neumark D, Wascher W L. Minimum wages and employment[J]. Foundations and Trends © in Microeconomics, 2007, 3(1 - 2): 1—182.

[258]Neumark D, Wascher W. Minimum wages and low-wage workers: how well does reality match the rhetoric[J]. Minn. L. Rev., 2007, 92: 1296.

[259]Neumark, D., M. Schweitzer, and W. Wascher, 2004, "Minimum Wage Effects throughout the Wage Distribution" [J]. Journal of Human Resources, 39(2), 425—450.

[260]Noorbakhsh F. The Human Development Indices: Some Technical Issues and Alternative Indice [J]. Journal of International Development: The Journal of the Development Studies Association, 1998, 10(5): 589—605.

[261]Nunn,Qian N. US food aid and civil conflict[J]. American Economic Review,2014,104(6):1630—1666.

[262]Pavlopoulos D, Muffels R, Vermunt J K., 2010,"Wage Mobility in Europe. A Comparative Analysis Using Restricted Multinomial Logit Regression" [J]. Quality & Quantity, Vol. 44(1): 115.

[263]Peichl, A., T. Schaefer, C. Scheicher, 2008,"Measuring Richness and Poverty: A Micro Data Application to Europe and Germany" [R]. IZA Discussion Paper No. 3790.

[264]Pew Research Center,2015, "The American middle class is losing ground: No Longer the Majority and Falling Behind Financially"[R].

[265]Pressman, S., 2015, "Defining and Measuring the Middle Class"[J]. American Institute for Economic Research,1—27.

[266]Pressman, S.,2007,"The Decline of the Middle Class: an International Perspective"[J]. Journal of Economic Issues ,41(1),181—200.

[267]Raymo J M, Park H, Xie Y, et al., 2015,"Marriage and Family in East

Asia: Continuity and Change" [J]. Annual Review of Sociology, Vol. 41 (1): 471—492.

[268]Ricci C A., 2016, "The Mobility of Italy's Middle Income Group" [J]. PSL Quarterly Review, Vol. 69(277):173—197.

[269]Sala-i-Martin, X., 2006, "The World Distribution of Income: Falling Poverty and Convergence, Period"[J]. The Quarterly Journal of Economics, 121(2), 351—397.

[270]Sanusi Y. A. Application of Human Development Index to Measurement of Deprivations Among Urban Households in Minna, Nigeria[J]. Habitat International, 2008, 32(3): 384—398.

[271]Sen A. Choice, Welfare and Measurement[M]. Oxford: Basil Blackwell, 1982: 460.

[272]Shi X, Liu X, Nuetah A, et al., 2010, "Determinants of Household Income Mobility in Rural China" [J]. China & World Economy, Vol. 18(2): 41—59.

[273]Shorrocks, A., and G. Wan, 2008, "Ungrouping Income Distributions: Synthesising Samples for Inequality and Poverty Analysis"[R]. WIDER Research Paper, No. 2008/16.

[274]Sotomayor O J. Can the minimum wage reduce poverty and inequality in the developing world? Evidence from Brazil [J]. World Development, 2021, 138: 105182.

[275]Sotomayor, O. J., 2021, "Can the Minimum Wage Reduce Poverty and Inequality in the Developing World? Evidence from Brazil"[J]. World Development, 138, 105182.

[276]Torche F., L. Lopez-Calva, 2010, "Stability and vulnerability of the Latin American middle class", forthcoming, in Dilemmas of the Middle Class around the World, Katherine Newman (ed.) [M]. Oxford University Press.

[277]Ul Haq M. Reflections on Human Development[M]. New York: Oxford University Press, 1995.

[278]UNDP (United Nations Development Programme). 1990. Human Development Report 1990: Concept and Measurement of Human Development [M]. New York.

[279]UNDP. Human Development Indices and Indicators 2018[M]. New York: Oxford University Press, 2018.

[280]Wang Y., Tsui K., 2000,"Polarization Orderings and New Classes of Polarization Indices" [J]. Journal of Public Economic Theory, Vol. 3: 349—363.

[281]Weber, M., 1905, The Protestant Ethic and the Spirit of Capitalism[M], Germany.

[282]Wolfson M., 1994,"When Inequality Diverge" [J]. The American Economic Review, Vol. 84(2):353—358.

[283]Woolard I, Klasen S., 2005,"Determinants of income mobility and household poverty dynamics in South Africa" [J], Journal of Development Studies, Vol. 41(5): 865—897.

[284]Yuan, Z., G. Wan, and N. Khor., 2012,"The Rise of Middle Class in Rural China"[J], China Agricultural Economic Review, 4(1), 36—51.

[285]Zhang, Y., Li, W., Wang, Y.,et al. 2012,"Increasing prevalence of hypertension in low income residents within louisiana state university health care services division hospital system" [J],European Journal of Internal Medicine, Vol. 23(8), 179—184.